EVA RULANDS

Täuschung und Betrug
durch derivative Finanzinstrumente

Kölner Kriminalwissenschaftliche Schriften

Herausgegeben von

Claus Kreß, Michael Kubiciel
Cornelius Nestler, Frank Neubacher
Martin Waßmer, Thomas Weigend, Bettina Weißer

Professoren an der Universität zu Köln

Band 73

Täuschung und Betrug durch derivative Finanzinstrumente

Von

Eva Rulands

Duncker & Humblot · Berlin

Die Hohe Rechtswissenschaftliche Fakultät der Universität zu Köln
hat diese Arbeit im Jahr 2019 als Dissertation angenommen.

Bibliografische Information der Deutschen Nationalbibliothek

Die Deutsche Nationalbibliothek verzeichnet diese Publikation in
der Deutschen Nationalbibliografie; detaillierte bibliografische Daten
sind im Internet über http://dnb.d-nb.de abrufbar.

Satz: Fotosatz Voigt, Berlin
Druck: CPI buchbücher.de, Birkach
Printed in Germany

ISSN 0936-2711
ISBN 978-3-428-15841-6 (Print)
ISBN 978-3-428-55841-4 (E-Book)

Gedruckt auf alterungsbeständigem (säurefreiem) Papier
entsprechend ISO 9706 ∞

Internet: http://www.duncker-humblot.de

Vorwort

Die vorliegende Arbeit wurde im Sommersemester 2019 von der Rechtswissenschaftlichen Fakultät der Universität zu Köln als Dissertation angenommen. Rechtsprechung konnte bis einschließlich Februar 2019 berücksichtigt werden.

Ich möchte mich an dieser Stelle ganz herzlich bei den zahlreichen Personen bedanken, die meinen Promotionsprozess begleitet und mich auf meinem Weg in unterschiedlichster Weise unterstützt haben.

Mein besonderer Dank gilt zunächst meinem Doktorvater, Herrn Prof. Dr. Martin Paul Waßmer, für seine hervorragende Betreuung. Mit seinen konstruktiven Anmerkungen und den regelmäßigen Gesprächen und Diskussionen zu der gegenständlichen Thematik hat er entscheidend zum Gelingen des Vorhabens beigetragen. Bedanken möchte ich mich auch bei Herrn Prof. Dr. Michael Kubiciel für die freundliche und zügige Übernahme der Zweitkorrektur.

Von Herzen danken möchte ich meinem Vater, Heinz Rulands, der mit akribischer Sorgfalt und gleichzeitig großem Interesse das Korrekturlesen übernommen hat und mir in jeder Phase meines Promotionsprozesses eine unschätzbare Stütze gewesen ist. Mein ganz besonderer Dank gilt auch meinem Partner Markus Kiel, der mich als Gefährte in jeder Lebenslage begleitet und mir mit seiner wunderbaren Art auch während der Promotionszeit die notwendige Ruhe, Sicherheit und Zuversicht gegeben hat. Danken möchte ich auch Valentina Valitava und Igor Heinz, die mir mit ihrer Diskussions- und steten Hilfsbereitschaft sowie der sorgfältigen Durchsicht meiner Arbeit in besonderer Weise beigestanden haben.

Mein größter Dank gilt schließlich meinen Eltern, denen ich diese Arbeit widme. Sie haben mir nicht nur den finanziellen, sondern vor allem den familiären Rückhalt gegeben und auf diese Weise eine Realisierung meines Vorhabens überhaupt erst ermöglicht.

Köln, im Juli 2019   *Eva Rulands*

Inhaltsverzeichnis

Drittes Kapitel

Entwicklung des eigenen Ansatzes   131

Viertes Kapitel

**Untersuchung der Täuschungsrelevanz solchen Verhaltens
im Zusammenhang mit Finanzderivaten anhand des eigenen Ansatzes** 179

Einleitung

Finanzderivate erfreuen sich trotz der in der Vergangenheit am Finanzmarkt zu verzeichnenden Turbulenzen einer stetig zunehmenden Beliebtheit sowohl bei privaten als auch bei institutionellen Anlegern. Die beinahe grenzenlosen Möglichkeiten einer Individualisierung über die Strukturierung dieser Finanzinstrumente fördern hingegen in weiten Teilen hochkomplexe Produkte zutage, die zuweilen mit immensen Risiken behaftet sind. Diese Risiken können letztendlich nur noch von erfahrenen Finanzanalysten extrahiert werden. Es verwundert daher nicht, dass insbesondere die Zivilgerichte in jüngerer Vergangenheit in großem Ausmaß mit Schadensersatzklagen enttäuschter Anleger befasst waren. Fehlerhafte Anlageberatungen führen jedoch nicht ausschließlich zur Notwendigkeit einer Auseinandersetzung mit auf eine unzureichende Aufklärung gestützten Schadensersatzansprüchen. Denkbar ist darüber hinaus, dass einzelnen Konstellationen auch in betrugsstrafrechtlicher Hinsicht Relevanz beizumessen ist. Die hiesige Untersuchung nimmt sich dieser Frage an, löst sich dabei jedoch von der Bedeutung all jener aufsehenerregenden Einzelfälle zu Gunsten einer strafrechtsdogmatischen Lösung. Denn insbesondere im Bereich der Risikogeschäfte wird zuweilen aus den Augen verloren, dass es nicht um individuelle Vergeltung gehen kann, wo das (hier: strafrechtsdogmatische) System insgesamt versagt.[1] Die Untersuchung setzt dabei am Täuschungsbegriff der Betrugsnorm an und sucht diesen unter Rückgriff auf die tragenden Erkenntnisse der Finanzmarkttheorie für den hier interessierenden Bereich eines Handels mit derivativen Finanzinstrumenten zu konturieren. Eine interdisziplinäre Betrachtung der gegenständlichen Thematik offenbart dabei die Ursache jener am individuellen Gerechtigkeitsgedanken orientierten Lösungsansätze: Das *Financial Engineering* ist für die (Straf-)Rechtsdogmatik eine relativ neue Erscheinung, die damit verbundenen Risiken nicht ohne Weiteres mit bekannten Instrumentarien kompatibel. Anzuerkennen ist in diesem Zusammenhang freilich, dass eine rechtsdogmatische Bewertung solch neuartiger Erscheinungen, welche zugleich auch einem großen Einfluss aus anderen Wissenschaften unterliegen, die dogmatische Methode vor eine besondere Herausforderung stellt. Dennoch ist es Aufgabe auch des Strafrechtes, neue Gefahrendimensionen in die bestehende Dogmatik aufzunehmen. Die nachfolgende Untersuchung zeigt dabei, dass eine Öffnung für die Erkenntnisse der Finanzmarkttheorie die Erarbeitung eines übergreifenden rechtlichen Lösungskonzeptes auch für den komplexen Bereich eines Handels mit Finanz-

---

[1] Vgl. *Prittwitz,* Strafrecht und Risiko, S. 385.

derivaten ermöglicht. Entscheidend ist insoweit der Perspektivwechsel, der eine
Berücksichtigung auch jener Aspekte erlaubt, die der Rechtsdogmatik infolge ihrer auf die eigene Perspektive beschränkten Sicht auf das Finanzmarktgeschehen
zunächst verschlossen sind. Von besonderer Bedeutung für das hiesige Forschungsvorhaben und Gegenstand des ersten Kapitels ist daher die Finanzmarkttheorie. Sie befasst sich mit den komplexen Strukturen des Finanzmarktes, sucht
aus ihnen Erkenntnisse des Gleichgewichts der Märkte zu gewinnen, um schließlich die Bildung fairer Marktpreise von Finanzmarktprodukten über die Abbildung des Zusammenhangs zwischen Risiko und erwarteter Rendite zu ermöglichen.[2] Über eine finanzmathematische Risikomodellierung können (straf-)rechts-
dogmatisch nicht greifbare Bereiche des Finanzmarktes über mathematische
Strukturen abgebildet werden. Das hiesige Forschungsvorhaben hat es sich zum
Ziel gesetzt, die so rezipierten Wirklichkeitssätze über die Extraktion der strafrechtsrelevanten Erkenntnisse mit der Strafrechtsdogmatik zu verknüpfen, um
auf diese Weise zur Konturierung der betrugsstrafrechtlichen Täuschung beizu-
tragen. Zum Zwecke einer entsprechenden Erkenntnisgewinnung werden insbesondere die gängigen finanzmathematischen Preisbewertungsmodelle einer kritischen Prüfung hinsichtlich des ihnen in funktionaler Hinsicht zu entnehmenden
Aussagegehaltes unterzogen. Dies vorangestellt gilt es sodann über die Auflösung des innerrechtlichen Zuständigkeitskonfliktes zwischen Zivilrecht einerseits
und Strafrecht andererseits sowie die Herausstellung des konstitutiven Elementes
betrugsstrafrechtlicher Täuschungen deren dogmatische Grundlagen herauszuarbeiten. In den eigenen dogmatischen Ansatz werden sodann die als in betrugsstrafrechtlicher Hinsicht entscheidend erkannten Aussagen der Finanzmarkttheorie implementiert. Auf diese Weise ergibt sich ein gesamtheitlicher Ansatz,
anhand dessen sich die hier interessierenden Konstellationen im Zusammenhang
mit derivativen Finanzinstrumenten unter Berücksichtigung ihrer besonderen
Charakteristik auch betrugsstrafrechtlich bewerten lassen.

---

[2] Vgl. *Eilenberger/Ernst/Toebe,* Betriebliche Finanzwirtschaft, S. 384.

Erstes Kapitel

Grundlagen und Charakteristik derivativer Finanzinstrumente

A. Finanzmarkttheoretische Grundlagen

Im Gegensatz zum Kassamarkt weist der Terminmarkt einige Besonderheiten auf, die nicht nur in finanzmarkttheoretischer Hinsicht von Bedeutung sind, sondern auch die rechtsdogmatische Behandlung von Interessenkonflikten erschweren. Diese Spezifika bilden den Anknüpfungspunkt auch einer rechtlichen Bewertung und bedürfen im Folgenden einer näheren Betrachtung.

I. Organisation des Terminmarktes

Während auf dem Kassamarkt das abgeschlossene Geschäft sofort, d. h. in der Regel innerhalb von zwei Tagen[1] vollzogen wird, zeichnet sich ein Termingeschäft dadurch aus, dass der Erfüllungszeitpunkt in der Zukunft liegt. Die Vertragsparteien legen die Konditionen des Geschäftes, insbesondere auch den Preis des Handelsgegenstandes, bereits im Zeitpunkt des Vertragsabschlusses verbindlich fest.[2] Der Wert, den ein Derivat im Zeitpunkt der Fälligkeit für seinen Halter entfaltet, ist dabei abhängig von der Entwicklung des zugrunde liegenden Basiswertes, wobei als solcher prinzipiell jedes am Markt handelbare Produkt fungieren kann. Gängige Basiswerte sind Aktien, Anleihen, Indizes, Terminkontrakte, Währungen und Rohstoffe.[3] Die Modalitäten des konkreten Kontraktes richten sich danach, inwieweit der Handel entweder an einer Börse oder aber außerbörslich *OTC* (*over the counter*) vollzogen wird. An der Börse gehandelte Derivate weisen dabei ein hohes Maß an Standardisierung auf. Neben dem Erfüllungszeitpunkt legt die Börse auch die weiteren Rahmenbedingungen des Handels und damit den gehandelten Basiswert, die Kontraktgröße, den Abschluss- und Erfüllungsort des Kontraktes sowie den Erfüllungszeitpunkt fest und belässt den Handelspartnern damit lediglich geringe individuelle Ausgestaltungsmöglichkeiten.[4] Der Handel an der Börse ist zudem beschränkt auf die dort nach dem Börsengesetz zugelassenen Finanzinstrumente. Privaten Anlegern ist der direkte Zugang

---

[1] Vgl. *Bösch*, Derivate, S. 5.
[2] Vgl. *Rudolph/K. Schäfer*, Derivative Finanzmarktinstrumente, S. 29.
[3] Vgl. *Schlüchtermann/Pilz*, Modellierung derivativer Finanzinstrumente, S. 6 f.
[4] Vgl. *Rudolph/K. Schäfer*, Derivative Finanzmarktinstrumente, S. 29 f.

zur Börse verwehrt. Sie sind, wollen sie am Börsenhandel partizipieren, auf die Mitwirkung von Finanzintermediären angewiesen, da nur diese eine entsprechende Order an der Börse platzieren können. Eine Teilnahme an der Terminbörse erfolgt für private Anleger dabei regelmäßig unter Einbeziehung der dort zugelassenen Unternehmen als Kommissionäre.[5] Finanzintermediäre sind Institutionen, die Transaktionen zwischen den Handelspartnern am Finanzmarkt erleichtern, wozu insbesondere Banken zählen.[6] Finanzdienstleister erbringen daher Dienstleistungen auf dem Finanzmarkt für den Anleger.[7] § 19 Abs. 1 BörsG fordert, dass die Teilnahme am Börsenhandel einer Erlaubnis zur Geschäftsführung an der entsprechenden Börse bedarf. Der Kreis der zulassungsfähigen Teilnehmer wird dabei durch die Voraussetzungen der Norm stark eingeschränkt. So verlangt eine Zulassung nach § 19 Abs. 2 BörsG zunächst die Gewerbsmäßigkeit des die Zulassung Begehrenden hinsichtlich solcher an der Börse handelbarer Gegenstände. Die Zulassung erfolgt dabei schlussendlich durch öffentlich-rechtliche Erlaubnis.[8] Die jeweiligen Börsenordnungen legen darüber hinaus auch die Aufnahme- und Handelsgebühren der jeweiligen Börse fest.

Sowohl an der Börse gehandelten als auch außerbörslich gehandelten Terminkontrakten ist das Auseinanderfallen von Vertragsschluss einerseits und Erfüllung andererseits gemeinsam. Auf diese Weise ist es möglich, so genannte systematische Risiken zwischen den beteiligten Finanzmarktteilnehmern zu transferieren. Der Abschluss von Terminkontrakten kann somit genutzt werden, um sich gegen Risiken abzusichern (*Hedging*), oder aber, um aus Kursschwankungen rund um den Basiswert einen Gewinn zu generieren (Spekulation).[9] Dabei muss es am Ende der Laufzeit zwischen den Handelspartnern nicht zwingend zu einem Leistungsaustausch kommen. Die betreffenden Positionen werden in der Praxis vielmehr durch Ausgleich der Differenz glattgestellt.[10]

II. Finanzwirtschaftliche Risiken

Neben Betriebs- und Rechtsrisiken bestehen am Markt auch finanzwirtschaftliche Risiken. Letztere umfassen das Marktrisiko, das Kreditrisiko (auch: Aus-

---

[5] Vgl. *Wilhelmi*, in: BeckOGK-BGB, § 453 Rn. 219 [online, Stand: 01.12.2017].

[6] Vgl. *Hull*, Optionen, S. 1004.

[7] Vgl. *M. Lange*, Informationspflichten von Finanzdienstleistern, S. 38.

[8] Vgl. *Heidelbach*, in: Schwark/Zimmer, Kapitalmarktrechts-Kommentar, § 32 BörsG Rn. 17.

[9] Vgl. *Seiler/Kniehase*, in: Schimanski/Bunte/Lwowski, Bankrechts-Handbuch, Vor § 104 Rn. 18.

[10] So sieht es etwa auch der Musterrahmenvertrag für Finanztermingeschäfte vom Bundesverband deutscher Banken e.V. in 3. (3) i.d.F. 2001 vor, https://bankenverband .de/media/uploads/2017/09/13/rv-ftg-44015_1201_muster.pdf [zuletzt aufgerufen: 17.05. 2018].

fallrisiko) und das Liquiditätsrisiko.[11] Das Liquiditätsrisiko bezeichnet dasjenige Risiko, dass Unternehmen nicht zu jeder Zeit ihren finanziellen Verpflichtungen nachkommen können und ist grundsätzlich über die Finanzplanung steuerbar.[12] Markt- und Kreditrisiken hingegen können über den Einsatz derivativer Finanzinstrumente unter den Marktteilnehmern transferiert werden und sind über deren wertmäßige Anbindung an den Basiswert (auch: *Underlying*) dabei auch maßgeblich für den Wert des Finanzderivates. Damit ist das konkrete Markt- bzw. Kreditrisiko nicht allein für den Handel des Basiswertes von entscheidender Bedeutung, sondern gleichermaßen auch für den Handel des Finanzderivates.

1. Marktrisiken

Das Marktrisiko beschreibt die Gefahr einer ungünstigen Preisentwicklung des Basiswertes infolge von Schwankungen der den Preis beeinflussenden Faktoren.[13] Es lassen sich das Zinsänderungsrisiko, das Aktienkursrisiko, das Währungsrisiko und das Warenpreisrisiko unterscheiden.[14] Als systematische Risiken sind Marktrisiken von so genannten unsystematischen Risiken abzugrenzen. Unsystematische Risiken lassen sich durch Diversifikation verringern oder sogar eliminieren, indem einzelne Risiken einer Gesamtrisikoposition verteilt werden.[15] Dies geschieht über die Wahl einzelner Assets, deren Korrelation untereinander das Gesamtrisiko eines Portfolios insgesamt reduziert. Das Marktrisiko lässt sich indes durch Diversifikation nicht eliminieren, weshalb Finanzmarktteilnehmer für die Übernahme solcher Risiken auch eine entsprechende Risikoprämie einfordern.[16] Auch nach optimaler Diversifikation des Portfolios verbleibt mit dem systematischen Risiko daher ein Restrisiko, das es in der Preisbildung von Finanzinstrumenten zu berücksichtigen gilt. Bei Beteiligung eines verzinslichen Elementes ist daher das Zinsänderungsrisiko als Einflussgröße zu beachten. Es beschreibt das Risiko, das sich aus dem unsicheren Verlauf variabler Zinspositionen ergibt. Währungsrisiken resultieren aus der Ungewissheit der Entwicklung von Fremdwährungspositionen als Folge einer Veränderung der Wechselkurse. Sie sind dabei von der Höhe der in Rede stehenden Position einerseits und der Entwicklung des Währungskurses andererseits, abhängig.[17] Das Aktienkursrisiko resultiert hingegen aus Schwankungen der Aktienkurse. Zu den nicht diversifizierbaren Marktrisiken zählen in diesem Zusammenhang solche Schwankungen, deren Ursache nicht unternehmensspezifisch angesiedelt ist und damit lediglich

---

[11] Vgl. *Bösch,* Derivate, S. 13.
[12] Vgl. *Wolke,* Risikomanagement, S. 184, 192.
[13] Vgl. *Haeberli,* in: Zerey, Finanzderivate, § 38 Rn. 58.
[14] Vgl. *Bösch,* Derivate, S. 13.
[15] Vgl. *Oehler / Unser,* Finanzwirtschaftliches Risikomanagement, S. 34.
[16] Vgl. *Spremann,* Finance, S. 200.
[17] Vgl. *Rudolph / K. Schäfer,* Derivative Finanzmarktinstrumente, S. 6.

die Aktie eines konkreten Unternehmens betrifft, sondern vielmehr den Aktienmarkt vollständig erfasst.[18] Unter dem Warenpreisrisiko wird schließlich das Risiko von Schwankungen der Rohstoffpreise verstanden, welches durch die zwischen Ankauf, Produktion und Absatz auftretende Zeitspanne entsteht.[19] Hier spiegelt sich letztlich auch die Überschneidung zwischen den einzelnen Marktrisiken wieder; denn die Entwicklung der Rohstoffpreise ist unter anderem auch abhängig von Wechselkursen und Zinsen.

2. Kreditrisiken

Für Akteure am Kassa- wie auch am Terminmarkt bestehen neben Markt- auch Kreditrisiken. Das Kreditrisiko bezeichnet dabei zunächst dasjenige Risiko, dass Schuldner ihrer Zahlungsverpflichtung nicht nachkommen.[20] Es umfasst darüber hinaus jedoch als weiteres Risikoelement die so genannte *Recovery Rate,* deren Kenntnis für die nachfolgende Untersuchung der Kreditrisikomodelle unabdingbar ist. *Recovery Rates* werden von Rating-Agenturen veröffentlicht und stellen die Höhe des potentiellen Verlustes als prozentualen Anteil des Kreditvolumens, der bei Ausfall noch an die Gläubiger ausbezahlt werden kann, dar.[21] Auch für die Übernahme von Kreditrisiken fordern Finanzmarktteilnehmer eine Risikoprämie, welche sie für die übernommene Ausfallwahrscheinlichkeit entschädigt, freilich unter Berücksichtigung der *Recovery Rate.*[22]

III. Die unterschiedlichen Positionen von Finanzmarktakteuren am Terminmarkt

Finanzmarktteilnehmer verfolgen mit dem Einsatz derivativer Finanzinstrumente unterschiedliche Ziele. Im Rahmen des *Hedging* werden Finanzderivate zu Sicherungszwecken eingesetzt. Hier wird einem Grundgeschäft ein Sicherungsgeschäft dergestalt entgegengesetzt, dass sich die Verluste und Gewinne bei Kursänderung des *Underlying* so gut wie möglich ausgleichen.[23] Beim *Perfect Hedge* gleicht die Sicherungsposition das systematische Risiko der gehedgten Position vollständig aus.[24] Wegen des Erfordernisses einer bestmöglichen Gegenläufigkeit der Variablen hängt der Erfolg eines *Hedges* damit maßgeblich von der negativen Korrelation der Sicherungsposition mit der gesicherten Position ab,

---

[18] Vgl. *Rudolph/K. Schäfer,* Derivative Finanzmarktinstrumente, S. 6.

[19] Vgl. *Rudolph/K. Schäfer,* Derivative Finanzmarktinstrumente, S. 10.

[20] Vgl. *Hull,* Optionen, S. 668.

[21] Vgl. *Hull,* Optionen, S. 1013.

[22] Vgl. *Mondello,* Finance, S. 600.

[23] Vgl. *Kuhn/Scharpf,* Rechnungslegung von Financial Instruments, S. 351.

[24] Vgl. *Heussinger/Klein/Raum,* Optionsscheine, Optionen und Futures, S. 134.

wobei ein optimales *Hedging* eine Korrelation von −1 erfordert.[25] Sofern beide Positionen nicht korrelieren, liegt der Wert bei null, da in diesem Fall die Entwicklung der zugrunde liegenden Variablen in keiner Weise zusammenhängt.[26] In diesem Fall ist ein effizientes *Hedging* nicht möglich.

Neben dem *Hedging* sind Spekulationsgeschäfte eine weitere Möglichkeit, Finanzderivate am Finanzmarkt einzusetzen. Spekulanten setzen auf steigende oder fallende Kurse und nehmen daher, im Gegensatz zu Absicherern (sog. Arbitrageuren), eine Risikoposition explizit ein.[27] Damit zeigt sich auch, dass *Hedging* und Spekulation untrennbar miteinander verbunden sind, da Sicherungsgeschäfte überhaupt nur denkbar sind, wenn auf der anderen Seite ein Spekulant bereit ist, das Risiko einer gegenläufigen Kursentwicklung zu übernehmen. Arbitrageure dagegen führen simultane Kauf- und Verkaufsaktionen durch, um Preisunterschiede verschiedener Märkte zur Generierung eines risikolosen Gewinns zu nutzen.[28] Diese Möglichkeit kann sich entweder aus an einzelnen Märkten divergierenden Preisen, aus theoretisch nicht nachvollziehbaren Unterschieden zwischen dem Future- und dem Kassapreis oder aus Differenzen zwischen vergleichbaren Forward- und Futurepreisen ergeben.[29] Arbitrageure sorgen dabei letztlich dafür, dass das Gleichgewicht des Finanzmarktes erhalten bleibt[30], weshalb sich im Ergebnis an den Märkten auch tatsächlich nur geringe Arbitragemöglichkeiten ergeben.[31]

An den Börsen agieren überdies so genannte *Market Maker*. Sie verpflichten sich, zu im Vorhinein festgelegten Bedingungen, Positionen zu kaufen und zu verkaufen, um auf diese Weise die Liquidität des Marktes sicherzustellen.[32]

IV. Struktur und Funktionsweise der einzelnen Finanzderivate

Im Folgenden gilt es die strukturellen Besonderheiten, insbesondere auch die Funktionsweise der einzelnen Finanzderivate, herauszuarbeiten, um anschließend zur Untersuchung der unterschiedlichen Preisbewertungsmodelle überzuleiten. Zwar ist allen Finanzderivaten das zeitliche Auseinanderfallen von Handelsabschluss auf der einen und Erfüllung des Kontraktes auf der anderen Seite eigen. Die konkreten Rechte der Handelspartner sowie Komplexität und Risikostruktur der einzelnen Instrumente divergieren jedoch zum Teil erheblich.

---

[25] Vgl. *Oehler/Unser*, Finanzwirtschaftliches Risikomanagement, S. 33.
[26] Vgl. *C. Schwarz*, Derivative Finanzinstrumente und hedge accounting, S. 172.
[27] Vgl. *Hull*, Optionen, S. 38.
[28] Vgl. *K. Schäfer*, in: Rudolph, Derivative Finanzinstrumente, S. 45 (65).
[29] Vgl. *Rudolph/K. Schäfer*, Derivative Finanzmarktinstrumente, S. 35.
[30] Vgl. *Rudolph/K. Schäfer*, Derivative Finanzmarktinstrumente, S. 35.
[31] Vgl. *Hull*, Optionen, S. 42; *Spremann/Gantenbein*, Finanzmärkte, S. 43.
[32] Vgl. *C. Geyer/Uttner*, Praxishandbuch Börsentermingeschäfte, S. 31.

1. Forwards und Futures

Forwards und Futures zählen zu den unbedingten Termingeschäften. Sie stellen Vereinbarungen dar, die zur Lieferung eines Basiswertes zu einem bestimmten zukünftigen Zeitpunkt und einem bereits im Zeitpunkt des Vertragsschlusses feststehenden Preis verpflichten.[33] Futures stellen dabei die an der Börse gehandelte Version von Forwards dar, welche *OTC* und damit individuell ausgehandelt werden.[34] Im Gegensatz zu Forwards ist bei Futures das Ausfallrisiko infolge der an der Börse zu hinterlegenden Wertpapiereinlage (englisch: *Margin*) abgeschwächt. Die Funktionsweise beider Instrumente lässt sich dabei einfach beschreiben: Liegt im Zeitpunkt der Fälligkeit der Kassakurs über dem Future-Preis, kann der Käufer die Differenz als Gewinn verzeichnen; der Verkäufer hingegen profitiert von fallenden Kursen.[35] Diese Derivate sind durch ein symmetrisches Gewinn- und Verlustprofil gekennzeichnet, weil sowohl für den Käufer, als auch für den Verkäufer, eine grundsätzlich positive Wahrscheinlichkeit für beliebig hohe Gewinne und Verluste besteht.[36]

2. Swaps

Auch Swaps zählen zu den unbedingten Termingeschäften und weisen demnach ein symmetrisches Gewinn-Verlust-Profil auf. Sie stellen Vereinbarungen über den Austausch zukünftiger Zahlungsströme dar.[37] Beim beliebten Zinsswap etwa vereinbaren die Handelspartner, feste gegen variable Zinszahlungen auszutauschen. In diesem Fall stellt die Seite des Festzinses ihrer Art nach ein festverzinsliches Darlehen dar, während sich die andere Seite auf einen kurzfristigen und variablen Zinssatz (z. B. LIBOR) bezieht.

3. Optionen

Optionen stellen im Gegensatz zu Forwards bzw. Futures und Swaps bedingte Termingeschäfte dar. Sie räumen ihrem Inhaber das Recht ein, sie auszuüben, verpflichten ihn jedoch hierzu nicht. Optionen können als Kaufoption (*Call*) oder als Verkaufsoption (*Put*) vereinbart werden. Ein *Call* ermöglicht seinem Inhaber, das *Underlying* zu im Vorhinein festgelegter Menge und Preis sowie zu einem ebensolchen Zeitpunkt oder innerhalb eines bestimmten Zeitrahmens[38] zu kau-

---

[33] Vgl. *Bösch,* Derivate, S. 160.
[34] Vgl. *Bösch,* Derivate, S. 160.
[35] Vgl. *Rudolph / K. Schäfer,* Derivative Finanzmarktinstrumente, S. 27.
[36] Vgl. *Rudolph / K. Schäfer,* Derivative Finanzmarktinstrumente, S. 27.
[37] Vgl. *A. Geyer / Hanke / Littich / Nettekoven,* Grundlagen der Finanzierung, S. 274.
[38] Im Gegensatz zu amerikanischen Optionen können europäische Optionen nur am vereinbarten Fälligkeitstag, nicht hingegen während der Laufzeit und damit jederzeit ausgeübt werden, vgl. *Hull,* Optionen, S. 276.

fen.[39] Ein *Put* hingegen eröffnet die Möglichkeit, unter diesen Bedingungen ein Verkaufsrecht auszuüben.[40] Der Inhaber wird sein Kauf- respektive Verkaufsrecht dabei nur dann ausüben, wenn das *Underlying* eine für ihn günstige Entwicklung genommen hat.

Finanzmarktteilnehmer können verschiedene Positionen einer Option halten, welche wiederum mit unterschiedlichen Gewinn-Verlust-Profilen verbunden sind. Die Höhe der Optionsprämie spielt dabei eine wesentliche Rolle. Zudem ist das Gewinn-Verlust-Profil bei Optionen nicht symmetrisch. Beim Kauf einer Kaufoption (*Long Call*) etwa verschafft sich der Käufer das Recht, das *Underlying* bei Fälligkeit käuflich zu erwerben, wobei der maximale Verlust die Höhe der Optionsprämie nicht überschreitet.[41] Die Gewinnmöglichkeiten sind indes unbeschränkt.[42] Der Verkauf einer Kaufoption (*Short Call*) geht dagegen mit prinzipiell unbeschränkten Verlustgefahren und einem maximal möglichen Gewinn in Höhe der Optionsprämie einher und verpflichtet den Verkäufer für den Fall, dass die Option am Fälligkeitstag ausgeübt wird, den Basiswert zu den vereinbarten Konditionen zu übertragen.[43] Der Kauf einer Verkaufsoption (*Long Put*) wiederum ermöglicht es, bei auf die Optionsprämie beschränktem Verlustrisiko durch die Ausübung des Verkaufsrechtes am Fälligkeitstag von fallenden Kursen zu profitieren, wobei die Gewinnmöglichkeiten bei völliger Wertlosigkeit der Option maximal sind.[44] Die Verkaufsposition einer Verkaufsoption (*Short Put*) ist für ihren Inhaber hingegen gewinnbringend, sobald der Kurs über den Ausübungspreis steigt.[45] In diesem Fall kann ein maximaler Gewinn in Höhe der Optionsprämie generiert werden, während gleichzeitig infolge des grundsätzlichen Einstehenmüssens des Halters dieser Position für die wertmäßige Entwicklung des *Underlying* auch unbeschränkte Verlustrisiken bestehen.[46] Die asymmetrische Risikoverteilung von Optionen führt somit letztlich dazu, dass die Kaufposition immer mit einem auf die Optionsprämie beschränkten Verlust verbunden ist, während dieser für die Verkaufsposition prinzipiell unbeschränkt ist.

4. Kreditderivate

Mit Kreditderivaten kann das Kreditrisiko separiert und gehandelt werden.[47] Die besondere Gefährlichkeit dieser Produkte resultiert aus der fehlenden Not-

---

[39] Vgl. *Bösch*, Derivate, S. 32.
[40] Vgl. *Bösch*, Derivate, S. 33.
[41] Vgl. *Rudolph/K. Schäfer*, Derivative Finanzmarktinstrumente, S. 22.
[42] Vgl. *Tietze*, Einführung in die Finanzmathematik, S. 361.
[43] Vgl. *Rudolph/K. Schäfer*, Derivative Finanzmarktinstrumente, S. 22.
[44] Vgl. *Tietze*, Einführung in die Finanzmathematik, S. 363.
[45] Vgl. *Rudolph/K. Schäfer*, Derivative Finanzmarktinstrumente, S. 24.
[46] Vgl. *Rudolph/K. Schäfer*, Derivative Finanzmarktinstrumente, S. 24.
[47] Vgl. *Hull*, Optionen, S. 700.

wendigkeit, das abgesicherte Asset auch tatsächlich halten zu müssen. Es ist zwischen Credit-Default-Produkten, Credit-Spread-Produkten und Credit-Return-Produkten zu differenzieren. Die einzelnen Produkte unterscheiden sich dabei über die Risiken, deren Transfer sie dienen. Credit Default Produkte, deren bekanntester Vertreter der *Credit Default Swap* ist[48], sichern einzig das Ausfallrisiko ab, nicht hingegen das Risiko von Ausweitungen der Risikoprämie, des so genannten *Credit Spreads,* oder aber Zinssatzänderungen.[49] *Credit Default Swaps* werden daher auch als Ausfallversicherung bezeichnet. Sie werden zur Absicherung desjenigen Risikos eingesetzt, dass der Schuldner (Referenzunternehmen) seiner Zahlungsverpflichtung nicht nachkommt (Kreditereignis).[50] Tritt das Kreditereignis ein, zahlt der Verkäufer des *Credit Default Swap* an den Käufer eine Ausgleichszahlung, welche sich anhand der Differenz von Rest- und Nominalwert berechnet.[51] *Credit Default Swaps* sind auch dann noch handelbar, wenn der Referenzschuldner bereits zahlungsunfähig ist, sodass der Eintritt des Kreditereignisses, insbesondere auch bei einer Überbewertung durch Rating-Agenturen, verheerende und unvorhersehbare Folgen auf dem Finanzmarkt auslösen kann.[52]

Credit-Spread-Produkte gehen insoweit über Credit-Default-Produkte hinaus, als sie zusätzlich zum Ausfallrisiko auch Schwankungen des *Credit Spreads* und damit das gesamte Bonitätsänderungsrisiko absichern.[53] Beliebter Vertreter dieser Produkte ist die *Credit Spread Option,* deren Halter von einer im Zeitpunkt der Fälligkeit in Abhängigkeit von seiner Call- bzw. Put-Position günstigen Entwicklung des *Credit Spread* profitiert.[54] Zu berücksichtigen ist allerdings, dass auch Credit-Spread-Produkte das Risiko eines Ausfalls auch des neuen Schuldners letztlich nicht absichern können.[55]

Credit-Return-Produkte schließlich sichern neben Kredit- auch Marktrisiken ab.[56] Beim *Total Return Swap* etwa erfolgt der Tausch des gesamten ökonomischen Risikos eines Referenzaktivums, Gewinn und Zinszahlungen eingeschlossen, gegen variable Zinszahlungen zuzüglich eintretender Wertminderung des Referenzaktivums.[57]

---

[48] Ein weiteres beliebtes Credit-Default-Produkt ist der so genannte *Basket Credit Default Swap,* dessen Referenzaktiva aus einem „Bündel" vieler einzelner Verpflichtungen besteht, vgl. *Meissner,* Credit Derivatives, S. 24.

[49] Vgl. *Schierenbeck/Lister/Kirmße,* Ertragsorientiertes Bankmanagement Bd. 2, S. 223.

[50] Vgl. *Hull,* Optionen, S. 701.

[51] Vgl. *Martin/Reitz/Wehn,* Kreditderivate und Kreditrisikomodelle, S. 36.

[52] Vgl. hierzu *Hull,* Optionen, S. 703 f.

[53] Vgl. *Bösch,* Derivate, S. 275 f.

[54] Vgl. *Bösch,* Derivate, S. 276.

[55] Vgl. *Schierenbeck/Lister/Kirmße,* Ertragsorientiertes Bankmanagement Bd. 2, S. 224.

[56] Vgl. *Grundke,* Modellierung und Bewertung von Kreditrisiken, S. 25.

[57] Vgl. *Bösch,* Derivate, S. 277.

V. Strukturelle Besonderheiten komplexer Finanzderivate

Finanzderivate weisen im Vergleich zu anderen Finanzprodukten eine besondere Struktur auf, die einerseits schier unendliche Kombinationsmöglichkeiten einzelner derivativer Elemente und damit ein hohes Maß an Individualisierung bereitstellt, andererseits jedoch mit erheblichen Einbußen in der Transparenz einhergeht. Strukturelle Veränderungen und Kombinationen einzelner derivativer Finanzinstrumente führen dabei letztlich zu erheblichen Schwierigkeiten bei der Separation des transferierten systematischen Risikos. Auf diese Weise wird eine Gegenüberstellung der Chancen und Risiken des konkreten Handels nicht unerheblich erschwert.

1. Synthetische Reproduzierbarkeit

Wesentliches Charakteristikum derivativer Instrumente und entscheidendes Werkzeug des *Financial Engineering* (auch bezeichnet als Strukturierung) ist die synthetische Reproduzierbarkeit von Finanzderivaten. Derivative Finanzinstrumente können aufgrund ihrer besonderen Verknüpfung mit dem zugrunde liegenden *Underlying* synthetisch als Kombination der einzelnen Positionen nachgebildet werden.[58] Finanzderivate bilden insoweit auch immer die zugrundeliegenden Zahlungsströme des *Underlying* ab. An dieser Erkenntnis setzt auch die mathematische Bewertung an, im Rahmen derer eine Zerlegung des Derivates in seine einzelnen Bestandteile letztlich eine Modellierung des gesamten Produktes ermöglicht. So lässt sich etwa ein *Long Call* als Kombination eines *Long Puts* sowie einer Future-Long-Position nachbilden.[59] In jüngster Vergangenheit hat sich insbesondere die isolierte Verbriefung von Kreditrisiken über synthetische *Credit Default Swaps* als fatal erwiesen. Das Auseinanderklaffen von tatsächlicher Kreditposition und verbrieftem Kreditrisiko in Verbindung mit der fehlenden Notwendigkeit, entsprechende Sicherheiten für die übernommene Position zu hinterlegen, führte dazu, dass vollständig unklar war, wie das konkrete Kreditrisiko letztlich gesichert wurde und wie liquide diese Sicherung war.

2. Strukturierte Finanzprodukte

Von strukturierten Finanzprodukten wird gemeinhin dann gesprochen, wenn die Anlage aus mehreren Finanzinstrumenten besteht, von denen mindestens eines ein derivatives Element aufweist und auf diese Weise die Abhängigkeit zur Basiswertentwicklung herstellt.[60] Strukturierung bedeutet damit nichts anderes als das Zusammenfügen einzelner Produktparameter zu einem neuen Produkt.[61]

---

[58] Vgl. *Rudolph/K. Schäfer*, Derivative Finanzmarktinstrumente, S. 47.
[59] Vgl. *Bloss/Ernst*, Derivate, S. 114.
[60] Vgl. *Cottin/Döhler*, Risikoanalyse, S. 260.
[61] Vgl. *Köhler*, Die Zulässigkeit derivativer Finanzinstrumente, S. 123.

Über die Kombination einfacherer Anlagen können neue und individuelle Anlageprofile erschlossen werden, die so am Markt nicht auf Anhieb erworben werden können.[62] Auf diese Weise kann das Risikoprofil auf den konkreten Anleger angepasst werden. Diese Individualisierung birgt jedoch zugleich auch ein großes Risiko, da die Funktionsweise solcher strukturierten Produkte häufig nicht vergleichbar ist, sich aus der konkreten Bezeichnung des Produktes nicht entnehmen lässt und dem Anleger daher oftmals verborgen bleibt.[63] Beliebt sind strukturierte Produkte insbesondere im Bereich der Zinsswaps. Beim *Constant Maturity Swap* etwa leisten und erhalten beide Handelspartner einen variablen Zins, beispielsweise einen kurzfristigen Geldmarktzinssatz (z. B. LIBOR oder EURIBOR) und einen langfristigen Kapitalmarktzinssatz, die zum Ende der Laufzeit getauscht werden.[64] *Constant Maturity Swaps* haben in rechtlicher Hinsicht insbesondere in Kombination mit einem Spread-Ladder-Element für Aufsehen gesorgt.[65] Im Rahmen eines *CMS-Spread-Swaps* wird ein fester gegen einen variablen Zinssatz ausgetauscht, wobei der variable Zins zusätzlich an die Entwicklung des *Spreads,* also der Zinsstrukturkurve, angebunden wird.[66] Der Swap liegt im Geld, sofern die Zinsstrukturkurve einen hinreichend steilen Verlauf nimmt.[67] Wird zudem ein Leitereffekt (*Ladder*) eingepreist, richtet sich die Berechnung des variablen Zinssatzes zusätzlich nach dem *Spread* der vorangegangenen Periode.[68] Beim *CMS-Spread-Ladder-Swap* handelt es damit praktisch um eine Wette auf den Zinsabstand[69], deren besondere Gefährlichkeit aus der Übertragung einer abflachenden Zinsstrukturkurve in die Berechnung der Folgeperiode resultiert. Ein *CMS-Spread-Ladder-Swap* lässt sich überdies mit unterschiedlichen Optionselementen anreichern, wodurch der Hebeleffekt weiter verstärkt wird.

Neben strukturierten Swaps sind auch strukturierte Optionen verbreitet. Ihre Struktur unterscheidet sich von derjenigen gewöhnlicher Plain-Vanilla-Optionen erheblich, weshalb sie auch als Exotische Optionen bezeichnet werden. Die Ausübung der *over the counter* gehandelten *Barrier-Option* etwa hängt davon ab, ob der Wert des *Underlying* innerhalb der Laufzeit einen festgelegten Wert über- oder unterschreitet.[70] Ausfallinduzierte *Barrier-Optionen* werden bei Unterschreiten einer Ausfallschranke ausgelöst.[71] Das besondere Risiko besteht hier in

---

[62] Vgl. *Burth/Kraus/Wohlwend,* Finanzmarkt und Portfolio Management 2000, 345 (345).

[63] Vgl. *Janos/Hunziger,* Rendite und Risiken von Zertifikaten, S. 48.

[64] Vgl. *Roller/Elster/Knappe,* ZBB 2007, 345 (346).

[65] Vgl. insbesondere das „Ille-Urteil" des Bundesgerichtshofs, *BGHZ* 189, 13 ff.

[66] Vgl. *Rudolph/K. Schäfer,* Derivative Finanzmarktinstrumente, S. 137.

[67] Vgl. *Rudolph/K. Schäfer,* Derivative Finanzmarktinstrumente, S. 137.

[68] Vgl. *Rudolph/K. Schäfer,* Derivative Finanzmarktinstrumente, S. 137.

[69] Vgl. *Roller/Elster/Knappe,* ZBB 2007, 345 (346).

[70] Vgl. *Hull,* Optionen, S. 738.

[71] Vgl. *Brigo/Morini/Pallavicini,* Counterparty Credit Risk, S. 48.

dem Auftreten plötzlicher Kurssprünge des *Underlying*, die zum Überschreiten der Schranke führen und damit die Option entsprechend der Vereinbarung entweder aktivieren (*Knock-In-Optionen*) oder aber auflösen (*Knock-Out-Optionen*).[72] Zu den exotischen Optionen zählen auch *Basket-Optionen*. Der Ausübungspreis ist hier abhängig von der Entwicklung mehrerer Basiswerte.[73] Finanzmarktakteure können mithilfe solcher „Körbe" an Finanzinstrumenten ganze Branchenentwicklungen erfassen.[74]

Bei den weniger populären *Asiatischen Optionen* wird der Ausübungspreis anhand des durchschnittlichen Wertes des *Underlying* über die Laufzeit ermittelt.[75] Möglich sind auch Kombinationen aus einzelnen Derivatetypen. So kann etwa ein Swap um ein Optionselement erweitert werden, so genannte *Swaption* (auch: *Swapoption*).[76] Dieser Struktur entspricht dabei letztlich auch die Vereinbarung eines einseitigen Kündigungsrechtes der Bank. Die Bank wird diese optionale Kündigungsmöglichkeit dabei in aller Regel dann ausüben, wenn die Zinsstrukturkurve einen für den Anleger günstigen Verlauf nimmt.

Zu den strukturierten Kreditderivaten zählen etwa die so genannten *Credit Linked Notes*. Sie sind Schuldverschreibungen, die um ein Kreditderivat, etwa einen *Credit Default Swap* oder ein Credit Spread Produkt, ergänzt werden.[77] Ob und inwieweit eine Auszahlung erfolgt, hängt somit auch bei *Credit Linked Notes* vom Eintritt des verknüpften Kreditereignisses ab. Fällt der Referenzschuldner während der Laufzeit nicht aus, erhält der Anleger den Nominalwert der *Credit Linked Notes* bei Fälligkeit, andernfalls muss er diesen Betrag an den Emittenten entrichten.[78]

Die vorstehende nicht abschließende Darstellung einiger strukturierter Produkte zeigt die beinahe grenzenlosen Möglichkeiten des *Financial Engineering* auf. Emittenten können auf diese Weise individuellen Anlegerwünschen mit darauf angepassten Risikoprofilen entsprechen. Nicht zuletzt kann infolge der Strukturierung der Hebeleffekt um ein Vielfaches verstärkt werden, was neben der Chance, entsprechend höhere Gewinne zu generieren, ebenso enorme Verlustrisiken birgt. Zudem können strukturierte Derivate wegen ihrer Spezialität und Individualität auf den außerbörslichen Märkten nicht jederzeit gehandelt werden. Aus denselben Gründen können sie nicht mehr vollständig über synthetische Nachbildung der klassischen Derivatetypen abgebildet und bewertet wer-

---

[72] Vgl. *Hull*, Optionen, S. 738, 741.

[73] Vgl. *Bloss* (Hrsg.), Financial Engineering, S. 418.

[74] Vgl. *Janos/Hunziger*, Rendite und Risiko von Zertifikaten, S. 28.

[75] Vgl. *M. Günther/Jüngel*, Finanzderivate mit MATLAB, S. 146.

[76] Vgl. *Hull*, Optionen, S. 1016.

[77] Vgl. *Heidorn/Schäffler*, Finanzmathematik in der Bankpraxis, S. 256.

[78] Vgl. *Bielecki/Rutkowski*, Credit Risk, S. 22.

den[79], sodass auch die Absicherung der zum Teil erheblich gehebelten Risiken nur eingeschränkt möglich ist. In Kombination mit den in den meisten Verträgen erst nach Ablauf einer gewissen Laufzeit vorgesehenen Kündigungsmöglichkeiten kann es so zu einer dauerhaften Bindung an verlustbringende Investitionen kommen.

VI. Risikotransfer zwischen den Finanzmarktakteuren

Finanzderivate ermöglichen den Transfer systematischer Risiken zwischen den Handelspartnern, wobei das letztlich übertragene Risiko maßgeblich abhängig ist vom entsprechend gewählten Produkt. Der Handelsgegenstand „Risiko" bedarf einer eingehenderen Untersuchung. Insoweit gilt es einen Risikobegriff herauszustellen, der es erlaubt, das systematische Risiko in den betrugsspezifisch interaktionistisch-kommunikativen Kontext einzubetten.

1. Systematisches Risiko als Parameter
der entscheidungserheblichen Risikogrundlage

Auch beim Handel mit Finanzderivaten treten die Handelspartner über einen kommunikativen Kontakt in ein privatautonom gestaltetes Rechtsverhältnis ein. Insoweit lässt sich mit Blick auf eine Annäherung an den betrugsstrafrechtlichen Risikobegriff zunächst an das allgemein als Vertragsrisiko bezeichnete Risikoverständnis anknüpfen. Vertragsrisiko wird zuweilen auch als „innervertragliches Risiko" definiert und als dasjenige Risiko beschrieben, welches erst durch die vertragliche Verbundenheit geschaffen wird und lediglich innerhalb dieser wirkt.[80] Vertragsrisiko in diesem Sinne ließe sich somit letztlich auch als Resultat der Betätigung rechtsgeschäftlichen Willens verstehen. Vom „innervertraglichen Risiko" wird sodann dasjenige Risiko abgegrenzt, das von außen an das vertragliche Verhältnis herangetragen wird.[81] Diese Unterscheidung zwischen „innervertraglichem" und „außervertraglichem" Risiko lässt jedoch außer Betracht, dass die Vertragsparteien die Ausgestaltung des „innervertraglichen Risikos" nicht vornehmen werden, ohne auch das „außervertragliche Risiko" einzubeziehen. Dass die mit Letzterem verbundene Unsicherheit auch explizit zum Vertragsgegenstand erhoben werden kann, hindert nicht die Verschmelzung beider Risikoformen in der Risikogrundlage des Vertrages.[82] Zutreffender ist Vertragsrisiko somit im Sinne Fikentschers zu verstehen als die bewusste Entfernung der

---

[79] Vgl. *Janos/Hunziger,* Rendite und Risiken von Zertifikaten, S. 27.

[80] Vgl. *Trafkowski,* Kreditderivate und Versicherungsderivate als Risikotransferverträge, S. 55.

[81] Vgl. *Trafkowski,* Kreditderivate und Versicherungsderivate als Risikotransferverträge, S. 56.

[82] So im Ergebnis dann auch *Trafkowski,* Kreditderivate und Versicherungsderivate als Risikotransferverträge, S. 57.

Vertragsparteien von der Wirklichkeit in der Voraussicht sich ändernder Interessen und Zustände.[83] Die einzelnen Entfernungen sind nach diesem Verständnis einzig verknüpft über einen gemeinsamen Risikorahmen, der für beide Parteien demselben Schicksal unterworfen ist.[84] Damit verbunden ist gleichsam auch ein Element des Einstehenmüssens für die eigene Entscheidung. Vertragsrisiko bedeutet also auch die Pflicht, den Vertrag zu erfüllen, wenn die erhoffte Wirklichkeitsentwicklung ausbleibt.[85] Vertragsrisiko lässt sich daher in einem ersten Schritt als das Ergebnis einer eigenverantwortlich getroffenen zukunftsbezogenen Prognose beider Vertragspartner definieren, die diese mit Blick auf den Vertragsgegenstand in den Grenzen des geltenden Rechts bindet und verpflichtet. Diese Prognose kann dabei in unterschiedlichem Ausmaß von Unsicherheitsfaktoren abhängen, welche letztlich auch den Vertragsschluss insgesamt bestimmen können. Damit steht jedoch zugleich fest, dass der unsicherheitsinduzierte Risikobegriff im Sinne seiner Entscheidungserheblichkeit zu bilden ist. Risiko wird daher im hiesigen Kontext als Parameter dispositiver Entscheidungsfindung und damit als Kernelement rechtserheblicher Kommunikation verstanden. Die Begriffe „Risiko" und „Risikogrundlage" weisen damit eine divergierende Bedeutung auf. Im Gegensatz zur Risikogrundlage kann das Risiko in unterschiedlicher Gestalt auftreten. So kann es etwa durch mathematische Modellierung einen mathematischen Aussagegehalt über Geschehnisse der Gegenwart erhalten. Risiko kann überdies in unterschiedlichen Ursprüngen wurzeln, da es etwa sich ändernde persönliche Umstände, Reformen der rechtlichen Rahmenbedingungen oder aber stochastische Unsicherheiten betreffen kann. Über den Begriff des Risikos lässt sich damit der Prognoseprozess selbst auch an objektive Kriterien anknüpfen. Die Risikogrundlage hingegen bezeichnet letztlich das Ergebnis des Risikoprognosevorgangs insgesamt und repräsentiert nach hiesigem Verständnis das, was verbreitet unter dem Vertragsrisiko verstanden wird. Der Begriff des Risikos lässt sich damit zwar mit Blick auf seine strafrechtliche Bedeutung nicht abschließend und im Einzelnen bezeichnen. Er lässt sich jedoch über seine Entscheidungserheblichkeit als kleinstem gemeinsamen Nenner mit dem Risikoverständnis des Zivilvertragsrechtes als Bestandteil der Risikogrundlage verorten und so in die Strafrechtsdogmatik überführen. Zu betonen ist überdies, dass Risiko im hier verwandten Sinne – und entsprechend des mathematischen Risikobegriffs – nicht ausschließlich bezogen auf die Verlustkomponente und damit die Gefahr, dass sich eine Prognose als nachteilig erweist, zu betrachten ist. Vielmehr umfasst der Risikobegriff auch die Chancen, die sich aus der Unvorhersehbarkeit der Entwicklung ergeben.[86]

---

[83] Vgl. *Fikentscher,* Die Geschäftsgrundlage, S. 31.

[84] Vgl. *Fikentscher,* Die Geschäftsgrundlage, S. 32.

[85] Vgl. *Henssler,* Risiko als Vertragsgegenstand, S. 12.

[86] Vgl. auch *Cottin/Döhler,* Risikoanalyse, S. 1 f.; *Spremann/Gantenbein,* Finanzmärkte, S. 97; *Rudd/Clasing,* Modern Portfolio Theory, S. 106.

Mit Blick auf Finanzderivate lässt sich der Risikobegriff mit dem systematischen Risiko weiter präzisieren. Über den Einsatz derivativer Finanzinstrumente wird das systematische Risiko explizit zum Vertragsgegenstand erhoben. Der Prognoseprozess ist hier unmittelbar an das letztlich transferierte systematische Risiko gekoppelt. Dieses wirkt als (ein) entscheidungserheblicher Parameter in die Risikogrundlage des Handels hinein und lässt sich als wesentlicher Bestandteil der Risikoentscheidung in diese implementieren.

2. Quantifizierung und Modellierung von Markt- und Kreditrisiken

Inwieweit eine Anlage Markt- und Kreditrisiken unterliegt, ist für Finanzmarktakteure sowohl im Rahmen eines spekulativen Auftretens, als auch beim *Hedging,* von entscheidender Bedeutung. Risiken sind zunächst als solche nicht gegenständlich wahrnehmbar. Ihre Handelbarkeit erfordert daher, dass sie einer Bezifferung zugänglich gemacht werden, die ihre wertmäßige Bestimmung ermöglicht. Risikomaße erlauben eine solche Quantifizierung systematischer Risiken und eröffnen damit die Möglichkeit sowohl eines direkten Risikovergleichs einzelner Finanzderivate als auch einer Preismodellierung insgesamt. Das systematische Risiko als entscheidungserheblicher Parameter im Sinne des vorstehenden Risikobegriffs lässt sich auf diese Weise mathematisch konkret beziffern.

a) Die Risikomaße

Risikomaße können Wahrscheinlichkeitsverteilungen unsicherer Ereignisse in (positiven) reellen Zahlen ausdrücken.[87] Das schlichteste Risikomaß stellt die Volatilität dar. Sie beschreibt die durchschnittliche Abweichung der tatsächlichen Rendite von der erwarteten Rendite, dem Mittelwert.[88] Volatilitäten können aus historischen Daten, als zukunftsbezogene Schätzung oder aber als implizite Volatilitäten aus den sich in den (Options-)Preisen widerspiegelnden Erwartungen der Marktteilnehmer ermittelt werden. Bei lebensnaher Betrachtung ist diesbezüglich von der grundlegenden Annahme auszugehen, dass Anleger sich bei Übernahme eines höheren nicht diversifizierbaren Risikos, also einer volatileren Anlage, auch in gleichem Maße höhere Chancen ausrechnen werden, einen Gewinn zu generieren.

Neben der Volatilität zählt zu den Standardrisikomaßen auch der *Value at Risk (kurz: VaR).* Er bildet den maximalen Verlust bei festgeschriebener Wahrscheinlichkeit während eines feststehenden Zeitraumes ab.[89] Der *Value at Risk* wird

---

[87] Vgl. *Gleißner/Füser,* Praxishandbuch Rating und Finanzierung, S. 39.
[88] Vgl. *Mondello,* Portfoliomanagement, S. 11.
[89] Vgl. *Bloss* (Hrsg.), Financial Engineering, S. 63.

insbesondere auch von Kreditinstituten genutzt, um die nach Maßgabe von Basel I, II und III erforderliche Eigenkapitalunterlegung zu ermitteln.[90] Dieses Risikomaß erlaubt im Gegensatz zur Volatilität jedoch keine Aussage dahingehend, inwieweit eine Anlage im Vergleich zu einer anderen als riskanter zu beurteilen ist, weil ohne Berücksichtigung der Wahrscheinlichkeit für den Eintritt des Maximalverlustes ein höherer maximaler Verlust nicht bereits auf ein riskanteres Produkt hinweist.[91] Der *Conditional Value at Risk* (kurz: *CVaR*) geht schließlich insoweit über den *Value at Risk* hinaus, als dieses Risikomaß nicht nur den maximal zu erwartenden Verlust, sondern auch den bei Überschreiten des *Value at Risk* zu erwartenden Verlust angibt.[92]

Die Messbarkeit des Risikos erschöpft sich nicht in dessen Quantifizierung sowie Modellierung im Rahmen der Preisbildung. Sensitivitätskennzahlen können Aufschluss darüber geben, wie sich die Veränderung einzelner Variablen auf den ermittelten Preis auswirkt.[93] Die Sensitivitätskennzahlen von Optionspreisen werden als *Greeks* bezeichnet, lassen sich aus der Optionspreisformel ableiten[94] und stecken jeweils eine andere Risikodimension ab.[95] Während *Delta* (Δ) die Sensitivität des Optionspreises zum Preis des Basiswertes und *Vega* (ν) diejenige des Portfoliowertes gegenüber der Volatilität des *Underlying* angibt, beschreibt *Theta* (Θ) die Abhängigkeit des Portfoliowertes zur Restlaufzeit.[96] *Gamma* (Γ) bildet die Sensitivität von Portfolio-Delta und Preis des *Underlying* ab, *Rho* (ϱ) schließlich diejenige von Portfoliowert und Zinssatz.[97]

Risiko lässt sich somit nicht lediglich als reelle Zahl quantifizieren. Es kann vielmehr auch die Abhängigkeit einzelner Einflussfaktoren beschreiben und auf diese Weise messbar machen.

b) Informationstransfer über die Modellierung von Risiken

Risiken lassen sich mathematisch modellieren, wobei dies überwiegend anhand der Wahrscheinlichkeitstheorie vorgenommen wird.[98] Diese Modellierung erlaubt es, das tatsächliche Marktgeschehen über stochastische Prozesse zu beschreiben.[99] Jede modellgestützte Nachbildung stellt dabei wegen der auch durch

---

[90] Vgl. *Hull*, Optionen, S. 610 f.
[91] Vgl. *Wolke*, Risikomanagement, S. 13.
[92] Vgl. *Theiler*, in: Everling/Goedeckemeyer, Bankenrating, S. 373 (378).
[93] Vgl. *Bloss* (Hrsg.), Financial Engineering, S. 220.
[94] Vgl. *Eck/Riechert*, Professionelles Eurex-Trading, S. 92.
[95] Vgl. *Hull*, Optionen, S. 500.
[96] Vgl. *Hull*, Optionen, S. 503, 510, 517.
[97] Vgl. *Hull*, Optionen, S. 513, 520.
[98] Vgl. *Irle*, Finanzmathematik, S. 14.
[99] Vgl. *Cottin/Döhler*, Risikoanalyse, S. 4.

das beste Modell nicht in vollem Umfang erfassbaren Komplexität realen Geschehens immer nur ein vereinfachtes Abbild desselbigen dar.[100] In diesem Sinne vernachlässigt die mathematische Modellierung typischerweise unbekannte Daten oder bestimmt diese nur näherungsweise.[101] Jedes Modell muss daher vereinfachende Annahmen treffen, die es erlauben, die Realität mathematisch abzubilden. Dem einzelnen Modell haften dabei unterschiedliche Modellrisiken an, welche sich aus dem zugrunde gelegten Risikomaß sowie der einzelnen Annahmen ergeben. Damit lässt sich zugleich auch konstatieren, dass mathematische Modelle das Risiko mathematisch nie vollständig darstellen können. Vielmehr überführen sie reale Begebenheiten in die formal logische Sprache der Mathematik[102], um mittels dieser formalen Logik Lösungen für Probleme der Realität bereitzustellen. Mit Blick auf diesen Transfervorgang lässt sich jedoch für das hiesige Forschungsvorhaben eine entscheidende Erkenntnis ziehen: Die grundsätzlich nicht greifbare Risikowirklichkeit, als eine der rechtlichen Bewertung zunächst einmal entzogene Information, wird über diesen mathematischen Abbildungsprozess einer Implementierung in rechtsdogmatische Strukturen zumindest im Grundsatz zugänglich gemacht.[103] Auf den hiesigen Kontext übertragen bedeutet dies nichts anderes, als dass die über stochastische Prozesse modellierten Risikokomponenten für die Bewertung (Bepreisung) derivativer Finanzinstrumente herangezogen werden können. Der hiesigen Konzeption liegt somit ein Verständnis mathematischer Modellierung im Sinne eines (Risiko-)Informationstransfers zugrunde.

c) Informationstransfer und Markteffizienzhypothese

Die Markteffizienzhypothese bildet einen Zustand ab, der für das hiesige Forschungsvorhaben einen immensen Erkenntnisgewinn liefern könnte, sofern er sich als valide erweist. Die Preise in effizienten Märkten enthalten nämlich, je nach Ausprägung, in unterschiedlichem Umfang alle entscheidenden Informationen.[104] Ließe sich dieses Ergebnis halten, ermöglichte dies, das Verständnis mathematischer Modellierung im Sinne eines (Risiko-)Informationstransfers auf eine in diesem Sinne rationale Grundlage zu stellen, vorausgesetzt dieser Informationstransfer erwiese sich im Ergebnis als vollständig.

---

[100] Vgl. *Cottin/Döhler*, Risikoanalyse, S. 4.

[101] Vgl. *Eck/Garcke/Knabner*, Mathematische Modellierung, S. 1.

[102] Vgl. *Krabs*, Mathematische Modellierung, S. 9.

[103] Vgl. auch *Gusy*, JZ 1991, 213 (215): „Für die Rechtsdogmatik kann sich weder theoretisch noch praktisch die Frage nach der Einbeziehung ‚der Wirklichkeit‘, es kann sich vielmehr allein die Frage nach der Rezeption von Sätzen über Wirklichkeit stellen."

[104] Vgl. *Fama*, The Journal of Finance 25 (1970), 383 (383).

aa) Grundlagen

Effiziente Märkte zeichneten sich, wie bereits angedeutet, dadurch aus, dass die Wertpapierpreise alle verfügbaren Informationen reflektieren. Fama, Fisher, Jensen und Roll konnten im Jahr 1969 in diesem Zusammenhang eine entsprechende Anpassung der Aktienpreise nach der Einspeisung neuer Informationen beobachten.[105] Dies zu erklären sucht die Markteffizienzhypothese, die sich herkömmlich in drei Ausprägungen gliedern lässt.[106] Die schwache Markteffizienzhypothese besagt, dass eine Überrendite nicht erzielt werden kann, sofern lediglich historische Daten genutzt werden. Die mittelstarke Markteffizienzhypothese dagegen verneint die Möglichkeit, Überrenditen zu generieren für den Fall, dass ausschließlich öffentlich zugängliche Informationen herangezogen werden. Die starke Markteffizienzhypothese schließlich lässt die Möglichkeit, eine Überrendite zu erzielen, auch dann nicht zu, sofern Insiderinformationen genutzt werden. Sie postuliert vielmehr, dass die Preise alle Informationen enthalten, wird heute jedoch überwiegend nicht mehr vertreten.[107] Insiderinformationen können danach durchaus dabei unterstützen, eine überdurchschnittliche Rendite zu erwirtschaften. Hinsichtlich der Frage, inwieweit die Markteffizienzhypothese in der schwachen oder mittelstarken Form Geltung für sich beanspruchen kann, ist zunächst zu konstatieren, dass auch Aussagen zur Effizienz nicht ohne solche, den Finanzmarkt entsprechend vereinfachende Annahmen auskommen. Nach Fama sind diese für einen effizienten Markt zwar zureichend, keinesfalls jedoch notwendig.[108] Zu nennen sind die Abwesenheit von Transaktionskosten, aber auch die jederzeitige und kostenfreie Verfügbarkeit aller Informationen für alle Marktteilnehmer.

Ließe sich die Effizienz der Finanzmärkte nachweisen, wäre eine Teilnahme am Finanzmarkt ähnlich einer „fairen Wette" mit einer Chancengleichheit aller Finanzmarktteilnehmer verbunden.[109] Weder die Analyse historischer Kursverläufe, noch diejenige anderweitiger Finanzdaten, würde Investoren in die Lage versetzen, längerfristig eine im Vergleich zu einem zufällig gewählten Asset höhere Rendite zu erzielen.[110] Dies entspräche einem vollständigen Informationsgleichgewicht zwischen den Handelspartnern über die vollständige Informationsreflexion in den Marktpreisen. Ein Informationsvorsprung nützte keinem der am Handel Beteiligten, da alle Informationen bereits im Preis enthalten wären. Gleiches würde auch in Bezug auf das mit dem Handel verbundene Risiko gelten.

---

[105] Vgl. *Fama/Fisher/Jensen/Roll*, International Economic Review 10 (1969), 1 ff.

[106] Vgl. zu den nachstehenden Differenzierungen etwa *Deutsch/Beinker*, Derivate und interne Modelle, S. 497; *Schmid/Trede*, Finanzmarktstatistik, S. 151.

[107] Vgl. *Schredelseker*, Finanzwirtschaft, S. 411.

[108] Vgl. *Fama*, The Journal of Finance 25 (1970), 383 (387).

[109] Vgl. *Schredelseker*, Finanzwirtschaft, S. 370.

[110] Vgl. *Malkiel*, Journal of Economic Perspectives 17 (2003), 59 (59).

Die sich im Preis widerspiegelnden Informationen beinhalteten auch das Risiko der konkreten Anlage, da die im Spotpreis eingeschlossene erwartete Rendite das Risiko des Assets reflektierte mit der Folge, dass ein Investor, der in einem effizienten Markt einen Handel abschließt, eine Rendite erhält, die dem übernommenen Risiko entspricht.[111] Entscheidend ist somit, inwieweit die unterschiedlichen Formen der Markteffizienzhypothese auf überzeugende, wissenschaftliche Belege gestützt werden können.

bb) Untersuchung der Markteffizienz: Forschungsstand

Eine Überprüfung der Markteffizienzhypothese ist insoweit problematisch, als diese aufgrund ihres generellen Charakters allein nicht testbar ist.[112] Es bedarf somit stets eines Rückgriffs auf weiter präzisierende Modelle, wie etwa das *Capital Asset Pricing Model.* Die vom *Capital Asset Pricing Model* geforderte Grundannahme eines vollkommenen Marktes verlangt dabei denknotwendig auch dessen Informationseffizienz.[113] Dies lässt jedoch nicht unwesentlichen Zweifel am angestrebten Unterfangen aufkommen. Das *Capital Asset Pricing Model,* welches, wie es noch im Einzelnen zu untersuchen gilt, den Zusammenhang zwischen systematischem Risiko und erwarteter Rendite abbildet, muss zu diesem Zwecke weitere Annahmen treffen. Ließe sich eine überdurchschnittliche Rendite schließlich beobachten, könnte dies ebenso auf die dem *Capital Asset Pricing Model* zugrundeliegenden übrigen Annahmen zurückzuführen sein.[114] Ein Test der Markteffizienzhypothese stellt somit letztlich immer auch einen Test des *Capital Asset Pricing Model* dar und umgekehrt.[115] Ließe sich die Effizienz des Marktes nachweisen, so ist zudem zu beachten, dass diese einerseits darauf zurückzuführen sein kann, dass tatsächlich alle Informationen in den Preisen enthalten sind; ein solches Untersuchungsergebnis kann jedoch andererseits auch bedeuten, dass schlichtweg während des Untersuchungszeitraumes keinerlei neue Informationen aufgetreten sind.[116]

Die Frage nach der Effizienz der Märkte konnte schließlich bis heute, auch in der Auseinandersetzung mit dem *Capital Asset Pricing Model,* in der Finanzmarkttheorie nicht überzeugend beantwortet werden, wenngleich eine schier unüberschaubare Anzahl empirischer Arbeiten hervorgebracht wurde.[117] Kritiker

---

[111] Vgl. *Reilly/Brown,* Analysis of the Investments and Management of Portfolios, S. 73.

[112] Vgl. *Fama,* The Journal of Finance 25 (1970), 383 (384).

[113] Vgl. *Schredelseker,* Finanzwirtschaft, S. 372.

[114] Vgl. *Schredelseker,* Finanzwirtschaft, S. 411.

[115] Vgl. *Brealey/Myers/Allen,* Principles of Corporate Finance, S. 336.

[116] Vgl. *Hotz,* Das Capital Asset Pricing Model und die Markteffizienzhypothese, S. 45.

[117] Eine Auseinandersetzung mit den wesentlichen Argumenten und empirischen Untersuchungen findet sich etwa bei *Fama,* The Journal of Finance 46 (1991), 1575 ff.

führen insbesondere die beobachteten Marktanomalien an. Diese stellen Einflussfaktoren dar, die eine modellbasierte vollumfängliche Approximation der erwarteten an die tatsächlich beobachtete Rendite verhindern. Enthielten die Preise alle Informationen, dürfte eine Anlagestrategie, die diese Anomalien zu ihrem Vorteil nutzt, keine überdurchschnittliche Rendite erzielen.[118] Diesem Argument wird allerdings entgegengehalten, die häufig nur innerhalb kurzer Zeitfenster auftretenden Anomalien könnten zum Erwirtschaften einer Überrendite lediglich im *High-Frequency-Trading* genutzt werden.[119] Durchgreifend scheint indes der Einwand, bei lebensnaher Betrachtung würde kein Finanzmarktteilnehmer die Kosten einer Informationsbeschaffung in Kauf nehmen, ohne mit einer Rendite dafür entsprechend entschädigt zu werden. Erfolge jedoch keine Informationsbeschaffung, könne die Markteffizienzhypothese keinen Bestand haben, setze diese doch eine breit angelegte Informationsbeschaffung und -verarbeitung voraus, sog. Informationsparadoxon.[120] Nach einem von Grossmann und Stiglitz entwickelten Modell repräsentieren die Marktpreise Informationen informierter Marktteilnehmer daher nur teilweise, sodass diejenigen, die zusätzliche Ressourcen zur Informationsbeschaffung aufwenden, auch eine Überrendite generieren können.[121] Auch Jensen vertritt einen weniger strengen Effizienzbegriff, indem er einen Markt als effizient beschreibt, sofern die Überrendite die Informationskosten nicht übersteigt.[122] Campbell, Lo und MacKinlay gehen demgegenüber von einem weniger statischen, relativen Markteffizienzbegriff aus.[123]

Bereits diese auszugweise dargestellte wissenschaftliche Debatte zeigt, dass die Markteffizienzhypothese bis heute weder belegt noch widerlegt ist. Geht es um die Frage nach der Effizienz der Märkte, dürfte es daher letztlich um die Frage nach der Auslegung des Effizienzbegriffes gehen.[124]

cc) Stellungnahme: Markteffizienzhypothese und betrugsstrafrechtlicher Informationstransfer

Für und gegen die Effizienzmarkthypothese streiten empirische Untersuchungen und Ansichten in der einschlägigen Fachliteratur. Insbesondere lässt sich auch mit Blick auf die unterschiedlichen Märkte keine einheitliche Aussage tref-

---

[118] Vgl. auch *Schulz,* Die Rolle der Finanzanalysten, S. 55.

[119] Vgl. *Brealey/Myers/Allen,* Principles of Corporate Finance, S. 337.

[120] Vgl. *Grossmann/Stiglitz,* The American Economic Review 70 (1980), 393 (393).

[121] Vgl. *Grossmann/Stiglitz,* The American Economic Review 70 (1980), 393 (393).

[122] Vgl. *Jensen,* Journal of Financial Economics 6 (1978), 95 (96).

[123] Vgl. *Campbell/Lo/MacKinlay,* The Econometrics of Financial Markets, S. 24.

[124] Ähnlich auch *Schredelseker,* Finanzwirtschaft, S. 412, der postuliert, es komme nicht darauf an, ob der Markt als effizient bewertet werden könne, sondern in welchem Maß dies anzunehmen sei.

fen, weil diese in unterschiedlichem Maße effizient sind.[125] Die Effizienzmarkt-hypothese ist daher vom hiesigen Standpunkt aus nicht geeignet, eine wissen-schaftlich hinreichend gesicherte Grundlage für eine strafrechtliche Beurteilung zu liefern. Die Effizienz des Finanzmarktes ist jedoch auch nicht Voraussetzung eines Transfers von Informationen über mathematische Modellierung in straf-rechtliche Zusammenhänge. Die strafrechtliche Verantwortung am Maßstab umfassendster Information auszurichten bedeutete letztlich Unmögliches zu ver-langen. Sofern Risiko hier als Parameter der entscheidungserheblichen Risiko-grundlage verstanden wird, kann nicht die Quantität der über mathematische Mo-dellierung transferierten Informationen, sondern nur deren Qualität entscheidend sein. Hinzu tritt, dass das Effizienzdenken mit dem Strafrecht insoweit nicht ver-einbar ist, als der Schutz von Rechtsgütern im Strafrecht völlig unabhängig jeg-lichen Effizienzmaßstabes verankert ist.[126] Legte man dem Informationstransfer die Anforderungen der Effizienzmarkthypothese zugrunde, verlangte man letzt-lich einen rationalen Finanzmarktakteur, der diese Informationen extrahiert und in die Entscheidungsfindung implementiert. Damit würde der strafrechtliche Schutz von Vornherein unter das Postulat rationaler Informationsverwertung ge-stellt. Das Strafrecht kann sich zwar nicht vollständig dem Rationalitätsgedanken erwehren, weil es Wirtschaftsakteure nicht von der Einholung jedweder Infor-mation sowie deren Transfer zwischen den Marktteilnehmern befreit und damit letztlich auch rationales Handeln einfordert. Rechtsdogmatik muss auch insoweit rational sein, als sich andernfalls schlicht keine allgemeingültigen Maßstäbe bil-den und in Verhaltensanforderungen niederlegen lassen. Das Strafrecht jedoch in grundsätzlicher Weise einer Informationseffizienz, gleich welcher Form, zu ver-schreiben, birgt die Gefahr, dass es sich zu einem abstrakten Gebilde entwickelt. Sein und Sollen würden in einem nicht mehr hinnehmbaren Ausmaß auseinan-derklaffen und eine rechtssichere Informationsverwertung zwischen den Rechts-subjekten unmöglich machen. Strafrechtskonformes Verhalten forderte vollum-fänglich informierte Rechtssubjekte, die die an sie herangetragenen Informatio-nen zugleich in der wirtschaftlich sinnvollsten Weise einsetzen und damit eine Illusion. Rationalität kann in strafrechtlicher Hinsicht daher nie umfassend, son-dern immer nur in dem Maße gefordert werden, in dem sie notwendig ist, um ein gesellschaftsverträgliches Miteinander zu gewährleisten. Dies herauszuarbeiten ist jedoch originäre Aufgabe der Strafrechtsdogmatik selbst.

Neben dieser strafrechtsimmanenten Unzulänglichkeit lassen sich auch Beden-ken anführen, die das systemische Verhältnis von Recht und Wirtschaft betreffen. Auch die Wirtschaft als eigenständiges Teilsystem weist normative Strukturen auf.[127] Der Informationstransfer über die Preisbildung ist dabei als unmittelbarer

---

[125] Vgl. *Kress,* Effizienzorientierte Kapitalmarktregulierung, S. 59.

[126] Vgl. *Beckemper,* in: FS Achenbach, S. 29 (33).

[127] Vgl. *W. Hassemer,* wistra 2009, 169 (170 f.).

Ausfluss eines (informations-)effizienten Marktes Teil der Selbstregulierung dieses Systems. Machte das Strafrecht sich nunmehr an dieser Stelle einen Aspekt dieses dynamischen Prozesses zu eigen, indem es ihn der notwendig systemeigenen dogmatischen Statik unterwirft, griffe es in unzulänglicher Weise in einen weitaus komplexeren Prozess ein.[128] Auf diese Weise würde die Wirklichkeit über die Verschmelzung systemverschiedener normativer Strukturen an einer Stelle verkürzt, an der das Recht auch mit den eigenen normativen Strukturen zu tragfähigen Ergebnissen käme. Dass alle Informationen in den Marktpreisen enthalten sind, ist keine konstitutive Voraussetzung, um Informationsungleichgewichte unter den Marktteilnehmern rechtsdogmatisch einzubetten. Das Strafrecht ist über die dogmatische Methode vielmehr befähigt, einen eigenen Rationalitätsmaßstab herauszubilden.[129]

Eine Rationalisierung des Strafrechts im Sinne eines effizienten Finanzmarktes wird daher an dieser Stelle abgelehnt. Dieser Standpunkt hindert jedoch nicht, die Effizienz des Finanzmarktes einer mathematischen Modellierung zugrunde zu legen, deren Erkenntnisse sich auch für die Strafrechtsdogmatik als erkenntnisfördernd erweisen könnten. Die Effizienzmarkthypothese ist deshalb im Rahmen des hiesigen Forschungsvorhabens weniger an ihrer Fähigkeit, die Realität exakt zu beschreiben, sondern vielmehr mit Blick auf ihre Funktion, taugliche Annahmen für finanzmathematische Bewertungsmodelle zu liefern, zu bewerten.

B. Charakteristik derivativer Finanzinstrumente

Derivative Finanzinstrumente weisen eine besondere Charakteristik auf, welche sich insbesondere in deren spezifischen Risikoprofil zeigt. Für die Rechtswissenschaft ist damit die Herausforderung verbunden, die mit dem *Financial Engineering* aufgetretenen neuartigen Strukturen und Gefahren einer rechtsdogmatischen Bewertung zuzuführen. Zu untersuchen bleibt, inwieweit der Charakter derivativer Finanzinstrumente in diesem Zusammenhang dazu zwingt, an ihm die Maßstäbe einer strafrechtlichen Behandlung – und damit letztlich auch die Entscheidung um die Aufklärungsbedürftigkeit einzelner Umstände – auszurichten. Im Folgenden werden daher unterschiedliche Merkmale einer Untersuchung dahingehend unterzogen, inwieweit sie einen Erkenntnisgewinn für die strafrechtliche Behandlung von Finanzderivaten erlauben. Ziel ist dabei eine Verknüpfung des eigenen Risikobegriffs mit den Spezifika mathematischer Preisbildung derivativer Finanzinstrumente.

---

[128] Die Bedeutung eines systemautonomen Bereichs der Selbstregulierung ebenfalls herausstellend *W. Hassemer,* wistra 2009, 169 (171).

[129] Vgl. *Bumke,* Rechtsdogmatik, S. 11.

I. Leitgedanke der Untersuchung eines mathematisch-strafrechtsdogmatischen Informationstransfers

Finanzmarktteilnehmer verfolgen am Markt zwar durchaus unterschiedliche Ziele. Unabhängig davon, inwieweit Risikopositionen durch ein *Hedging* abgesichert werden sollen oder aber durch einen spekulativen Einsatz derivativer Finanzinstrumente unmittelbar Gewinne generiert werden sollen, ist eine möglichst realitätsgetreue Bepreisung des konkreten Finanzderivates notwendige Voraussetzung, um diese Ziele zu erreichen. Ein sinnvoller Einsatz kann daher nur unter der Prämisse einer Abbildung des systematischen Risikos erfolgen. Für die Preisbildung von Finanzderivaten entscheidend sind die zu diesem Zwecke eingesetzten finanzmathematischen Bewertungsmodelle. Die entsprechenden Modelle werden herangezogen, um die Chancen und Risiken des konkreten Geschäftes zu erfassen und damit zugleich einer Bewertung im Rahmen der Anlageentscheidung zugänglich zu machen. Anders als in anderen Bereichen rechtsgeschäftlichen Handelns flankiert somit das mathematisch modellierte Risiko – hier als systematisches Risiko – auch den Vertragsschluss insgesamt. Entscheidend ist daher insbesondere die Validität der einzelnen Modelle bezogen auf die Bestimmung „fairer" Marktpreise. Die Schwierigkeit, entsprechende Aussagen für die Rechtswissenschaft nutzbar zu machen, ergibt sich dabei insbesondere aus dem Modellierungsprozess an sich. Dem Transfer realer Risiken in die Formen der Mathematik muss eine erneute Transferleistung folgen, welche die über mathematische Sätze getroffenen Aussagen extrahiert und in die Rechtsdogmatik überführt. Die hiesige Untersuchung nimmt sich im dritten Kapitel dieses Schrittes an. Zuvorderst bedarf es jedoch einer Auseinandersetzung mit den einzelnen Vorgängen im Rahmen der mathematischen Modellierung. Erst eine Untersuchung des mathematischen Transferprozesses erlaubt eine Aussage hinsichtlich der Funktion, die diesem mit Blick auf die Konturierung der betrugsstrafrechtlichen Täuschung zugesprochen werden kann und befähigt auf diese Weise zur Bestimmung des nachfolgenden zweiten Transfervorgangs. Einen Schwerpunkt der nachfolgenden Untersuchung bildet dabei die Darstellung der Schwächen der einzelnen Modelle. Die in diesem Zusammenhang durchzuführende Analyse muss dabei zwangsläufig auf die für das Forschungsvorhaben wesentlichen Aspekte beschränkt bleiben. Sie orientiert sich somit an der Frage nach der in strafrechtlicher Hinsicht relevanten Charakteristik derivativer Instrumente und ist auf die grundlegenden Ansätze beschränkt.

II. Der faire Wert eines Finanzderivates und die Funktion finanzmathematischer Bewertungsmodelle

Die Ermittlung des Marktwertes anhand finanzmathematischer Bewertungsmodelle ist für die Parteien wesentlicher Indikator, um die mit der Anlage verbundenen Gewinnchancen den Risiken des Geschäftes gegenüberzustellen. Die so ermittelten Marktwerte fungieren daher in gewisser Weise als „Spielregeln". Ein „fairer" Wert beschreibt in diesem Zusammenhang den rechnerisch ermittelten gegenwärtigen Marktwert.[130] Er wird allgemein beschrieben als derjenige Wert, der aufgewendet werden muss, um die entsprechende Position verfrüht glattzustellen.[131] Dieser theoretische Wert wird in der Praxis über den Einsatz finanzmathematischer Bewertungsmodelle ermittelt. Liegt er bei Null, bildet er, wie es im Einzelnen noch aufzuzeigen gilt, die Parität der sich gegenüberstehenden Risiken der Parteien ab. Der Begriff des „fairen" Wertes ist somit insbesondere von demjenigen des Preises abzugrenzen. Während sich letzterer über Angebot und Nachfrage bildet, beschreibt der „faire" Marktwert gerade die Situation eines aufgrund informatorischen Gleichgewichts ausgeglichenen Risikoverhältnisses zwischen den Parteien.[132] In einem solchen „fairen" theoretischen Marktwert sind daher auch weder Transaktionskosten, noch Gewinnmargen berücksichtigt.[133]

III. Die einzelnen Modellierungsansätze

Finanzderivate werden auf unterschiedliche Weise modelliert. Dennoch wird in diesem Zusammenhang zumeist auf ähnliche Annahmen und Prinzipien zurückgegriffen. So hat sich etwa das Prinzip der Arbitragefreiheit als maßgebliches Instrument erwiesen, um Terminpreise rechnerisch zu ermitteln. Im Zuge der nachfolgenden Untersuchung werden die gängigen Preisbewertungsmodelle derivatspezifisch vorgestellt und einer Bewertung unter dem vorstehend formulierten Leitgedanken eines mathematisch-strafrechtsdogmatischen Risikoinformationstransfers unterzogen.

1. Bewertung von Forwards und Futures

Der nachfolgende Abschnitt behandelt die Preisbildung von Forwards bzw. Futures. Ziel der Untersuchung ist die Darstellung des Zusammenhangs zwischen dem Kassakurs eines Basiswertes und dessen Terminkurs über eine mathematische Modellierung. Sowohl mit Blick auf Forwards als auch auf Futures wird hierfür an das Prinzip der Arbitragefreiheit angeknüpft.[134]

a) Terminpreisbestimmung in vollkommenen Märkten

Das Finanzmarktgeschehen lässt sich zum Zwecke seiner Abbildung über die Annahme seiner Vollkommenheit entsprechend vereinfachen. Dies ist auch eine

---

[130] Vgl. *Mülbert,* WM 2007, 1149 (1151).
[131] Vgl. *Preyer/Reinhardt,* in: Rudolph, Derivative Finanzinstrumente, S. 193 (198).
[132] Vgl. *B. Meyer,* Stochastische Unternehmensbewertung, S. 31.
[133] Vgl. *Reiner,* Derivative Finanzinstrumente im Recht, S. 61.
[134] Vgl. *Mondello,* Finance, S. 764.

entscheidende Annahme des im weiteren Verlauf der Untersuchung zu behandelnden *Capital Asset Pricing Model*. Lintner, der als Mitbegründer dieses Modellansatzes gilt, beschreibt einen vollkommenen Markt wie folgt:[135] Alle Investoren können zum gleichen risikofreien Zinssatz Anlagen tätigen sowie jeden Teil ihres Vermögens in alle bzw. alle verfügbaren Mengen an Wertpapieren investieren. Dies geschieht in einem rein auf Wettbewerb ausgerichteten Markt, unabhängig von Steuern, Transaktionskosten sowie getätigten Investitionen und Transaktionen. Jeder Investor kann unbegrenzt Kredite zum risikofreien Zinssatz aufnehmen. Überdies werden die einzelnen Transaktionen an zu separierenden Zeitpunkten vorgenommen, sodass der Geldfluss nur innerhalb der einzelnen Transaktionszeitpunkte beleuchtet wird, wobei dieser Zeitraum für alle Investoren identisch ist. Alle Investoren sind zudem risikoscheu und gehen von der gleichen Wahrscheinlichkeitsverteilung hinsichtlich der Rendite der getätigten Anlagen bzw. deren Standardabweichung und der Korrelation der einzelnen Anlageprodukte untereinander aus. Schlussendlich treffen sie somit die gleichen Investitionsentscheidungen in das so genannte Marktportfolio.[136] Weiteres Erfordernis vollkommener Märkte ist eine Korrelation der Renditen zweier Anlagen ausschließlich über die Korrelation mit der Marktrendite. Schließlich fallen auch keine Transaktions- und Steuerkosten an. Das auf diese Weise vereinfachte Marktgeschehen kann sodann genutzt werden, um Finanzderivate unter Einbezug des systematischen Risikos zu bewerten.

aa) Forward-Kontrakte

Die Bewertung von Forwards setzt am Prinzip der Arbitragefreiheit an. Aus diesem folgt zunächst, dass der Forward-Preis bei sofortiger Fälligkeit dem Spotpreis entspricht.[137] Andernfalls wäre ein risikoloser Gewinn möglich, indem entweder der Basiswert gekauft und ein Forward verkauft (so, wenn der Terminkurs über dem Spotpreis liegt) oder aber der Basiswert verkauft und ein Forward gekauft wird (so, wenn der Terminkurs unter dem Spotpreis liegt).[138] Daraus ergibt sich weiter, dass der Wert eines Forward-Kontraktes im Fälligkeitszeitpunkt dem Spotpreis abzüglich des Forward-Preises entsprechen muss.[139] Die Preisbildung eines Forwards vor dessen Fälligkeit lässt sich illustrieren, indem zwei Szenarien gegenübergestellt werden.[140] Zunächst der Forward-Kontrakt, wie er soeben dargestellt wurde. Im Zuge des zweiten Szenarios wird zum einen der Basiswert er-

---

[135] Vgl. *Lintner*, The Review of Economics and Statistics 47 (1965), 13 (15 f.).

[136] Vgl. *Mondello*, Portfoliomanagement, S. 238.

[137] Vgl. *Chance/Brooks*, Derivatives, S. 276.

[138] Vgl. *Rudolph/K. Schäfer*, Derivative Finanzmarktinstrumente, S. 208.

[139] Vgl. *Chance/Brooks*, Derivatives, S. 276.

[140] Vgl. zum Nachstehenden *Chance/Brooks*, Derivatives, S. 277.

worben. Zum anderen wird der Betrag, der dem Forward-Preis entspricht, geliehen und zum risikolosen Zinssatz angelegt. Wird nun zum Fälligkeitszeitpunkt der Basiswert verkauft und das geliehene Geld zurückgezahlt, dann entspricht dies wiederum dem aktuellen Spotpreis für den Basiswert abzüglich des geliehenen Betrages und beide Szenarien kommen zu identischen Werten. Der „faire" Forward-Preis entspricht daher immer dem aktuellen Spotpreis des Basiswertes, der zum risikolosen Zinssatz für die Dauer der Laufzeit angelegt wird.[141] Dies garantiert gleichzeitig, dass der Forward-Preis zu Beginn bei null liegt.[142] Der Forward-Preis lässt sich daher mit der Formel $F_0 = S_0 e^{rT}$ beschreiben.[143]

bb) Future-Kontrakte

Auch der Wert eines Future-Kontraktes liegt im Zeitpunkt des Vertragsschlusses bei null.[144] Ebenso muss der Future-Preis bei sofortiger Fälligkeit dem Spotpreis entsprechen, um Arbitragemöglichkeiten auszuschließen.[145] Während für die Bewertung eines Forward-Kontraktes auf den Fälligkeitszeitpunkt abgestellt wird, bietet sich mit Blick auf einen Future-Kontrakt als maßgeblicher Beurteilungszeitpunkt das Ende des Handelstages an, sodass letztlich eine tagesspezifische Bewertung vorgenommen werden kann.[146] Der Wert des Future-Kontraktes liegt dann in der Differenz zwischen dem aktuellen Preis vor dem *Mark-to-Market,* also der Bewertung noch offener Positionen nach Börsenschluss, und dem Anfangspreis bzw. dem Preis nach dem letzten *Mark-to-Market,* entsprechend des jeweils nachfolgenden Zeitpunktes.[147] Nach dem *Mark-to-Market* liegt der Wert des Kontraktes wieder bei null.[148] Ohne Berücksichtigung des Einflusses des *Mark-to-Market* auf den Future-Preis ergibt sich somit zunächst die gleiche Formel, die bereits für Forwards aufgestellt werden konnte. Die Preise von Forwards und Futures können in der Handelspraxis zwar voneinander abweichen, sofern etwa der Future-Preis positiv oder negativ mit dem Zinssatz korreliert.[149] Im Ergebnis lassen sich jedoch keine merklichen Unterschiede feststellen, jedenfalls soweit die Fälligkeitszeitpunkte nicht divergieren.[150]

---

[141] Vgl. *Chance/Brooks,* Derivatives, S. 278.
[142] Vgl. *Chance/Brooks,* Derivatives, S. 278.
[143] Vgl. *Hull,* Optionen, S. 150.
[144] Vgl. *Chance/Brooks,* Derivatives, S. 278.
[145] Vgl. *Chance/Brooks,* Derivatives, S. 278.
[146] Vgl. *Chance/Brooks,* Derivatives, S. 278.
[147] Vgl. *Chance/Brooks,* Derivatives, S. 280.
[148] Vgl. *Chance/Brooks,* Derivatives, S. 280.
[149] Vgl. *Chance/Brooks,* Derivatives, S. 281.
[150] Vgl. *Hull,* Optionen, S. 146.

b) Berücksichtigung weiterer Komponenten
des realen Finanzmarktgeschehens:
Der Cost-of-Carry-Ansatz

Um eine möglichst konkrete Bepreisung zu erhalten, reicht die Annahme vollkommener und arbitragefreier Märkte allein nicht und es bedarf der Berücksichtigung weiterer Elemente, um den Zusammenhang zwischen Kassakurs und Terminkurs möglichst realitätsnah abbilden zu können. Hierzu zählen etwa Erträge auf den Basiswert, unterschiedliche Währungen oder Lagerhaltungskosten. Die Berücksichtigung der aufgezeigten Parameter ermöglicht bereits eine Annäherung an den Spotpreis im Zeitpunkt der Fälligkeit. In diesem Zusammenhang bedarf es daher einer näheren Betrachtung der einzelnen Komponenten des Forward- bzw. Future-Preises. Lagerhaltungskosten, Erträge und Zinskosten, welche durch die verminderte Liquidität im Zeitraum der Haltedauer des Basiswertes für den Investor entstehen, werden zusammen als die *Cost-of-Carry,* dargestellt anhand des griechischen Symbols *Theta* (θ)[151], bezeichnet.[152] Die *Cost-of-Carry* müssen bei der Preisbildung eines Forwards/Futures berücksichtigt werden, wobei sie entsprechend der einzubeziehenden Parameter einen positiven oder einen negativen Wert annehmen können. Der Preis eines Forwards/Futures entspricht damit dem Spotpreis im Zeitpunkt des Vertragsschlusses zuzüglich der *Cost-of-Carry* und lässt sich mathematisch darstellen mit $F_0 = S_0 + \theta$.[153] Dabei lässt sich die Notwendigkeit einer entsprechenden Berücksichtigung der *Cost-of-Carry* mit der Funktionsweise des Terminmarktes erklären. Während der Abschluss des Forward- bzw. Future-Kontraktes dazu führt, dass der Basiswert erst am Fälligkeitszeitpunkt übertragen wird, erfolgt am Kassamarkt diese Übertragung sofort. Die bis zur Fälligkeit anfallenden Haltekosten müssen dementsprechend bei der Preisbildung berücksichtigt werden.

Werden Erträge auf den Basiswert ausgeschüttet, setzt sich der Terminpreis daher aus dem Spotpreis, welcher zum risikolosen Zinssatz angelegt wird, abzüglich der Dividenden zusammen.[154] Dies lässt sich anhand des dahinterstehenden Prozesses illustrieren: Wird der Basiswert Spot gekauft und ein Future auf diesen Basiswert verkauft, so kann die in der Laufzeit ausgeschüttete Dividende in risikolose Anleihen investiert und auf diese Weise ein Gewinn generiert werden, welcher entsprechend bei der Preisbildung des Kontraktes zu berücksichtigen ist.[155] Wäre dies nicht der Fall, bestünden Arbitragemöglichkeiten. Das gleiche Ergebnis lässt sich erzielen, indem der aktuelle Wert der Dividenden ermittelt, dieser vom Kassapreis abgezogen und anschließend dieser Wert über die Lauf-

---

[151] Vgl. *Chance/Brooks,* Derivatives, S. 288.
[152] Vgl. *Hull,* Optionen, S. 168.
[153] Vgl. *Chance/Brooks,* Derivatives, S. 289.
[154] Vgl. *Chance/Brooks,* Derivatives, S. 282.
[155] Vgl. *Chance/Brooks,* Derivatives, S. 283.

zeit zum risikolosen Zins hochgezinst wird.[156] Der Terminkurs entspricht somit dem Gesamt(spot)preis des Kontraktes.[157] Andernfalls läge erneut eine Arbitragemöglichkeit vor; denn ist der Terminkurs größer als der unter Berücksichtigung der Dividende hochgezinste Spotpreis, können Arbitrageure den Basiswert kaufen und eine Short-Position auf dem Terminmarkt einnehmen.[158] Liegt der Terminkurs hingegen unter dem Spotpreis, kann der Basiswert leerverkauft werden und die Long-Position auf dem Terminmarkt eingenommen werden.[159] Der Forward- bzw. Future-Preis lässt sich folglich mit $F_0 = (S_0 - K)e^{rT}$ beschreiben, wobei K den Zahlungsstrom angibt.[160]

Fallen für das Halten des Basiswertes, insbesondere bei Rohstoffen, Lagerkosten an, sind auch diese bei der Bepreisung zu berücksichtigen, indem sie zum Spotpreis im Fälligkeitszeitpunkt summiert werden und die Summe anschließend zum risikolosen Zinssatz hochgezinst wird. Dies lässt sich mit $F_0 = (S_0 + K)e^{rT}$ beschreiben, wobei K in diesem Fall die Lagerkosten abbildet.[161]

Möglich ist auch, dass eine entsprechende Rendite auf den Basiswert berücksichtigt werden muss. Auch die Rendite wird mit einer stetigen Verzinsung angegeben.[162] Für die durchschnittliche jährliche Rendite q lässt sich der Terminpreis folglich mit $F_0 = S_0 e^{(r-q)T}$ beschreiben.[163]

Wird ein Terminkontrakt auf einen Basiswert in einer anderen Währung abgeschlossen, muss zusätzlich der Wechselkurs in die Preisgestaltung einbezogen werden. Dies geschieht, indem der ausländische risikolose Zinssatz auf den inländischen risikolosen Zinssatz angerechnet wird, sodass sich mathematisch die Formel $F_0 = S_0 e^{(r-rf)T}$ ergibt.[164]

In der Praxis entspricht der errechnete Terminpreis jedoch nicht immer dem erwarteten Spotpreis im Fälligkeitszeitpunkt. Liegt der Preis oberhalb des erwarteten Preises, bezeichnet man die gegebene Marktsituation als *Contango*.[165] Im umgekehrten Fall, sofern also der Spotpreis unterhalb des Terminpreises liegt, wird dies als *Normal Backwardation* bezeichnet.[166] Handelt es sich um einen

---

[156] Vgl. *Chance/Brooks,* Derivatives, S. 283.

[157] Vgl. *Chance/Brooks,* Derivatives, S. 283.

[158] Vgl. *Hull,* Optionen, S. 154.

[159] Vgl. *Hull,* Optionen, S. 154.

[160] Vgl. *Schlüchtermann/Pilz,* Modellierung derivativer Finanzinstrumente, S. 11.

[161] Vgl. *Schlüchtermann/Pilz,* Modellierung derivativer Finanzinstrumente, S. 11.

[162] Vgl. *Hull,* Optionen, S. 155.

[163] Vgl. *Hull,* Optionen, S. 155.

[164] Vgl. *Hull,* Optionen, S. 162.

[165] Vgl. *Burkhardt/Knabe/Lohmann/Walther,* Risikomanagement aus Bankenperspektive, S. 333.

[166] Vgl. *Burkhardt/Knabe/Lohmann/Walther,* Risikomanagement aus Bankenperspektive, S. 333.

lagerfähigen Basiswert, kann die Einbeziehung des so genannten *Convenience Yield* auf diese Divergenz eine Antwort liefern. Unter *Convenience Yield* wird der Nutzen verstanden, der sich aus dem Halten des Basiswertes ergibt, also den Erwartungen hinsichtlich dessen künftiger Verfügbarkeit.[167] Ein Einfluss des *Convenience Yield* ist insbesondere bei Konsumgütern zu beobachten.[168] Der Forward- bzw. Future-Preis lässt sich in diesem Fall mit χ (*chi*) als Parameter für das *Convenience Yield* mit $F_0 = S_0 + \theta - \chi$ darstellen.[169]

c) Abbildung von Erwartungen in den Preisen über Risikoprämien

Im Zuge der bisherigen Ausführungen bislang unberücksichtigt geblieben ist die Frage, inwieweit das Restrisiko, welches sich aus unvorhergesehenen Einflüssen auf den Basiswert ergibt, in die Preisbildung einbezogen werden kann. Im Ergebnis geht es beim Abschluss eines Forward- bzw. Future-Kontraktes um den Transfer eben dieser unvorhergesehenen Markt- bzw. systematischen Risiken. Ein Spekulant übernimmt diese Risiken, weil er sich auch eine entsprechend günstige Entwicklung erhofft. Entscheidend ist daher, wie die Erwartungen mit Blick auf die zukünftige Marktentwicklung in die Bestimmung des Terminpreises aufgenommen werden können. Dies führt zu der umstrittenen Frage, ob der Marktpreis eines Forwards- bzw. Futures eine Risikoprämie enthält, bzw., anders formuliert, ob sich Erwartungen hinsichtlich der Entwicklung des Basiswertes in den Terminpreisen abbilden lassen.[170] Da sich Future- und Spotpreis im Zeitpunkt der Fälligkeit entsprechen, würden Spekulanten Long-Positionen, *Hedger* hingegen Short-Positionen präferieren und der Future-Preis unter dem erwarteten künftigen Kassapreis liegen.[171] In der Folge wäre ein durchschnittlicher Verlust der Absicherer zu verzeichnen, der Markt würde sich im Zustand der *Normal Backwardation* befinden.[172] Die Absicherer sind in diesem Fall bereit, Spekulanten für die Übernahme entsprechender Risiken eine Risikoprämie zu zahlen.[173] Ließe sich im Gegenzug dazu eine Risikoprämie nicht nachweisen, würde die entgegengesetzte Situation eintreten und der Future-Preis über dem erwarteten Spotpreis liegen, der Markt sich somit im Zustand des *Contango* befinden.[174] Das Eingehen von Erwartungen der Handelspartner in die Preisbildung wird in der Literatur teilweise verneint und lediglich ein Einfluss der *Cost-of-Carry* statuiert. Gingen Marktteilnehmer von einer positiven Entwicklung des Basiswertes

---

[167] Vgl. *Oehler/Unser*, Finanzwirtschaftliches Risikomanagement, S. 66.
[168] Vgl. *McDonald*, Derivatives Markets, S. 142.
[169] Vgl. *Chance/Brooks*, Derivatives, S. 293.
[170] Vgl. *Chance/Brooks*, Derivatives, S. 294 f.
[171] Vgl. *Hull*, Optionen, S. 169.
[172] Vgl. *Hull*, Optionen, S. 169.
[173] Vgl. *Gupta*, Financial Derivatives, S. 117.
[174] Vgl. *Gupta*, Financial Derivatives, S. 117.

aus, schlüge sich dies auch direkt im Kassapreis nieder und nicht erst im Fälligkeitszeitpunkt. In diesem Fall zahlten die Marktteilnehmer einen höheren Preis
für den Basiswert, was sich unmittelbar auf die Terminpreisbildung auswirke.[175]
Dies allein steht jedoch der Annahme einer Risikoprämie nicht entgegen. Zutreffend wird daher angeführt, der Spotpreis reflektiere zugleich auch die Erwartungen der Marktteilnehmer. Weil der Terminpreis dem Spotpreis zuzüglich der
Cost-of-Carry entspreche, spiegelten sich die Erwartungen über die zukünftige
Entwicklung des Kassakurses sehr wohl auch in der Preisbildung wider.[176] Damit
lässt sich ein entsprechender Einfluss der Erwartungen auf die Preisbildung letztlich auf die Annahme der Arbitragefreiheit und die damit einhergehende Ableitung vom Kassamarkt zurückführen.[177] Es lässt sich daher festhalten, dass neben den *Cost-of-Carry* auch die Erwartungen der Finanzmarktteilnehmer über die
Berücksichtigung des aktuellen Kassapreises Eingang in die Preisbildung von
Forward- bzw. Future-Kontrakten finden.

d) Zwischenfazit

Zwar können unter Rückgriff auf den Cost-of-Carry-Ansatz über die Berücksichtigung weiterer Parameter wesentliche Einflussfaktoren in die Bepreisung
einbezogen werden. Jedoch kann auch auf diese Weise keine exakte Abbildung
der künftig zu erwartenden Realität erfolgen.[178] Dies gilt insbesondere mit Blick
auf die Annahme friktionsloser Märkte, die unter dem Erfordernis eines jederzeit
möglichen Handels insbesondere auch unbeschränkte Leerverkäufe fordern. Dies
vorangestellt darf nicht unberücksichtigt bleiben, dass rechtliche Rahmenbedingungen die Herstellung vollständig arbitragefreier Märkte nicht unwesentlich
erschweren. So sind etwa ungedeckte Leerverkäufe durch Art. 12 Leerverkaufs-
verordnung europarechtlich beschränkt. Zudem wurde der Hochfrequenzhandel
mit dem Hochfrequenzhandelsgesetz vom 13. Februar 2013 weitreichenden Einschränkungen unterworfen. Dennoch ermöglicht der Cost-of-Carry-Ansatz die
Bewertung unbedingter Finanzderivate über die Berücksichtigung einzelner
marktrelevanter Parameter und kann diese grundsätzlich auch realitätsnah approximieren.[179] Überdies kann das Prinzip der Arbitragefreiheit als valider Ausgangspunkt einer Bewertung bezeichnet werden, da die Märkte auch in der Praxis
so gut wie immer arbitragefrei sind.[180]

---

[175] Vgl. *Bösch,* Derivate, S. 169.

[176] Vgl. *Chance/Brooks,* Derivatives, S. 291; vgl. auch *Krehbiel/Collier,* The Journal
of Future Markets 16 (1996), 899 (899); *Chen/Cornett/Nabar,* The Journal of Future
Markets 13 (1993), 781 (781); eine Risikoprämie in Future-Preisen demgegenüber im
Schnitt ablehnend *Kamara,* Financial Analysts Journal 40 (1984), 68 (70).

[177] Vgl. *Schredelseker,* Finanzwirtschaft, S. 109.

[178] Vgl. *Mondello,* Finance, S. 773: „Preisspanne".

[179] Vgl. *Kempf,* Zum Preisanstieg zwischen Kassa- und Futuresmärkten, S. 8.

[180] Vgl. bereits oben Erstes Kapitel, A. III., S. 21.

2. Bewertung gewöhnlicher Zinsswaps

Für die Bewertung gewöhnlicher Zinsswaps, auch bezeichnet als Plain Vanilla Zinsswaps, kann auf einige Erkenntnisse vorstehender Ausführungen zurückgegriffen werden. Auch der Zinsswap hat bei Abschluss des Handels zunächst einen Wert von null.[181] Weil sich der variable Zins jedoch mit der Zeit durchaus verändern kann, besteht auch hier ein Interesse des Anlegers, den erwarteten künftigen Wert des Derivates zu bestimmen.

Eine Bewertung des Zinsswaps ist zunächst über die Bildung der Differenz zwischen zwei Anleihepreisen möglich, indem für den Handelspartner, der einen variablen Zins zahlt, eine Long-Position in eine festverzinsliche Anleihe auf der einen und eine Short-Position in eine variabel verzinsliche Anleihe auf der anderen Seite angenommen wird, wobei sich die Long-Short-Situation für den Zahler des festen Zinses entsprechend umkehrt.[182] Zinsswaps können jedoch auch über so genannte *Forward Rate Agreements* bewertet werden. Über *Forward Rate Agreements* kann ein Zinssatz für eine zukünftige Periode festgelegt werden, an deren Ende sodann entsprechend der Zinsentwicklung von dem einen oder von dem anderen Handelspartner eine Ausgleichszahlung zu leisten ist.[183] Im Gegensatz zu Zinsswaps erfolgt im Zusammenhang mit einem *Forward Rate Agreement* jedoch kein stetiger, sondern lediglich ein einmaliger Austausch von Zahlungsströmen, weshalb sich Zinsswaps auch als eine Vielzahl aneinander anschließender Forward-Geschäfte beschreiben lassen.[184] Ein Short-Swap lässt sich folglich mit einem *Short Forward Rate Agreement* abbilden, ein Long-Swap analog hierzu mit einem *Long Forward Rate Agreement*.[185] Für die Bewertung von Zinsswaps stehen somit zwei Ansätze zur Verfügung, die insgesamt jedoch trotz ihrer unterschiedlichen Herangehensweise zu denselben Ergebnissen führen.[186]

Die bisherigen Ausführungen lassen mit dem Kontrahentenrisiko eine entscheidende Komponente außer Betracht, die sich jedoch, analog einer Bewertung von Festzinsanleihen, über eine Sensitivitätsanalyse[187] abbilden lässt.[188] Eine Sensitivitätsanalyse zeichnet die Preisänderung bei Änderung des Marktzinses um einen Basispunkt (0,01 %) ab.[189] Durchgesetzt hat sich hier das Risikomaß

---

[181] Vgl. *Bösch,* Derivate, S. 237.

[182] Vgl. *Hull,* Optionen, S. 218.

[183] Vgl. *Heidorn/Schäffler,* Finanzmathematik in der Bankpraxis, S. 77.

[184] Vgl. *Rudolph/K. Schäfer,* Derivative Finanzmarktinstrumente, S. 130.

[185] Vgl. *Oehler/Unser,* Finanzwirtschaftliches Risikomanagement, S. 119.

[186] Vgl. *Staroßom,* Corporate Finance 1, S. 155.

[187] Im Rahmen einer Sensitivitätsanalyse kann durch Veränderung einer unsicheren Variablen deren Einfluss auf eine Zielgröße untersucht werden, vgl. *Pfnür/Schetter/Schöbener,* Risikomanagement bei Public Private Partnerships, S. 77.

[188] Vgl. *Kruse,* Aktien-, Zins- und Währungsderivate, S. 161, 55 ff.

[189] Vgl. *Heidorn/Schäffler,* Finanzmathematik in der Bankpraxis, S. 55.

der Duration, welches eine Berücksichtigung der Restlaufzeit ermöglicht.[190] Die Duration zeigt dabei die Zeit an, die der Inhaber einer Anleihe durchschnittlich warten muss, bis er Zahlungen erhält.[191] Je länger die Duration, desto riskanter ist die Anleihe und diese somit in entsprechend höherem Maße den Schwankungen der Zinsrate unterworfen.[192] Mit der Höhe der Zinsveränderung treten in diesem Verfahren jedoch auch Fehler in der Abschätzung auf, weil die Veränderungen von Kurs- und Marktzins, entgegen der der Schätzung zugrundeliegenden Annahme, nicht linear zusammenhängen.[193] Insoweit ergibt sich bei tatsächlich realitätsgetreuer Darstellung keine Gerade, sondern vielmehr eine Kurvenform des Graphen.[194] Um eine genauere Schätzung zu erhalten ist daher, insbesondere bei einer stark schwankenden Marktrendite, neben der linearen auch die nichtlineare Beziehung zwischen Preis und Rendite über die modifizierte Konvexität zu berücksichtigen.[195]

3. Das *Capital Asset Pricing Model*

Das von William Sharpe und John Lintner entwickelte *Capital Asset Pricing Model* knüpft an die Portfoliotheorie von Markowitz an, der die Elemente „Diversifikation" und „erwartete Rendite" mit Blick auf die optimale Zusammensetzung eines Portfolios untersuchte. In diesem Zusammenhang konnte er feststellen, dass das Gesamtrisiko eines Portfolios über die ausgewählte Kombination einzelner Anlagen und unter Berücksichtigung der Korrelation einzelner Risiken verringert und gleichzeitig die Rendite maximiert werden kann.[196]

Das *Capital Asset Pricing Model* wird zur Bewertung aller Arten von Finanzinstrumenten eingesetzt. Insbesondere wird es auch im Zusammenhang mit weiteren Bewertungsmodellen, etwa der Optionspreistheorie von Fischer Black und Myron Scholes, herangezogen. Über das *Capital Asset Pricing Model* lässt sich die erwartete Rendite ins Verhältnis zum eingegangenen Risiko setzen und damit die Handelsposition bewerten. Zu untersuchen gilt es somit, inwieweit das *Capital Asset Pricing Model* geeignet ist, die relevanten Risiko- und Renditeparameter zu erfassen und so über die modellierte Risikogrundlage ein näher zu bezeichnendes Informationsgleichgewicht zwischen den Handelspartnern herzustellen.

---

[190] Vgl. *Trautmann,* Investitionen, S. 85.
[191] Vgl. *Hull,* Optionen, S. 129.
[192] Vgl. *Radel-Leszczynski,* Hedgefonds, S. 107.
[193] Vgl. *Heidorn/Schäffler,* Finanzmathematik in der Bankpraxis, S. 57.
[194] Vgl. *Gallati,* Verzinsliche Wertpapiere, S. 81.
[195] Vgl. *Mondello,* Finance, S. 567; *Gallati,* Verzinsliche Wertpapiere, S. 81 ff.
[196] Vgl. *Markowitz,* The Journal of Finance 7 (1952), 77 ff.; *ders.,* Portfolio Selection, S. 38.

a) Grundlagen und Annahmen des Capital Asset Pricing Model

Das *Capital Asset Pricing Model* vermag einen linearen Zusammenhang zwischen der erwarteten Rendite und dem systematischen Risiko abzubilden. Die erwartete Rendite lässt sich dabei aus der Rendite einer risikolosen Anlage zuzüglich einer Risikoprämie, welche unter Rückgriff auf das der Anlage zugrundeliegende systematische Risiko zu bestimmen ist, ermitteln.[197] Die Risikoprämie ist dabei für jede Risikoeinheit gleich, um Arbitragemöglichkeiten auszuschließen.[198] Das *Capital Asset Pricing Model* ist zudem ein einperiodisches Modell, berücksichtigt daher lediglich einen Zeitabschnitt mit einem festgelegten Anfangs- und Endzeitpunkt.[199] Das *Capital Asset Pricing Model* bedient sich mit den Parametern des erwarteten Wertes der Investition einerseits und des Risikomaßes der Standardabweichung andererseits im Ausgangspunkt auch zweier für die Investitionsentscheidung tragender Elemente[200] und geht überdies von einem vollkommenen Finanzmarkt aus. Weil das *Capital Asset Pricing Model* annimmt, dass die Bedingungen am Markt für alle Teilnehmer gleich sind und auch eine synonyme Informationsverarbeitung erfolgt, wird sich dies auch in der Wahl des Portfolios niederschlagen: Es werden alle Anleger dasselbe Portfolio halten, das so genannte Tangentialportfolio.[201]

b) Der Betafaktor und das Marktportfolio

Die größte Herausforderung, vor der jedes Risikobewertungsmodell steht, ist die Abbildung der nicht diversifizierbaren Marktrisiken. Das *Capital Asset Pricing Model* bedient sich zur Integration entsprechender Risiken in die Preisbildung des so genannten Betafaktors. Dieser stellt das systematische Risiko von konkret zu bewertendem Basiswert im Vergleich zum Marktportfolio anhand des Verhältnisses der jeweiligen Standardabweichungen (Volatilitäten) dar.[202] Das Marktportfolio bildet den gesamten Markt über ein (optimales) Portfolio ab und generiert die so genannte Marktrendite.[203] Es kann als effizient bezeichnet werden[204] und stimmt mit dem Tangentialportfolio überein.[205] Eine Berücksichtigung aller Anlagewerte des betroffenen Wirtschaftszweiges im Marktportfolio ist

---

[197] Vgl. *Hanauer/Kaserer/Rapp,* Risikofaktoren, S. 3, https://www.econstor.eu/bitstream/10419/52391/1/672971933.pdf [zuletzt aufgerufen: 05.07.2018].

[198] Vgl. *Kuhner/Maltry,* Unternehmensbewertung, S. 190.

[199] Vgl. *Kremer,* Portfoliotheorie, S. 4.

[200] Vgl. *Sharp*e, The Journal of Finance 19 (1964), 425 (427 f.).

[201] Vgl. *Alexander/Sharpe/Bailey,* Fundamentals of Investments, S. 191 f.

[202] Vgl. *Kuhner/Maltry,* Unternehmensbewertung, S. 191.

[203] Vgl. *Deutsch/Beinker,* Derivate und Interne Modelle, S. 495.

[204] Vgl. *Schredelseker,* Finanzwirtschaft, S. 326.

[205] Vgl. *Alexander/Sharpe/Bailey,* Fundamentals of Investments, S. 193.

jedoch bereits praktisch nicht umsetzbar. Grundlage des Marktportfolios bilden daher zumeist gut diversifizierte Aktienindexe, die den entsprechend zu betrachtenden Markt repräsentieren, wie etwa der Deutsche Aktien Index (DAX).[206]

Es lässt sich in einem ersten Schritt konstatieren, dass ein hoher Betafaktor eines gut diversifizierten Portfolios nach Maßgabe des *Capital Asset Pricing Model* insgesamt ein Indikator für eine risikoreiche Anlage ist.[207] Alle über 0 liegenden Betawerte belegen dabei eine Kopplung an das Marktrisiko, wobei die erwartete Portfoliorendite bei einem Wert < 1 unterhalb und bei einem Wert > 1 oberhalb der Marktrendite liegt.[208] Ein Wert von 1 zeigt eine parallele Entwicklung von Markt- und Portfoliorendite an.[209] Liegt der Betafaktor bei 0, ist die Anlage hingegen an kein systematisches Risiko geknüpft.[210]

Für das mit einer Handelsposition übernommene Risiko wird der Investor eine entsprechende Entschädigung fordern. Diese Marktrisikoprämie lässt sich aus der Differenz von Marktrendite und Rendite einer risikolosen Anlage berechnen.[211] Die erwartete Rendite eines Basiswertes lässt sich nach dem *Capital Asset Pricing Model* mathematisch errechnen mit $R_F + \beta (R_M - R_F)$, wobei R_M die Marktrendite, β den Parameter für die Abbildung des systematischen Risikos und RF die erwartete Rendite einer risikolosen Anlage darstellt.[212]

c) Kritische Auseinandersetzung
mit dem Capital Asset Pricing Model

Zu untersuchen bleibt, inwieweit das *Capital Asset Pricing Model* eine Erklärung für den Zusammenhang zwischen aktuellem Kassakurs und Terminkurs liefert und damit eine realitätsnahe Bewertung von Finanzinstrumenten ermöglicht. Modelle, die aus bestimmten Annahmen Konklusionen für die Zukunft ableiten, kommen in aller Regel nicht umhin, die Realität zu diesem Zwecke stark zu vereinfachen, um auf diese Weise ein Abbild überhaupt erst zu ermöglichen. Auch das *Capital Asset Pricing Model* setzt einige Annahmen voraus, die den Modellrahmen bilden und gemeinsam den vollkommenen Finanzmarkt repräsentieren. Es bedarf daher zunächst einer kritischen Prüfung, inwieweit ein vollkommener Finanzmarkt in der Realität vorzufinden ist und wie stark eine gegebenenfalls feststellbare Abweichung ausfällt.

---

[206] Vgl. *Deutsch/Beinker,* Derivate und Interne Modelle, S. 496.
[207] Vgl. *Sharpe/Cooper,* Financial Analysts Journal 28 (1972), 46 (49).
[208] Vgl. *Hull,* Optionen, S. 112.
[209] Vgl. *Mondello,* Aktienbewertung, S. 61.
[210] Vgl. *Hull,* Optionen, S. 112.
[211] Vgl. *Mondello,* Aktienbewertung, S. 61.
[212] Vgl. *Hull,* Optionen, S. 111.

aa) Die Grundannahmen des *Capital Asset Pricing Model*

Ein vollkommener Markt setzt unter anderem dessen Informationseffizienz voraus. Insoweit kann zunächst auf die oben durchgeführte Untersuchung im Zusammenhang mit der – bislang empirisch nicht eindeutig belegten – Informationseffizienz der Märkte rekurriert werden.[213] Die insoweit gewonnenen Erkenntnisse lassen sich jedoch um weitere Merkmale vollkommener Finanzmärkte ergänzen. Ein vollkommener Finanzmarkt setzt gleichermaßen risikoscheue und rationale Anleger voraus. Zwar ist in diesem Zusammenhang zuzugeben, dass Anleger durchaus geneigt sein werden, ein bestmögliches Risiko-Nutzen-Verhältnis am Markt für sich in Anspruch zu nehmen, da sich die Übernahme entsprechender Risiken in der Regel in einer höheren erwarteten Rendite widerspiegeln wird. Zweifelhaft ist hingegen die Annahme, dass alle Anlageentscheidungen homogen sind und im Marktportfolio zusammenlaufen. Dies insbesondere auch vor dem Hintergrund einer in diesem Fall zu fordernder umfassender Rationalität der Anleger. Der eigene Erfahrungsschatz, individuelle Einstellungen wie auch Persönlichkeitszüge erschweren die Annahme, dass sich jede Investitionsentscheidung hinsichtlich des Risiko-Nutzen-Verhältnisses als rational bewerten lässt.[214] Berechtigt ist indes der Einwand, irrationale Entscheidungen einzelner Finanzmarktteilnehmer müssten sich nicht zwingend auch tatsächlich auswirken, da einzelne Ergebnisverzerrungen durch gegenläufige irrationale Entscheidungen durchaus abgeschwächt werden könnten.[215]

Die Herstellung gleicher Bedingungen für alle Marktteilnehmer setzt überdies voraus, dass sich ohne jedwedes Risiko ein Zins erzielen lässt, der Zinssatz somit risikolos ist. Dies entspricht jedoch nicht den realen Begebenheiten der Finanzwelt. Selbst festverzinsliche Wertpapiere öffentlicher Emittenten (insbesondere Staatsanleihen) unterliegen neben einem (abgeschwächten) Ausfallrisiko dem Inflationsrisiko.[216]

bb) Der Betafaktor und der Einfluss von Marktanomalien

Der Betafaktor wird in der Praxis unter Verwendung historischer Daten im Rahmen einer Regression durch Abtragen der Überschussrendite des Basiswertes gegen die Überschussrendite des Marktes ermittelt.[217] Zu untersuchen ist, inwie-

---

[213] Vgl. hierzu oben Erstes Kapitel, A. VI. 2. c), S. 32 ff.

[214] Vgl. *Mondello,* Portfoliomanagement, S. 237.

[215] Vgl. *Mondello,* Portfoliomanagement, S. 237.

[216] Black entwickelte daher mit dem sog. *Zero-Beta Capital Asset Pricing Model* eine Version des *Capital Asset Pricing Model,* die ohne die Annahme eines risikolosen Zinses auskommt, vgl. *Black,* The Journal of Business 45 (1972), 444 ff.

[217] Vgl. *Hull,* Optionen, S. 112; möglich ist überdies die Durchführung zukunftsorientierter Schätzungen, im Rahmen derer der Betafaktor aus aktuellen Optionspreisen unter Rückgriff auf die impliziten Volatilitäten bei unterstellter Gültigkeit der Optionspreistheorie ermittelt wird, vgl. *Rausch,* Unternehmensbewertung, S. 105.

weit sich der Betafaktor als stabil erweist, das heißt eine Darstellung des systematischen Risikos anhand historischer Daten überhaupt valide ist.

Die Stabilität des Betafaktors ist in einer Vielzahl von Studien untersucht worden. Levy etwa kommt nach einer Langzeitbeobachtung des Betafaktors von 500 an der *New York Stock Exchange* gehandelten Aktien zu dem Ergebnis, dass der Betafaktor bei großen Portfolien eine hohe Stabilität aufweist, für kleinere Portfolien diese jedoch geringer ausfällt und bei einzelnen Anlagen überhaupt nicht zu bestätigen ist.[218] Dies verwundert indes nicht: Werden in einem Portfolio mehrere Assets gehalten, besteht die Möglichkeit, dass sich einzelne Schätzfehler untereinander aufheben.[219] Untersuchungen ergaben weiterhin, dass die Stabilität des Betafaktors mit der Länge des Untersuchungszeitraumes zunimmt, wobei eine sehr lange Betrachtungsdauer wiederum weniger stabile Werte aufweist.[220] Auch wenn damit der Betafaktor zumindest mit Blick auf größere Portfolien und längere Betrachtungszeiträume als grundsätzlich stabil bezeichnet werden kann, ist er hinsichtlich seiner Tauglichkeit zur Abbildung des systematischen Risikos nicht unumstritten. Untersuchungen weisen darauf hin, dass neben dem Betafaktor noch andere Parameter vorliegen, die die zu erwartende Rendite beeinflussen. Zahlreiche Studien lassen die Existenz so genannter Marktanomalien vermuten. Darunter werden Strukturen auf Kapitalmärkten verstanden, die durch das klassische *Capital Asset Pricing Model* nicht erklärt werden können.[221] Black, Jensen und Scholes[222] konnten zwar einen Zusammenhang zwischen dem historisch ermittelten Beta und den erwirtschafteten Überschussrenditen belegen. Eine strenge Linearität, wie sie das *Capital Asset Pricing Model* postuliert, konnte jedoch nicht festgestellt werden. Die Untersuchung von Fama und French[223] geht schließlich insoweit über diese Erkenntnis hinaus, als sich eine zuverlässige Beziehung zwischen dem Betafaktor einerseits und der durchschnittlichen Rendite andererseits nicht feststellen ließ. Sowohl für den amerikanischen[224] als auch für den deutschen[225] Aktienmarkt bilden neuere Studien so-

---

[218] Vgl. *Levy,* Financial Analysts Journal 27 (1971), 55 (62).

[219] Vgl. *Jähnchen,* Kapitalkosten von Versicherungsunternehmen, S. 57.

[220] Vgl. *Alexander/Chervany,* Journal of Financial and Quantitative Analysis 15 (1980), 123 (127 ff.); *Zimmermann,* Schätzung und Prognose von Betawerten, S. 236.

[221] Vgl. *Fama/French,* The Journal of Finance 63 (2008), 1653 (1653).

[222] Vgl. *Black/Jensen/Scholes,* in: Jensen, Studies in the Theorie of Capital Markets, S. 79 (82, 87 ff.); eine beinahe strenge Linearität ergab hingegen eine Untersuchung von Sharpe und Cooper, vgl. *Sharpe/Cooper,* Financial Analysts Journal 28 (1972), 46 (51 f.).

[223] Vgl. *Fama/French,* The Journal of Finance 47 (1992), 427 (445, 464).

[224] Vgl. etwa die Untersuchungen von *Ang/Hodrick/Xing/Zhang,* The Journal of Finance 61 (2006), 259 (259 ff.) und *Baker/Bradley/Wurgler,* Financial Analysts Journal 67 (2011), 1 ff.

[225] Vgl. etwa die Untersuchung von *Walkshäusel,* Corporate Finance 2012, S. 81 ff. sowie bereits diejenige von *Reiß/Mühlbrandt,* ZgS 1979, 41 (60 ff.).

gar eine negative Korrelation des Betafaktors mit der durchschnittlichen Rendite ab, so genannte *Volatilitätsanomalie*. Damit ist bereits die Grundannahme des *Capital Asset Pricing Model* zweifelhaft, nach der mit der Übernahme eines höheren systematischen Risikos auch gleichsam die zu erwartende Rendite steigt. Banz[226] konnte nach einer Auswertung aller in der *New York Stock Exchange* gelisteter Stammaktien in den USA darüber hinaus feststellen, dass kleinere Unternehmen im Durchschnitt höhere risikoadjustierte Renditen aufweisen als größere Unternehmen, sog. *Size-Effekt*. Damit führt er den Marktwert eines Unternehmens als für die Bepreisung von Anlagegütern zusätzlich relevante Größe ein.[227] Der *Size-Effekt* verläuft jedoch weder linear zum entsprechenden Marktanteil, noch ist er beständig.[228] In der Literatur streiten seit seiner Entdeckung die Ansätze, die das Phänomen des Size-Effektes zu erklären suchen.[229]

Neben dem *Size-Effekt* wurde mit dem so genannten *Value-Effekt* eine weitere Anomalie nachgewiesen. Rosenberg, Reid und Lanstein[230] konnten anhand einer Analyse von Handelsstrategien am US-Aktienmarkt im Zeitraum zwischen 1973 und 1984 den Einfluss des Verhältnisses vom Buchwert eines Unternehmens und dem Marktwert auf die Preisbildung einer Anlage nachweisen. Beobachtet wurde eine Strategie, die darin bestand, Aktien, die einen hohen Buchwert aufweisen, zu kaufen, um sie anschließend am Markt zu verkaufen, während Aktien mit einem geringen Buchwert abgestoßen wurden. Mit dieser Strategie ließ sich in der Folge eine durchschnittliche Residualrendite von 0,36 % pro Monat erwirtschaften. Die Residualrendite bezeichnet die Überschussrendite, das heißt die durch das Portfolio abzüglich des risikolosen Zinses erzielte Rendite im Vergleich zu der anhand des *Capital Asset Pricing Model* errechneten Rendite.[231]

Neben den bereits vorgestellten wurden weitere Marktanomalien beobachtet, die das *Capital Asset Pricing Model* nicht abzubilden vermag. Dazu zählt zunächst der so genannte *Momentumeffekt*. So konnten Jegadeesh und Titman[232] einen Zusammenhang zwischen einer Marktstrategie, die den Kauf von sich in der Vergangenheit positiv bewährten Aktien bei gleichzeitigem Verkauf von solchen Aktien, die in der Vergangenheit eine negative Entwicklung verzeichneten und den im Folgenden erwirtschafteten Renditen feststellen. Der *Momentumeffekt* ließ sich dabei jedoch weder als Folge verspäteter Reaktion der Markt-

---

[226] Vgl. *Banz*, The Journal of Financial Economics 2 (1981), 3 (8).

[227] Vgl. *Banz*, The Journal of Financial Economics 2 (1981), 3 (11, 16).

[228] Vgl. *Banz*, The Journal of Financial Economics 2 (1981), 3 (16).

[229] Übersichtliche Darstellung des Meinungsstandes bei *Dijk*, Journal of Banking and Finance 35 (2011), 3263 (3267 ff.).

[230] Vgl. *Rosenberg/Reid/Lanstein*, The Journal of Portfolio Management 11 (1985), 9 (12 f.); vgl. für den deutschen Aktienmarkt die Untersuchung von *Wallmeier*, ZfbF 52 (2000), 27 ff.

[231] Vgl. *Deutsch/Beinker*, Derivate und Interne Modelle, S. 500.

[232] Vgl. *Jegadeesh/Titman*, The Journal of Finance 48 (1993), 65 (65).

preise auf allgemeine Informationen erklären noch auf das systematische Risiko zurückführen. De Bondt und Thaler[233] untersuchten im Jahr 1985 die Auswirkungen der Neigung vieler Menschen, in extremen Situationen eine Überreaktion hervorzurufen, auf die Aktienpreise. Anhand einer Untersuchung von Aktien, die in der Vergangenheit entweder extremen Kapitalzuwachs oder aber extreme Verluste verzeichnet hatten, zeigte sich im Untersuchungszeitraum, dass Letztere den Markt um fast 20 % übertrafen. Die „Gewinner-Portfolien" lagen hingegen im Durchschnitt 5 % unterhalb der Marktrendite.[234] Gleichzeitig offenbarte die Untersuchung, dass dieser so genannte *Overreaction-Effekt* asymmetrisch auftritt: Für die „Verlierer-Portfolien" ist er gleichsam höher als für die „Gewinner-Portfolien".[235] Weiter ließen sich saisonale Effekte beobachten. French[236] zeigte für den Zeitraum zwischen 1953 und 1977 auf, dass die Renditen an Montagen durchschnittlich geringer ausfielen als an den anderen Wochentagen. Weiter wurden an Handelstagen vor dem Ferienbeginn signifikant höhere Durchschnittsrenditen am Aktienmarkt beobachtet.[237] Aber auch innerhalb des Handelstages selbst konnten Renditeschwankungen beobachtet werden. Harris[238] untersuchte die erwirtschafteten Renditen in periodischen 15-minütigen Abständen und konnte signifikante Unterschiede feststellen. Während in den ersten 45 Minuten montags eine negative Rendite zu verzeichnen war, war sie an den anderen Wochentagen positiv. Auch ein saisonaler Einfluss auf die Rendite-Raten wurde untersucht. Diese Untersuchungen führten zu dem Ergebnis, dass insbesondere im Januar Besonderheiten zu beobachten waren, weil dort eine durchschnittlich größere Aktienrendite als in den anderen Monaten erzielt wurde.[239]

cc) Mehrfaktorenmodelle als Ansatz zur Erklärung von Marktanomalien

Die vorstehenden Ausführungen zeigen, dass der Betafaktor des klassischen *Capital Asset Pricing Model* das systematische Risiko nicht vollständig abbilden kann. Diese Schwächen gaben Anlass, neuere Modelle zu entwickeln, die die im Einzelnen beobachteten Phänomene zu berücksichtigen suchen.

(1) Klassische Weiterentwicklungen zum Capital Asset Pricing Model

Fama und French[240] entwickelten im Jahr 1993 ein Dreifaktorenmodell, welches auch Faktoren berücksichtigt, die zum einen die Unternehmensgröße und

---

[233] Vgl. *De Bondt/Thaler,* The Journal of Finance 40 (1985), 793 (793).
[234] Vgl. *De Bondt/Thaler,* The Journal of Finance 40 (1985), 793 (799).
[235] Vgl. *De Bondt/Thaler,* The Journal of Finance 40 (1985), 793 (799).
[236] Vgl. *French,* Journal of Financial Economics 8 (1980), 55 (59 f.).
[237] Vgl. *Ariel,* The Journal of Finance 45 (1990), 1611 (1611).
[238] Vgl. *Harris,* Journal of Financial Economics 16 (1986), 99 (108).
[239] Vgl. *Rozeff/Kinney,* Journal of Financial Economics 3 (1976), 379 (379).
[240] Vgl. *Fama/French,* Journal of Financial Economics 33 (1993), 3 ff.

zum anderen den Buchwert abbilden. Nach einer Untersuchung des amerikanischen Aktienmarktes konnten die Wissenschaftler feststellen, dass unter Verwendung der zusätzlichen Faktoren eine Berücksichtigung des *Size-* wie auch des *Value-Effektes* möglich ist.[241] Die Erforschung des deutschen Aktienmarktes zwischen den Jahren 1967 und 1995 konnte ebenfalls eine im Vergleich zum klassischen *Capital Asset Pricing Model* erhöhte Aussagekraft hinsichtlich der erwarteten Überschussrendite belegen.[242] Auch das Dreifaktorenmodell kann jedoch nicht den *Momentumeffekt* in die Berechnung einbeziehen.[243] Durch die Implementierung eines vierten Faktors wird dieser jedoch im Vierfaktormodell von Carhart[244] berücksichtigt. Ein die Schwäche des *Capital Asset Pricing Model* mit Blick auf den *Januar-Effekt* ausgleichendes Mehrfaktorenmodell wurde sodann von Kramer[245] entwickelt. In ihrem Fünffaktorenmodell fügten Fama und French[246] schließlich mit einem Faktor für die Ertragskraft und einem Faktor für die Investitionskraft zwei weitere Faktoren hinzu. Zuvor wurde von Seiten der Fachliteratur zuweilen die Unvollständigkeit des Dreifaktorenmodells postuliert. Die Wirtschaftlichkeit eines Unternehmens, gemessen am Bruttoumsatz, sei mit Blick auf die generierte Rendite ebenso einflussreich wie der Buchwert des Unternehmens. Rentable Unternehmen erwirtschafteten eine signifikant höhere Rendite als weniger rentable Unternehmen. Die Wertprämie allein könne die mit der Wirtschaftlichkeit einhergehenden Folgen einer geringeren Neigung zu Notlagen, längere Zahlungsfluss-Zeiträume sowie eine günstigere Kostenstruktur somit nicht hinreichend abbilden.[247] Nach einer Untersuchung von Märkten verschiedener Nationen konnten Fama und French[248] die generelle Aussage treffen, dass das Fünffaktorenmodell in hohem Maße die entsprechenden zusätzlichen Parameter innerhalb der durchschnittlichen Renditen zu erfassen imstande ist. Probleme habe das Modell jedoch damit, die geringen durchschnittlichen Renditen kleinerer Aktien abzubilden.

Schwierigkeiten bereiten auch länderspezifische Besonderheiten. Aufgrund der nicht in allen Ländern in gleichem Maße auftretenden Anomalien ist deren Berücksichtigung im Rahmen der Bepreisung zusätzlich erschwert. So konnte beispielsweise der *Size-Effekt* für den deutschen Aktienmarkt in unterschiedlichen Untersuchungen nicht eindeutig festgestellt werden.[249]

---

[241] Vgl. *Fama/French*, Journal of Finance 51 (1996), 55 (56, 82).

[242] Vgl. *Ziegler/Schröder/Schulz/Stehle*, ZfbF 59 (2007), 355 (359).

[243] Vgl. *Fama/French*, The Journal of Finance 51 (1996), 55 (56).

[244] Vgl. *Carhart*, The Journal of Finance 52 (1997), 57 (62).

[245] Vgl. *Kramer*, The Journal of Finance 49 (1994), 1883 (1883 ff.).

[246] Vgl. *Fama/French*, Journal of Financial Economics 116 (2015), 1 (3).

[247] Vgl. zur vorstehenden Kritik *Novy-Marx*, Journal of Financial Economics 108 (2013), 1 (1).

[248] Vgl. *Fama/French*, Journal of Financial Economics 123 (2017), 441 (450 ff.).

(2) Die Arbitragepreistheorie

Eine prominente Alternative zum klassischen *Capital Asset Pricing Model* stellt die von Ross[250] im Jahr 1976 entwickelte Arbitragepreistheorie (englisch: *Arbitrage Pricing Theory*) dar. Die Arbitragepreistheorie nutzt mehrere Faktoren, stellt somit ebenfalls ein Mehrfaktorenmodell dar.[251] Anders als das *Capital Asset Pricing Model,* geht die Arbitragepreistheorie dabei jedoch nicht von einem effizienten Markt aus.[252] Um das Marktgleichgewicht zu beschreiben, wird vielmehr das Prinzip der Arbitragefreiheit herangezogen.[253] Besteht die Möglichkeit zur Generierung eines risikolosen Gewinns, wird diese von Arbitrageuren sofort genutzt, was gleichsam dazu führt, dass dieses Phänomen nicht dauerhaft auftritt.[254] Das daraus resultierende Marktgleichgewicht postuliert, ebenso wie das *Capital Asset Pricing Model,* eine lineare Beziehung zwischen erwarteter Rendite und – hier gleichsam mehreren – modellierten Risikofaktoren.[255] Die Arbitragepreistheorie muss daher, im Gegensatz zum *Capital Asset Pricing Model,* nicht auf ein Marktportfolio zurückgreifen, weshalb die in diesem Zusammenhang geäußerte Kritik an dieser Stelle nicht greift. Die Abwesenheit des Marktportfolios bringt jedoch auch einen entscheidenden Nachteil mit sich: Während das *Capital Asset Pricing Model* mit dem Betafaktor, der an der Rendite des Marktportfolios ausgerichtet ist, einen Faktor zur Implementierung des systematischen Risikos bereitstellt, konkretisiert die Arbitragepreistheorie ihre Faktoren gerade nicht.[256] In jedem Einzelfall ist somit der Anwender gehalten, diese Faktoren zu bestimmen. Dies ist jedoch mit der Gefahr verbunden, dass einzelnen Faktoren ökonomische Relevanz zugesprochen wird, die ihnen tatsächlich nicht zukommt.[257]

Roll und Ross[258] konnten die Arbitragepreistheorie in einer nicht abschließenden ersten Studie empirisch stützen, indem sie die Existenz von drei, womöglich vier, Faktoren aufzeigten. Dieser Studie nachfolgende Untersuchungen belegten schließlich, dass über die Arbitragepreistheorie auch weitere Faktoren gepreist

---

[249] Vgl. *Hanauer/Kaserer/Rapp,* Risikofaktoren S. 27, https://www.econstor.eu/bitstream/10419/52391/1/672971933.pdf [zuletzt aufgerufen: 05.07.2018]; *Schrimpf/Schröder/Stehle,* European Financial Management 13 (2007), 880, 887 f.

[250] Vgl. *Ross,* Journal of Economic Theorie 13 (1976), 341 ff.

[251] Vgl. *Reilly/Brown,* Analysis of the Investments and Management of Portfolios, S. 153.

[252] Vgl. *Brealey/Myers/Allen,* Principles of Corporate Finance, S. 207.

[253] Vgl. *Roll/Ross,* The Journal of Finance 35 (1980), 1073 (1074).

[254] Vgl. hierzu bereits oben Erstes Kapitel, A. III., S. 21.

[255] Vgl. *Roll/Ross,* The Journal of Finance 35 (1980), 1073 (1074).

[256] Vgl. *Brealey/Myers/Allen,* Principles of Corporate Finance, S. 208.

[257] Vgl. *Franke/Hax,* Finanzwirtschaft des Unternehmens und Kapitalmarkt, S. 398 f.

[258] Vgl. *Roll/Ross,* The Journal of Finance 35 (1980), 1073 (1100).

werden.[259] Allerdings konnte auch die Arbitragepreistheorie nicht in allen Studien und somit vollends überzeugen. Die Untersuchung von Dhrymes, Friend, M. Gultekin und B. Gultekin[260] etwa zeigte, dass mit der Anzahl der untersuchten Wertpapiere auch die Anzahl „entdeckter" Faktoren stieg. Zudem konnte die Arbitragepreistheorie auch den *Size-Effekt* nicht erklären. Reinganum[261] stellte insoweit fest, dass Portfolios kleiner Firmen im Durchschnitt jährlich 20 % mehr Rendite einbrachten, obwohl dies bei einer Risikokontrolle über die Arbitragepreistheorie nicht der Fall hätte sein dürfen. Die gleiche Unzulänglichkeit konnte hinsichtlich des *Januar-Effektes* festgestellt werden. Die klassische Arbitragepreistheorie kann diesen nicht besser erklären als das *Capital Asset Pricing Model*.[262]

Es lässt sich daher konstatieren, dass Mehrfaktorenmodelle schlussendlich die Realität entsprechend der zusätzlich berücksichtigten Parameter zwar besser approximieren können. Auch sie erlauben jedoch kein realitätsgetreues Abbild der Geschehnisse an den Finanzmärkten und können damit auch das Risiko nicht exakt prognostizieren. Dies insbesondere auch vor dem Hintergrund, dass keinesfalls gesichert ist, dass die einmal festgestellten Anomalien stets in gleicher Weise auftreten. Überdies lässt sich nicht ausschließen, dass – voraussichtlich unerwartet – neue Marktanomalien auftreten, die von den bestehenden Modellen noch nicht abgebildet werden können.

dd) Konstruktion des Marktportfolios

Auch das Marktportfolio als Vergleichsparameter zur Bestimmung der erwarteten Rendite ist in der Literatur einer kritischen Auseinandersetzung unterworfen worden. Das Marktportfolio, das nach der Grundidee des *Capital Asset Pricing Model* den gesamten Markt abbilden soll, bildet in der Praxis tatsächlich nur entsprechende Indexe ab. Roll[263] kritisiert in diesem Zusammenhang, die einzig testbare Hypothese des *Capital Asset Pricing Model* sei daher die Effizienz des Marktportfolios. Die vom *Capital Asset Pricing Model* postulierte Linearität zwischen erwarteter Rendite und Betafaktor entziehe sich empirischen Tests. Wegen der unvollständigen Darstellung des Marktportfolios könne eine unabhängige Prüfung keine Gültigkeit beanspruchen. Auch wenn diese Kritik im Grundsatz überzeugt, konnte auch eine Erweiterung des Marktportfolios um die Rendite von Anleihen, Grundeigentum sowie Gebrauchsgütern keine signifikant abwei-

---

[259] Vgl. *Cho/Elton/Gruber*, Journal of Financial and Quantitative Analysis 19 (1984), 1 (6 f.).

[260] Vgl. *Dhrymes/Friend/M. Gultekin/B. Gultekin*, The Journal of Finance 40 (1985), 659 (659).

[261] Vgl. *Reinganum*, The Journal of Finance 36 (1981), 313 (320).

[262] Vgl. *M. Gultekin/B. Gultekin*, The Journal of Finance 42 (1987), 1213 (1223).

[263] Vgl. *Roll*, Journal of Financial Economics 4 (1977), 129 (130).

chenden Ergebnisse liefern.[264] Damit ist den Kritikern des *Capital Asset Pricing Model* im Ergebnis zwar dahingehend zuzustimmen, dass eine optimale Abbildung des Marktes im Marktportfolio tatsächlich nicht durchgeführt wird. Dem *Capital Asset Pricing Model* danach allerdings jegliche Aussagekraft hinsichtlich der Modellierung der erwarteten Rendite abzusprechen, erscheint gleichwohl vor dem Hintergrund der grundsätzlichen Validität der mit seiner Hilfe erzielten Ergebnisse nicht gerechtfertigt. Festzuhalten bleibt in diesem Zusammenhang jedoch, dass die Indexwahl letztlich einen maßgeblichen Einflussfaktor darstellt.[265]

ee) Die Marktrisikoprämie

Die Marktrisikoprämie gilt es im Einzelnen zu beleuchten und einer kritischen Prüfung zu unterziehen. Dies betrifft insbesondere die einer Berechnung vorangehende Entscheidung über das zu verwendende Datenmaterial. Die nach den unterschiedlichen Vorgaben vorgenommene Berechnung kann zu nicht unerheblich voneinander divergierenden Ergebnissen führen und damit die errechnete Höhe der Marktrisikoprämie und die Preisbildung nach dem *Capital Asset Pricing Model* unmittelbar beeinflussen. Welcher Ansatz als vorzugswürdig zu beurteilen ist, wird in der Fachliteratur kontrovers diskutiert. Im Wesentlichen stehen sich hier die Schätzung anhand historischer Daten (vergangenheitsbezogener Ansatz) einerseits und die Schätzung anhand von Expertenbefragungen und Analysteneinschätzungen (zukunftsorientierter Ansatz) andererseits gegenüber.[266] Beide Ansätze sind dabei hinsichtlich ihrer Zuverlässigkeit in Bezug auf die auf ihrer Grundlage errechnete Marktrisikoprämie mit Vor- und Nachteilen behaftet. Untersuchungen konnten insbesondere aufzeigen, dass den Größen Beobachtungszeitraum, Methode, Portfoliogewichtung und risikoloser Zins maßgeblicher Einfluss auf die Marktrisikoprämie zukommt.[267]

(1) Vergangenheitsbezogene Schätzung

Eine gängige Methode zur Ermittlung der Marktrisikoprämie ist die vergangenheitsbezogene Schätzung, aufbauend auf historischen Renditezeitreihen unter der Annahme, dass sich die Marktrisikoprämie im Zeitverlauf konstant verhält.[268] Aus der Differenz der Renditen des Marktportfolios einerseits und der risikolosen Anleihe andererseits errechnet sich schließlich qua Mittelwertbildung für

---

[264] Vgl. *Stambaugh,* Journal of Financial Economics 10 (1982), 237 (266).

[265] Vgl. auch *Roll,* The Journal of Finance 33 (1978), 1051 (1056).

[266] Vgl. *Stehle,* WPg 2004, 906 (917).

[267] Vgl. dazu etwa die Untersuchungen von *Carleton/Lakonishok,* Financial Analysts Journal, 41 (1985), 38 ff.

[268] Vgl. *Stehle/Hausladen,* WPg 2004, 928 (928).

den Betrachtungszeitraum die Marktrisikoprämie.[269] Dieser Ansatz zeichnet sich durch seine im Aufwand reduzierte Handhabung aus, da entsprechende Daten in der Regel bereits zugänglich sind. Die Prognose zukünftiger Renditen unter Zugrundelegung historischer Daten birgt jedoch auch Nachteile, die bei weniger umsichtiger Anwendung einer realitätsnahen Bestimmung der Marktrisikoprämie entgegenstehen. Die Kritik kreist um die beherrschende Frage, inwieweit die vergangene Kursentwicklung die Zukunft realitätsgetreu abbilden kann oder nicht. Die Ermittlung der erwarteten Rendite unter Verwendung historischer Zeitreihen stellt dabei letztlich einen entscheidenden Unsicherheitsfaktor dar, der sich naturgemäß aus der Vergangenheitsbezogenheit der Schätzung ergibt: der Annahme, dass der Markt sich im beobachteten Zeitraum stabil verhalten hat und sich auch weiterhin stabil verhalten wird.[270] Mit dieser Kritik ist auch diejenige um die Einperiodizität des *Capital Asset Pricing Model* verbunden, die auf die Unmöglichkeit einer Berücksichtigung im Beobachtungszeitraum eintretender struktureller Änderungen bei der Berechnung abzielt.[271]

Ein Blick auf die Historie der Finanzmärkte zeigt, dass sich diese, entgegen der einer Verwendung historischer Zeitreihen impliziten Annahme, keinesfalls stabil verhalten. Wurden zur Ermittlung der durchschnittlichen Renditen des Marktportfolios die Renditen der Jahre 2002 und 2008 und damit die starke Volatilität in der New-Economy-Krise sowie der Wirtschafts- und Finanzkrise bei der Berechnung der Marktrisikoprämie berücksichtigt, ergaben sich niedrigere Werte, wobei die Auswirkungen umso geringer waren, je länger der Beobachtungszeitraum angesetzt wurde.[272] Dies belegt den maßgeblichen Einfluss, den die Auswahl des Beobachtungszeitraums auf die Marktrisikoprämie ausübt. Über die Wahl längerer Zeiträume lassen sich dabei zwar extreme – gute wie schlechte – Ereignisse des äußeren Rahmens sowie unterschiedliche Wertentwicklungen des Basiswertes adäquat berücksichtigen[273]; ein zu lang bemessener periodischer Zeitabschnitt hingegen kann aufgrund einer Einbeziehung auch länger zurückliegender extremer Ereignisse und einer zwischenzeitlich womöglich eingetretenen strukturbedingten Änderung der Risikoaversion der Anleger die zukünftige Ent-

---

[269] Vgl. *Stehle,* Wissenschaftliches Gutachten zur Schätzung der Marktrisikoprämie, https://www.bundesnetzagentur.de/SharedDocs/Downloads/DE/Sachgebiete/Telekom munikation/Unternehmen_Institutionen/Marktregulierung/Massstaebe_Methoden/Ka pitalkostensatz/Stehle_MRP-Gutachten_April_2016.pdf?__blob=publicationFile&v=4 [zuletzt aufgerufen: 18.05.2018].

[270] Vgl. *Daske/Gebhardt,* ZfbF 58 (2006), 530 (534).

[271] Neben dem *Capital Asset Pricing Model* wurden daher auch mehrperiodische Modelle entwickelt, vgl. etwa *Merton,* The Review of Economics and Statistics 51 (1969), 247 ff.; *ders.,* Econometrica 41 (1973), 867 ff.; *Samuelson,* The Review of Economics and Statistics 51 (1969), 239 ff.

[272] Vgl. *Kemper/Ragu/Rüthers,* DB 2012, 645 (649).

[273] Vgl. *Zeidler/Tschöpel/Bertram,* Corporate Finance 2012, 70 (73); *Dimson/Marsh/Staunton,* Journal of Applied Corporate Science 15 (2003), 27 (28).

wicklung nicht mehr exakt abbilden.[274] Üblicherweise werden Monatsrenditen daher über einen Beobachtungszeitraum von etwa 5 Jahren verwendet.[275]

Auch Dimson, Marsh und Staunton[276] konnten die Instabilität der unter Verwendung historischer Daten gewonnenen Ergebnisse belegen. In einer die Jahre 1950 bis 2002 berücksichtigenden Studie wurden Eigenkapitalrenditen des Weltaktienindexes von im Durchschnitt 8,4 % festgestellt. Diese waren damit im Vergleich zur ersten Hälfte des 20. Jahrhunderts, in der ein Wert von 5,1 % verzeichnet wurde, signifikant höher. Als Ursache für diese Entwicklung führen die Autoren nicht abschließende Faktoren an, zu denen neben technologischen, produktionstechnischen und unternehmensführungstechnischen Fortschritten auch sinkende Transaktionskosten sowie eine niedrige Inflation, steigende Zinsen und verringerte Renditeerwartungen von Investoren zählen.[277] Die Erkenntnisse um die insoweit festgestellte Unzulänglichkeit historischer Daten führten in der Folge zu der konsequenten Forderung, Anlageentscheidungen nicht mehr nur auf historische Mittelwerte zu stützen.[278]

Es ließ sich darüber hinaus ein weiterer das Ergebnis verfälschender Effekt einer Verwendung historischer Finanzmarktdaten bei der Berechnung der Marktrisikoprämie beobachten. Dieser resultiert aus Fehleinschätzungen, den so genannten *Survivorship Bias*. Brown, Goetzmann und Ross[279] untersuchten volatile Märkte, die in der Vergangenheit größeren Störungen ausgesetzt waren. Die Untersuchung ergab, dass mit der Volatilität der Rendite auch das Ausmaß der Verzerrung wuchs: Die Marktrisikoprämie in solchen Märkten ist deutlich höher als in weniger volatilen Märkten. *Survivorship Bias* können damit die erzielte Rendite letztlich höher erscheinen lassen, als sie tatsächlich ist.[280] Dieser Effekt lässt sich mit dem Ausschluss solcher Unternehmen vom Index erklären, die keine oder lediglich eine geringe Rendite erzielen.[281] Das *Capital Asset Pricing Model* mit dem Betafaktor als einzigem Risikofaktor vermag diesen Effekt nicht zu erklären.

(2) Korrektur der historisch ermittelten Marktrisikoprämie

Die Schwächen, die die Verwendung historischer Marktdaten mit sich bringt, haben zu zahlreichen Überlegungen geführt, die Marktrisikoprämie zu korrigie-

---

[274] Vgl. *Mondello*, Aktienbewertung, S. 64.

[275] Vgl. *Schmid/Trede*, Finanzmarktstatistik, S. 211.

[276] Vgl. *Dimson/Marsh/Staunton*, Journal of Applied Corporate Science, 15 (2003), 27 (35).

[277] Vgl. *Dimson/Marsh/Staunton*, Journal of Applied Corporate Science, 15 (2003), 27 (35 f.).

[278] Vgl. etwa *Dimson/Marsh/Staunton*, Triumph of the Optimists, S. 188.

[279] Vgl. *Brown/Goetzmann/Ross*, The Journal of Finance, 50 (1995), 853 (854).

[280] Vgl. *Goetzmann/Ibbotson*, The Equity Risk Premium, S. 11.

[281] Vgl. *Mondello*, Aktienbewertung, S. 69.

ren. Dimson, Marsh und Staunton[282] schlagen mit Blick auf die Berücksichtigung solcher Faktoren, die die Kursentwicklung in der Vergangenheit beeinflusst haben, deren Wiederholung jedoch für die Zukunft ausgeschlossen ist, einen Abschlag auf die Marktrisikoprämie vor. Eine Korrektur der errechneten Marktrisikoprämie ist in diesem Zusammenhang etwa denkbar, um die Turbulenzen der Finanzkrise im Jahr 2008, im Rahmen derer es zu einem enormen Abfall der Renditen deutscher Staatsanleihen kam, zu berücksichtigen.

(3) Zukunftsorientierte Schätzung

Eine in Gänze zuverlässige Berechnung der Marktrisikoprämie anhand historischer Daten ist unter Berücksichtigung vorstehender Ausführungen nicht möglich. Es wurden daher alternative Verfahren entwickelt, die ohne eine Schätzung allein unter Rückgriff auf historische Daten auskommen und ein besseres Abbild der zukünftigen Marktentwicklung versprechen. Ein zukunftsorientierter Ansatz sucht die erwartete Rendite unter Zugrundelegung einer – häufig im Sinne des so genannten Gordon-Groth-Modells konstanten – Wachstumsrate[283] aus den aktuellen Kurswerten sowie den Aussagen von Analysten zu bestimmen.[284] Fraglich ist jedoch bereits, inwieweit die Einschätzung von Analysten überhaupt zu verlässlicheren Ergebnissen führt, als die Verwendung historischer Daten. Die Verwendung entsprechender Einschätzungen muss gewährleisten, stets dem Anspruch der Objektivität zu genügen, was insbesondere aufgrund des Einflusses kurzfristiger Erwartungen auf die Schätzung eher fraglich erscheint.[285] Zudem ist nicht gewährleistet, dass stets alle verfügbaren Informationen für die konkrete Einschätzung genutzt werden. Lys und Sohn[286] etwa konnten im Zuge ihrer Untersuchung feststellen, dass nur rund 66 % aller verfügbaren Informationen von den Analysten auch tatsächlich genutzt werden. Die entsprechend notwendigen Befragungen können überdies nur punktuell und wenig systematisch durchgeführt werden.[287] Insbesondere in noch jungen Märkten ist zudem die Annahme einer konstanten Wachstumsrate problematisch, da ein konstanter Verlauf nicht sicher prognostizierbar ist. In der Wissenschaft wurden daher zunehmend auch die aktuellen Daten einzelner Variablen genutzt, um den *Random Walk* der Kurse im Zeitverlauf zu prognostizieren.[288] Auch diese Vorgehensweise erwies sich hingegen

---

[282] Vgl. *Dimson/Marsh/Staunton,* Journal of Applied Corporate Finance, 15 (2003), 27 (38); einen Aufschlag auf den risikolosen Basiszinssatz anstelle eines Zuschlags auf die Marktrisikoprämie diskutiert etwa *Gleißner,* WPg 2014, 258 (263 f.).

[283] Grundlegend dazu *Gordon/Shapiro,* Management Science 3 (1956), 102 (106); *Gordon,* The Investment, Financing, and Valuation of the Corporation, S. 1 ff.

[284] Vgl. *Stehle,* WPg 2004, 906 (917).

[285] Vgl. *Dörschell/Franken/Schulte,* Der Kapitalisierungszinssatz, S. 90.

[286] Vgl. *Lys/Sohn,* Journal of Accountings and Economics 13 (1990), 341 (341).

[287] Vgl. *Daske/Gebhardt,* ZfbF 58 (2006), 530 (536).

[288] Vgl. etwa *Fama/French,* Journal of Financial Economics 22 (1988), 3 ff.

im Vergleich zur üblichen Schätzung anhand historischer Daten nicht als zuverlässiger.[289]

d) Zwischenfazit: Eingeschränkter Risikoinformationstransfer über eine Risikomodellierung mit dem Capital Asset Pricing Model

Die vorstehenden Ausführungen zeigen die Schwächen, die mit einem Rückgriff auf den Betafaktor als einzigem Risikoparameter einhergehen. Die Marktanomalien belegen, dass der Betafaktor das systematische Risiko nicht vollständig abbilden kann. Allerdings ist an dieser Stelle anzumerken, dass viele der entdeckten Marktanomalien nur kurzzeitig auftraten bzw. wenig signifikante Auswirkungen zeigten. Zudem ist eine zuverlässige Aussage darüber, ob bei tatsächlich optimalem Marktportfolio das vom *Capital Asset Pricing Model* postulierte Rendite-Risiko-Verhältnis hätte festgestellt werden können, schlicht nicht möglich.[290] Die Tauglichkeit des Betafaktors allein wegen des Auftretens von Marktanomalien grundsätzlich in Zweifel zu ziehen, erscheint daher nicht gerechtfertigt. Weist die Betrachtungsdauer eine ausreichende Länge auf, ist der Betafaktor tauglicher Indikator für das systematische Risiko, gleichwohl auch er eine exakte Abbildung des realen Risikos nicht gewährleisten kann. Insbesondere die am Finanzmarkt auftretenden extremen Ereignisse zeigen, dass sich die Marktrisikoprämie gerade nicht zwingend zeitstetig konstant und stabil verhält.[291] Das *Capital Asset Pricing Model*, das gerade von normalverteilten Renditen ausgeht, kann das Finanzmarktgeschehen damit nicht exakt abbilden. Infolge der stark abflachenden Enden der Kurve dürften unter der Annahme einer normalverteilten Renditeerwartung extreme Ereignisse deutlich seltener auftreten, als sie es letztlich tun. Sie sind eher als Regel, denn als Ausnahme zu bezeichnen.[292]

4. Die Optionspreistheorie

Die von Fischer Black und Myron Scholes[293] sowie Robert Merton[294] entwickelte Optionspreistheorie ist aus der Bewertungspraxis nicht mehr wegzudenken. Sie ist von besonderer praktischer Relevanz, da ihre grundlegenden Erkenntnisse nicht allein für die Bepreisung von Optionen, sondern vielmehr auch anderorts, etwa für die Bewertung von Kreditderivaten, herangezogen werden. Ein wesent-

---

[289] Vgl. etwa die Untersuchung von *Welch/Goyal*, The Review of Financial Studies, 21 (2008), 1455 ff.

[290] Vgl. auch *Schredelseker*, Finanzwirtschaft, S. 351.

[291] Vgl. *Daske/Gebhardt*, ZfbF 58 (2006), 530 (534).

[292] Vgl. *Mandelbrot/Hudson*, Fraktale und Finanzen, S. 47; ähnlich auch *Gleißner/Romeike*, Risiko Manager 2008, 1 (8).

[293] Vgl. *Black/Scholes*, The Journal of Political Economy 81 (1973), 637 ff.

[294] Vgl. *Merton*, The Bell Journal of Economics and Management Science 4 (1973), 141 ff.

licher Unterschied zwischen den Ansätzen von Black und Scholes einerseits sowie Merton andererseits ist, dass Letzterer nicht auf das *Capital Asset Pricing Model* zurückgreift, um den Zusammenhang zwischen erwarteter Rendite und Basiswert zu beschreiben.[295]

a) Grundannahmen und Funktionsweise des Modells

Ebenso wie das *Capital Asset Pricing Model,* muss auch die Optionspreistheorie zum Zwecke der Modellierung das reale Marktgeschehen vereinfachen. Der (klassischen) Optionspreistheorie liegen dabei die folgenden Annahmen zugrunde, welche zusammen ideale Marktbedingungen schaffen:[296]

– Der Zinssatz ist bekannt, konstant und risikolos.

– Die Zufallsbewegung des Basiswertpreises ist zeitkontinuierlich.[297]

– Der Preis des Basiswertes sowie dessen Renditen sind logarithmisch normalverteilt.

– Es sind weder Dividenden, noch andere Ausschüttungen des Basiswertes zu berücksichtigen.

– Es handelt sich um eine europäische Option, also eine solche, die ausschließlich am Fälligkeitstag ausgeübt werden kann.

– Für den Kauf und Verkauf der Option werden keine Transaktionskosten berücksichtigt.

– Es kann jederzeit Geld zum Kauf oder zum Zwecke des Haltens der Option zum risikolosen Zinssatz aufgenommen werden.

– Es sind keine Sanktionen für Leerverkäufe vorgesehen.

Überdies geht die Optionspreistheorie davon aus, dass die stochastische Entwicklung der Aktienpreise dem so genannten Wiener Prozess bzw. einer Brown'schen Bewegung folgt. Der Wiener-Prozess beschreibt den normalverteilten *Random-Walk* in immer kleineren Unterteilungen und ermöglicht so die Modellierung des Zufallselementes von Wertpapierkursen.[298] Die Brown'sche Bewegung stellt eine spezielle Form des so genannten Markov-Prozesses dar, dem eine gewisse „Vergesslichkeitseigenschaft" innewohnt; denn die das Zufallselement

---

[295] Vgl. *Hull,* Optionen, S. 404.

[296] Vgl. zum Nachstehenden *Black/Scholes,* The Journal of Political Economy 81 (1973), 637 (640).

[297] Zeitkontinuierliche Modelle ermöglichen im Vergleich zu zeitdiskreten Modellen, zu denen etwa das Binomialmodell gehört, eine realitätsgetreuere Darstellung der Preisentwicklung, vgl. *Mondello,* Finance, S. 952, dort Fn. 22.

[298] Vgl. *Scheid,* Statistische Methoden in der Finanzwirtschaft, S. 51; *Korn,* Moderne Finanzmathematik, S. 70.

reflektierenden Variablen werden ausschließlich unter Rückgriff auf ihren aktuellen Wert ermittelt, ohne an die vergangene Entwicklung anzuknüpfen.[299] Unter Zugrundelegung dieser Annahmen lässt sich eine konstante Entwicklung der Basiswertpreise, also eine konstante Volatilität, voraussetzen.[300] Dies erlaubt die Konstruktion eines risikolosen (Hedge-)Portfolios, bestehend aus einer Long-Position des Basiswertes und einer Short-Position der Option.[301] Weil sowohl der Kurs des Basiswertes als auch derjenige des Finanzderivates von denselben Risikofaktoren abhängen, korrelieren sie optimal, sodass sich Gewinne und Verluste bestmöglich ausgleichen.[302] Auch die Optionspreistheorie bedient sich somit der Volatilität zur Modellierung des Unsicherheitsfaktors. Auch hier ist sowohl die Ermittlung anhand historischer Kursverläufe als auch ein Rückgriff auf implizite Volatilitäten möglich.[303] Die über numerische Verfahren zu ermittelnde implizite Volatilität geht von der Annahme aus, dass sich in den Optionsprämien die unsicherheitsinduzierten Erwartungen der Marktteilnehmer widerspiegeln.[304] Implizite Volatilitäten stellen somit eine zukunftsbezogene Schätzung dar.[305] Die Black-Scholes-Formel stellt insgesamt eine risikoneutrale Bewertung dar, da die Formel keinen Parameter enthält, der von der Risikoaversion der Anleger abhängig ist.[306] Diese ist bereits in der Preisbildung des zugrundeliegenden Basiswertes berücksichtigt.[307]

b) Kritik an der Optionspreistheorie und deren Fortentwicklung

Auch die Optionspreistheorie von Black, Scholes und Merton ist hinsichtlich ihrer Tauglichkeit zur realitätsnahen Bestimmung der Optionspreise mit Blick auf die ihr zugrundeliegenden Annahmen zahlreichen empirischen Untersuchungen unterzogen worden. In diesem Zusammenhang konnte, ähnlich wie beim *Capital Asset Pricing Model,* festgestellt werden, dass auch die Optionspreistheorie nicht geeignet ist, ein rechnerisches Abbild der Realität zu erschaffen. Bereits Merton ergänzte daher die Formel von Black und Scholes um die Berücksichtigung von Dividendenzahlungen sowie die Möglichkeit, bei der Bepreisung eine Ausübung der Option vor Fälligkeit zu berücksichtigen.[308] Insbesondere wird je-

---

[299] Vgl. *Rudolph/K. Schäfer,* Derivative Finanzmarktinstrumente, S. 340.

[300] Vgl. *Mondello,* Finance, S. 952.

[301] Vgl. *Black/Scholes,* The Journal of Political Economy 81 (1973), 637 (641).

[302] Vgl. *Hull,* Optionen, S. 414.

[303] Vgl. *Rudolph/K. Schäfer,* Derivative Finanzmarktinstrumente, S. 287.

[304] Vgl. *Rudolph/K. Schäfer,* Derivative Finanzmarktinstrumente, S. 288.

[305] Vgl. *Hull,* Optionen, S. 427.

[306] Vgl. *Hull,* Optionen, S. 418 f.

[307] Vgl. *Thabe,* Bewertung von Kreditrisiko bei unvollständiger Information, S. 14.

[308] Vgl. *Merton,* The Bell Journal of Economics and Management Science 4 (1973), 141 ff.

doch auch der Optionspreistheorie vorgeworfen, ihre vereinfachenden Annahmen führten mit Blick auf die errechneten Optionspreise zu einer erheblichen Abweichung von der Realität.

Dies betrifft insbesondere die von der Optionspreistheorie postulierte Gauß'sche Normalverteilung der Renditeerwartung, die auch hier dazu führt, dass die an den Finanzmärkten auftretenden extremen Ereignisse nur unzureichend erfasst werden können. Mandelbrot[309] stellte bereits 1963 in einer Untersuchung fest, dass die Kurse entgegen dieser Annahme eine Exponentialfunktion abbilden, im Rahmen derer eben gerade auch extreme Ereignisse deutlich besser abgebildet werden können als mit der Gauß'schen Glockenkurve. Das tatsächliche Finanzmarktgeschehen kann daher auch über die Modellierung mit der Optionspreistheorie nur näherungsweise abgebildet werden.

Überdies deuten auch im Zusammenhang mit der Optionspreistheorie empirische Untersuchungen darauf hin, dass die Volatilität, anders als von der Optionspreistheorie vorausgesetzt, gerade nicht konstant ist.[310] So konnte etwa im Zuge des Börsencrashs von 1987 für den Aktienmarkt festgestellt werden, dass die implizite Volatilität vom Ausübungspreis in der Weise abhängig ist, dass sie umso höher ist, je weiter sich der Ausübungspreis jeweils vom aktuellen Aktienpreis entfernt, so genannter *Smile-Effekt*.[311] Dies ist der der Optionspreistheorie zugrunde liegenden Annahme geschuldet, dass die Kurse einer Brown'schen Bewegung folgen, mithin als statistisch unabhängig gelten. In diesem Zusammenhang wird insbesondere die auf Bachelier zurückgehende Random-Walk-Hypothese kritisch beleuchtet. Sie beschreibt die Preisentwicklung von Aktienkursen am Finanzmarkt als rein zufälligen und von der vergangenen Entwicklung unabhängigen (Wiener-)Prozess.[312] Die Random-Walk-Hypothese postuliert, dass Preisänderungen ähnlich zufällig wie durch ein Roulette-Rad hervorgebrachte Ergebnisse entstehen.[313] Aus dieser Aussage darf indes nicht die Konklusion gezogen werden, die Kurse selbst entstünden zufällig. Nach der Random-Walk-Hypothese entsprechen sie vielmehr in ihrer Erscheinung einer zufällig generierten Zahlenreihe.[314] Die Random-Walk-Hypothese ist, ähnlich wie die Effizienzmarkthypothese, in der finanzwirtschaftlichen Literatur umstritten. Insoweit wird insbesondere ausgeführt, die Kursentwicklung des *Underlying* folge zwar offensichtlich keinen feststehenden Regeln.[315] Dennoch sei ein zyklisches Verhalten der Kurse

---

[309] Vgl. *Mandelbrot*, The Journal of Business 36 (1963), 394 ff.

[310] Vgl. *Breuer/Gürtler/Schuhmacher*, Portfoliomanagement I, S. 117; *Branger*, Bewertung nicht redundanter Finanzderivate, S. 78.

[311] Vgl. *Rubinstein*, The Journal of Finance 49 (1994), 771 (774 f.).

[312] Vgl. *Schredelseker*, Finanzwirtschaft, S. 365.

[313] Vgl. *H. Roberts*, The Journal of Finance 14 (1959), 1 (3).

[314] Vgl. *Schredelseker*, Finanzwirtschaft, S. 366.

[315] Vgl. *Mandelbrot*, Fractals and Scaling in Finance, S. 26.

erkennbar, welches, obwohl nicht periodisch, zumindest jedoch deutlich sichtbar sei.[316] Die Kurse wiesen daher ein statistisch „langes Gedächtnis"[317] auf. Folge dieser Kritik ist die Entwicklung neuer Methoden sowie der Versuch, die Optionspreistheorie möglichst an das reale Finanzmarktgeschehen anzupassen.

Mandelbrot etwa entwickelte die so genannte fraktale bzw. multifraktale Geometrie, mit deren Hilfe er unregelmäßige Kursentwicklungen untersuchte. Anders als die Optionspreistheorie zieht Mandelbrot seine fraktale Theorie jedoch nicht heran, um den erwarteten Aktienkurs tatsächlich nachzuzeichnen. Vielmehr sucht er das statistische Verhalten des Kurses wirklichkeitsnah zu beschreiben.[318] Weil dieses Verfahren im Vergleich zu den herkömmlichen Modellen allerdings äußerst kompliziert ist, konnte es sich in der praktischen Anwendung (bislang) nicht durchsetzen.[319] Merton selbst entwickelte schließlich ein Sprung-Diffusionsmodell, welches neben kontinuierlichen auch Sprungprozesse abbilden kann, um auf diese Weise eine Erfassung von Kurssprüngen zu erreichen.[320] Dieses Modell kombiniert somit den Diffusionsprozess des Modells von Black und Scholes (zwischen den Sprüngen) mit dem Jump-Prozess von Cox und Ross[321], wobei auch hier die Annahmen des *Capital Asset Pricing Model* erfüllt sein müssen.[322] Neben der geometrischen Brown'schen Bewegung berücksichtigt dieser Ansatz auch solche Ereignisse, die einen intensiven Einfluss auf die Aktienpreise haben und die Merton[323] auf das Auftreten aktienspezifischer Informationen am Markt zurückführt. Im Gegensatz zum reinen Sprungmodell von Cox und Ross, im Rahmen dessen die Kursentwicklung zwischen zwei Sprüngen keinem zufälligen Einfluss unterliegt, kann das Sprung-Diffusionsmodell von Merton eben diesen abbilden.[324] Obwohl die Existenz statistisch relevanter Sprünge empirisch belegt wurde, ließ sich jedoch auch einem Vergleich dieses Modells mit der klassischen Formel von Black und Scholes kein signifikanter Unterschied in der Preisbildung entnehmen.[325]

---

[316] Vgl. *Mandelbrot,* Fractals and Scaling in Finance, S. 27.

[317] *Mandelbrot/Hudson,* Fraktale und Finanzen, S. 37.

[318] Vgl. *Mandelbrot/Hudson,* Fraktale und Finanzen, S. 175 f.

[319] Vgl. *Eisenmann,* Die Problematik des Finanzsystems, S. 45.

[320] Vgl. *Merton,* Journal of Financial Economics 3 (1976), 125 (125).

[321] Vgl. *Terstege,* Optionsbewertung, S. 59 f., vgl. zum Ansatz von Cox und Ross *dies.,* Journal of Financial Economics 3 (1976), 145 ff.

[322] Vgl. *K. Schäfer,* in: Rudolph, Derivative Finanzinstrumente, S. 45 (112).

[323] Vgl. *Merton,* Journal of Financial Economics 3 (1976), 125 (127).

[324] Vgl. *B. Schäfer,* Informationsverarbeitung und Preisbildung am Aktien- und Optionsmarkt, S. 116.

[325] Vgl. etwa *Ball/Torous,* The Journal of Finance 40 (1985), 155 ff., die eine Untersuchung von an der *New York Stock Exchange* gelisteten Call-Optionen durchführten, indem sie die anhand der Black-Scholes-Formel einerseits und des Ansatzes von Merton andererseits ermittelten Optionspreise einem Vergleich unterzogen.

c) Qualität eines Informationstransfers
über eine mathematische Risikomodellierung
mit der Optionspreistheorie

Die Optionspreistheorie kann, auch wenn sie in der Vergangenheit zahlreiche Erweiterungen durchlaufen hat, insbesondere extreme Ereignisse nicht realitätsgetreu abbilden. Auch unter Rückgriff auf implizite Volatilitäten kann das systematische Risiko nicht exakt modelliert werden. Die Numerische Mathematik arbeitet mit der Approximation von Lösungen solcher eigentlich unendlicher Prozesse und wird deshalb zuweilen auch als „Mathematik der Fehler" bezeichnet, da sich über die Approximation lediglich ein näherungsweises Ergebnis erzielen lässt.[326] Wie bereits bezogen auf das *Capital Asset Pricing Model* herausgestellt, bleibt auch mit Blick auf die Optionspreistheorie festzuhalten, dass die auch hier erforderliche Vereinfachung der Finanzmarktwirklichkeit notwendig mit einer modellspezifischen Fehleranfälligkeit einhergeht. Nichtsdestoweniger kann auch die Optionspreistheorie unter Rückgriff auf das Risikomaß der Volatilität das systematische Risiko in den Optionspreisen abbilden und erlaubt auf diese Weise insbesondere auch, einzelne Finanzderivate einem Risikovergleich zu unterziehen.

5. Modellierung des Kreditrisikos

Kreditderivate sichern ihren Käufer gegen den Ausfall des Referenzschuldners ab, weshalb dieser im Gegenzug auch bereit ist, eine Prämie an den Verkäufer zu entrichten.[327] Für beide Parteien ist somit letztlich entscheidend, wie hoch das Risiko zu beurteilen ist, dass es zu einem Ausfall des Referenzschuldners kommt. Das Kreditrisiko lässt sich, ebenso wie das Marktrisiko, über den Einsatz von Risikomaßen quantifizieren und auf diese Weise im Rahmen der Bewertung des konkreten Derivates berücksichtigen. Für die Modellierung des Kreditrisikos ist abermals die Idee der Arbitragefreiheit zu bemühen, wobei hinsichtlich der Modellklassen zwischen Struktur- bzw. Unternehmenswertmodellen einerseits und Hazardraten- bzw. Intensitätsmodellen andererseits, zu unterscheiden ist.[328] Die Steuerung von Portfoliokreditrisiken erfolgt auf der Grundlage spezifischer Modelle, die auf den vorgenannten Grundformen aufbauen. In der Praxis werden neben dem Verfahren der *CreditMetrics* auch das *KMV-Modell* sowie *CreditRisk* verwendet.[329]

---

[326] Vgl. *Richter/Wick*, Einführung in die Numerische Mathematik, S. 4.
[327] Vgl. zur Struktur von Kreditderivaten im Einzelnen oben Erstes Kapitel, A. IV. 4., S. 23 f.
[328] Vgl. *Martin/Reitz/Wehn*, Kreditderivate und Kreditrisikomodelle, S. 60.
[329] Vgl. *Martin/Reitz/Wehn*, Kreditderivate und Kreditrisikomodelle, S. 172.

a) Unternehmenswertvolatilität und Kreditrisiko:
Die Unternehmenswertmodelle

Unternehmenswertmodelle ermöglichen die Modellierung des Ausfallzeitpunktes als insoweit vorhersehbares Ereignis, welches vom Firmenwert sowie vom Schuldenstand des Unternehmens abhängig ist.[330] Merton[331] stellte 1974 den an die Optionspreistheorie anknüpfenden Vorläufer nachfolgender Unternehmenswertmodelle vor. Die ausfallrisikobehaftete Rückzahlung bei Fälligkeit lässt sich mit einem Short-Put auf den Unternehmenswert in Höhe eines dem Rückzahlungsbetrag entsprechenden Basiswertes abbilden und mit der Black-Scholes-Formel bewerten.[332] Mit der Modellierung des Kreditrisikos ermöglicht der Ansatz von Merton daher zugleich auch dessen Bewertung.[333] Ihm liegen folglich auch dieselben Annahmen zugrunde wie der Optionspreistheorie; sie sind lediglich um die weitere Annahme eines ausfallrisikolosen Zinssatzes[334] sowie der Gültigkeit des Modigliani-Miller-Theorems, welches die Invarianz des Firmenwertes von der Kapitalstruktur des Unternehmens statuiert[335], zu ergänzen. Die Anbindung der Option an die Entwicklung des Basiswertes, hier der Unternehmensaktiva, lässt die Kopplung der Ausfallwahrscheinlichkeit an die Volatilität der Unternehmensaktiva erkennen.[336] Das hier eingesetzte Risikomaß ist damit die Volatilität des Unternehmenswertes.[337] Weil sie im Markt nicht direkt beobachtet werden kann, wird sie üblicherweise aus den (impliziten) Volatilitäten von Optionen der Aktienkurse hergeleitet.[338]

Auch das Merton-Modell hat in der Folge zahlreiche Erweiterungen und Modifikationen erfahren. Black und Cox[339] etwa erweiterten das Modell, welches einen Ausfallzeitpunkt lediglich im Zeitpunkt der Fälligkeit zu modellieren geeignet ist, um die Möglichkeit einer Modellierung auch solcher Ausfallzeiten während der Laufzeit, sobald der Unternehmenswert unter eine Ausfallschranke fällt. Zhou[340] modellierte schließlich in den nach Merton stetigen Verlauf des Unternehmenswertes einen Sprungprozess, der zufällig auftretende Sprünge desselben abzubilden in der Lage ist. Weil dieses Modell, ebenso wie weitere Mo-

---

[330] Vgl. *Martin/Reitz/Wehn*, Kreditderivate und Kreditrisikomodelle, S. 110.

[331] Vgl. *Merton*, The Journal of Finance 29 (1973), 449 ff.

[332] Vgl. *Reichling/Bietke/Henne*, Praxishandbuch Risikomanagement und Rating, S. 143; *Thabe*, Bewertung von Kreditrisiko bei unvollständiger Information, S. 16.

[333] Vgl. *Spremann*, Finance, S. 308.

[334] Vgl. *Uhrig-Homburg*, Fremdkapitalkosten, S. 82.

[335] Vgl. *Merton*, The Journal of Finance 29 (1973), 449 (450).

[336] Vgl. *Mondello*, Finance, S. 616.

[337] Vgl. *Reichling/Bietke/Henne*, Praxishandbuch Risikomanagement und Rating, S. 175.

[338] Vgl. *Heidorn/Schäfler*, Finanzmathematik in der Bankpraxis, S. 273.

[339] Vgl. *Black/Cox*, The Journal of Finance 31 (1976), 351 ff.

[340] Vgl. *Zhou*, Journal of Banking and Finance 25 (2001), 2015 ff.

delle dieser Art, Unternehmens- wie auch Intensitätsmodelle kombiniert, wird es auch als hybrides Modell bezeichnet.[341]

b) Modellierung des unerwarteten Ausfalls über Intensitätsmodelle

Intensitätsmodelle modellieren das Kreditrisiko über die Ausfallintensität (englisch: *Hazard Rate*) des Referenzschuldners innerhalb eines Zeitintervalls, ohne den Zeitpunkt eines Ausfalls in Abhängigkeit zum Firmenwert zu setzen.[342] Die Unberechenbarkeit bzw. Sprunghaftigkeit eines Ausfalls kann über einen so genannten Poisson-Prozess abgebildet werden, dessen einziger Parameter die Intensität ist.[343] Der Ausfall wird somit hier als zufälliger Prozess und nicht, wie im Rahmen der Unternehmenswertmodelle, als mit dem Erreichen der Ausfallschranke vorhersehbar, dargestellt.[344] Ein entscheidender Unterschied zwischen Unternehmenswertmodellen einerseits und Intensitätsmodellen andererseits ist daher auch die Bestimmung des modellierten Ereignisses. Während Erstere die Ursache des Ausfalls modellieren, bilden Letztere den Eintritt, nicht hingegen die Ursache ab.[345] Um die Ausfallwahrscheinlichkeit zu ermitteln, kann auf historische Daten sowie Ratings von Rating Agenturen, aber auch auf *Recovery Rates*[346] zurückgegriffen werden.[347] Weil die *Recovery Rate* negativ mit der Ausfallrate korreliert[348], führen hohe Ausfallraten auch zu niedrigen *Recovery Rates,* dessen man sich spätestens seit der Krise im Jahr 2007 bewusst ist.[349] Implizite Ausfallwahrscheinlichkeiten können schließlich auch unter Rückgriff auf den *Credit Spread* geschätzt werden.[350]

c) Ratingmodelle

Ratingmodelle stellen eine besondere Form der Intensitätsmodelle dar. Sie greifen zur Ermittlung der Ausfallwahrscheinlichkeit auf Bewertungen von Ra-

---

[341] Vgl. *Grundke,* Modellierung und Bewertung von Kreditrisiken, S. 20.

[342] Vgl. *Henn,* Bewertung von Kreditrisiken, S. 35.

[343] Vgl. *Reichling/Bietke/Henne,* Praxishandbuch Risikomanagement und Rating, S. 160.

[344] Vgl. *Uhrig-Homburg,* Fremdkapitalkosten, S. 78.

[345] Vgl. *Schönbucher,* Credit Derivatives Pricing Models, S. 255.

[346] Vgl. zum Risikoelement der *Recovery Rate* bereits oben Erstes Kapitel, A. II. 2., S. 20.

[347] Vgl. *Hull,* Optionen, S. 668 ff.

[348] Vgl. *Altman/Brady/Resti/Sironi,* The Journal of Business 78 (2005), 2203 (2205, 2207 ff.).

[349] Vgl. *Hull,* Optionen, S. 671; *Höcht/Mai,* in: Felsenheimer/et al., Kreditmärkte, S. 111 (119 f.).

[350] Vgl. *Hull,* Optionen, S. 671.

ting-Agenturen zurück.[351] Die drei führenden Rating-Agenturen sind Moody's Investors Service („Moody's"), Standard & Poors („S&P") und Fitch-Rating („Fitch"). Die beste Bewertung stellt danach eine „Triple-A-Bewertung" (Aaa (Moody's) bzw. AAA (S&P/Fitch) dar.[352] Einer bestimmten Ratingklasse wird dabei eine einjährige Ausfallwahrscheinlichkeit zugeordnet, welche etwa anhand historischer Daten geschätzt wird und angibt, wie hoch die Wahrscheinlichkeit eines Ausfalls von Referenzschuldnern dieser Klasse binnen eines Jahres ist.[353] Die Rating-Agenturen werden auf Grundlage eines Mandatsvertrages für das emittierende Unternehmen tätig.[354] Für die Unternehmensanalyse werden unterschiedliche Informationsquellen herangezogen, zu denen neben Finanzberichten auch qualitative Analysen des Managements und rechtliche Einflussgrößen, z. B. Regularien und bestehende Arbeitsverhältnisse, gehören.[355] Die Informationsbeschaffung vollzieht sich sowohl unter Rückgriff auf öffentliche Quellen, wie Medienberichte oder auditierte Bilanzen, als auch auf interne Angaben des Emittenten selbst, etwa mit Blick auf die Bilanzpolitik oder die allgemeine Unternehmensstrategie, schlussendlich aber auch auf Angaben von konkurrierenden Unternehmen.[356] Für die Auswertung der gesammelten Daten greifen Rating-Agenturen sodann sowohl auf statistische Verfahren, sog. Scoring-Modelle, als auch auf die Optionspreistheorie zurück.[357]

d) Schwächen der gängigen Modellierung von Kreditrisiken

Unternehmenswertmodellen wird insbesondere vorgeworfen, der Unternehmenswert bzw. dessen Volatilität seien nicht erfassbar, da die Schwankungen der Aktie aufgrund des Leverage-Effektes letztlich höher als diejenigen des Unternehmenswertes seien.[358] Sofern kein Jump- bzw. ein Jump-Diffusionsprozess integriert ist, sind Strukturmodelle zudem bezogen auf die Bewertung ausfallrisikobehafteter Derivate der gleichen Kritik ausgesetzt, wie sie bereits im Zusammenhang mit der Optionspreistheorie angeführt wurde. Die Annahme, dass der Unternehmenswert einer geometrischen Brown'schen Bewegung folgt und der Ausfall letztlich prognostizierbar ist führt dazu, dass für kurze Laufzeiten bei entsprechend positiver Einschätzung des Unternehmenswertes und weiter Ent-

---

[351] Als Begründer dieser Modellkategorie gelten Jarrow, Lando und Turnbull, vgl. *dies.,* The Review of Financial Studies 10 (1997), 481 ff.

[352] Vgl. *Hull,* Optionen, S. 668.

[353] Vgl. *Cottin/Döhler,* Risikoanalyse, S. 53.

[354] Vgl. *Hundt,* Informationsgehalt von Credit Ratings, S. 39 f.

[355] Vgl. *Dandapani/Lawrence,* Quarterly Journal of Business and Economics 46 (2007), 65 (75).

[356] Vgl. *Dandapani/Lawrence,* Quarterly Journal of Business and Economics 46 (2007), 65 (75).

[357] Vgl. *Weimer,* in: Diab/Everling, Rating von Finanzinstituten, S. 55 (59).

[358] Vgl. *Heidorn/Schäfler,* Finanzmathematik in der Bankpraxis, S. 273.

fernung von der Ausfallschranke das Ausfallrisiko, entgegen der tatsächlichen Beobachtungen am Markt, bei null liegt.[359] Die Möglichkeit, den Ausfall als plötzlichen Sprung zu modellieren, lässt hingegen Intensitätsmodelle diesen Mangel reiner Unternehmenswertmodelle beheben.[360] Die Parameter standard-mäßiger Unternehmenswertmodelle, wie etwa des Merton- bzw. des Black-Cox-Modells, können darüber hinaus nicht vollumfänglich auf alle entscheidenden Strukturdaten, etwa die Quoten von *Credit Default Swaps* mit unterschiedlicher Fälligkeit, eingestellt werden.[361]

Die im Zusammenhang mit Intensitätsmodellen beliebte Modellierung über Copula-Funktionen erlaubt die Abbildung der Abhängigkeit verschiedener Varia-blen, die nicht der Brown'schen Bewegung folgen.[362] Damit bietet sich dieses Verfahren insbesondere dann an, wenn in einem Portfolio unterschiedliche Ri-siken gebündelt sind und die Gefahr besteht, dass es mit Blick auf Extrem-ereignisse zu Ansteckungseffekten kommt.[363] Copula-Funktionen können somit grundsätzlich bei der Modellierung die Korrelation unterschiedlicher Risiken be-rücksichtigen.[364] *Collateralized Debt Obligations*[365] etwa wurden lange Zeit stan-dardmäßig über das Ein-Faktor-Gauß-Copula-Modell von Vasicek bewertet, wel-ches eine erweiterte Version des Strukturmodells von Merton aus dem Jahr 1974 darstellt.[366] Gerade dieses Modell kann jedoch Ansteckungseffekte nicht hin-reichend abbilden, weil es die Abhängigkeit der Ausfallzeiten einzelner Unter-nehmen über einen kurzen Zeitraum hinweg nicht berücksichtigt.[367] Trotz ihrer Verbreitung sind daher auch Copulas in der Bewertungspraxis nicht durchweg auf Zustimmung gestoßen. Während sie zum Teil als vorzugswürdig bezeichnet werden[368], lehnen andere einen Mehrwert über den Einsatz dieser Methode ab.[369]

---

[359] Vgl. *Rudolph/Hofmann/Schaber/K. Schäfer,* Kreditrisikotransfer, S. 152; *Schön-bucher,* Credit Risk Modelling and Credit Derivatives, S. 5; *Grundke,* Modellierung und Bewertung von Kreditrisiken, S. 99.

[360] Vgl. *Grundke,* Modellierung und Bewertung von Kreditrisiken, S. 99.

[361] *Brigo/Morini/Pallavicini,* Counterparty Credit Risk, S. 56.

[362] Vgl. *Brigo/Morini/Pallavicini,* Counterparty Credit Risk, S. 78.

[363] Vgl. *Rodriguez,* Journal of Empirical Finance 14 (2007), 401 (403); *Costinot/ Roncalli/Teiletche,* Revisiting the dependence between nancial markets with copulas, 10/2000, S. 10, https://papers.ssrn.com/sol3/papers.cfm?abstract_id=1032535 [zuletzt aufgerufen: 18.05.2018].

[364] Vgl. *Wengert/Schittenhelm,* Corporate Risk Management, S. 75.

[365] *Collateralized Debt Obligations* (kurz: CDO's) gehören zu den strukturierten An-leihen und ermöglichen die Bündelung verschiedener Kreditrisiken, vgl. *Hull,* Optio-nen, S. 1000.

[366] Vgl. *Spitaler,* in: Felsenheimer/et al., Kreditmärkte, S. 133 (133).

[367] Vgl. *Spitaler,* in: Felsenheimer/et al., Kreditmärkte, S. 133 (140).

[368] Vgl. etwa *Joe,* Discussion of „Copulas: Tales and facts" by Thomas Mikosch, https://link.springer.com/content/pdf/10.1007/s10687-006-0019-6.pdf [zuletzt aufgeru-fen: 18.05.2018]; *Genest/Rémillard,* Discussion of „Copulas: Tales and facts" by Tho-mas Mikosch, https://link.springer.com/content/pdf/10.1007/s10687-006-0018-7.pdf

Im Zusammenhang mit der Subprime-Krise ab 2007 sind Rating-Agenturen zunehmend in die Kritik geraten. Die Financial Crisis Inquiry Commission etwa führt in ihrem Abschlussbericht aus: „This crisis could not have happened without the rating agencies."[370] Gegenüber Moody's wird der Vorwurf erhoben, allein im Jahr 2006 täglich 30 Triple-A-Bewertungen für hypothekensichernde Wertpapiere vergeben zu haben, von denen 83 % schlussendlich herabgestuft werden mussten.[371] Insoweit lässt sich konstatieren, dass Ratings die Ausfallwahrscheinlichkeit letztlich als bloße Visualisierung einer kommerzialisierten Meinung darstellen. Die auf dieser Grundlage ermittelten Ratings spiegeln wegen des Einbezugs auch nicht öffentlicher Informationen zwar einen gewissen Wissensvorsprung der Rating-Agenturen wider[372] und leisten damit im Grundsatz auch einem Informationsgleichgewicht zwischen den Handelspartnern Vorschub. Der Prozess der Meinungsbildung selbst wird über die Einteilung in Ratingklassen jedoch weder abgebildet noch kann er überhaupt nachvollzogen werden. Infolge der Entgeltlichkeit der vertraglichen Verpflichtung der Rating-Agentur gegenüber dem Emittenten kann ein Interessenkonflikt zwischen dem Erfordernis einer neutralen Bewertung der Ausfallwahrscheinlichkeit auf der einen und der vertraglichen Verbundenheit auf der anderen Seite nicht ausgeschlossen werden.[373] Hinzu kommt, dass die Vielzahl an unterschiedlichen Verfahren, die für die Schätzung von Ausfallwahrscheinlichkeiten herangezogen werden, nicht dazu beiträgt, die Risikoprämien zu stabilisieren.[374]

Über die Frage der Objektivität von Ratings hinaus ist weiter kritisch zu bemerken, dass die Ausfallwahrscheinlichkeit des Referenzschuldners im Verlauf der Zeit keinesfalls statisch verläuft. Obwohl durch die Rating-Agenturen regelmäßig entsprechende Anpassungen vorgenommen werden, ist die Informationsverarbeitung am Markt dennoch meist effizienter.[375] Auch Ratings weisen daher häufig eher historische Werte auf und bilden nicht alle am Markt verfügbaren Informationen ab. Problematisch ist der Rückgriff auf Ratings zudem bei der Be-

---

[zuletzt aufgerufen: 18.05.2018]; zurückhaltender hingegen *Brigo/Morini/Pallavicini,* Counterparty Credit Risk, S. 86.

[369] Vgl. *Mikosch,* Copulas: Tales and Facts, https://link.springer.com/content/pdf/10.1007%2Fs10687-006-0015-x.pdf [zuletzt aufgerufen: 18.05.2018].

[370] *Financial Crisis Inquiry Commission,* The Financial Crisis Inquiry Report 2011, S. XXV, http://fcic-static.law.stanford.edu/cdn_media/fcic-reports/fcic_final_report_full.pdf [zuletzt aufgerufen: 18.05.2018].

[371] Vgl. *Financial Crisis Inquiry Commission,* The Financial Crisis Inquiry Report 2011, S. XXV, http://fcic-static.law.stanford.edu/cdn_media/fcic-reports/fcic_final_report_full.pdf [zuletzt aufgerufen: 18.05.2018].

[372] Vgl. *Hundt,* Informationsgehalt von Credit Ratings, S. 40.

[373] Vgl. *Mondello,* Finance, S. 604; *Park/Rütters,* StV 2011, 434 (436); *Lüderssen,* StV 2009, 486 (492).

[374] Vgl. *Bösch,* Derivate, S. 292 f.

[375] Vgl. *Mondello,* Finance, S. 605.

wertung strukturierter Finanzprodukte. Die hier erhöhte Wahrscheinlichkeit extremer Auswirkungen kann durch Ratings schlicht nicht erfasst werden.[376]

Zusammenfassend lässt sich daher auch für die Modellierung des Kreditrisikos resümieren, dass risikoinduzierte Informationsasymmetrien zwischen den einzelnen Finanzmarktteilnehmern nicht vollständig über eine mathematische Modellierung des Kreditrisikos ausgeräumt werden können.

IV. Resümee: Finanzmathematische Bewertungsmodelle als Risikointermediäre

Die vorstehende Untersuchung hat gezeigt, dass sich unter Rückgriff auf finanzmathematische Bewertungsmodelle zwar das mit dem Finanzderivat transferierte systematische Risiko mathematisch abbilden lässt. Ein Transfer realer Risiken in die formale Mathematik erfordert jedoch stets, dass die Wirklichkeit über unterschiedliche Annahmen zum Teil erheblich vereinfacht wird. Errechnete Marktwerte können das systematische Risiko damit immer nur innerhalb des gesetzten Modellrahmens abbilden, sich diesem mithin nur bis zu einem gewissen Grad an Genauigkeit annähern. Mit Hilfe der Wahrscheinlichkeitstheorie kann die Zukunft daher nicht zuverlässig prognostiziert werden.[377] Dies insbesondere, weil eine Vielzahl an Modellen genutzt wird, welche ihrerseits von unterschiedlichen Annahmen ausgehen und mit divergierenden Modellrisiken behaftet sind.[378] Risiko kann somit zwar mathematisch quantifiziert und auf diese Weise eine Approximation an die Risikowirklichkeit erreicht werden; eine sichere Prognose realer Zukunft ist jedoch auch unter Einsatz finanzmathematischer Preisbewertungsmodelle nicht möglich.[379] An diese Erkenntnis lässt sich anknüpfen, um die Funktion finanzmathematischer Bewertungsmodelle im Zusammenhang mit der Konturierung des strafrechtlichen Täuschungsbegriffs zu bestimmen. Diese darf nicht am Erfordernis einer exakten Abbildung des systematischen Risikos mit verbundenem Prognosecharakter ansetzen. Sie muss vielmehr an der bereits herausgestellten Aufgabe eines Informationstransfers über den Vorgang der mathematischen Modellierung anknüpfen und diesen mit dem Risikobegriff verbinden. Sofern das systematische Risiko für den betrugsstrafrechtlichen Kontext als Para-

---

[376] Vgl. *Fender/Mitchell*, BIZ-Quartalsbericht, Juni 2005, S. 77 (89), https://www.bis.org/publ/qtrpdf/r_qt0506ger_f.pdf [zuletzt aufgerufen: 18.05.2018].

[377] Vgl. etwa *Mandelbrot/Hudson*, Fraktale und Finanzen, S. 56: „Wir können nicht alles wissen."

[378] Vgl. *Reiner*, Derivative Finanzinstrumente im Recht, S. 62.

[379] Anders *OLG Stuttgart*, WM 2010, 2169 (2173), das insoweit von einem „Prognose-Charakter" (hier des Heath/Jarrow/Morton-Modells) spricht; s. a. *OLG Düsseldorf*, BKR 2014, 80 (82), das einer finanzmathematischen Bewertung „prognostische Züge" attestiert und die entsprechenden Modelle als „Grundlage für eine vom Markt akzeptierte Einordnung und Bewertung der Chancen und Risiken" bezeichnet.

meter der entscheidungserheblichen Risikogrundlage definiert wurde[380], kommt als Anknüpfungspunkt entsprechend funktionsgeleiteter Überlegungen nur die Anlageentscheidung selbst in Betracht. Eine entscheidungserhebliche (Risiko-) Prognose erfolgt schlussendlich allein durch den Anleger selbst über die Vornahme einer eigenverantwortlichen Anlageentscheidung. Mathematische Berechnungen können diese nicht ersetzen, die Gefahr einer Fehlprognose mithin nicht übernehmen und für den Anleger ausschalten. Die mathematische Modellierung ist somit vom Prognoseprozess selbst strikt zu trennen. Aufgabe der Finanzmathematik kann an dieser Stelle daher nur sein, über eine Modellierung des Risikos dessen Implementierung in die Strafrechtsdogmatik überhaupt erst möglich zu machen. Insbesondere darf der Finanzmathematik nicht aufgedrängt werden, die Rechtsdogmatik bestimmen zu wollen. Die Mathematik erhebt gerade nicht den Anspruch, Realität exakt abzubilden und so die Prognose durch den Anleger an sich obsolet werden zu lassen. Diese Erkenntnis zugrunde gelegt, lässt sich unter Berücksichtigung der vorstehenden Untersuchung der einzelnen Bewertungsmodelle konstatieren, dass der Einsatz mathematischer Modellierung die Chancen und Risiken des Produktes über das systematische Risiko im ermittelten Marktwert abbildet. Insbesondere Ratings werden daher auch als „Sprachregelung an den Finanzmärkten"[381] bezeichnet. Auch wenn diese Funktion beim Rating aufgrund der plastischen Darstellung von Risiken naheliegt, ist sie nicht hierauf beschränkt. In funktionaler Hinsicht lassen sich sowohl Risikomaße als auch Preisbewertungsmodelle auf diese Weise beschreiben, da erstere Markt- und Kreditrisiken quantifizieren und letztere die Risikogrundlage des Derivates im rechnerisch ermittelten Marktwert abbilden. Das Verhältnis finanzmathematischer Bewertungsmodelle und Strafrechtsdogmatik lässt sich somit über den Begriff der Risikointermediation beschreiben.[382] Erst über den doppelten Transfervorgang einer mathematischen Modellierung einerseits und der anschließenden Extraktion des entscheidungserheblichen Risikoparameters sowie dessen Implementierung in die Strafrechtsdogmatik andererseits kann das gehandelte systematische Risiko einer strafrechtlichen Bewertung zugeführt werden. Im Gegensatz zu gewöhnlichen (Austausch-)Geschäften ist der Transfer systematischer Risiken beim Handel mit Finanzderivaten auch gerade Hauptgegenstand des Geschäftes, das ermittelte Risiko somit wesentliches Kriterium für die Anlageentscheidung selbst. Die besondere Bedeutung finanzmathematischer Bewertungsmodelle für die Risikogrundlage des Handels lässt sich insbesondere auch unter dem Aspekt hervorheben, dass Finanzderivate eben nicht verlangen, das Asset auch tatsäch-

---

[380] Vgl. hierzu im Einzelnen oben Erstes Kapitel, A. VI. 1., S. 28 ff.

[381] *Everling,* in: Achleitner/Everling/Niggemann, Finanzrating, S. 3 (6).

[382] In dieser Funktion könnte sich die Wahrscheinlichkeitstheorie auch mit Blick auf die sog. Risikoerhöhungslehre als erkenntnisfördernd erweisen, vgl. hierzu etwa *Hoyer,* in: FS Rudolphi, S. 95 (102 ff.); explizit zur sog. Risikoverminderungslehre etwa *Greco,* ZIS 2011, 674 (675 ff.).

lich zu halten. Eine tatsächliche Einflussnahme auf das *Underlying* ist somit für den Anleger in den allermeisten Fällen nicht möglich. Der einzelne Anleger ist daher auf den Transfer des terminalen Risikos in die Anlageentscheidung über dessen mathematische Quantifizierung angewiesen. Dies insbesondere auch vor dem Hintergrund den Anleger in den Stand zu setzen, einen Vergleich der unterschiedlichen Instrumente sowie einen Abgleich mit der eigenen Risikoeinstellung vornehmen zu können. Die Frage einer strafrechtlichen Verantwortlichkeit muss daher an der Entscheidung für das konkrete Risiko[383] ansetzen und somit denknotwendig die Erfassbarkeit desselben voraussetzen. Rechnerisch ermittelte Marktwerte können und sollen dabei freilich nicht das Zufallselement ausschalten.[384] Ihnen kommt vielmehr die Funktion eines Informationstransfers zu, die dem Anleger eine risikobezogene Prognose unter Berücksichtigung der eigenen Anlageziele überhaupt erst ermöglicht.

Sofern die Aufgabe des entsprechenden Modells darin liegt, das Risiko für den Anleger abzubilden, lässt sich daraus gleichsam auch ableiten, dass Modellrahmen und Modellrisiko als solche Bestandteil der Berechnung und damit der Risikogrundlage selbst sind. Ein Informationstransfer mittels mathematischer Modellierung kann zwangsläufig nur innerhalb des durch die mathematische Methodik vorgegebenen Rahmens erfolgen. Teil des mathematisch transferierten Risikos ist somit immer auch die Art und Weise, derer sich das einzelne Modell bedient, um das systematische Risiko abzubilden. In diesem Zusammenhang wird das Finanzmarktgeschehen zum Zwecke der Modellierung nicht nur unter zum Teil stark divergierenden Annahmen vereinfacht; es wird vielmehr auch auf unterschiedliche Risikomaße zurückgegriffen. Die jeweils wesentlichen Parameter der Risikogrundlage, insbesondere des modellierten Unsicherheitsfaktors, lassen sich somit modellspezifisch anhand des eingesetzten Risikomaßes, der einzelnen Parameter sowie der spezifischen Modellannahmen bestimmen. So bedienen sich etwa viele Modelle für die Abbildung des Unsicherheitsfaktors der Wahrscheinlichkeit oder aber der Duration, die den Kehrwert einer Wahrscheinlichkeit darstellt.[385] Teil des Modellrahmens und damit der Risikogrundlage sind daher die zum Zwecke der konkreten Berechnung herangezogenen (historischen oder impliziten) Volatilitäten oder anderen Risikomaße. Abhängig vom konkret zu bewertenden Derivat können weitere Strukturierungsparameter in die Berechnung einfließen und den Modellrahmen entsprechend erweitern bzw. anpassen. Für einen *CMS-Spread-Ladder-Swap* bedeutet dies etwa, dass die folgenden Parameter die Risikogrundlage des Handels bestimmen:[386] Nominalbetrag, fester Zinssatz, Spread-Satz,

---

[383] Vgl. *Prittwitz,* Strafrecht und Risiko, S. 386.

[384] Fehl geht daher die Argumentation von *A. Baumann/Bausch,* BKR 2011, 74 (75), die die „Aussagekraft" finanzmathematischer Bewertungsmodelle mit diesem Argument gänzlich verneinen.

[385] Vgl. *Steinhoff,* Quantifizierung operationeller Risiken in Kreditinstituten, S. 207.

[386] Vgl. hierzu *Rudolph/K. Schäfer,* Derivative Finanzmarktinstrumente, S. 138.

Länge und Anzahl der Zinsperiode(n), Fälligkeitszeitpunkt und Zinsberechnungs-
methode.

Abschließend lässt sich resümieren, dass die mathematische Risikomodellierung eine sichere Prognose nicht leisten kann, diesem Anspruch jedoch mit Blick
auf ihre Bedeutung für die Auslegung des Täuschungsmerkmals auch nicht genügen muss. Die Aufgabe finanzmathematischer Bewertungen derivativer Finanzinstrumente ist vielmehr in der Abbildung der Risikogrundlage des konkreten
Handels zu sehen. Sie ermöglichen auf diese Weise eine Implementierung des
Risikofaktors „systematisches Risiko" in die Anlageentscheidung und können daher auch als Risikointermediäre bezeichnet werden.

C. Der aleatorische Charakter
derivativer Finanzinstrumente

Geschäfte mit Finanzderivaten wurden in der Zivilrechtsdogmatik in der Vergangenheit mit Blick auf den Topos des aleatorischen Vertrages nicht stets einer
einheitlichen rechtlichen Bewertung zugeführt. In diesem Zusammenhang wurde
insbesondere eine Differenzierung zwischen Spekulations- und Sicherungsgeschäft vorgenommen. Ziel der nachfolgenden Untersuchung ist die Ausarbeitung
der besonderen Charakteristik dieser beiden unterschiedlichen Einsatzzwecke. Insoweit könnte die Erkenntnis gewonnen werden, dass die in zivilrechtlicher Hinsicht angestellten Überlegungen auch für die hiesige Forschungsfrage fruchtbar
gemacht werden können, sofern sie eine Konkretisierung des Informationstransfers über finanzmathematische Bewertungsmodelle als Risikointermediäre ermöglichen.

I. Das Differenzgeschäft

Zu den aleatorischen Verträgen gehören neben den Spiel- und Wettverträgen
auch die so genannten Differenzgeschäfte.[387] Hierunter fallen solche Geschäfte,
bei denen die Lieferung von vornherein ausgeschlossen ist, vielmehr am Fälligkeitstag offene Positionen durch Barausgleich geschlossen werden.[388] Der Gesetzgeber ging ursprünglich von einer Verwandtschaft der Differenzgeschäfte mit
den Spiel- und Wettgeschäften im Sinne des § 762 BGB aus. Nach Maßgabe von
§ 764 BGB a. F. waren Termingeschäfte als Spiel im Sinne des § 762 BGB anzusehen mit der Folge ihrer Qualifizierung als unvollkommene Verbindlichkeiten.
Nach § 58 BörsG a. F. konnte der Differenzeinwand indes nicht erhoben werden,
sofern das Börsentermingeschäft nach Maßgabe der §§ 53, 57 BörsG a. F. als
verbindlich anzusehen war. Dies war zum einen der Fall, wenn am Geschäft ausschließlich Kaufleute beteiligt waren (§ 53 Abs. 1 BörsG a. F.) und zum anderen,

---

[387] Vgl. *Habersack*, in: MüKo-BGB, § 762 Rn. 4.
[388] Vgl. *Kindhäuser*, in: NK-StGB, § 283 Rn. 31.

sofern der Anleger schriftlich informiert wurde (§ 53 Abs. 2 BörsG a. F.), sog. Börsentermingeschäftsfähigkeit durch Information. Durch das Vierte Finanzmarktförderungsgesetz vom 21. Juni 2002 wurde der Differenzeinwand des § 764 BGB a. F. gestrichen. Mit Wirkung zum 1. November 2007 wurde schließlich § 37e WpHG a. F. (nunmehr § 99 WpHG n. F.) eingeführt, der den Spieleeinwand für Finanztermingeschäfte ausschließt, an denen mindestens ein Finanzdienstleister beteiligt ist. Ein Finanztermingeschäft im Sinne der Norm ist sowohl bezogen auf Derivate im Sinne des § 2 Abs. 3 WpHG n. F. als auch bezogen auf Optionsscheine anzunehmen. Differenzgeschäfte sind schließlich über § 2 Abs. 3 Nr. 3 WpHG n. F. erfasst. Einem direkten Rückgriff auf die Regelung des § 762 BGB dürfte daher die mit Einführung des § 37e WpHG a. F. verbundene gesetzgeberische Entscheidung, den Anlegerschutz als Sekundärschutz und nicht mehr über die Unverbindlichkeit des Geschäftes auszugestalten, entgegenstehen.[389] Damit ist die Risikoaufklärung nicht mehr entscheidend für die Verbindlichkeit des Geschäftes insgesamt. Eine Verletzung von Informationspflichten durch den Finanzdienstleister wirkt sich vielmehr im Zusammenhang mit Schadensersatzansprüchen bzw. der Untersuchung einer strafrechtlichen Verantwortlichkeit aus. Das Erfordernis einer Termingeschäftsfähigkeit durch Information wirkt daher in der Rechtsprechung zur anleger- und anlagegerechten Beratung fort.[390]

II. Finanzderivate als Spiel- bzw. Wettverträge

Finanzderivate werden häufig einem Vergleich mit (Glücks-)Spiel- und Wettverträgen unterzogen.[391] Insoweit gilt es im Folgenden zu untersuchen, ob derivative Finanzinstrumente tatsächlich unter den Rechtsbegriff des Spiel- bzw. Wettvertrages subsumiert werden können. Auch wenn dies nunmehr für die Frage nach der Verbindlichkeit solcher Geschäfte nicht mehr entscheidend ist, kann sich möglicherweise ein Erkenntnisgewinn mit Blick auf die Charakteristik dieser Instrumente ergeben.

1. Abgrenzung von (Glücks-)Spiel und Wette

(Glücks-)Spiel und Wette unterscheiden sich mit ihrer atypischen Risikostruktur von gewöhnlichen Austauschgeschäften. Das Spiel zeichnet sich dadurch aus, dass jede Partei ein Verlustrisiko trägt.[392] Beim Glücksspiel ist diesem Risiko zu-

---

[389] Vgl. BR-Drucksache 936/01, S. 268.

[390] Vgl. *J. Roberts*, BKR 2015, 330 (333).

[391] So etwa *OLG Stuttgart*, BKR 2010, 208 (210); *OLG München*, BKR 2012, 245 (246); *J. Roberts*, NJOZ 2010, 1717 (1722).

[392] Vgl. *Janoschek*, in: BeckOK-BGB, § 762 Rn. 3 [online, Stand: 01.03.2018]; *Habersack*, in: MüKo-BGB, § 762 Rn. 5; *Henssler*, Risiko als Vertragsgegenstand, S. 441; dies für unerheblich befindend dagegen *Servatius*, WM 2004, 1804 (1811).

gleich das Element des Zufalls immanent, da sein Ausgang, im Gegensatz zum Geschicklichkeitsspiel, weniger von den Fähigkeiten des Spielers, als vielmehr von einer das Ereignis betreffenden zufälligen Entwicklung abhängt.[393] Dass sich das systematische Risiko derivativer Finanzinstrumente mathematisch quantifizieren und modellieren lässt, steht einem Vergleich dieser Instrumente mit dem Glücksspiel dabei nicht von vornherein entgegen. Eine Subsumption unter das Glücksspiel setzt nicht voraus, dass der Eintritt des fraglichen Ereignisses vollkommen unbestimmt sein muss. Dieser muss sich lediglich einer auf eine hinreichend gewichtige Wahrscheinlichkeit gestützten Vorhersage entziehen und auf diese Weise klar vom Geschicklichkeitsspiel abgrenzen lassen.[394] Eine entsprechend zu fordernde Prognosefunktion mathematischer Modellierung konnte auch bereits verworfen werden. Neben dem Zufallselement ist weiteres Kriterium des Spiels schließlich, dass es zu einem gegenständlichen Leistungsaustausch nicht kommt.[395]

Vom Spiel wird die Wette überwiegend unter Rückgriff auf den von den Parteien verfolgten Zweck abgegrenzt. Während beim Spiel der unterhaltende Aspekt im Vordergrund stehen soll, ist es bei der Wette die Bekräftigung einer Behauptung.[396] Im Gegensatz zum Spiel liegt der Hauptzweck der Parteien bei der Wette daher nicht in der Erzielung eines wirtschaftlichen Gewinns.[397] Anleger, die einen Handel mit Finanzderivaten abschließen, werden jedoch in aller Regel einen wirtschaftlichen Vorteil anstreben, weshalb die Diskussion einer Zuordnung derivativer Finanzinstrumente zu den aleatorischen Verträgen folglich überwiegend im Zusammenhang mit dem (Glücks-)Spiel erfolgt.[398]

2. Vertragszweck und wirtschaftliche Berechtigung als Charakteristika aleatorischer Verträge

Anknüpfungspunkt vergleichender Überlegungen derivativer Finanzinstrumente mit dem aleatorischen Vertrag ist das beiden immanente Element des Risikos und der Unvorhersehbarkeit. Beide Vertragspartner wissen bei Abschluss des

---

[393] Vgl. etwa *BGHSt* 2, 274 (276); *BGHSt* 34, 171 (175); *Fischer,* StGB, § 284 Rn. 4, 8.

[394] Vgl. *BGHSt* 2, 274 (278); *BGHSt* 36, 74 (79).

[395] Vgl. *J. Roberts,* NJOZ 2010, 1717 (1719).

[396] Vgl. *Feilcke/Hollering,* in: BeckOK-StGB, § 284 Rn. 15 [online, Stand: 01.02. 2018]; *Saenger,* in: HK-BGB, § 762 Rn. 2; *Heine/Hecker,* in: Schönke/Schröder, StGB, § 284 Rn. 6; *Hohmann,* in: MüKo-StGB, § 284 Rn. 6; *Heger,* in: Lackner/Kühl, StGB, § 284 Rn. 6.

[397] Vgl. *Feilcke/Hollering,* in: BeckOK-StGB, § 284 Rn. 15 [online, Stand: 01.02. 2018].

[398] Vgl. *Köhler,* Die Zulässigkeit derivativer Finanzinstrumente, S. 343; *Reiner,* Derivative Finanzinstrumente im Recht, S. 107; *Winter,* WM 1994, 2143 (2150); *Mülbert/ Böhmer,* WM 2006, 985 (989 ff.).

Handels nicht, wie sich der Basiswert und mit ihm die Werthaltigkeit des Finanz-derivates in Zukunft entwickeln werden. Die Parteien können daher bei Vertrags-schluss die wirtschaftliche Werthaltigkeit des konkreten Handels nur unzu-reichend prognostizieren. Die Zufallsabhängigkeit der dem Vertrag zugrunde-liegenden Pflichtenstellung der Parteien bzw. die Ungewissheit der Parteien hinsichtlich des Vertragsgegenstandes ist ebenfalls charakteristisch für aleato-rische Verträge.[399] Im Gegensatz zu herkömmlichen Austauschverträgen, denen mit dem Vertragsrisiko beider Parteien gleichsam ein zufallsgeprägtes Element innewohnt, ist das Zufallselement bei aleatorischen Verträgen gerade zentrales Merkmal, dessentwillen der Vertrag abgeschlossen wird.[400] Über dieses Zufalls-element hinaus werden in der juristischen Literatur und Rechtsprechung jedoch weitere Kriterien bemüht, um die Typik aleatorischer Verträge zu beschreiben.

Die Zweckverfehlungstheorie von Reiner[401] sowie in der Folge Reiner/Schacht[402] stellt mit dem Zweckgedanken zunächst ein subjektives Moment für die Abgrenzung bereit. Nach ihr habe eine Qualifikation als Spiel auszuscheiden, sofern eine Partei unabhängig vom Risikoverlauf ihren Vertragszweck erreiche, da es in diesem Fall zumindest potentiell realisierbar sei, dass beide Parteien einen subjektiven Mehrwert aus dem Geschäft einfahren.[403] Weil nur eine Partei den Zufall für sich „gewinnen" könne und eine darüber hinausgehende Gegen-leistung nicht vereinbart sei, gebe es beim Spiel dagegen zwangsläufig einen Ge-winner und einen Verlierer.[404] Damit unterschieden sie sich von gewöhnlichen Austauschgeschäften, deren causa letztlich im Erhalt der Gegenleistung liege.[405] In Anwendung dieser Grundsätze sind reine Spekulationsgeschäfte, bei denen einzig die Marktentwicklung des Basiswertes über Gewinn oder Verlust entschei-det, grundsätzlich unter den Spielebegriff zu subsummieren. Ein darüberhinaus-gehender Zweck wohnt spekulativen Geschäften nicht inne, weshalb die Interes-sen der Parteien als diametral entgegengesetzt bezeichnet werden können: Der Kurs kann sich nur entweder zugunsten des einen oder des anderen Handelspart-ners entwickeln. Nur eine Partei kann gewinnen, die andere Partei fährt zwangs-läufig einen Verlust aus dem getätigten Handel ein. Dem Spielebegriff sollen Termingeschäfte nach Reiner/Schacht jedoch dann nicht unterfallen, wenn sie

---

[399] Vgl. *Habersack,* in: MüKo-BGB, § 762 Rn. 4; *Schreiber,* in: NK-BGB, § 762 Rn. 5.

[400] Vgl. *Reiner,* Derivative Finanzinstrumente im Recht, S. 29; *Henssler,* Risiko als Vertragsgegenstand, S. 14.

[401] Vgl. *Reiner,* Derivative Finanzinstrumente im Recht, S. 136 ff.

[402] Vgl. *Reiner/Schacht,* WM 2010, 337 (340 ff.).

[403] Vgl. *Reiner/Schacht,* WM 2010, 337 (342).

[404] Vgl. *Reiner,* Derivative Finanzinstrumente im Recht, S. 141; *Reiner/Schacht,* WM 2010, 337 (341).

[405] Vgl. *Reiner/Schacht,* WM 2010, 337 (340).

über das Zufallselement hinaus für eine Partei einen unabhängigen Wert haben. Dies sei immer dann anzunehmen, sofern ein liquider Kassa- bzw. Sekundärmarkt für den Handel des Produktes zur Verfügung stünde, der entweder die Veräußerung einer offenen Position oder aber deren Glattstellung durch ein HedgeGeschäft erlaube.[406] In diesem Fall bestehe die Möglichkeit der Handelspartner, den Wert der gehaltenen Position jederzeit zu realisieren.[407] Derivative Finanzinstrumente könnten diese Voraussetzungen grundsätzlich erfüllen, da ihr Marktwert jederzeit errechnet und die entsprechende Position daher auch stets mit einer Gegenposition glattgestellt werden könne, zumal mit den Börsen sowie der Möglichkeit eines außerbörslichen Handels auch entsprechende Handelsplattformen zur Verfügung stünden.[408] Freilich sei auch hier zu fordern, dass der entsprechende Markt hinreichend liquide sei.[409]

Der Bundesgerichtshof sowie ein Großteil der literarischen Vertreter haben sich der Zweckverfehlungstheorie hingegen nicht angeschlossen und schlagen eine Präzisierung des Spielebegriffs unter Rückgriff auf das Kriterium der wirtschaftlichen Berechtigung vor.[410] Die Befürworter dieses Ansatzes fordern über das Vorliegen objektiv wirtschaftlich berechtigter Interessen hinaus, dass diese auch insoweit subjektiv von den Parteien verfolgt werden, als sie sich in deren Erwartungshaltung widerspiegeln.[411] Beide Parteien müssten mit dem Handel spekulative Absichten verfolgen.[412] Geschäfte mit Sicherungscharakter werden nach diesem Ansatz somit nicht unter den Spielebegriff subsummiert. Ihnen soll eine wirtschaftliche Berechtigung eigen sein.[413]

3. Stellungnahme

Eine Unterscheidung anhand des von den Parteien verfolgten Zwecks oder aber einer näher auszugestaltenden wirtschaftlichen Berechtigung ist mit Blick auf das hiesige Forschungsvorhaben nicht zielführend. Beide Kriterien sind an

---

[406] Vgl. *Reiner/Schacht,* WM 2010, 337 (343).

[407] Vgl. *Reiner,* Derivative Finanzinstrumente im Recht, S. 147 f.

[408] Vgl. *Reiner/Schacht,* WM 2010, 337 (343), dies jedoch für *Credit Default Swaps* einschränkend *Reiner/Schacht,* WM 2010, 385 (388 ff.).

[409] Vgl. *Reiner/Schacht,* WM 2010, 337 (343).

[410] Vgl. etwa *BGHSt* 58, 1 (5); *BGHZ* 69, 295 (301); *BGHZ* 149, 129 (139); *Janoschek,* in: BeckOK-BGB, § 762 Rn. 5 [online, Stand: 01.03.2018]; *Lehmann,* Finanzinstrumente, S. 106; *Krämer,* Finanzswaps und Swapderivate in der Bankpraxis, S. 281 ff.; *Engel,* in: Staudinger, BGB, Vor. §§ 762 ff. Rn. 4b, 7; *Mülbert/Böhmer,* WM 2006, 937 (947 ff.); *Salewski,* BKR 2012, 100 (104 ff.); *Sprau,* in: Palandt, § 762 Rn. 4; *Gaede,* in: NK-StGB, § 284 Rn. 14; ablehnend dagegen *Habersack,* in: MüKo-BGB, § 762 Rn. 4; *Servatius,* WM 2004, 1804 (1805 ff.).

[411] Vgl. *Salewski,* BKR 2012, 100 (104).

[412] Vgl. *Salewski,* BKR 2012, 100 (104); *Henssler,* Risiko als Vertragsgegenstand, S. 443.

[413] Vgl. etwa *BGHSt* 58,1 (5).

der Identifizierung der vorliegenden Austauschelemente und damit letztlich der Erfassung des vertragsspezifischen Synallagma ausgerichtet. Zwar liegen bei tatsächlicher Betrachtung auch einem Swap gewisse Austauschelemente zugrunde, da Gegenstand entsprechender Geschäfte der Tausch von Zahlungsströmen ist. Dennoch prägt letztlich nicht der Austausch von Leistungen, sondern der Transfer systematischer Risiken den Handelskontrakt. Ein Widerspruch zwischen der zivilrechtlichen Interessenentscheidung über das Institut des aleatorischen Vertrages und dessen Ablehnung mit Blick auf eine Anleihe durch das Strafrecht besteht indes nicht. Eine entsprechend am Leistungsaustausch ausgerichtete Betrachtung ist bei einer Subsumption unter den Begriff des aleatorischen Vertrages konsequent, da das Zivilrecht gerade den Konflikt um die Verbindlichkeit eben dieses Leistungsversprechens zu lösen hat. Es muss daher zwangsläufig den charakteristischen Risikotransfer in die eigenen normativen Strukturen einbetten. Obwohl der Sicherungseffekt zivilrechtlich durchaus auch als Gegenleistung bezeichnet werden kann, das Zufallselement somit nicht einzige Motivation für den Abschluss des Handels sein mag, ist auch für diese Geschäfte der Risikotransfer das charakteristische Merkmal: Eine Partei überträgt gegen Zahlung einer Prämie Markt- oder Kreditrisiken auf eine andere Partei. Dass hier mit dem Sicherungsinteresse ein (weiteres) synallagmatisches Element hinzutritt, kann dabei zwar für die Verbindung der Parteien und die daraus folgende Auflösung von Interessenkonflikten bei Störung des Äquivalenzgleichgewichtes relevant werden. Überlegungen zu synallagmatischen Austauschelementen derivativer Finanzinstrumente müssen als Redundante im Rahmen einer Bestimmung strafrechtsrelevanten Informationstransfers jedoch zugunsten des spezifischen Risikotransfers zurückstehen. Eine (zivilrechtliche) Subsumption unter den Begriff des aleatorischen Vertrages unter Rückgriff auf das Kriterium der wirtschaftlichen Berechtigung bzw. die Zweckverfehlungstheorie vermag daher aufgrund der damit verbundenen normativen Beschränkungen keinen Erkenntnisgewinn hinsichtlich einer Konkretisierung des betrugsstrafrechtlich relevanten Informationstransfers zu liefern.

4. Finanzderivate und funktionale Nullsummencharakteristik

Zwar hat sich eine Subsumption derivativer Finanzinstrumente unter den zivilrechtlichen Begriff des aleatorischen Vertrages für das hiesige Forschungsvorhaben als nicht erkenntniserhöhend ausgewirkt. Dennoch lässt sich über einen Vergleich von Finanzderivaten mit Spiel und Wette eine Präzisierung des hier entscheidenden Informationstransfers mittels mathematischer Modellierung erreichen. Insoweit ist überdies auch eine Berücksichtigung der Entscheidung für einen konkreten Einsatz des Finanzderivates möglich, ohne über eine leitende Anbindung an synallagmatische Erwägungen den charakteristischen Transfer systematischer Risiken von vornherein normativ zu beschränken.

a) Finanzderivate als Nullsummenspiele

Bei einem konventionellen Spiel bzw. einer Wette gewinnt nur eine Partei, und zwar das, was im Gegenzug der Mitspieler verliert.[414] Lässt man die gesamtwirtschaftliche Situation außer Acht und betrachtet lediglich das konkrete Handelsgeschäft, lässt sich auch für einen Handel mit Finanzderivaten feststellen, dass der Gewinn der einen Handelsseite spiegelbildlich den Verlust der anderen Seite repräsentiert.[415] Obwohl die Effizienz der Märkte in ihrer stärksten Form bislang nicht belegt werden konnte, lassen empirische Untersuchungen einen Schluss dahingehend zu, dass die Effizienzmarkthypothese in ihren schwächeren Ausprägungen Geltung für sich beanspruchen kann. Die Märkte folgen somit zwar nicht zwingend dem Modell eines *Random Walk,* dennoch aber dem eines „fairen Spiels".[416] Dieser Nullsummenspielcharakter lässt sich mathematisch über einen auf null errechneten theoretischen Marktwert ausdrücken.[417] Die besondere Bedeutung des Nullsummenspielcharakters lässt sich dabei anhand eines Vergleichs von Finanzderivaten mit anderweitigen Austauschgeschäften herleiten. Anders als im Rahmen gewöhnlicher Austauschverträge, bei denen jeder Vertragspartner bei rationalem Verhalten einen Nutzen für sich abschöpfen kann, der unabhängig ist von einem bei seinem Kontrahenten eintretenden Nachteil[418], ist dies bei einem Risikotransfer mittels derivativer Finanzinstrumente gerade nicht der Fall. Während sich klassische Austauschverhältnisse nicht durch ein gesteigertes Interesse am Verlust des Vertragspartners auszeichnen, wird dieses bei einem Risikotransfer mittels Finanzderivaten gerade über die Natur (den Charakter) des Geschäftes indiziert. Beim klassischen Austauschvertrag ist die Erwartung hingegen nicht zwangsläufig an ein derartiges Interesse angebunden, weil das Chancen-Risiko-Profil der Parteien im Grundsatz gerade nicht im Sinne eines Nullsummenspiels korreliert. Zwar liegt auch hier keine vollständige (wirtschaftliche) Unabhängigkeit beider Leistungen vor, da eine Partei, etwa aufgrund besonderer Verhandlungsfertigkeiten, einen besonders guten Preis erzielen kann. Die darüberhinausgehenden Interessen der Vertragspartner hängen jedoch nicht zwangsläufig vom Scheitern der jeweils anderen Partei ab. Anders liegt es indes beim Derivategeschäft. Weil der Kurs nur entweder steigen oder fallen kann, hat die Chancen-Risiko-Verteilung des zugrundeliegenden Geschäftes besondere Bedeutung für die Handelspartner. Erhöht eine Partei ihre Chancen, führt dies notwendigerweise zu einer Verringerung der Chancen des Handelspartners. Während folglich beim klassischen Austauschvertrag jede Partei primär ihr eigenes Vertragsrisiko im Blick behält, sind die Erwartungen bei einem Handel mit Finanz-

---

[414] Vgl. *J. Roberts,* NJOZ 2010, 1717 (1719).

[415] Vgl. *J. Roberts* BKR 2015, 330 (331); *ders.,* BKR 2012, 377 (378).

[416] Vgl. *Copeland/Weston/Shastri,* Finanzierungstheorie, S. 506.

[417] Siehe dazu bereits oben Erstes Kapitel, B. II., S. 39.

[418] Vgl. *H.-B. Schäfer/Ott,* Lehrbuch der ökonomischen Analyse des Zivilrechts, S. 423.

derivaten zwangsläufig diametral entgegengesetzt. Insoweit ergeben sich daher auch Überschneidungen mit Spiel und Wette, weil auch dort die Erwartungen der Parteien gegenläufig sind.[419] Die Chancen und Risiken beider Handelspartner sind nur dann ausgeglichen, wenn sie im Sinne eines Nullsummenspiels miteinander korrelieren. Das über den „fairen" Marktwert in die Anlageentscheidung transferierte systematische Risiko ist daher wesentlicher Bestandteil der Risikogrundlage des Handels. Der Nullsummenspielcharakter sowie dessen Abbildung im „fairen" Marktwert des Derivates können somit als Charakteristika derivativer Finanzinstrumente bezeichnet werden.[420]

Die mathematische Abbildung des Nullsummenspiels im fairen Marktwert erhält ihre besondere Bedeutung auch in Zusammenschau mit dem Hebeleffekt derivativer Finanzinstrumente. Dieser wird insbesondere für die Strukturierung im Rahmen des *Financial Engineering* mit dem Ziel einer bestmöglichen Individualisierung des konkreten Derivates genutzt. Anders als bei anderen Austauschgeschäften führt der Hebel eines Derivates dazu, dass sich die potenziellen Maximalwerte des Geschäftes um ein Vielfaches erhöhen. Nach der Strukturierung wird das Risikoprofil in vielen Fällen gerade nicht mehr dem eines Nullsummenspiels entsprechen. Zwar ist die letztlich entscheidende Komponente immer noch die Entwicklung des zugrunde liegenden *Underlying*. Infolge Einpreisung weiterer Parameter, etwa einseitiger Ausstiegsrechte der Bank, ist jedoch nicht mehr allein das originär gehandelte systematische Risiko entscheidender Indikator für den Hebeleffekt. Vielmehr wird dieser zum Teil erheblich verstärkt und verschiebt in diesem Umfang gleichermaßen das Risikoprofil des Handels.

b) Differenzierung nach der Funktion des Risikotransfers

Eine Untersuchung des systematischen Risikos in funktionaler Hinsicht ermöglicht unter Berücksichtigung vorstehender Erkenntnisse eine weitergehende Differenzierung. Diese setzt an der Unterscheidung zwischen *Hedging* einerseits und Spekulation andererseits an. Zwar hängt der Wert des Derivates in beiden Fällen von der Entwicklung des *Underlying* ab, wobei bei ausgeglichenem Risikoprofil einzig das originäre systematische Risiko transferiert wird. Entscheidender Unterschied ist jedoch die Bedeutung einer über den „fairen" Marktwert abgebildeten nullsummencharakteristischen Risikoverteilung. Bei Spekulationsgeschäften ist es für beide Handelspartner von besonderer Bedeutung, das gehandelte Risiko erfassen zu können. Nur so kann überhaupt eine den eigenen Risikopräferenzen entsprechende Anlage ausgewählt werden. Dass der Marktwert zunächst einmal „fair" ist, ist daher entscheidend, um den Hebel des Derivates zu

---

[419] Vgl. auch *Habersack,* in: MüKo-BGB, § 762 Rn. 6: „entgegengesetzte Erwartungshaltung".

[420] S. a. *J. Roberts,* DStR 2010, 1082 (1084), der anmahnt, nur dies entspreche der dem Vertrag zugrundeliegenden Geschäftsgrundlage.

extrahieren. Die Struktur eines *Constant-Maturity-Swaps* etwa ist mit Blick auf dessen Risikostruktur „unfair" für den Zahler des variablen Zinssatzes; denn die laufende Anpassung an den Referenzzinssatz führt im Ergebnis dazu, dass stetig mehr Zahlungen geleistet werden müssen, als im Ergebnis zufließen, im Übrigen eine Partizipation an Kurssteigerungen jedoch ausgeschlossen ist, weil eben gerade dann auch die Zinszahlungen steigen.[421] Für den Anleger ist es daher von besonderem Interesse, diese Risikostruktur im Rahmen der Anlageentscheidung zu berücksichtigen. Nur so kann das übernommene Risiko überhaupt abgeschätzt sowie die Position über ein Hedge-Geschäft gesichert werden.

Anders liegt der Fall hingegen, sofern beim *Hedging* eine offene Risikoposition gesichert werden soll. Die Wirksamkeit eines *Hedges* ist allein abhängig von der Korrelation zwischen Grund- und Sicherungsgeschäft.[422] Je stärker sich die Variablen durch eine entgegengesetzte Entwicklung ausgleichen, umso besser ist der Sicherungseffekt. Aus dem Vorgenannten lässt sich zugleich eine das systematische Risiko in funktionaler Hinsicht erfassende Erkenntnis gewinnen: Der Nullsummenspielcharakter ist zwar entscheidend für einen Anleger, der ein Finanzderivat zu Spekulationszwecken einsetzt. Anders liegt es indes beim *Hedging*. Werden derivative Finanzinstrumente genutzt, um eine gegenläufige Position abzusichern, kommt es weniger darauf an, dass das systematische Risiko von anderen Risikopositionen separiert und der Marktpreis als solcher nur dann als „fair" bezeichnet wird, wenn er tatsächlich nur die nullsummencharakteristische Verteilung des systematischen Risikos abbildet. Entscheidend ist hier der Korrelationskoeffizient, der den Sicherungseffekt des Geschäftes unmittelbar abbildet.

Damit lässt sich konstatieren, dass die Abbildung einer nullsummencharakteristischen Risikoverteilung über den „fairen" Marktwert eines Derivates nur im Falle der Spekulation entscheidungstragenden Charakter beanspruchen kann. Beim *Hedging* verzichtet der sich absichernde Handelspartner dagegen gerade auf die Partizipation an der Entwicklung des Basiswertes. Auf einen Abgleich von systematischem Risiko und Risikoeinstellung kommt es dem Anleger damit gerade nicht an. Charakteristisch ist vielmehr der tatsächliche Sicherungseffekt des Handels.

D. Zusammenfassung der Erkenntnisse des ersten Kapitels

Die im Zuge des ersten Kapitels gewonnenen Erkenntnisse gilt es im Folgenden in Kürze zusammenzufassen. Über die Formulierung eines eigenen Risikobegriffs konnte zunächst das systematische Risiko als Parameter der entscheidungs-

---

[421] Vgl. *Bösch,* Derivate, S. 250.
[422] Vgl. hierzu im Einzelnen oben Erstes Kapitel, A. III., S. 20 f.

erheblichen Risikogrundlage beschrieben werden. Eine Anbindung an den Begriff der Entscheidungserheblichkeit ermöglicht dabei eine grundsätzliche Implementierung des systematischen Risikos in die Rechtsdogmatik. Dies erfordert jedoch einen doppelten Transformationsprozess. So lässt sich mittels Quantifizierung und Modellierung das systematische Risiko zunächst mathematisch abbilden. Darüber hinaus bedarf es jedoch eines weiteren Transformationsvorgangs, im Rahmen dessen die über den Einsatz der Mathematik gewonnen, als für die vom Anleger durchzuführende Prognose für entscheidungsrelevant befundenen Erkenntnisse, zunächst extrahiert und anschließend in die Rechtsdogmatik überführt werden. In diesem Zusammenhang ist jedoch die mathematische Modellierung streng vom Prognoseprozess als tragendem Element der Anlageentscheidung zu trennen. Eine Übersetzung in die Sprache der Mathematik kann den Anleger des Prognoserisikos nicht entledigen; die Mathematik kann zwar eine Approximation der Realität, nicht hingegen eine Prognose der Zukunft leisten. Der eigentliche Prognoseprozess verbleibt schlussendlich beim Anleger. An dieser grundsätzlichen Entscheidung ist sodann auch die Bestimmung des Erkenntnisgewinns, den eine mathematische Preismodellierung für die Rechtsdogmatik entfalten kann, auszurichten. Diese muss am originären Informationstransfer mittels mathematischer Modellierung ansetzen. Über eine mathematische Modellierung kann das systematische Risiko abgebildet und so das Risikoprofil des konkreten Handels in die Anlageentscheidung transformiert werden. Finanzmathematische Bewertungsmodelle können daher auch als Risikointermediäre bezeichnet werden. Dies bedeutet zugleich, dass der Informationstransfer auch nur innerhalb des durch die Mathematik vorgegebenen Rahmens erfolgen kann, das spezifische Modellrisiko mithin bereits Bestandteil des Informationstransfers ist. Eine Extraktion des mathematisch modellierten systematischen Risikos lässt sich sodann über den „fairen" Marktwert erreichen. Dieser bildet das nullsummencharakteristische Risikoprofil derivativer Finanzinstrumente ab und eröffnet auf diese Weise die Möglichkeit, das systematische Risiko des Handels zu extrahieren. Die Chancen und Risiken der Handelspartner sind in diesem Fall diametral entgegengesetzt, da der Gewinn der einen Partei spiegelbildlich den Verlust der anderen Partei bedingt. Ist das Risikoprofil hingegen nicht mehr ausgeglichen, ist auch der Marktwert nicht mehr „fair". Sofern mit derivativen Finanzinstrumenten letztlich das systematische Risiko transferiert wird, ist dessen Extraktion und ein Abgleich mit der eigenen Risikoeinstellung für den Anleger daher von wesentlichem Interesse und beansprucht insoweit auch entscheidungstragende Bedeutung für die Anlageentscheidung insgesamt. Eine Einschränkung ist jedoch anzuerkennen, sofern Finanzderivate ausschließlich zu Absicherungszwecken eingesetzt werden. In diesem Fall ist allein die Korrelation der sichernden mit den gehedgten Risiken relevant und es verliert der „faire" Marktwert als Indikator für das systematische Risiko zugunsten dieses divergierenden Risikoeinsatzes seine entscheidungstragende Bedeutung. Über die funktionale Differenzierung eines Risikotransfers mittels derivativer Finanzinstrumente lässt sich somit der Informationstransfer mittels mathematischer Modellierung präzisieren.

Es lässt sich resümieren, dass die über die Finanzmathematik gewonnenen Erkenntnisse auch für die (Straf-)Rechtswissenschaft nutzbar gemacht werden können. Voraussetzung hierfür ist allerdings, dass der Mathematik keine über ihren eigentlichen Aussagegehalt hinausgehende Bedeutung aufgedrängt wird. Mathematisch modellierte Preise stellen keine Prognosen dar und dürfen daher auch nicht in dieser Funktion für die Lösung rechtlicher Problemlagen herangezogen werden. Die nachfolgende Untersuchung vermag jedoch aufzuzeigen, dass ein Anknüpfen an die Funktion mathematischer Preisbewertungsmodelle als Risikointermediäre einen tauglichen Anknüpfungspunkt auch für eine strafrechtliche Bewertung liefert.

Zweites Kapitel

Dogmatische Grundlagen
einer betrugsrelevanten Täuschung

A. Die zivilrechtliche Rechtsprechung
zu Aufklärungspflichten im Zusammenhang
mit Finanzderivaten

Die steigende Beliebtheit derivativer Finanzinstrumente – insbesondere auch bei privaten Anlegern – hat zu der Notwendigkeit einer Auseinandersetzung der Zivilgerichte mit diesen Instrumenten geführt. Gegenstand gerichtlicher Prozesse sind dabei überwiegend Schadensersatzklagen, die von Klägern zumeist auf eine unzureichende Aufklärung über die mit dem konkreten Produkt zusammenhängenden Risiken gestützt werden. Die Zivilgerichte haben hier eine fallgruppenorientierte Rechtsprechung entwickelt. Die nachfolgende Betrachtung aus der Perspektive des Zivilrechts erfolgt vor dem Hintergrund, den Anknüpfungstatbestand für die nachfolgende strafrechtliche Betrachtung festzulegen und beschränkt sich folglich auf die der eigentlichen Anlageentscheidung zeitlich vorgehenden Vorfeldpflichten.

I. Differenzierung zwischen Anlageberatung
und Anlagevermittlung

Die konkrete Ausgestaltung der zivilrechtlichen Pflichtenstellung im Zusammenhang mit Anlagegeschäften hängt maßgeblich davon ab, mit welchem Inhalt sich die Parteien verpflichten. Diesbezüglich ist zwischen Anlageberatung einerseits und Anlagevermittlung andererseits zu unterscheiden. Mit welchem Inhalt sich die Parteien verpflichten, ist anhand des objektiven Empfängerhorizontes zu beurteilen.[1] Hat der Anleger selbst nur unzureichendes wirtschaftliches Wissen, wird er in der Regel über die reine Vermittlungstätigkeit hinaus auch eine fachkundige Beratung erwarten.[2] Im Vordergrund steht in diesem Fall gerade die individuelle Beratungsleistung. Der Bundesgerichtshof geht in seiner ständigen Rechtsprechung davon aus, der Anleger gebe ein entsprechendes Angebot zum

---

[1] Vgl. *Buck-Heeb/Lang,* in: BeckOGK-BGB, § 675 Rn. 141 [online, Stand: 01.01. 2018].
[2] Vgl. *BGH,* NJW-RR 1993, 1114 (1114); *BGH,* NJW 2012, 3177 (3179).

Abschluss eines Beratungsvertrages in dem Zeitpunkt ab, in dem er an den Finanzdienstleister herantrete, welches dieser über die Aufnahme des Beratungsgespräches stillschweigend annehme.[3] Ein Anlagevermittlungsvertrag wird dagegen regelmäßig in Fällen vorliegen, in denen sich der Anleger in dem Wissen eines „werbenden und anpreisenden Charakters der Aussagen"[4] an den Finanzdienstleister wendet. Die aus dem Anlagevermittlungsvertrag folgenden Pflichten sind im Vergleich zur Beratungspflicht weniger weitreichend.[5] Dem Anlageberater wird regelmäßig durch den Anleger im besonderen Maße Vertrauen entgegengebracht, da dessen Vermögensdispositionen maßgeblich von der Betreuung durch den Anlageberater abhängen werden, woraus gleichsam die Verpflichtung des Anlageberaters erwächst, auf die Bedürfnisse des Anlegers einzugehen.[6] Dieses Erfordernis entfällt bei der Anlagevermittlung. Ihr Inhalt beschränkt sich auf die Mitteilung von Informationen und Tatsachen und umfasst nicht die individuelle Beratung des Anlegers bei gleichzeitiger Bewertung des konkreten Anlageobjektes.[7] Ein Auskunftsvertrag kommt nach der Rechtsprechung des Bundesgerichtshofs dabei stillschweigend zustande, wenn und soweit der Anleger gegenüber dem Vermittler zum Ausdruck bringt, dessen besondere Kenntnisse in Anspruch nehmen zu wollen und der Vermittler eine entsprechende Tätigkeit aufnimmt.[8] Der Auskunftsvertrag verpflichtet den Anlagevermittler einzig zu vollständiger und zutreffender Information über all diejenigen Umstände, die für die Anlageentscheidung des Vertragspartners von besonderer Bedeutung sind.[9] Allerdings hat die Rechtsprechung die Informationspflichten des Anlagevermittlers zunehmend verschärft, sodass diese immer näher an diejenigen der Anlageberatung heranrücken. So sei auch der Anlagevermittler verpflichtet, eine Plausibilitätsprüfung dahingehend vornehmen, inwieweit die konkrete Anlage wirtschaftlich überhaupt tragfähig sei.[10] In diesem Zusammenhang wird zuweilen auch gefordert, der Vermittler habe den individuellen Anlegertyp zu berücksichtigen, indem er Angaben zum Risikoprofil bei der Empfehlung zu berücksichtigen habe.[11] Im Allgemeinen dürfen an den Vermittler jedoch keine überzogenen Anforderungen

---

[3] Vgl. etwa *BGHZ* 100, 117 (118 f.); *BGHZ* 123, 126 (128); *BGHZ* 205, 117 (126); dem wird in der Literatur indes kritisch begegnet und diese dogmatische Konstruktion unter anderem als „Fiktion" bezeichnet, vgl. etwa *U. Krüger,* NJW 2013, 1845 (1846).

[4] *BGH,* NJW-RR 1993, 1114 (1115).

[5] Vgl. *BGH,* NJW-RR 2007, 621 (621); eine entsprechende Differenzierung tritt hingegen in der älteren Rechtsprechung noch nicht zutage, vgl. etwa *BGHZ* 74, 103 (106).

[6] Vgl. *BGH,* NJW-RR 2007, 621 (621).

[7] Vgl. *OLG Frankfurt a. M.,* BKR 2013, 391 (392).

[8] Vgl. *BGH,* NJW 2002, 2641 (2642).

[9] Ständige Rechtsprechung, vgl. etwa *BGH,* NJW 1982, 1095 (1095); *BGH,* NZG 2009, 471 (472); *BGH,* NJW-RR 2015, 365 (366).

[10] Vgl. *BGH,* NJW-RR 2000, 998 (998).

[11] Vgl. etwa *BGH,* NJW-RR 2000, 998 (998); *BGH,* NZG 2008, 117 (119).

gestellt werden.[12] Inwieweit im Einzelfall eine Anlageberatung oder aber eine Anlagevermittlung vorliegt, wird von der Rechtsprechung letztlich auch unter Rückgriff auf die konkreten Umstände des Einzelfalls beurteilt.[13]

Hinsichtlich der rechtlichen Grundlagen ist überdies zu berücksichtigen, dass der Vertrieb als solcher zumeist im Wege des Kommissionsgeschäftes nach Maßgabe der Vorschriften der §§ 384 ff. HGB erfolgt.[14] Diese, insbesondere auch die Interessenwahrungspflicht des § 384 Abs. 1 HGB, treten somit neben die §§ 675, 662 ff. BGB.

II. Die eigenverantwortliche Anlageentscheidung als Resultat behobener Informationsasymmetrien

Der 11. Zivilsenat des Bundesgerichtshofs hat die grundsätzlichen Aufklärungsanforderungen, zu denen ein Anlageberatungsvertrag verpflichtet, in seinem *Bond-Urteil* vom 6. Juli 1993[15] aufgestellt. Die Rechtsprechung hat diese Grundsätze in der Folge stetig präzisiert.

1. Die Grundsätze der anleger- und anlagegerechten Beratung

Die Beratung muss nach Maßgabe der im *Bond-Urteil* herausgearbeiteten Grundsätze sowohl an der Person des konkreten Anlegers (anlegergerechte Beratung), als auch am Anlageobjekt (anlage- bzw. objektgerechte Beratung), ausgerichtet sein.[16] Die Pflicht zur anleger- und anlagegerechten Beratung gilt dabei unabhängig davon, ob die Beratungsleistung durch eine Bank oder aber einen freien Anlageberater durchgeführt wird.[17] Im Zuge der anlegergerechten Beratung sind insbesondere die Geschäftserfahrenheit des Anlegers sowie dessen Kenntnisstand und Risikobereitschaft zu berücksichtigen.[18] Mit der Risikobereitschaft hat der Anlageberater zugleich auch die Anlageziele in Erfahrung zu bringen und seine Beratung an diesen auszurichten.[19] Die Geschäftserfahrenheit eines Anlegers ist nur dann haftungsbeschränkend zu berücksichtigen, wenn sie gerade auch das mit dem Handel anvisierte Produkt umfasst.[20] Die anlagegerechte Beratung schließlich fordert eine Aufklärung über alle wesentlichen Ei-

---

[12] Vgl. *Nassall*, NJW 2011, 2323 (2325).

[13] Vgl. etwa *BGH*, NJW-RR 1993, 1114 (1114).

[14] Vgl. insoweit etwa *BGH* NJW-RR 2002, 1344 (1344).

[15] Vgl. *BGHZ* 123, 126 ff.

[16] Vgl. *BGHZ* 123, 126 (128 f.).

[17] Vgl. *Emmerich*, in: MüKo-BGB, § 311 Rn. 131.

[18] Vgl. *Buck-Heeb/Lang*, in: BeckOGK-BGB, § 675 Rn. 262 [online, Stand: 01.01. 2018].

[19] Vgl. *BGHZ* 123, 126 (128).

[20] Vgl. *OLG Koblenz*, BKR 2010, 197 (201).

genschaften und Risiken des Anlageobjektes.[21] Sie schließt daher auch eine Bewertung und Einschätzung des gesamten übermittelten Informationsmaterials durch den Berater ein.[22] Auch wenn sich die Beratung grundsätzlich sowohl am individuellen Anleger, als auch am konkreten Produkt zu orientieren hat, greift der Bundesgerichtshof zur näheren Ausgestaltung der vertraglichen Interessenlage auch auf typisierende Überlegungen zurück.

2. Risikoaufklärung im Zusammenhang mit Finanzderivaten

Herausragende Bedeutung hat die Aufklärung über die der Anlage anhaftenden konkreten Risiken sowie ihr Verhältnis zu den im Gegenzug entstehenden Chancen. Die Risikoaufklärung umfasst einerseits die allgemeinen Risiken wie Konjunkturlage und Entwicklung des Börsenmarktes, andererseits jedoch auch die speziellen Risiken, zu denen alle das konkrete Anlageobjekt betreffenden Faktoren, insbesondere die Marktrisiken, zählen.[23] Umfang und Inhalt der Aufklärung werden somit maßgeblich vom individuellen Anlageobjekt und dessen Risikoprofil bestimmt. In diesem Sinne und unter Berücksichtigung der Vielzahl an unterschiedlichen Produkten hat sich eine einzelfallorientierte Rechtsprechung entwickelt, der sich jedoch einige Grundsätze entnehmen lassen. Anzusetzen ist diesbezüglich am Ziel der Aufklärung, einen beim Anleger im Vergleich zum Berater „im Wesentlichen gleichen Kenntnis- und Wissensstand"[24] zu erreichen. Hinsichtlich der Aufklärungsbedürftigkeit eines konkreten Umstandes kann ausweislich der Ausrichtung an der Eigenverantwortlichkeit der Anlageentscheidung somit nur die Entscheidungserheblichkeit des infrage stehenden Umstandes richtungsweisend sein.[25] Der Anleger ist daher insbesondere über Struktur und Funktionsweise des Produktes[26] sowie einen bestehenden Spekulationscharakter[27] zu informieren. Überdies spielt die Komplexität des konkreten Derivates hinsichtlich des Umfangs der Risikoaufklärung eine entscheidende Rolle, sodass bei komplexen Anlageobjekten ein entsprechend strengerer Maßstab an die Aufklärungspflicht anzulegen ist.[28] Die Aufklärungspflicht kann daher auch eine Erläuterung der einzelnen Strukturierungsparameter, etwa einseitige Beendigungsrechte oder Leitereffekte, umfassen.[29] Insbesondere muss eine Information dahingehend erfolgen, inwieweit das angeratene Produkt über derivative Ele-

---

[21] Vgl. *BGHZ* 123, 126 (129).

[22] Vgl. *Edelmann,* in: Assmann/Schütze, Hdb des Kapitalanlagerechts, § 3 Rn. 15.

[23] Vgl. *BGHZ* 123, 126 (129).

[24] *BGHZ* 189, 13 (26) (*Ille*).

[25] Vgl. *M. Lange,* Informationspflichten von Finanzdienstleistern, S. 117.

[26] Vgl. *Ruland/Wetzig,* BKR 2013, 56 (61).

[27] Vgl. *OLG Koblenz,* BKR 2010, 197 (199).

[28] Vgl. *BGHZ* 189, 13 (25 f.); *BGH,* NJW 2015, 1095 (1096); *Endler,* in: Zerey, Finanzderivate, § 30 Rn. 91.

[29] Vgl. *BGHZ* 189, 13 (25 f.).

mente verfügt.[30] Als entscheidungserheblich sind damit insbesondere solche Umstände zu beurteilen, die sich auf die Rendite der infrage stehenden Anlage auswirken.[31] Anleger sind daher auch über potentiell zu erwartende Verluste aufzuklären. Teilweise wird hier eine Darstellung unterschiedlicher Szenarien anhand konkreter Berechnungen und damit eine Bezifferung des bei realitätsnaher Betrachtung höchstmöglichen Verlustes gefordert.[32] Die Aufklärungspflicht erstreckt sich somit auf die maßgeblich preisbildenden Faktoren, auch vor dem Hintergrund, den Anleger in die Lage zu versetzen, seinerseits ein effektives Risikomanagement bereitzuhalten.[33] Hinsichtlich der Bedeutung historischer Daten wird in der obergerichtlichen Rechtsprechung zum Teil ein divergierendes Verständnis zugrunde gelegt. Das Oberlandesgericht Frankfurt[34] sowie das Oberlandesgericht Köln[35] verneinten eine Pflicht zur Aufklärung über historische Spread-Daten mit der Begründung, diese ließen keine Prognose über die zukünftige Entwicklung zu. Das Oberlandesgericht Koblenz[36] hingegen erkannte eine entsprechende Aufklärungspflicht aufgrund der besonderen makroökonomischen Zusammenhänge des konkret gewählten Zeitraumes an.

Auch wenn Umfang und Inhalt der Risikoaufklärung daher stark vom konkret gehandelten Produkt abhängen und auch in der Rechtsprechung nicht einheitlich gehandhabt werden, sind die Grenzen der objektgerechten Aufklärung allgemein dann erreicht, wenn an der Information kein schutzwürdiges Interesse des Anlegers besteht. Dies ist anzunehmen, sofern es um die Aufklärung allgemein bekannter oder aber offensichtlicher Faktoren geht.[37]

3. Rechtsfigur des schwerwiegenden Interessenkonfliktes: Die normativ-objektive Betrachtung

Aus der beratungsvertraglichen Verbundenheit der Parteien können sich Interessenkonflikte ergeben, die nach Dafürhalten des Bundesgerichtshofs unter Rückgriff auf die zuvor dargestellten Grundsätze nicht aufgelöst werden können. Die Rechtsprechung hat unter Berücksichtigung der vertraglichen Pflichtenstellung der Parteien die Rechtsfigur des schwerwiegenden Interessenkonfliktes

---

[30] Vgl. etwa *OLG Karlsruhe*, BKR 2014, 205 (207 f.) (*Lehmann*) hinsichtlich des in eine *Corporate Bond Linked Dept* (kurz: „Cobold") als Unterform der *Credit Linked Notes* eingepreisten Kreditderivates.

[31] Vgl. *Sommermeyer,* VuR 2013, 470 (471).

[32] Vgl. *OLG Koblenz,* BKR 2010, 197 (201); aus der Literatur etwa *Roller/Elster/Knappe,* ZBB 2007, 345 (356).

[33] Vgl. etwa *OLG Stuttgart,* BKR 2012, 300 (301).

[34] Vgl. *OLG Frankfurt,* BKR 2009, 378 (382).

[35] Vgl. *OLG Köln,* Beschluss vom 18.02.2010 – 13 U 139/09, BeckRS 2014, 00849.

[36] Vgl. *OLG Koblenz,* BKR 2010, 197 (201).

[37] Vgl. etwa *BGH,* NJW 2006, 2041 (2042).

entwickelt, um zu einer sachgerechten Auflösung dieser Interessenlagen zu gelangen.

a) Problemaufriss

Die Rechtsfigur des schwerwiegenden Interessenkonfliktes wird zur Auflösung atypischer Interessenlagen in den Fällen verdeckter Rückvergütungen, auch Kick-Backs oder Retrozessionen genannt, sowie einstrukturierter anfänglich negativer Marktwerte bemüht. Die Notwendigkeit einer spezifischen Konfliktlösung ergibt sich hier aus den Charakteristika derivativer Finanzinstrumente, deren Inkorporation in die beratungsvertragliche Pflichtenstellung es bedarf. Insbesondere die Strukturierung führt zu einer Veränderung des Risikoprofils des zugrundeliegenden Finanzderivates. An dieser Stelle ist jedoch ein Konflikt mit Blick auf die beratungsvertragliche Interessenlage denkbar, sofern die eigenen Interessen des Finanzdienstleisters mit den ihm aus dem Beratungsvertrag obliegenden Pflichten kollidieren. Strukturierung und Eigeninteresse sind dabei in vielen Fällen gekoppelt, da Finanzdienstleister mit der Strukturierung nicht ausschließlich die Individualisierung des Produktes und damit eine Anpassung an die Anlageziele des Kunden verfolgen. Strukturierte Derivate mit großen Hebeln auf Anlegerseite sind für die Bank vielmehr mit wirtschaftlichen Vorteilen verbunden, die nicht auf ein Halten dieser Instrumente im Wege eines Eigengeschäftes beschränkt sind. Strukturierte Produkte lassen sich schlichtweg am Markt auch besser handeln als Derivate mit ausgeglichenem Risikoprofil. Ein zivilrechtlicher Interessenausgleich darf neben den Informationserwartungen des Anlegers auch die wirtschaftlichen Interessen der Bank nicht vollständig ausblenden. Diese kann und muss – wie jeder andere Teilnehmer am Wirtschaftsleben auch – Gewinne generieren, um überhaupt handlungsfähig zu bleiben. Vor diesem Hintergrund ist die Einpreisung von Margen sowie der Bezug von Provisionen zunächst einmal nicht überraschend. Entscheidend ist letztlich, wie über die Statuierung von Aufklärungspflichten die vertragliche Risikoverteilung im Einzelnen abzustecken ist. Dabei kann zwar auch eine Aufklärung den Interessenkonflikt nicht grundsätzlich ausschalten. Sie ist jedoch geeignet, die Eigenverantwortlichkeit der Anlageentscheidung zu gewährleisten.[38]

b) Anfänglich negative Marktwerte bei Swap-Geschäften

Der Bundesgerichtshof greift auf die Rechtsfigur des schwerwiegenden Interessenkonfliktes zunächst zurück, sofern in den Marktpreis eines Swaps ein anfänglich negativer Marktwert einstrukturiert wird. Eine entsprechende Aufklärungspflicht hat der Bundesgerichtshof erstmals im Jahr 2011 statuiert.[39]

---

[38] Vgl. *Sethe,* in: FS Nobbe, S. 769 (773, 776).
[39] Vgl. *BGHSt* 189, 13 (27 ff.).

aa) Der Begriff des anfänglich negativen Marktwertes

Anfänglich negative Marktwerte sind im Zusammenhang mit dem Marktwert eines Finanzderivates und der sich darin widerspiegelnden Chancen-Risiko-Verteilung des Handels zu untersuchen. Der anhand finanzmathematischer Bewertungsmodelle ermittelte Wert repräsentiert zunächst einen Wert von null und damit eine grundsätzlich „faire" Gewinn-Verlust-Verteilung zwischen den am Handel Beteiligten.[40] Finanzdienstleister belassen es indes in aller Regel nicht bei dem nach diesen Maßstäben ermittelten Wert. Das Einpreisen weiterer Faktoren, die Transaktionskosten, Kosten zur Risikoabsicherung sowie die Gewinnmarge widerspiegeln, führen zu einem für den Anleger negativen Marktwert.[41] Ein an den Anleger herangetragenes Finanzprodukt wird dabei aufgrund der anfallenden Kosten in den allermeisten Fällen einen solchen anfänglich negativen Marktwert aufweisen.[42] Zwar trifft ein anfänglich negativer Marktwert noch keine Aussage über eine „überwiegende Verlustwahrscheinlichkeit"[43] des Anlageobjektes. Dennoch ist das Chancen-Risiko-Verhältnis zwischen Anleger und Finanzdienstleister zulasten des Anlegers verschoben: Der Anleger muss, um einen Gewinn zu generieren, zunächst den einstrukturierten negativen Marktwert erwirtschaften.

bb) Anfänglich negative Marktwerte in der Swap-Rechtsprechung des Bundesgerichtshofs

Der Bundesgerichtshof hat den Umfang einer Aufklärungspflicht über anfänglich negative Marktwerte in den letzten Jahren in seiner Rechtsprechung zu Zinsswap-Verträgen konkretisiert. Dabei greift der Bundesgerichtshof zur Begründung einer entsprechenden Pflicht jedoch ausdrücklich nicht auf die Grundsätze der anlagegerechten Beratung zurück.[44] Dass die Bank mit ihren Finanzprodukten ein Gewinnerzielungsinteresse verfolge und deshalb notwendig ein Interessenkonflikt zu den ebenfalls gewinninduzierten Interessen des Anlegers vorliege, sei bei normativ-objektiver Betrachtung derart offenkundig, dass darüber grundsätzlich nicht aufgeklärt werden müsse.[45] Eine Pflicht zur Aufklärung über einen anfänglich negativen Marktwert nimmt der Bundesgerichtshof vielmehr nur dann an, wenn im konkreten Fall der Interessenkonflikt als schwerwie-

---

[40] Vgl. hierzu im Einzelnen oben Erstes Kapitel, B. II., S. 39.

[41] Vgl. *BGH*, NJW 2015, 2248 (2251).

[42] Vgl. etwa *OLG München*, BKR 2015, 84 (85) sowie Urteil vom 16.07.2014 – 7 U 3548/13, BeckRS 2014, 14736; *Cramer/Lang/Schulz*, BKR 2015, 380 (381).

[43] *BGH* NJW 2015, 2248 (2251); *Clouth*, in: Grüneberg/et al., Bankrechtstag 2015, S. 164 (172); anders hingegen *OLG Düsseldorf*, BKR 2014, 80 (82).

[44] Vgl. *BGH*, NJW 2015, 2248 (2251); dies ablehnend etwa *Nobbe*, BKR 2011, 302 (303).

[45] Vgl. *BGH*, NJW 2015, 2248 (2251).

gend zu beurteilen ist. Eine Subsumption erfordert zunächst eine Unterscheidung zwischen Zwei- und Dreipersonenverhältnissen. Ein schwerwiegender Interessenkonflikt sei nach Ansicht des Bundesgerichtshofs in den Fällen denkbar, in denen die Bank zugleich Vertragspartnerin des Swap-Geschäftes sei, mithin ein Zweipersonenverhältnis vorliege.[46] Die Bank schulde in diesem Fall eine an den Interessen des Anlegers ausgerichtete Beratung aus dem Beratungsvertrag. Zugleich nehme sie jedoch die konträre Position im Rahmen des Swap-Geschäftes ein. Ein für sie günstiges Geschäft liege nur dann vor, wenn ihre dem Kunden angeratene Einschätzung mit Blick auf die Entwicklung des Basiswertes gerade nicht eintrete und der Kunde damit einen Verlust erleide.[47] Während der Bundesgerichtshof in seinem *Ille-Urteil* den anfänglich negativen Marktwert dabei überzeugend noch als „Ausdruck des schwerwiegenden Interessenkonfliktes"[48] bezeichnete, signalisiert die neuere Rechtsprechung, dass diese Wettgegner-Position[49] für sich genommen noch nicht zur Aufklärung verpflichtet.[50] Bei gebotener normativ-objektiver Betrachtung rechne der Anleger mit einem Gewinn der Bank für den Fall einer für sie günstigen Entwicklung des Basiswertes. Anderes habe jedoch zu gelten, sofern die Bank über die Einstrukturierung eines anfänglich negativen Marktwertes an einer zu ihren Gunsten veränderten Risikogrundlage partizipiere.[51] In diesem Fall habe sie den bestehenden Interessenkonflikt gegenüber dem Anleger offen zu legen, da der Kunde mit einer derartigen Gewinngenerierung seines Vertrags- und Handelspartners nicht zu rechnen brauche.[52] Ein zur Aufklärung verpflichtender Interessenkonflikt wird vom Bundesgerichtshof insoweit folgerichtig abgelehnt, sofern die Bank im Rahmen eines Dreipersonenverhältnisses lediglich als Vermittlerin des Swap-Geschäftes mit einem Dritten

---

[46] Vgl. *BGH,* NJW 2015, 2248 (2252) sowie jüngst *BGH,* BKR 2018, 338 (339).

[47] Vgl. *BGH,* NJW 2015, 1095 (1097).

[48] *BGHZ* 189, 13 (29 f.)

[49] S. a. *Clouth,* in: Grüneberg/et al., Bankrechtstag 2015, S. 164 (176): „Wettgegner-These".

[50] So auch *Grigoleit,* ZHR 177 (2013), 264 (296); zu kurz greift es hingegen, den vom Bundesgerichtshof erkannten Interessenkonflikt mit dem Argument zu verneinen, die Gegenläufigkeit der Zinsbewegungen sei für die Bank infolge des Hedge-Geschäftes mit keinerlei gewinninduziertem Interesse verbunden, vgl. *A. Baumann/Bausch,* BKR 2011, 74 (75); *Zoller,* NJW 2015, 2220 (2222); zustimmend *Lehmann,* NJW 2016, 2913 (2915). Diese Ansicht verkennt, dass gerade die Gegenläufigkeit der Zinsentwicklung den Abschluss von Hedge-Geschäften – respektive eine wirtschaftliche Verwertung – überhaupt erst ermöglicht. Realisiert die Bank über eine wirtschaftliche Verwertung gerade das den Interessenkonflikt begründende Eigeninteresse, kann dies das Vorliegen eines Interessenkonfliktes bei Vertragsschluss nicht beseitigen.

[51] Teilweise wird in diesem Zusammenhang daher auch von zwei Interessenkonflikten, nämlich des anfänglich negativen Marktwertes auf der einen und der wettähnlichen Struktur auf der anderen Seite, gesprochen, vgl. etwa *Sandquist,* Der anfängliche negative Marktwert in der Anlageberatung, S. 191; *Lederer,* Aufklärungspflichten bei strukturierten Swaps, S. 169 ff.

[52] Vgl. *BGH,* NJW 2015, 2248 (2252).

auftritt.[53] In diesem Fall liegt nach Maßgabe obiger Argumentationsgrundsätze keine Kollision von Beratungsverpflichtung einerseits und wirtschaftlichem Eigeninteresse des Finanzdienstleisters andererseits vor.

Der Bundesgerichtshof hat diese Rechtsprechung mittlerweile auch für weit weniger komplexe Produkte als *CMS-Spread-Ladder-Swaps* bestätigt.[54] Für die Frage nach dem Vorliegen eines schwerwiegenden Interessenkonfliktes unterscheidet der Bundesgerichtshof somit nicht zwischen komplexen und weniger komplexen Swaps; er wendet vielmehr seine Grundsätze auf alle Swap-Verträge an.[55] Die Instanzgerichte hatten zuweilen entsprechende Differenzierungen vorgenommen. So wurde im Falle weniger komplexer Zinsswaps, wie etwa dem *Cross-Currency-Swap*, eine Aufklärungspflicht über den anfänglich negativen Marktwert verneint. Hier liege nach Ansicht der betrauten Senate kein heimlich einstrukturierter und für den Kunden daher nicht erkennbarer Vorteil der Bank vor.[56]

Die unter diesen Voraussetzungen im Zweipersonenverhältnis grundsätzlich bestehende Aufklärungspflicht kann jedoch bei Einschlägigkeit der vom Bundesgerichtshof zusätzlich konzipierten Rückausnahme entfallen. Eine Rückausnahme ist nach Ansicht des Bundesgerichtshofs geboten, sofern der Kunde mit dem Swap-Vertrag lediglich eine gegenläufige Risikoposition aus einem konnexen Grundgeschäft absichert.[57] Bei normativ-objektiver Betrachtung müsse der Kunde damit rechnen, dass die Bank mit dem verknüpften Swap-Geschäft, ebenso wie mit einem Darlehensvertrag, eigene Interessen verfolge. An eine so verstandene Konnexität stellt der Bundesgerichtshof indes strenge Anforderungen. Voraussetzung sei zunächst, dass es sich um einen bei der beratenden Bank unterhaltenen, bestehenden oder zeitgleich abgeschlossen Darlehensvertrag handele. Der Bezugsbetrag des Zinssatz-Swap-Vertrages müsse zudem der zur Rückzahlung ausstehenden Darlehensvaluta entsprechen, dürfe diese jedoch zumindest nicht übersteigen. Bei variabel verzinslichen Darlehen müsse darüber hinaus die Laufzeit des Zinsswap-Vertrages derjenigen des Darlehensvertrages entsprechen, bei Festzinsdarlehen müsse die Laufzeit des Zinsswap-Vertrages die gleiche Laufzeit

---

[53] Vgl. *BGH*, NJW 2015, 1095 (1097).

[54] Siehe etwa *BGH*, Urteil vom 07.02.2017 – XI ZR 379/14, BeckRS 2017, 106801 für den *Cross-Currency-Swap*.

[55] Vgl. *BGH*, NJW 2015, 2248 (2252); so bereits *OLG Stuttgart*, BKR 2012, 379 (383).

[56] Vgl. etwa *OLG Nürnberg*, BKR 2013, 426 (432); *LG Köln*, BKR 2013, 521 (523); *OLG München*, BKR 2014, 386 (389) und BKR 2015, 84 (85); eine Übertragung ebenfalls ablehnend *Ruland/Wetzig*, BKR 2013, 56 (64); s. a. *LG Frankfurt a.M.*, NJOZ 2012, 1681 (1684), das eine Aufklärungspflicht über den anfänglich negativen Marktwert eines *„Super Outright Sales"*, welcher im Kern einer *Knock-Out-Option* entspricht, verneinte. Es handele sich um ein einfach strukturiertes Produkt, dessen Komplexität mit derjenigen eines *CMS-Spread-Ladder-Swaps* nicht vergleichbar sei.

[57] Vgl. *BGH*, NJW 2015, 2248 (2252).

aufweisen, dürfe sie jedoch in jedem Fall nicht überschreiten. Schlussendlich bedürfe es einer zumindest partiellen Absicherung der aus dem Darlehensvertrag resultierenden Risiken durch das Swapgeschäft.[58] Aufgrund der danach erforderlichen engen Verbundenheit zwischen Darlehens- und Swapgeschäft kann hier auch von einem engen Konnexitätsbegriff gesprochen werden.[59]

c) Rückvergütungen

Das Vorliegen eines Interessenkonfliktes wird auch in Fällen verdeckter Rückvergütungen, sog. „Kick-Backs", diskutiert. Hier fließen umsatzabhängige Zahlungen, die der Anleger als Gebührenaufschläge an die vermittelnde Gesellschaft zahlt, von diesem unentdeckt wieder an die beratende Bank zurück.[60] Es handelt sich somit um ein Dreipersonenverhältnis, innerhalb dessen der Anleger zwar von den Abschlägen Kenntnis erlangt, ihm jedoch nicht bewusst ist, dass entsprechende Beträge – zumindest zum Teil – wieder an die Bank zurückfließen. Die beratende Bank setzt sich nach nunmehr ständiger Rechtsprechung des 11. Zivilsenates des Bundesgerichtshofs in diesem Fall einem schwerwiegenden Interessenkonflikt aus.[61] Dieser sei als besondere Ausprägung der allgemeinen Pflicht zur Aufklärung über Interessenkollisionen gegenüber dem Anleger offenzulegen.[62] Der Anleger könne ohne eine entsprechende Aufklärung die Integrität der Beratungsleistung in Zweifel ziehen, da sich ein Interesse der Bank an der Empfehlung bestimmter Anlagen nicht von der Hand weisen lasse.[63] Die Umsatzabhängigkeit der Provision indiziere ein erhebliches Interesse der Bank, in großem Umfang entsprechende Anlageobjekte zu empfehlen.[64] Erst die Aufklärung ermögliche es dem Anleger, das wirtschaftliche Eigeninteresse der Bank zu berücksichtigen und die Anlageempfehlung insgesamt zu beurteilen.[65] Diese Grundsätze gelten jedoch nur, sofern die Bank über einen Anlageberatungsvertrag mit

---

[58] Vgl. zum Vorstehenden *BGH,* NJW 2016, 2949 (2251).

[59] Vgl. *Herresthal,* in: BeckOGK-BGB, § 311 Rn. 689 [online, Stand: 01.01.2018]; einen weiten Konnexitätsbegriff vertreten dagegen etwa *Ludwig/Clouth,* NZG 2015, 1369 (1375).

[60] So die vom Bundesgerichtshof in ständiger Rechtsprechung verwandte Definition, vgl. etwa *BGH* NJW 2011, 3227 (3228); *BGH,* NJW 2011, 3231 (3232); *BGHZ* 193, 159 (164); *BGH,* NJW-RR 2013, 98 (98).

[61] Grundlegend *BGHZ* 146, 235 (239) (*Kick-Back I*); vgl. insbesondere auch die nachfolgenden „Meilensteine" der sog. „Kick-Back-Rechtsprechung" des Bundesgerichtshofs: *BGHZ* 170, 226 (234) (*Kick-Back II*); *BGH,* NJW 2009, 1416 (1417) (*Kick-Back III*); *BGH,* NJW 2009, 2298 (2299) (*Kick-Back IV*).

[62] Vgl. *BGH,* NJW 2010, 2339 (2340); kritisch mit Blick auf eine zu weitgehende Aufklärungsplicht dagegen *Rößler,* NJW 2008, 554 (556).

[63] Vgl. *BGH,* NJW 2011, 3231 (3233); *BGH,* NJW-RR 2013, 98 (99).

[64] Vgl. *Mann,* WM 2013, 727 (728); dies hingegen ablehnend *Jooß,* WM 2011, 1260 (1264).

[65] Vgl. *BGHZ* 170, 226 (234).

dem Kunden vertraglich verbunden ist. Trete die Bank lediglich als Anlagever-
mittlerin auf sei, so der Bundesgerichtshof, aufgrund der Offenkundigkeit eines
eigenen Gewinnerzielungsinteresses eine Pflicht zur Aufklärung über verdeckte
Rückvergütungen abzulehnen.[66] Dieses Ergebnis lässt sich auch dogmatisch begründen, da lediglich im Rahmen eines Anlageberatungsverhältnisses überhaupt
eine Pflicht zur unabhängigen Beratung besteht, zu der sich etwaige Eigeninteressen in einen Konflikt begeben können.[67] Eine weitere Einschränkung nimmt
der Bundesgerichtshof für den Fall freier Anlageberatung vor. Freie Anlageberater treffe regelmäßig keine Pflicht zur Aufklärung über verdeckte Rückvergütungen, da dem Anleger auch hier das Provisionsinteresse in der Regel bekannt
sei.[68]

4. Die Werthaltigkeit der Anlage

Neben der Rechtsfigur des schwerwiegenden Interessenkonfliktes bemühen
der Bundesgerichtshof sowie die Instanzgerichte zuweilen in besonderen Konstellationen das Kriterium der Werthaltigkeit, um den Umfang der objektgerechten
Beratung näher auszugestalten. Neben der Frage um die Aufklärung über erho-
bene Innenprovisionen kann diesem Kriterium Relevanz in Fällen zusätzlicher
Aufschläge auf die Londoner Optionsprämie sowie anfänglich negativer Marktwerte zugesprochen werden.[69]

a) Innenprovisionen

Verdeckte Innenprovisionen sind von verdeckten Rückvergütungen zu unterscheiden.[70] Erstere bezeichnen Provisionen, die vom Anlagebetrag direkt abgezogen und einbehalten werden.[71] Anders als Rückvergütungen werden Innenprovisionen gegenüber dem Anleger nicht offen ausgewiesen. Der Anleger hat in
diesem Fall seine Anlage bereits teilweise verloren, bevor diese überhaupt eine

---

[66] Vgl. *BGH*, Beschluss vom 11.9.2012 – XI ZR 476/11, BeckRS 2012, 21003.

[67] Vgl. *Maier*, VuR 2010, 25 (27).

[68] Vgl. *BGHZ* 185, 185 (188 ff.) (*Kick-Back VI*); *BGH*, NJW-RR 2011, 913 (914);
BGH, NJW 2012, 2952 (2953); dies ausdrücklich billigend *BVerfG*, NJW 2012, 443
(443 f.); aus der Literatur zustimmend etwa *Habersack*, WM 2010, 1245 (1251 f.);
Brocker/Klebeck, ZIP 2010, 1369 (1373); *Fullenkamp*, NJW 2011, 421 (422); *Jansen/
Rensen*, MDR 2010, 597 (662); anders dagegen *OLG Düsseldorf*, Urteil vom 20.1.2011
– 6 U 9/10, BeckRS 2012, 03315; *Schwab*, in: NK-BGB, § 675 Rn. 139; *Buck-Heeb*,
BKR 2010, 309 (315); *Herresthal*, ZBB 2010, 305 (308); *Nittel/Knöpfel*, BKR 2009,
411 (413); *Heybey*, BKR 2008, 353 (357); *Klöhn*, ZIP 2010, 1005 (1012).

[69] S. a. *G. Jäger*, MDR 2010, 903 (907), der das Kriterium der Werthaltigkeit unter
der Voraussetzung einer Benennung konkreter Schwellenwerte auch für das *Churning*
sowie für den Fall verdeckt fließender Rückvergütungen anwenden möchte.

[70] Kritisch zu einer Unterscheidung zwischen Innenprovisionen und Rückvergütungen dagegen *Habersack*, WM 2010, 1245 (1252).

[71] Vgl. *BGHZ* 201, 310 (314).

Rendite erwirtschaften kann.[72] Auch wenn mit diesem Umstand in besonderer Weise die Gefahr einhergeht, dass der Kunde über die Höhe seines tatsächlichen Anlagebetrages irrt[73], ist die Frage nach einer entsprechenden Aufklärungspflicht in Rechtsprechung und Literatur umstritten.[74] Ab dem 1. August 2014 fordert der 11. Zivilsenat des Bundesgerichtshofs jedoch im Rahmen der Anlageberatung durch Banken unter Rückgriff auf das „flächendeckende aufsichtsrechtliche Transparenzgebot" der §§ 31 ff. WpHG a. F.[75] – insbesondere das Verbot der Annahme von Zuwendungen nach Maßgabe des § 31d WpHG a. F.[76] – eine umfassende Aufklärungspflicht im Falle verdeckter Innenprovisionen.[77] Eine Aufklärungspflicht freier Kapitalanlageberater und -vermittler wird hingegen weiterhin nur dann angenommen, wenn die Werthaltigkeit der Anlage betroffen ist. Dies sei anzunehmen, sofern die Innenprovisionen mindestens 15 % des Anlagebetrages ausmachen.[78] Erst bei dieser Größenordnung könne der Anlage eine verminderte Werthaltigkeit attestiert werden, welche beim Anleger eine entsprechende Fehlvorstellung hervorzurufen geeignet sei.[79] Zu den bedeutsamen, die Werthaltigkeit der Anlage betreffenden Umständen, seien daher nur solche Provisionen zu zählen, die eine gewisse Höhe überschritten.[80]

b) Aufklärung über auf die Börsenoptionsprämie erhobene Aufschläge

Neben der Erhebung von Innenprovisionen haben sich auch so genannte Außenprovisionen in der Form von Aufschlägen auf die Optionsprämie als zusätzliche Einnahmequelle für Finanzdienstleister erwiesen. Den Vermittler trifft nach der Rechtsprechung des Bundesgerichtshofs dabei die Pflicht, den Anleger über

---

[72] Vgl. *Schwab*, in: NK-BGB, § 675 Rn. 142.

[73] Vgl. *Schwab*, in: NK-BGB, § 675 Rn. 134.

[74] Für eine im Vergleich zu Rückvergütungen herabgesetzte Aufklärungspflicht etwa *Zoller*, GWR 2010, 53 (55); *Mann*, WM 2013, 727 (730); für eine generelle Gleichbehandlung dagegen etwa *OLG Düsseldorf*, Urteil vom 21.1.2010 – I – 6 U 61/09, BeckRS 2010, 12146; *OLG Stuttgart*, BKR 2010, 169 (172); *Habersack*, WM 2010, 1245 (1252 f.); *Schwab*, in: NK-BGB, § 675 Rn. 144.

[75] Die Informations- und Verhaltenspflichten der §§ 31 ff. WpHG sind seit dem Zweiten Finanzmarktnovellierungsgesetz vom 23. Mai 2017 in den §§ 63, 64 WpHG geregelt.

[76] Nunmehr geregelt in § 70 WpHG n. F.

[77] Vgl. *BGHZ* 201, 310 (319 ff.); eine Ausstrahlung des § 31d WpHG a. F. in das Zivilrecht ebenfalls bejahend *Helmschrott/Waßmer*, WM 1999, 1853 (1854); *J. Hoffmann/Bartlitz*, ZIP 2014, 1505 (1509); kritisch zur Ausweitung dieser Rechtsprechungsänderung über den Anwendungsbereich des WpHG hinaus dagegen *Heun-Rehn/Lang/Ruf*, NJW 2014, 2909 (2912).

[78] Vgl. *BGH*, Beschluss vom 29.01.2015 – III ZR 547/13, BeckRS 2015, 04824; *BGH*, NJW 2016, 3024 (3025).

[79] Vgl. *BGH*, NJW 2016, 3024 (3025).

[80] Vgl. *BGHZ* 158, 110 (118).

die infolge des Aufschlags auf die Optionsprämie veränderten Gewinnchancen hinzuweisen, um ihm auf diese Weise die realistische Einschätzung der mit dem Geschäft verbundenen Risiken zu ermöglichen.[81] Dies sei notwendig, sofern eine nicht mehr als realistisch einzustufende Kursentwicklung erforderlich sei, um den Aufschlag zu „verdienen" und in die Gewinnzone zu gelangen.[82] Inwiefern über Außenprovisionen aufzuklären ist, beurteilt sich somit letztlich ebenfalls danach, inwieweit durch die Prämie die Werthaltigkeit der Anlage (maßgeblich) geschmälert wird, wobei der Bundesgerichtshof hier, anders als bei Innenprovisionen, keine prozentuale Mindestgrenze vorgibt.

c) Anfänglich negative Marktwerte

Das Kriterium der Werthaltigkeit bemüht der Bundesgerichtshof schließlich als äußere Grenze einer Zulässigkeit anfänglich negativer Marktwerte. Zwar verpflichte ein anfänglich negativer Marktwert grundsätzlich nicht zur Aufklärung, da er insbesondere auch keine überwiegende Verlustwahrscheinlichkeit des Anlegers indiziere, solange er das Chancen-Risiko-Profil nicht übermäßig zu Lasten des Anlegers verschiebe.[83] Ein im Rahmen der objektgerechten Beratung aufklärungspflichtiger Umstand liege hingegen vor, sofern die Gewinnchancen – und damit zugleich die Werthaltigkeit des Swaps – durch übermäßige Kosten- und Gewinnposten beeinträchtigt würden.[84] Das Kriterium der Werthaltigkeit kann danach auch Bedeutung in Fällen erlangen, in denen mangels Vorliegen eines Zweipersonenverhältnisses die Marktwert-Rechtsprechung des Bundesgerichtshofs nicht greift. Offengelassen hat der Bundesgerichtshof indes bislang, wann im konkreten Fall die Grenze zur Werthaltigkeit überschritten sein soll.

III. Art und Weise der Aufklärung

Die Aufklärung ist sowohl in mündlicher als auch in schriftlicher Form möglich.[85] Die Rechtsprechung lässt es insoweit ausreichen, dass sich eine aufklärungsbedürftige Information in einem dem Anleger überreichten Prospekt wiederfindet[86] und der Finanzdienstleister davon ausgehen kann, dass der Anleger die Informationen verstanden hat und gegebenenfalls von sich aus die Initiative

---

[81] Ständige Rechtsprechung seit *BGH*, NJW-RR 1988, 544 (544); s.a. *BGHZ* 105, 108 (119); *BGHZ* 124, 151 (154 f.); *BGH*, NJW 2002, 2777 (2777).

[82] Vgl. *BGH*, NJW-RR 1988, 544 (545); *BGHZ* 124, 151 (155).

[83] Vgl. *BGH*, BKR 2015, 309 (311).

[84] Vgl. *BGH*, BKR 2015, 309 (311); zustimmend etwa *Weck*, BKR 2015, 211 (213); *Sandquist*, Der anfängliche negative Marktwert in der Anlageberatung, S. 95.

[85] Vgl. *LG Düsseldorf*, BKR 2013, 217 (219).

[86] Vgl. etwa *BGH*, NJW-RR 2006, 1345 (1345); *BGH*, NJW 2011, 3231 (3232); *BGHZ* 193, 159 (165); *LG Dortmund*, Urteil vom 16.1.2015 – 3 O 508/13, BeckRS 2015, 02111.

zu Nachfragen ergreift.[87] Werden dem Anleger schriftliche Hinweise ausgehändigt, müssen diese jedoch wahrheitsgemäß abgefasst sein und dem Anleger rechtzeitig übergeben werden.[88] Nicht ausreichend soll dagegen solches Informationsmaterial sein, das nicht auf die konkrete Anlage zugeschnitten ist, sondern vielmehr umfassende Informationen enthält, aus denen der Anleger die auf ihn passenden Hinweise eigenständig extrahieren muss.[89] Abhängig vom konkreten Anlageprodukt bzw. der in Frage stehenden Information können jedoch gesteigerte Anforderungen an die Art der Aufklärung zu stellen sein. Dies gilt zunächst mit Blick auf Optionsgeschäfte, deren Abschluss Anlagevermittler in der Vergangenheit als unmittelbare Folge einer telefonischen Kontaktaufnahme zu tätigen pflegten. Eine Aufklärung über auf die Optionsprämie getätigte Aufschläge hat nach der Rechtsprechung des Bundesgerichtshofs schriftlich zu erfolgen.[90] Auch bei komplexen, etwa bei strukturierten Produkten, kann es notwendig sein, die mündliche Aufklärung um die Übergabe schriftlichen Materials zu ergänzen, um auf diese Weise sicherzustellen, dass der Anleger alle für die Anlageentscheidung wesentlichen Informationen erhalten hat.[91]

Im Ergebnis lässt sich konstatieren, dass Finanzdienstleister sich – anders noch als mit Blick auf eine Termingeschäftsfähigkeit durch Information – versichern müssen, dass der Anleger die ihm überreichten Informationen auch verstanden hat. Lässt sich der Finanzdienstleister eine entsprechende Aufklärung schriftlich bestätigen, ist der Anleger im Prozess gehalten, diesen Beweiswert zu entkräften.

IV. Zwischenfazit: Das Leitbild der zivilrechtlichen (Risiko-)Aufklärung

Die dargestellten Grundsätze zur Ermittlung zivilrechtlicher Aufklärungspflichten lassen ein ihnen zugrundeliegendes Leitbild erkennen und einen Vergleich der im ersten Kapitel gewonnenen Erkenntnisse mit zivilrechtsdogmatischen Strukturen zu.

Die Risikoaufklärung im Rahmen der objektgerechten Beratung ist grundsätzlich am Leitgedanken der Eigenverantwortlichkeit ausgerichtet. Der Anleger ist danach insbesondere über diejenigen Risikoparameter aufzuklären, deren Kenntnis es mit Blick auf die dem Handel zugrundeliegende Risikoverteilung bedarf. Das Erfordernis einer Darstellung auch der für die mathematische Berechnung

---

[87] Vgl. *BGH,* NJW-RR 2007, 621 (622); *BGH,* Urteil vom 17.9.2015 – III ZR 393/14, BeckRS 2015, 16480.

[88] Vgl. *BGH,* NJW-RR 2007, 1692 (1692).

[89] Vgl. *BGH,* NJW 2004, 3628 (3629 f.).

[90] Ständige Rechtsprechung, vgl. etwa *BGHZ* 105, 108 (110); *BGHZ* 124, 151 (154).

[91] Vgl. *OLG Frankfurt a. M.,* WM 2010, 613 (616); *Buck-Heeb/Lang,* in: BeckOGK-BGB, § 675 Rn. 229 [online, Stand: 01.01.2018].

des Marktwertes wesentlichen Parameter ist dabei mit den im ersten Kapitel dieses Forschungsvorhabens gewonnenen Erkenntnissen zwar im Grundsatz konsistent; denn eine Transformation von realen Risiken in die Anlageentscheidung über den Einsatz mathematischer Modellierung ist nur möglich, wenn gleichzeitig der Transformationsvorgang selbst offengelegt wird. Wenig griffig ist an dieser Stelle jedoch das Kriterium der Werthaltigkeit, welches mit Blick auf Innenprovisionen um einen Schwellenwert ergänzt, bei Außenprovisionen hingegen am Totalverlust der Anlage gemessen wird und in Bezug auf anfänglich negative Marktwerte gänzlich unbestimmt bleibt. Überdies überzeugt auch eine unterschiedliche Behandlung anfänglich negativer Marktwerte einerseits und Provisionen andererseits bei einer grundsätzlichen Entscheidung für die Rechtsfigur des schwerwiegenden Interessenkonfliktes nicht.[92] In beiden Fällen führt die Verfolgung eigener Interessen des Finanzdienstleisters zu einer Veränderung der Risikogrundlage.[93] Trotz dieser bereits auf den ersten Blick wenig überzeugenden Differenzierungen durch die Zivilsenate des Bundesgerichtshofs kann im Rahmen dieser Ausarbeitung eine kritische Auseinandersetzung mit der Rechtsprechung der Zivilgerichte nicht erfolgen.[94] Mit Blick auf den hiesigen Untersuchungsauftrag und die damit verbundene Absteckung strafrechtsrelevanter im Vergleich zu zivilrechtsrelevanter Aufklärungspflichten lässt sich allerdings eine entscheidende Konklusion ziehen: Zivilrechtliche Aufklärungspflichten werden am Maßstab der Erfüllung der beratungsvertraglichen Hauptpflicht bestimmt. Die zivilrechtliche Interessenlage und damit auch der Umfang aufklärungspflichtiger Umstände wird somit maßgeblich auch vom gesetzlichen Rahmen des Geschäftsbesorgungsvertrages geprägt, der das vertragliche Verhältnis flankiert. Schließlich lässt sich – unabhängig von der divergierenden dogmatischen Verortung der einzelnen Aufklärungspflichten – auch ein übergreifendes Prinzip ausmachen, anhand dessen die zivilrechtliche Rechtsprechung die Eigenverantwortlichkeit der Anlageentscheidung misst.[95] Sowohl im Zusammenhang mit der Rechtsfigur des schwerwiegenden Interessenkonfliktes als auch bezogen auf die

---

[92] Kritisch dazu auch *Nobbe,* BKR 2011, 302 (302); *Heun-Rehn/Lang/Ruf,* NJW 2014, 2909 (2912); *Besold,* Aufklärungspflichten bei Vertriebsprovisionen im Bereich der Kapitalanlage, S. 177; für eine Anwendung der Rechtsfigur des schwerwiegenden Interessenkonfliktes auch auf Innenprovisionen *Buck-Heeb,* BKR 2010, 309 (312).

[93] Im Kern darauf ebenfalls rekurrierend *Nobbe,* BKR 2011, 302 (303 f.); *Schwab,* BKR 2011, 450 (453); *Schirp/Mosgo,* BKR 2002, 354 (358).

[94] Allen voran kritisch zur Rechtsprechung des Bundesgerichtshofs, insbesondere die Rechtsfigur des schwerwiegenden Interessenkonfliktes ablehnend, *J. Roberts,* BKR 2015, 330 ff.; kritisch zur normativ-objektiven Betrachtungsweise etwa *Schwab,* BKR 2011, 450 (453 ff.); *ders.,* in: NK-BGB, § 675 Rn. 147; *Klöhn,* ZIP 2010, 1005 (1008 f.) sowie *ders.,* ZIP 2011, 762 (762); zugleich kritisch zum Konnexitätsbegriff des Bundesgerichtshofs etwa *Bausch,* WM 2016, 247 (250) sowie *ders.,* BKR 2016, 296 (296 ff.).

[95] Vgl. *Hanke,* BKR 2012, 493 (493 ff.); dies ebenfalls erkennend, gleichwohl Bedenken bezogen auf die Bestimmtheit dieses Prinzips anmerkend *Lerch,* Anlageberater als Finanzintermediäre, S. 212, 216.

Frage nach der Werthaltigkeit der Anlage bedarf es letztlich eines Rückgriffs auf das auch die Risikoaufklärung im Allgemeinen leitende Kriterium der Entscheidungserheblichkeit. Dieses ist sodann mit Hilfe des Maßstabes der Offenkundigkeit des infrage stehenden Verhaltens zu konkretisieren. Die Offenkundigkeit ist dabei über die Schutzbedürftigkeit des Anlegers einerseits sowie die berechtigten wirtschaftlichen Eigeninteressen des Finanzdienstleisters andererseits zu ermitteln und weist daher auch Abwägungscharakter auf. Entscheidend ist, in welchem Ausmaß der Anleger mit solchem, die Risikogrundlage veränderndem Verhalten noch rechnen muss, gerade weil auch der Finanzdienstleister am Markt berechtigte wirtschaftliche Interessen verfolgt. Besonders deutlich wird dies im Zusammenhang mit der Unterscheidung zwischen Bank, freiem Anlageberater und der Anlagevermittlung.

B. Dogmatische Grundlagen des Täuschungsbegriffs

Gegenstand des nachfolgenden Abschnitts und Schwerpunkt des hiesigen Forschungsvorhabens ist die Untersuchung betrugsstrafrechtlicher Täuschungsrelevanz privatautonomer Rechtsgestaltung im Zusammenhang mit derivativen Finanzinstrumenten. Dabei gilt es zunächst eine Einordnung in die gängige Betrugsdogmatik vorzunehmen, bevor anschließend eine Implementierung der im ersten Kapitel herausgearbeiteten Erkenntnisse in den strafrechtlichen Lösungsansatz erfolgen kann.

I. Betrugsdogmatischer Ausgangspunkt

Bereits im Zuge der vorstehenden Untersuchung solcher in schadensersatzrechtlicher Hinsicht problematischer Konstellationen konnten die Fälle anfänglich negativer Marktwerte, verdeckter Kick-Back-Zahlungen sowie Provisionszahlungen herausgestellt werden. Eine Einordnung dieser Fallkonstellationen in die Dogmatik des Betrugstatbestandes führt zunächst zu der Abgrenzung von aktivem Tun und Unterlassen. Denkbar ist insoweit einerseits, dass der kontrahierende Finanzdienstleister eine aktive (konkludente) Erklärung abgibt, etwaige Strukturierungen, Zahlungen bzw. Aufschläge nicht vorgenommen zu haben. Andererseits ist auch eine Täuschung durch Unterlassen möglich. Die besondere Nähe der beiden Täuschungsvarianten und die deshalb notwendige Abgrenzung lässt sich dabei insbesondere auch aus der negativen Natur der hier infrage stehenden Umstände herleiten.[96] Sie erschwert eine Abgrenzung von aktiver und passiver Täuschung zusätzlich, weil eine konkludente Behauptung auch in der Form eines Nichtvorliegens bestimmter Umstände grundsätzlich betrugsrelevant werden kann.[97]

---

[96] Vgl. *Radtke,* JURA 2007, 445 (448).
[97] Vgl. *BGHSt* 51, 169 (171).

In der strafrechtlichen Literatur sind derweil Ansätze anzutreffen, die die Unterscheidung von Konkludenz und Unterlassen gänzlich ablehnen und stattdessen die Lehre vom tatbestandsmäßigen Verhalten heranziehen, um den Kreis betrugsrelevanter Verhaltensweisen zu bestimmen.[98] Ohne auf eine etwaige normtheoretische Verfehlung einer Vermischung beider Kategorien einzugehen[99], bedeutet die Unterscheidung zwischen aktivem und passivem Erklärungsverhalten jedoch bereits einen ersten entscheidenden Systematisierungsgewinn hinsichtlich der notwendigen Subsumption unter den Täuschungsbegriff. An ihr wird daher im Rahmen des hiesigen Forschungsvorhabens festgehalten, wenngleich diese Entscheidung – wie sich zeigen wird – der Entwicklung eines gesamtheitlichen Ansatzes nicht entgegensteht. Schwerpunkt der nachstehenden Ausführungen ist die Konturierung des Täuschungsbegriffs unter Ausarbeitung eines hierfür geeigneten Kriteriums, welches insbesondere auch dazu befähigt, die im Zusammenhang mit Finanzderivaten problematischen Konstellationen strafrechtsdogmatisch zu erfassen.

1. Abgrenzung von Konkludenz und Unterlassen

Einigkeit herrscht in der Strafrechtswissenschaft dahingehend vor, dass eine tatbestandliche Täuschung nicht nur begeht, wer ausdrücklich täuscht, sondern auch, wer seinen Kommunikationspartner durch schlüssiges Verhalten und damit konkludent täuscht.[100] Die Anerkennung der konkludenten Täuschung eröffnet jedoch mit der Abgrenzung zum Unterlassen einen neuen Problemkreis. Die divergierenden Anforderungen, die das Strafgesetzbuch an eine entsprechende Strafbarkeit stellt, zwingen auch in den hier relevanten Fallkonstellationen dazu, die Qualität der Täuschung näher zu bestimmen. Neben dem Erfordernis einer Garantenpflichtverletzung verlangt ein strafrechtliches Einstehenmüssen für ein Unterlassen auch, dass die Vornahme der gebotenen Handlung zumutbar war und das Unterlassen einer Tatbestandsverwirklichung durch aktives Tun gleichsteht (Entsprechensklausel). Eine Abgrenzung der aktiven konkludenten Täuschung zur Täuschung durch Unterlassen steht daher insbesondere vor der Herausforderung, den Anwendungsbereich der konkludenten Täuschung nicht zu Lasten der strengen Voraussetzungen des § 13 StGB unangemessen zu erweitern.[101] Die sich mit Blick auf diese Abgrenzung ergebenden Schwierigkeiten resultieren dabei

---

[98] Vgl. *Wittig,* Das tatbestandsmäßige Verhalten des Betrugs, S. 7, 321 ff.; *Freund,* in: MüKo-StGB, § 13 Rn. 66 f.; *ders.,* Erfolgsdelikt und Unterlassen, S. 51 ff.; *ders./ Timm,* HRRS, 2012, 223 (227 ff.).

[99] Vgl. in diesem Zusammenhang etwa *Mayer-Lux,* Die konkludente Täuschung beim Betrug, S. 219.

[100] Vgl. stellvertretend *BGHSt* 51, 165 (169 f.).

[101] Vgl. *Schlösser,* NStZ 2005, 423 (426); *Schild,* ZfWG 2006, 213 (216); *Trüg/Habetha,* JZ 2007, 878 (882), *Jahn/Maier,* JuS 2007, 215 (217); *Krack,* ZIS 2007, 103 (104).

letztlich daraus, dass sowohl im Fall der konkludenten Täuschung als auch im Fall des Unterlassens ein pflichtwidriges Verhalten vorliegt, welches der enttäuschten Erwartung des Getäuschten auf Erhalt einer Information entspringt.[102]

Eine Abgrenzung von aktivem Tun und Unterlassen wird dabei zunächst anhand des nach dem sozialen Handlungssinn feststellbaren Schwerpunktes der Vorwerfbarkeit vorgeschlagen und damit ein normativ wertender Maßstab zugrunde gelegt.[103] Teilweise wird jedoch eine Unterscheidung auch anhand faktisch-empirischer Gesichtspunkte durchgeführt und gefragt, inwieweit der Einsatz körperlicher Energie eine entsprechende Wirkung auf den Kausalverlauf entfaltet hat.[104] An anderer Stelle wird dagegen im Zweifel schlicht auf die Grundsätze der Strafbarkeit durch aktives Tun zurückgegriffen.[105] Letztgenannte Ansicht ist dabei bereits mit Blick auf die Gefahr einer Umgehung der besonderen Voraussetzungen des § 13 StGB abzulehnen. Dies gilt insbesondere auch hinsichtlich der dem Täter ansonsten vorenthaltenen grundsätzlich möglichen Milderung nach § 13 Abs. 2 StGB. Auch das Kriterium körperlicher Kraftentfaltung vermag an dieser Stelle nicht zu überzeugen. Zwar wird auch die normative Betrachtung sich des Vorwurfes einer fehlenden Bereitstellung griffiger Kriterien nicht vollständig erwehren können.[106] Eine nachträgliche Ermittlung der konkret eingesetzten Kraftentfaltung kann jedoch kein vorzugswürdiges Kriterium an die Hand geben, da es bei lebensnaher Betrachtung in vielen Fällen allein vom Zufall abhängen wird, ob der Täter den Erfolg durch die Entfaltung körperlicher Kraft oder aber durch ein schlichtes Geschehenlassen verursacht hat. Ein gänzlicher Verzicht auf normative Erwägungen und ein alleiniger Rückgriff auf tatsächliche, von einer rechtlichen Bewertung losgelöste Erwägungen, vermag hingegen auch aus Gründen der Rechtssicherheit nicht zu überzeugen. Die Rechtswissenschaft sucht als Normwissenschaft ihren Gegenstand gerade rechtlich zu begreifen.[107] Rechtsnormen fungieren daher als Grund und Grenzen legitimierten Strafens zu-

---

[102] Vgl. *Kindhäuser,* in: NK-StGB, § 263 Rn. 146.

[103] So der Bundesgerichtshof in ständiger Rechtsprechung, vgl. etwa *BGH,* NStZ 1999, 607 (607); *BGH,* NStZ 2003, 657 (657); aus der Literatur etwa *Tag,* Körperverletzungstatbestand, S. 387; *Krey/Esser,* Strafrecht AT, Rn. 1107; *Hecker,* JuS 2010, 1027 (1029); *Stree/Bosch,* in: Schönke/Schröder, StGB, Vor §§ 13 ff. Rn. 158a; *Ulsenheimer,* in: Laufs/Kern, HdB des Arztrechts, § 140 Rn. 13; *Hoffmann-Holland,* Strafrecht AT, Rn. 732; kritisch hingegen *Ransiek,* JuS 2010, 490 (494).

[104] Grundlegend *Engisch,* Die Kausalität als Merkmal der strafrechtlichen Tatbestände, S. 29; s. a. *ders.,* in: FS Gallas, S. 163 (172 ff.); *Gaede,* in: NK-StGB, § 13 Rn. 7; *Otto,* Allgemeine Strafrechtslehre, § 9 Rn. 2; *Walter,* NStZ 2013, 673 (675); *K. Kühl,* JA 2014, 507 (509); *Brammsen,* GA 2002, 193 (203); *Gropp,* in: GS Schlüchter, S. 173 (174 f.); im Grundsatz auch *Führ,* JURA 2006, 265 (269); *Kahlo,* NJW 1990, 1521 (1522).

[105] *Kaufmann,* in: FS Schmidt, S. 200 (212).

[106] Mit dieser Kritik etwa *Gaede,* in: NK-StGB, § 13 Rn. 7; s. a. *Haas,* in: Matt/Renzikowski, StGB, § 13 Rn. 8: „irrationales Gefühlsurteil".

[107] Vgl. *Kelsen,* Reine Rechtslehre, S. 139.

gleich[108], weshalb es zur Einbettung einzelner realer Gegebenheiten in rechtliche Strukturen auch entsprechender normativer Grundlagen bedarf.[109] Damit kann bereits an dieser Stelle eine grundsätzliche Entscheidung für die Notwendigkeit einer normativen Ausgangsbetrachtung bezogen auf die Konturierung (betrugs-) strafrechtlicher Verantwortlichkeit postuliert werden. Diese Erkenntnis führt sodann zu der Frage, inwieweit das Kriterium eines anhand des sozialen Handlungssinns ermittelten Schwerpunktes der Vorwerfbarkeit geeignet ist, einen Konkretisierungsgewinn in diesem Sinne zu leisten. Auch diesem Kriterium mangelt es jedoch offensichtlich an Bestimmtheit; es stellt daher keinen tauglichen normativen Differenzierungsmaßstab dar. Die Frage nach dem Schwerpunkt allein lässt noch keine Aussage dahingehend zu, wonach zu bestimmen ist, ob dieser im aktiven oder passiven Verhalten liegt. In diesem Sinne bedürfte es entweder einer Bestimmung anhand nicht näher bezeichneter Wertungsgesichtspunkte oder aber eines Rückgriffs auf weiter präzisierende Kriterien. Während erstere Möglichkeit bereits aus Bestimmtheitserwägungen zu verwerfen ist, nimmt sich das hiesige Forschungsvorhaben der zweiten Möglichkeit und damit des Präzisierungsauftrags an. Inwieweit die zu untersuchenden Fallkonstellationen im Zusammenhang mit Finanzderivaten unter die Betrugsnorm zu subsumieren sind, kann daher nur über die Reichweite der vorrangig zu prüfenden aktiven konkludenten Täuschung und folglich deren normative Ausgestaltung entschieden werden. Die Ermittlung eines tauglichen normativen Kriteriums muss dabei zwingend vor dem Hintergrund erfolgen, den Anwendungsbereich der konkludenten Täuschung nicht überobligatorisch auszuweiten.

2. Normativierung der konkludenten Täuschung

Nach einhelliger Auffassung lässt sich der Betrugstatbestand als Kommunikationsdelikt qualifizieren.[110] Einigkeit besteht auch dahingehend, dass für die Annahme auch einer konkludenten Täuschung ein Verhalten mit Erklärungswert zu fordern ist.[111] Wie dieser Erklärungswert im Einzelnen zu bestimmen ist, ist

---

[108] S. a. *Hilgendorf/Joerden,* Handbuch Rechtsphilosophie, S. 255, der Normativität als Selektionsfilter bezeichnet.

[109] Vgl. *Frisch,* in: FS Jakobs, S. 97 (102).

[110] Vgl. etwa *Tiedemann,* in: LK-StGB, § 263 Rn. 4; *Kasiske,* GA 2009, 360 (365); *Hefendehl,* in: MüKo-StGB, § 263 Rn. 25.

[111] Vgl. *BGHSt* 48, 331 (344); *Rengier,* Strafrecht BT I, § 13 Rn. 10; *Wessels/Hillenkamp,* Strafrecht BT 2, Rn. 496; *Ackermann,* Strafrechtliche Aspekte, S. 60; *Bachmann,* wistra 1997, 253 (255); *Bosch* wistra 1999, 410 (413); *Perron,* in: Schönke/Schröder, StGB, § 263 Rn. 11; *Gaede,* HRRS 2007, 18 (18); *Hartmann/Niehaus,* JA 2006, 432 (433); *Kindhäuser,* in: FS Tiedemann, S. 579 (581); *Maaß,* GA 1984, 264 (267); *Popp,* JuS 2005, 689 (690); *Schlösser,* NStZ 2005, 423 (425); *Seibert,* Garantenpflichten, S. 11 f.; s. a. *Mayer Lux,* Die konkludente Täuschung beim Betrug, S. 139, die anstatt von Erklärungsinhalt von „Behauptungsinhalt" spricht; das Erfordernis eines Erklärungswertes dagegen ablehnend *Hoyer,* in: SK-StGB, § 265 Rn. 25.

hingegen in der rechtswissenschaftlichen Diskussion umstritten. Während Vertreter normativer Ansätze den Erklärungsinhalt eines Verhaltens unter Rückgriff auf normative Kriterien zu bestimmen suchen,[112] wollen Vertreter rein faktischer Ansätze, zu denen ursprünglich auch der Bundesgerichtshof zählte, die Erklärung nach dem tatsächlichen Empfängerhorizont auslegen.[113] In seiner neueren Rechtsprechung zieht der Bundesgerichtshof neben faktischen gleichermaßen normative Kriterien heran. In seinem vielzitierten *Hoyzer-Urteil* führt der Bundesgerichtshof aus:

> „Bei der Ermittlung des Erklärungswerts eines konkreten Verhaltens sind daher sowohl faktische als auch normative Gesichtspunkte zu berücksichtigen."[114]

Dem auf den ersten Blick hervortretenden Dualismus beider Betrachtungsweisen lässt sich jedoch bereits an dieser Stelle mit dem gemeinsamen Begriff der Verkehrsanschauung die Absolutheit absprechen, da sowohl die faktische als auch die normative Betrachtung letztlich auf diesen Begriff rekurrieren.[115]

a) Legitimation einer normativen Ausgangsbetrachtung

Die neuere Betrugsdogmatik versucht den Täuschungsbegriff zunehmend normativ zu bestimmen, wobei sie der spezifischen Risikoverteilung des Geschäftes entscheidende Bedeutung beimisst. Insbesondere Lackner gab mit seiner Kommentierung zum Betrugstatbestand im Jahr 1988 den Anstoß zu entsprechend normativ geleiteten Überlegungen.[116] Die Legitimation einer bereits im Zusammenhang mit der Abgrenzung von aktivem Tun und Unterlassen als Ausgangspunkt herausgestellten normativen Betrachtung gilt es nunmehr mit solchen diese Entscheidung tragenden Begründungen zu stützen.

---

[112] Einen normativen Täuschungsbegriff vertreten etwa *Lackner,* in: LK-StGB, 10. Aufl. 1988, § 263 Rn. 28 ff.; *Wessels/Hillenkamp,* Strafrecht BT 2, Rn. 496; *Kindhäuser,* in: NK-StGB, § 263 Rn. 62; *Pawlik,* Das unerlaubte Verhalten beim Betrug, S. 65 ff.; *Kutzner,* JZ 2006, 712 (715 f.); *Kubiciel,* HRRS 2015, 382 (385); *Saliger/Rönnau/Kirch-Heim,* NStZ 2007, 361 (362 ff.); *Pastor Munoz,* GA 2005, 129 (133 ff.); s. a. *Kraatz,* JR 2012, 329 (332), der normative Wertungen lediglich im Sinne einer „prozessualen Ausgangshypothese" berücksichtigen will, damit jedoch letztlich auch eine normative Grundlage schafft.

[113] Ein onthologischer Täuschungsbegriff ist etwa anzutreffen bei *BGHSt* 47, 1 (3); *BGHSt* 48, 331 (344 ff.); *OLG Stuttgart,* NStZ 1985, 503 (503); *OLG Frankfurt a.M.,* NJW 2003, 3215 (3215); *Feinendegen,* NJW 2007, 787 (788); *Knauth,* NJW 1983, 1287 (1289); *Schlösser,* NStZ 2005, 423 (425 f.); *Goeckenjan,* JA 2006, 758 (759); *Zieschang,* in: Park, Kapitalmarktstrafrecht, § 263 Rn. 36; *Schild,* ZfWG 2007, 10 (11); *Jahn/Maier,* JuS 2007, 215 (218); *Fischer,* StGB, § 263 Rn. 21; *Trüg/Habetha,* JZ 2007, 878 (879 ff.).

[114] *BGHSt* 51, 165 (170); vgl. aus der Literatur etwa *Hefendehl,* in: MüKo-StGB, § 263 Rn. 66; *Duttge,* in: HK-GS, § 263 Rn. 10.

[115] Vgl. *K. Hoffmann,* GA 2003, 610 (614).

[116] Vgl. *Lackner,* in: LK-StGB, 10. Aufl. 1988, § 263 Rn. 28 ff.

Mit Blick auf die Bestimmung des Inhaltes konkludenter Erklärungen ist letztlich nach beiden Ansätzen entscheidend, welchen Erklärungsinhalt die Verkehrsanschauung einem kommunikativen Akt überhaupt beimisst, welche Umstände somit nach einem objektiven Empfängerhorizont als miterklärt anzusehen sind. Eine rein ontologische Betrachtung muss sich hinsichtlich der Konturierung des Begriffs der Verkehrsanschauung nunmehr auf die Feststellung allein der tatsächlich in der Erklärung begründeten Vorstellungen der Parteien zurückziehen. Diese gilt es über eine entsprechende Auslegung der Erklärung zu ermitteln. Die Erwartungen der Parteien sind jedoch bei lebensnaher Betrachtung einer empirischen Ermittlung entzogen. Willkürliche Ergebnisse oder eine zusammenhanglose Kasuistik lassen sich vor diesem Hintergrund nur vermeiden, sofern ein Rekurs auf normative Strukturen erfolgt.[117] Letztlich wird sich überdies auch die Auslegung der konkreten Erklärung an den normativen Grundlagen der kommunikativen Interaktion orientieren, sodass neben faktischen immer auch normative Elemente in die Auslegung einfließen werden.[118] Die rechtswissenschaftliche Diskussion rund um die Frage nach einer faktischen oder normativen Ausgestaltung des Begriffs der Verkehrsanschauung ist somit als „Scheinstreit"[119] zu entlarven, da eine vollständige Nichtbeachtung normativer Kriterien bei der Ausgestaltung der konkludenten Täuschung nicht denkbar ist[120] und so auch tatsächlich nicht umgesetzt wird.[121] Praktisch lassen sich daher auch keine merklichen Unterschiede zwischen beiden Ansätzen ausmachen.

Ein normativer Ausgangspunkt führt dabei auch nicht zu einer „Fiktion von Erklärungen"[122] oder einer „scheinheiligen Institution".[123] Diese Kritik scheint zwar auf den ersten Blick eingängig, macht man sich bewusst, dass es einer normativen Betrachtung stets eigen ist, über verallgemeinerte Erwartungen Rückschlüsse auf diejenigen des konkreten Empfängers zu ziehen. Über die Einnahme allein dieser Perspektive wird jedoch außer Betracht gelassen, dass der tatsächliche Rahmen rechtlich relevanter Kommunikation und die darauf bezogenen Erwartungen der Parteien zwangsläufig von der rechtlichen Ausgestaltung des entsprechenden Lebensbereiches geprägt sind.[124] Erst die Hinzunahme normativer

---

[117] Vgl. auch *Kutzner*, JZ 2006, 712 (714).

[118] Vgl. *Saliger / Rönnau / Kirch-Heim*, NStZ 2007, 361 (362).

[119] *Krack*, ZIS 2007, 103 (107); im Ergebnis auch *Kargl*, in: FS Lüderssen, S. 613 (617).

[120] So auch *T. Schwarz*, Die Mitverantwortung des Opfers beim Betrug, S. 133.

[121] Vgl. etwa *Gaede*, in: FS Roxin 2011, S. 967 (976), der ausdrücklich auf eine normative „Aufladung" des Tatsachenbegriffs in der Rechtsprechung hinweist.

[122] *Trüg / Habetha*, JZ 2007, 878 (880); *Kraatz*, JR 2012, 329 (331); ähnlich auch *Bung*, GA 2012, 354 (357), der von einem „Kunstgriff" spricht, um aus einem „psychologischen Nichts ein normatives Etwas zu machen."

[123] *Prittwitz*, in: Albrecht/et al., Vom unmöglichen Zustand des Strafrechts, S. 387 (401).

Kriterien ermöglicht es daher überhaupt, im Rahmen rechtsgeschäftlicher Kontakte Rückschlüsse auf den Inhalt einer tatsächlichen Erklärung zu ziehen. Die normative Ausgestaltung ist der konkludenten Täuschung auch gerade immanent, weil die Notwendigkeit ihrer Normativierung dann nicht bestünde, wenn sich der Erklärungsgehalt bereits aus der – dann notwendig ausdrücklichen – Äußerung selbst erschließen ließe.[125] In diesem Sinne verfängt daher auch diejenige Kritik nicht, die die Gefahr einer Auflösung der Handlungsmodalitäten des aktiven Tuns einerseits und des Unterlassens andererseits rügt und hierin Bedenken bezogen auf das Gesetzlichkeitsprinzip erblickt.[126] Diese Kritik könnte nur durchgreifen, wenn mit der Normativierung zugleich auch auf das Erfordernis eines aktiven Erklärungswertes bei der konkludenten Täuschung in Gänze verzichtet würde. Andernfalls ließe sich ein Unterlassen schlicht nicht in ein Tun umdeuten. Ein bloßer Rekurs auf den nicht ausdrücklich entsandten Teil der Erklärung kann hier nicht grundsätzlich gegen die eine Abgrenzung überhaupt erst ermöglichende Normativierung der konkludenten Täuschung angeführt werden. Denn dieser ist gerade auch konstitutiver Bestandteil der Konkludenz und damit dogmatisches Überschneidungskriterium beider Täuschungsalternativen. Ohne Selbstwiderspruch mündete diese Argumentation letztlich in der Ablehnung der konkludenten Täuschung überhaupt und führte damit zu einer nicht hinnehmbaren Einbuße an strafrechtlichem Vermögensschutz. Vorgenannte Kritik verkennt somit, dass eine normative Ausgangsbetrachtung den Erklärungswert gerade nicht ersetzen soll. Sie führt damit nicht zu der befürchteten Verschleifung der Struktur der konkludenten Täuschung in diejenige des Unterlassens. Ihr Auftrag ist vielmehr in der inhaltlichen Bestimmung der aktiven konkludenten Erklärung selbst zu sehen. Überdies gilt es zu berücksichtigen, dass mit der Entscheidung für eine normative Anknüpfung auch nicht der grundsätzliche Ausschluss einer Berücksichtigung jeglicher faktischen Elemente einhergeht.[127]

b) Ablehnung eines Rückgriffs auf den Begriff der Verkehrsanschauung

Auch die Vertreter normativer oder aber, wie etwa die neuere Rechtsprechung des Bundesgerichtshofs, normativ-faktischer Ansätze, ziehen den Begriff der Verkehrsanschauung heran, um sich dem Erklärungsinhalt konkludenter Kommunikation zu nähern. Der objektive Terminus der Verkehrsanschauung ist jedoch für sich allein nicht geeignet, die konkludente Erklärung inhaltlich näher zu bestimmen. Für eine Konkretisierung bedarf es, gleichsam in einem weiteren Subsumtionsschritt, vielmehr einer Benennung dessen, was von dem entscheiden-

---

[124] Vgl. auch *Frisch*, in: FS Jakobs, S. 96 (102); *Tiedemann*, in: LK-StGB, § 263 Rn. 30.

[125] Vgl. *Kasiske*, GA 2009, 360 (364).

[126] Vgl. *Schlösser*, NStZ 2005, 423 (426).

[127] Vgl. *Saliger/Rönnau/Kirch-Heim*, NStZ 2007, 361 (364).

den Verkehrskreis im konkreten Fall überhaupt erwartet werden darf. Dies setzt zunächst notwendigerweise voraus, dass sich eine Verkehrsauffassung hinsichtlich der dem Geschäft zugrundeliegenden Thematik überhaupt gebildet hat. Insoweit ist der am Terminus der Verkehrsauffassung geäußerten Kritik dahingehend zuzustimmen, dass sich eine so verstandene vorherrschende Auffassung nicht zwingend für jeden Bereich praktizierter rechtsgeschäftlicher Gestaltung überhaupt etabliert haben muss.[128] Wird der Begriff der Verkehrsauffassung auf seine eigentliche Bedeutung als Zusammensetzung einer Vielzahl von Auffassungen zurückgeführt, die es auf einen Begriff zu bündeln gilt, zeigt sich sofort die Unmöglichkeit des angestrebten Unterfangens. Die Etablierung einer allgemeinen Anschauung ist insbesondere dann in Zweifel zu ziehen, wenn es sich, wie bei Finanzderivaten, um eine hochkomplexe, notwendig interdisziplinär zu betrachtende Materie handelt, im Rahmen derer auch aus finanzwirtschaftlicher Sicht bislang viele Fragen ungeklärt sind. Je kontroverser eine Materie diskutiert wird, umso schwieriger ist daher die Benennung der maßstabsgebenden Verkehrserwartungen. Die Herausstellung einer herrschenden Auffassung würde hier lediglich die dominierende Meinung abbilden[129] und in der Folge, mehr als anderswo, weniger die allgemeine Verkehrsanschauung, als vielmehr lediglich eine von mehreren möglichen Verkehrsanschauungen darstellen. Es bliebe einzig die Möglichkeit, die Divergenzen innerhalb des betreffenden Verkehrskreises als solche als Teil der Verkehrsanschauung zu begreifen. Damit ließe sich jedoch unter Beachtung des zugrundeliegenden Konkretisierungsauftrages kein Erkenntnisgewinn generieren.

Soweit es somit im Kern darauf ankommt, den Erklärungswert eines Verhaltens zu bestimmen, kann letztlich nur entscheidend sein, wie die Erwartungen des Erklärungsempfängers originär zu formulieren sind.[130] Ein „Umweg" über den Begriff der Verkehrsauffassung kann an dieser Stelle aufgrund der bloßen Verlagerung der Problematik nicht überzeugen.[131]

3. Rechtsnormativismus und Ökonomie:
Die ökonomische Auslegung im Wirtschaftsstrafrecht

Intersubjektive Interaktion lässt sich wissenschaftstheoretisch nicht lediglich mit der Rechtsdogmatik untersuchen. Insbesondere die ökonomische Methodik

---

[128] Vgl. *Frisch,* in: FS Jakobs, S. 97 (102); zustimmend *Mayer Lux,* Die konkludente Täuschung beim Betrug, S. 141.

[129] Vgl. *Zoll,* in: Eser/Kaiser/Weigend, Von totalitärem zu rechtsstaatlichem Strafrecht, S. 87 (89).

[130] So auch *Kargl,* ZStW 119 (2007), 250 (260 f.).

[131] Ähnlich auch *Bung,* GA 2012, 354 (361): „Auslegungshilfe"; *Kubiciel,* HRRS 2007, 68 (69): „Leerformel"; *Mayer-Lux,* Die konkludente Täuschung beim Betrug, S. 143: „leerer Begriff"; *Hassemer,* JuS 1980, 684 (685): „(…) begriffliche Merkmale, die nur die Richtung angeben."

sucht diese in den gesamtwirtschaftlichen Kontext einzuordnen und auf diese Weise zu erklären. Es ist daher zu untersuchen, inwieweit dem eingeforderten Normativismus zwingend ein rechtsdogmatisches Verständnis zugrunde zu legen ist oder aber es interdisziplinäre normative Strukturen zu berücksichtigen, möglicherweise gar zwingend anzulegen gilt. In diesem Sinne könnte sich zunächst für das Wirtschaftsstrafrecht die Notwendigkeit einer wirtschaftlich-ökonomischen Auslegung unter Rückgriff auf die Methodik der Ökonomie als für die Auslegung des Täuschungsbegriffs tauglich erweisen. Auch die im Rahmen dieses Forschungsvorhabens zu untersuchende Materie weist wegen der Reichweite ihrer Folgen und Häufigkeit ihres Auftretens einen hinreichenden wirtschaftlichen Gesamtbezug[132] sowie eine besondere Nähe zum Aspekt des Vertrauensmissbrauchs im Wirtschaftsleben[133] auf. Insbesondere für den Bereich des Wirtschaftsstrafrechts wird ein Rückgriff auf ökonomische Methoden im Recht[134] daher vielerorts diskutiert.

a) Der Homo oeconomicus *und das Regelmodell*

Denkbar ist zunächst eine Auslegung der konkreten Erklärung unter Zugrundelegung eines am *Homo oeconomicus* ausgerichteten Menschenbildes.[135] Die Untersuchung setzt in diesem Zusammenhang an der individuellen Ausrichtung der ökonomischen Entscheidungstheorie[136] am Modell des *Homo oeconomicus* an. Der *Homo oeconomicus* wird dabei als insoweit rational handelnd verstanden, als er Kosten und Nutzen abwägt und sein Entscheidungsverhalten auch mit Blick auf die Vornahme einer Regelverletzung vorhersehbar macht.[137] Dies entspricht auch dem der Wirtschaft aus ökonomischer Sicht beigemessenen Effizienzgedanken, im Rahmen dessen auf eine möglichst optimale Nutzung der begrenzt zur Verfügung stehenden Ressourcen abgestellt wird.[138] Damit lässt sich an dieser Stelle bereits konstatieren, dass sich eine ökonomische Methodik vom Rechtsgutsdogma insoweit unterscheidet, als sie primär die Folgen menschlichen Handelns in den Blick nimmt. Das Menschenbild des *Homo oeconomicus* ist schließlich über ein stark am Eigennutzen ausgerichtetes Verhalten geprägt[139], wobei dies auch grundsätzlich den Bruch von Rechtsnormen einschließt, sofern dies aus Kosten-Nutzen-Sicht für den handelnden Akteur vorzugwürdig erscheint.[140]

---

[132] Vgl. zu diesen Kriterien *Achenbach,* JURA 2007, 342 (342).

[133] Vgl. etwa *Schwind,* Kriminologie, § 21 Rn. 17.

[134] Vgl. zur Unterscheidung von Methodenwahl und faktischer Auslegung *M. Wagner,* Die Akzessorietät des Wirtschaftsstrafrechts, S. 16.

[135] So bereits *Tiedemann,* GA 1969, 71 (73); *Graul,* in: FS Brandner, S. 801 (816).

[136] Vgl. *Kirchgässner,* in: Nell/Kufeld, Homo oeconomicus, S. 81 (81).

[137] Vgl. *Nell,* in: Nell/Kufeld, Homo oeconomicus, S. 7 (7 f.).

[138] Vgl. *Bottke,* JuS 2002, 320 (320).

[139] Vgl. *Eidenmüller,* JZ 2005, 216 (217).

[140] Vgl. *Eidenmüller,* Effizienz, S. 34 ff.; *Wittig,* Der rationale Verbrecher, S. 62, 176.

Eine Verknüpfung mit der auch dem Normbruch charakteristischen Verletzung von Verhaltensregeln bietet in diesem Zusammenhang das Regelmodell. Dieses löst die Blickrichtung von der alleinigen Ausrichtung am Modell des *Homo oeconomicus* sowie des damit verbundenen strengen Nutzendenkens und knüpft an die Regelverletzung selbst an. Das Regelmodell wird speziell im Kontext solcher das Wirtschaftsstrafrecht legitimierender Überlegungen herangezogen und zuweilen auch als Ergänzung zum Rechtsgutsdogma vorgeschlagen.[141] Nach dem Regelmodell soll die Betrachtung vom Rechtsgut gelöst und auf die zwischenmenschliche Interaktion als Ganzes gerichtet werden.[142] Die Strafwürdigkeit eines Verhaltens bestimme sich anhand der aus dem Gleichheitssatz ableitbaren Möglichkeiten und Chancen des Einzelnen, gesellschaftliche Interaktion zu verwirklichen und zu gestalten, welche schließlich die Regelkonformität aller Wirtschaftssubjekte erfordere.[143] Das entscheidende Regelwerk ist jedoch kein Rechtsnormatives. Vielmehr sind die ökonomischen Regeln der „Fairness" in der Sozialen Markwirtschaft gemeint.[144] *Nöckel*[145] etwa erkennt die Strafwürdigkeit eines Verhaltens an, sofern ein Verstoß gegen „Grundregeln der Wirtschaftsordnung" und nicht lediglich ein solcher gegen „Spielregeln" vorliege.

b) Kritische Auseinandersetzung mit einer ökonomischen Auslegung

Die ökonomische (Zweck-)Rationalität scheint auf den ersten Blick auch mit den bisher gewonnen Erkenntnissen konsistent, da sie mit dem Abstellen auf die Kosten und Nutzen einer Entscheidung auch das Spiel von Chancen und Risiken in grundlegender Weise beschreibt. Zudem legt auch die klassische Finanzmarkttheorie über die Modellannahmen der Preisbewertungsmodelle einen rationalen Anleger zugrunde. Dennoch stehen einem Rückzug auf die ökonomische Methodik bei der Auslegung des Täuschungsbegriffs und damit gleichsam einer Überlagerung der Rechtsdogmatik durch ökonomisches Nutzendenken erhebliche Bedenken entgegen. In diesem Zusammenhang kann zunächst auf die bereits mit Blick auf die Effizienzmarkthypothese geäußerte Kritik verwiesen werden.[146] Hinzu tritt die mit dem Nutzendenken einhergehende ökonomische Folgenbetrachtung.[147] In diesem Sinne ist zunächst das Postulat eines wirtschaftlich rational handelnden Akteurs zu bezweifeln. Insoweit sind auch im Bereich des Wirtschaftslebens kognitive Dissonanzen aufzufinden, die einem rationalen Ent-

---

[141] So etwa *Tiedemann,* Wirtschaftsstrafrecht, Rn. 187.

[142] Vgl. *Alwart,* in: FS Otto, S. 3 (17 f.).

[143] Vgl. *Alwart,* in: FS Otto, S. 3 (18).

[144] Vgl. *Nöckel,* Grund und Grenzen eines Marktwirtschaftsstrafrechts, Rn. 78, 89; *Alwart,* ZIS 2011, 173 (177).

[145] Vgl. *Nöckel,* Grund und Grenzen eines Marktwirtschaftsstrafrechts, Rn. 277.

[146] Vgl. hierzu im Einzelnen oben Erstes Kapitel, A. VI. 2. c) cc), S. 35 ff.

[147] Vgl. *Beckemper,* in: FS Achenbach, S. 29 (31).

scheidungsverhalten im Sinne des Modells vom *Homo oeconomicus* entgegenstehen.[148] Auch eine Reduktion der an den *Homo oeconomicus* zu stellenden Rationalitätsanforderungen im Sinne seiner Anpassung an reales, „menschliches" Entscheidungsverhalten könnte nicht über den Konflikt mit der Rechtsdogmatik an sich hinweghelfen.[149] Die Zweckrationalität des *Homo oeconomicus* als unmittelbarer Ausdruck eines an Gewinn und Verlust ausgerichteten wirtschaftlichen Programms insgesamt[150] ist nämlich vielmehr auch mit einzelnen normativen Entscheidungen des Strafrechts an sich nicht konsistent. Diese Inkonsistenz lässt sich zunächst mit Blick auf den allgemeinen Teil des Strafrechts ausmachen. Sofern wirtschaftlich-rationales Verhalten altruistisches Handeln ausschließt[151], führte eine ökonomische Tatbestandsauslegung somit letztlich zu der Konsequenz, dass ein Großteil der Rechtfertigungs- und Entschuldigungsgründe des Strafgesetzbuches schlicht nicht mehr zur Anwendung gelangen könnte, weshalb eine vom Tatbestand gelöste, zweckorientierte Folgenbetrachtung letztlich mit dem Gesetzlichkeitsprinzip kollidierte.[152] Das Strafgesetzbuch fordert weder für eine Rechtfertigung noch für eine Exkulpation, dass das Handeln des Einzelnen entsprechende ökonomische Anforderungen erfüllt. Darüber hinaus lässt sich auch ein Konflikt der ökonomischen Auslegung mit dogmatischen Grundsätzen der Tatbestandsauslegung der Betrugsnorm selbst ausmachen. Eine betrugsrelevante Täuschung wäre unter Zugrundelegung des ökonomischen Zweckdenkens vom Einfluss der infrage stehenden Information für einen wirtschaftlich produktiven Einsatz der eigenen Vermögensgüter abhängig.[153] Damit einher ginge jedoch das Erfordernis einer möglichst umfassenden Information über wertbildende Aspekte, denn gerade dies ist für ein erfolgreiches Wirtschaften des *Homo oeconomicus* entscheidend.[154] Dies schlösse neben sämtlichen bereits vorhandenen wertbildenden Umständen auch zukünftige Tatsachen ein.[155] Statuierte man nunmehr auch insoweit eine vollumfängliche Aufklärungspflicht, führte dies zu einer ungerechtfertigten Ausweitung der Betrugsnorm. Überdies würde auf diese Weise – die Konsequenz ökonomischer Methodik vorausgesetzt – ein Verstoß gegen eben dieses Aufklärungserfordernis provoziert; denn für den Verpflichteten wird ein Verstoß aufgrund der starken Einschränkungen in wirtschaftlicher Hinsicht vor dem Hintergrund des insoweit erhofften Nutzens aus ökonomischer Sicht zumeist lohnender erscheinen. Auch sind zukünftige Umstände nur unter

---

[148] Vgl. *Hefendehl,* ZStW 119 (2007), 816 (827).

[149] So aber *Eidenmüller,* JZ 2005, 216 (221).

[150] Vgl. *Theile,* wistra 2012, 285 (285).

[151] Vgl. *Eidenmüller,* JZ 2005, 216 (217).

[152] Vgl. *W. Hassemer,* Strafen im Rechtsstaat, S. 59.

[153] Vgl. *Beckemper,* in: FS Achenbach, S. 29 (37).

[154] Vgl. *Trüg,* in: Kempf/Lüderssen/Volk, Unternehmenskultur und Wirtschaftsstrafrecht, S. 99, 104.

[155] Vgl. *Beckemper,* in: FS Achenbach, S. 29 (37).

den strengen Erfordernissen einer Subsumption unter den Begriff der inneren Tatsache überhaupt vom Tatsachenbegriff umfasst.

Die dargelegte Inkonsistenz einer originär ökonomischen Auslegung mit den normativen Vorgaben der Strafrechtsdogmatik lässt sich über das Anknüpfen der Ökonomie an das Entscheidungsverhalten des Wirtschaftsakteurs erklären. Dieser verhaltensbezogene Anknüpfungstatbestand ist zwar auch dem Strafrecht eigen. Eine strafrechtliche Bewertung muss jedoch zwingend auf ihre eigenen Anforderungen rückführbar bleiben, sich dogmatisch selbst steuern[156], soll das Strafrecht, wie auch das Recht insgesamt, als Normwissenschaft geschützt werden. Problematisch ist somit nicht, dass eine originär ökonomische Auslegung auf die ökonomische Modellierung einer insoweit verkürzten Wirklichkeit zurückgreift. Vielmehr würde eine Rezeption dieser modellierten Wirklichkeit über die ökonomische Methodik die rechtsdogmatischen Grundlagen insgesamt aufweichen, indem sie sich zwischen Recht und Wirklichkeit begibt.[157] Eine ökonomische Auslegung führte zu der Konsequenz, dass dieser „Reduktionsprozess"[158] mit einem Anknüpfen an das originäre Entscheidungsverhalten die Auslegung des Täuschungsbegriffs insgesamt von den modellgestützten Annahmen der ökonomischen Methodik abhängig machte. In diesem Fall würden nicht lediglich einzelne, über die Rechtswissenschaft selbst nicht erfassbare Bereiche der Wirklichkeit über die Ökonomie abgebildet, wobei deren Zuführung der autonomen Entscheidung des Rechts selbst belassen bliebe. Vielmehr instrumentalisierte die ökonomische Methodik schließlich das Strafrecht für ihre Zwecke. Eine solche Funktionalisierung von Strafnormen stellt jedoch deren prinzipielle Geltung infrage und gefährdet damit die Funktionsfähigkeit der Strafrechtspflege insgesamt[159], indem sie deren Leitbildfunktion über reines Nutzendenken aushöhlt. Gerade der über die Dogmatik eröffnete Mehrwert, eine Vielzahl an Fällen über die Bildung eines Abstraktionsniveaus einer gesamtheitlich ausgerichteten Bewertung zuzuführen, ließe sich nicht halten, reduzierte man den Entscheidungsprozess von Vornherein auf den ökonomischen Zweckgedanken. Obwohl eine teilweise Öffnung des Strafrechts für andere Wissenschaften an dieser Stelle nicht abgelehnt werden soll, überzeugt eine Überschreibung strafrechtlicher Dogmatik mit der ökonomischen Methodik im Sinne einer originär ökonomischen Auslegung, auch bei grundsätzlicher Anerkennung einer gewissen Wechselbezüglichkeit zwischen beiden Wissenschaften, nicht. Vor diesem Hintergrund vermag auch das Regelmodell nicht zu überzeugen. Abgesehen von der dem Regelmodell grundsätzlich entgegenzuhaltenden fehlenden Trennschärfe einer Kon-

---

[156] Vgl. *Luhmann,* Rechtssystem und Rechtsdogmatik, S. 48.

[157] So im Ergebnis, gleichwohl einen Rückgriff auf Modellierungen der Wirklichkeit im Recht gänzlich ablehnend, auch *Rittner,* JZ 2005, 668 (669).

[158] *Rittner,* JZ 2005, 668 (669).

[159] So auch *W. Hassemer,* Strafen im Rechtsstaat, S. 66 f.

turierung des Strafwürdigkeitskriteriums[160], ist insbesondere der hinsichtlich der Bestimmung strafbaren Verhaltens entscheidungstragenden Funktion des ökonomischen Fairnessgedankens kritisch zu begegnen. Zwar bedarf es auch zur Bestimmung der Strafwürdigkeit zwingend einer Regel, die die Anforderungen an das konkret zu beurteilende Verhalten ausdrückt.[161] Allerdings kann auch das Regelmodell mit seiner originären Anknüpfung an ökonomische Verhaltensmaßstäbe nicht vom ökonomischen Nutzendenken befreit werden.

Die Auslegung im Strafrecht darf nach Maßgabe vorstehender Ausführungen somit zwar nicht insgesamt auf eine ökonomische Grundlage gestellt werden. Dennoch können das ökonomische Nutzendenken und eine hieran ausgerichtete Bestimmung ökonomischer Fairness-Regeln bei entsprechender Öffnung der Rechtsdogmatik Berücksichtigung bei der Auslegung strafrechtlicher Normen finden. Denn auch die dogmatisch teleologische Auslegung ist von Folgenerwägungen geprägt, indem sie fordert, das Auslegungsergebnis an der Intention der Norm selbst zu messen.[162] Damit legitimiert das Recht selbst die Folgenbetrachtung, begrenzt sie jedoch zugleich auch aus sich heraus.[163] Der die Folgenbetrachtung leitende (ökonomische) Zweckgedanke kann daher ein Entscheidungsverhalten im Kontext eines wirtschaftlichen Einsatzes der eigenen Vermögensgüter durchaus im Wege einer Kontrollüberlegung stützen.[164]

II. Strafrecht zwischen gesellschaftsbezogenen Schutzpflichten und zivilrechtsakzessorischer Bindung

Bezogen auf den als Grundlage einer Konkretisierung herausgestellten Rechtsnormativismus bedarf es im Folgenden einer Bestimmung innerdisziplinärer Zuständigkeiten, die im Verhältnis der Rechtsgebiete untereinander Ausdruck findet. Mit Blick auf den Untersuchungsgegenstand sowie die obigen Ausführungen betreffend die Behandlung streitiger Konstellationen im Zusammenhang mit derivativen Finanzinstrumenten in zivilrechtlicher Hinsicht[165] rückt dabei insbe-

---

[160] So schließlich auch *Alwart,* JZ 2006, 546 (547).

[161] Vgl. *Robles,* Rechtsregeln und Spielregeln, S. 70; zustimmend *Nöckel,* Grund und Grenzen eines Marktwirtschaftsstrafrechts, Rn. 84.

[162] Vgl. *Sambuc,* Folgenerwägungen im Richterrecht, S. 108; *Cornelius,* Verweisungsbedingte Akzessorietät, S. 146 f.; s. a. *H.-L. Günther,* Strafrechtswidrigkeit und Strafrechtsausschluss, S. 164 f., der auf einem gleichsam höheren Abstraktionsniveau im Rahmen einer „funktionsbestimmten teleologischen Betrachtung" eine Folgenorientierung des Strafrechts für die Frage der Strafwürdigkeit eines Verhaltens annimmt.

[163] S. a. *Luhmann,* Rechtssystem und Rechtsdogmatik, S. 36: „Wenn überhaupt, muß also die Dogmatik die Verwertung von Folgenerwartungen als Entscheidungskriterien begründen und begrenzen – nicht umgekehrt."

[164] So auch *Beckemper,* in: FS Achenbach, S. 29 (38).

[165] Vgl. hierzu im Einzelnen oben Zweites Kapitel, A., S. 86 ff.

sondere das Ausmaß zivilrechtsakzessorischer Bindung des Strafrechts in den Mittelpunkt der Betrachtung.

Es konnte bereits herausgearbeitet werden, dass in zivilrechtlicher Hinsicht nicht jegliches Verhalten im Zusammenhang mit derivativen Finanzinstrumenten pönalisiert wird. Vielmehr wurde im Zivilrecht ein ausdifferenziertes System entwickelt, um pflichtwidriges Verhalten zu extrahieren. Liegt danach keine ubiquitäre zivilrechtliche Aufklärungspflicht vor, stellt sich unweigerlich die Frage, inwieweit zivilrechtlich nicht pönalisiertes Verhalten von vornherein auch einer strafrechtlichen Betrachtung entzogen ist. Gegenstand nachfolgender Untersuchung ist damit nicht die zivilrechtsakzessorische Begriffsbildung im Strafrecht. Vielmehr geht es mit der Frage nach der Zulässigkeit eines strafrechtsautonomen Unrechtsurteils um eine zweite Perspektive des Akzessorietätsgedankens. In diesem Sinne bedarf es einer eingehenderen Untersuchung der funktionalen und gesellschaftlichen Bedeutung des Strafrechts. Ziel nachfolgender Ausführungen ist dabei die Ausarbeitung einer dogmatischen Grundlage, die eine fundierte Aussage hinsichtlich des Standortes des Strafrechts in der Gesamtrechtsordnung und insbesondere seines Verhältnisses zum Zivilrecht erlaubt. Diese Diskussion wird rund um die in diesem Zusammenhang in der Strafrechtswissenschaft bemühten Topoi des Ultima-ratio-Grundsatzes, der Subsidiarität sowie des fragmentarischen Charakters des Strafrechts geführt.

1. Ausgangsbetrachtung

Mit Blick auf eine akzessorische Bindung des Strafrechts an die außerstrafrechtliche Rechtsordnung sind viele Fragen im wissenschaftlichen Diskurs umstritten und ungeklärt.[166] Die Erörterungen müssen somit auf einer abstrakteren Ebene ansetzen, bevor die im Zusammenhang mit Finanzderivaten interessierenden Fallgestaltungen untersucht werden können. Wenngleich ein vollständig autonomes Strafrecht mit der Wahl eines (rechts-)normativen Ausgangspunktes im Ergebnis abgelehnt wird[167], ist damit noch keine Aussage dahingehend getroffen, ob und inwieweit das Strafrecht sich zwingend an außerstrafrechtlichen Vorgaben orientieren muss oder ob Konstellationen anzuerkennen sind, in denen eine Durchbrechung der Akzessorietät notwendig ist, um überhaupt einen hinreichenden Rechtsgüterschutz gewährleisten zu können. Die Anerkennung eines strafrechtsautonomen Unrechtsurteils läuft dabei zwangsläufig Gefahr, sich in einen Konflikt mit dem Grundsatz der Einheit der Rechtsordnung zu begeben, sofern

---

[166] Zur Frage der Akzessorietät des Strafrechts bereits *Dahlem,* Das Verhältnis des Zivilrechts zum Strafrecht.

[167] Für ein im Grundsatz (begrifflich) autonomes Strafrecht sprechen sich hingegen folgende Autoren aus: *Lenckner,* ZStW 106 (1994), 502 (511); *Küper,* JZ 1993, 435 (441); *Wittig,* Das tatbestandsmäßige Verhalten des Betrugs, S. 110 f.; *Bruns,* Die Befreiung des Strafrechts vom zivilistischen Denken.

dies in einer Sanktionierung solcher Verhaltensweisen mündet, die von der übrigen Rechtsordnung legitimiert werden. Das Strafrecht darf, auch wenn es sich als grundsätzlich separierbare Teilrechtsordnung beschreiben lässt, hinsichtlich seiner Wertungen nicht vollständig losgelöst von der Gesamtrechtsordnung betrachtet werden.[168] Die Anwendung einer jeden Rechtsnorm erfolgt stets vor dem Hintergrund, dass diese Teil eines gesamtheitlichen Regelsystems ist, hinter dem auch ein einheitlicher Gesetzgeber steht.[169] Einheit der Rechtsordnung bedeutet also auch Rechtssicherheit. Inwieweit es ein bereichsweise autonomes Strafrecht anzuerkennen gilt, wird im Folgenden über die Bestimmung der Funktion des Strafrechts im gesamtgesellschaftlichen Kontext aufzuzeigen sein. Die nachfolgende Untersuchung knüpft dabei an die dem Akzessorietätsgrundsatz beigemessene Aussage an, das Strafrecht dürfe nur solche Verhaltensweisen pönalisieren, die auch zivilrechtlich nicht erlaubt seien.[170] Das Strafrecht dürfe sich nicht prädominant auswirken, indem es durch Sanktionen die Ausübung zivilrechtlich grundsätzlich legitimierter Verhaltensweisen konterkariere und damit gleichsam die zivilrechtlichen Regelungen des Rechtsgüterschutzes unterlaufe.[171] Speziell mit Blick auf einen Anlegerschutz durch Information wird in diesem Zusammenhang daher auch vorgetragen, umfangreiche Aufklärungspflichten beim Vertrieb strukturierter Produkte stellten „verdeckte inhaltliche Verbote"[172] eines solchen Vertriebes dar. Das Strafrecht habe daher an die Verletzung einer (außerstrafrechtlichen) Verhaltensnorm anzuschließen und sei als Sanktionsnorm von dieser abhängig.[173] Die Einzelheiten einer so verwurzelten akzessorischen Bindung des Strafrechts werden in der rechtswissenschaftlichen Diskussion jedoch uneinheitlich beantwortet. Im Mittelpunkt der nachstehenden Ausführungen steht daher die Frage, inwieweit dieser Standpunkt mit Blick auf die Funktion des Strafrechts uneingeschränkt Geltung für sich beanspruchen kann, wie er insbesondere inhaltlich mit präzisen Aussagen zu füllen ist.

---

[168] Vgl. *Demko*, Zur Relativität der Rechtsbegriffe in strafrechtlichen Tatbeständen, S. 159; *Engisch*, Einheit der Rechtsordnung, S. 32; *Murr*, Die Akzessorietät des Strafrechts zum Versammlungsrecht, S. 19 f.

[169] Vgl. *Pawlowski*, Einführung in die Juristische Methodenlehre, S. 100.

[170] So bereits *Binding*, Normen I, S. 3 ff., 73, gleichwohl diese Sicht zugunsten einer wechselseitigen Akzessorietät zu späterer Zeit lockernd, vgl. *ders.*, Ungerechtigkeit, S. 28; *Matthies*, Studien zur Hehlerei als Vermögensdelikt, S. 12; *Busch*, Konzernuntreue, S. 35; *H.-L. Günther*, in: FS Weber, S. 311 (314); *Wessing/Krawczyk*, NZG 2010, 1121 (1122 f.); *Beulke*, in: FS Eisenberg, S. 245 (251 f.): „limitiert akzessorisch"; *Felix*, Einheit der Rechtsordnung, S. 308; *Lutter*, NZG 2010, 601 (603); *Höfler*, Terminologische und inhaltliche Unterschiede zwischen Zivil- und Strafrecht, S. 9 f.; *Lüderssen*, in: FS Eser, S. 163 (170): „asymmetrische Akzessorietät"; ebenso *Dierlamm*, StraFo 2005, 397 (398); *Dittrich*, Die Untreuestrafbarkeit von Aufsichtsratsmitgliedern, S. 35.

[171] Vgl. *T. Wagner*, Die Untreue des Gesellschafters, S. 113.

[172] *Oechsler*, Vertragliche Schuldverhältnisse, Rn. 1307.

[173] Vgl. *Prittwitz*, in: Kempf/Lüderssen/Volk, Die Handlungsfreiheit des Unternehmers, S. 53 (56); *Mikus*, Verhaltensnorm, S. 21.

2. Der Schutzauftrag des Strafrechts

Dem Strafrecht wird zuweilen eine besondere gesellschaftliche Schutzfunktion zugesprochen.[174] Soziale Kontrolle und Gewährleistung gesellschaftlicher Ordnung weisen eben gerade auch strafrechtliche Elemente auf, weshalb eine pauschale und gänzliche Zurückstellung des Strafrechts grundsätzlich vor ein besonderes Begründungserfordernis zu stellen ist. Eine als Auftrag verstandene Schutzfunktion des Strafrechts könnte insoweit gerade auch dazu verpflichten, ein bereichsweise strafrechtsautonomes Unrechtsurteil bezogen auf den Schutz von Rechtsgütern anzuerkennen.

Die hiesige Untersuchung eines gesellschaftsbezogenen strafrechtlichen Schutzauftrages knüpft an die gesellschaftsdienliche Funktion des Strafrechts an. Das Bundesverfassungsgericht etwa spricht in diesem Zusammenhang vom Schutz vor „Störung des allgemeinen Rechtsfriedens"[175], der Gewährleistung „elementarer Werte des Gemeinschaftslebens"[176] oder einem „sozialethischen Unwerturteil".[177] Der das Zivilrecht prägende spezifische Grundsatz des Interessenausgleichs rückt nach diesem Verständnis zu Gunsten eines am „Schutz der Friedensordnung der Gesellschaft"[178] als Ausprägung eines als „Sozialkontrolle"[179] verstandenen Auftrags in den Hintergrund. Zur Voraussetzung eines Einsatzes des Strafrechts wird daher verbreitet auch die Sozialschädlichkeit der infrage stehenden Handlung erhoben.[180] Die Gesellschaftsbezogenheit des Strafrechts erlaubt eine Anbindung des Ultima-ratio-Grundsatzes an eben die hierin zum Ausdruck kommende gesellschaftliche Schutzverpflichtung. Weiterhin lässt sich hieraus der erstrebenswerte Maßstab einer jeden Rechtsordnung erblicken, den Sollzustand nicht losgelöst vom Seinszustand zu betrachten. Die Akzeptanz rechtlicher Regeln ist ohne einen notwendigen Bezug zu den aktuellen gesellschaftlichen Gegebenheiten nicht denkbar[181], lässt man die Etablierung eines to-

---

[174] Grundlegend *BVerfGE* 39,1 (46 f.); s. a. *Appel,* Verfassung und Strafe, S. 62 ff.; *Vogel,* StV 1996, 110 (111); *Brammsen,* Garantenpflichten, S. 95; *Amelung,* Rechtsgüterschutz, S. 388 ff.; *Müssig,* Rechtsgüterschutz, S. 141, 149.

[175] *BVerfGE* 21, 391 (403).

[176] *BVerfGE* 39, 1 (46); so auch *Wessels/Beulke/Satzger,* Strafrecht AT, Rn. 8: „elementare Grundwerte des Gemeinschaftslebens"; ähnlich *Lagodny,* Strafrecht vor den Schranken der Grundrechte, S. 9, 139 f., der von „Gemeinwohlinteressen" spricht.

[177] *BVerfGE* 90, 145 (172).

[178] *Klug,* Skeptische Rechtsphilosophie und humanes Strafrecht Bd. 2, S. 351.

[179] *Rössner,* in: FS Roxin 2001, S. 977 (977).

[180] Vgl. etwa *BVerfGE* 88, 203 (258); *BVerfGE* 96, 245 (249); *BVerfGE* 120, 224 (239 f.); *Wessels/Beulke/Satzger,* Strafrecht AT, Rn. 4; *Jakobs,* Strafrecht AT, 2. Abschn. Rn. 10; *Herzberg,* MDR 1972, 93 (96); *Roxin,* StV 2009, 544 (545 f.); die Wechselbezüglichkeit zwischen Rechtsgutsverletzung und Sozialschädlichkeit herausstellend *Zaczyk,* in: Lüderssen/Nestler-Tremel/Weigend, Modernes Strafrecht und Ultima-ratio Prinzip, S. 113 (114).

[181] Vgl. *Zipf,* Kriminalpolitik, S. 40.

talitären Systems außer Betracht. Nur akzeptiertes Recht ist effizient.[182] Und nur effizientes Recht weist überhaupt einen Nutzen für die Gesellschaft auf.[183] Die grundsätzliche Befolgungsbereitschaft solcher im Sein verorteter Verhaltensnormen unterliegt dabei einer Wechselwirkung mit eben diesem Bezug zu akzeptierten gesellschaftlichen Werten und außerrechtlichen Regeln.[184] Dem Strafrecht kommt daher, wie dem Recht insgesamt, eine Stabilisierungsfunktion hinsichtlich gesellschaftlicher Erwartungen über die Zeit zu.[185] Es ist damit immer auch an die Bedürfnisse der Gesellschaft, der es dient, gebunden.[186] (Straf-)rechtliche Normen werden daher auf kurz oder lang in einen Reformierungsprozess eintreten, soweit sie gesellschaftlich vorherrschende Vorstellungen und Erwartungen nicht mehr abbilden. Dieser gesellschaftsinduzierte Steuerungseffekt entfaltet seine Wirkung auch in der Auslegung und Anwendung von Normen. Konstitutives Element von Normen ist damit ihr gesellschaftlicher Bezug, verstanden als den hinter ihr stehenden Subjekten dienend.[187] Er drückt sich sowohl in der Bestimmung der konkreten Schutzobjekte (Rechtsgüter), als auch in der Bezeichnung der zu pönalisierenden Angriffshandlungen aus. Auch das Strafrecht dient in diesem Sinne dem Schutz der in diesem Umfang gewährleisteten gesellschaftlichen Werte. Damit übt das Strafrecht neben den anderen Rechtsgebieten Sozialkontrolle aus.[188] Der Verstoß gegen die Norm impliziert daher bereits ein sozialschädliches Verhalten, da sich in ihm die Missbilligung der durch sie geschützten Werte manifestiert.

3. Die Rechtsgutslehre

Einen ersten Konkretisierungsversuch dieses gesellschaftsorientierten strafrechtlichen Schutzauftrages bietet die Rechtsgutslehre an.[189] Insoweit wird verbreitet davon ausgegangen, dass das Strafrecht dem Rechtsgüterschutz dient.[190]

---

[182] So auch *Rössner*, in: FS Roxin 2001, S. 977 (980).

[183] Vgl. *Reifner*, in: FS Derleder, S. 369 (371).

[184] Ähnlich auch *Zipf*, Kriminalpolitik, S. 40.

[185] Vgl. *Luhmann*, Das Recht der Gesellschaft, S. 126; *M. Lindemann*, Voraussetzungen und Grenzen legitimen Wirtschaftsstrafrechts, S. 5; *Brammsen*, Garantenpflichten, S. 100: „Erwartungsstabilisator".

[186] Vgl. *Gärditz*, JZ 2016, 641 (648).

[187] Vgl. *Roxin*, Strafrecht AT I, § 2 Rn. 110.

[188] Vgl. *W. Hassemer*, in: GS Schlüchter, S. 133 (140); *Rössner*, in: FS Roxin 2001, S. 977 (977); *G. Kaiser*, Strategien und Prozesse strafrechtlicher Sozialkontrolle, S. 1 ff.; kritisch dagegen *Achenbach*, StV 2008, 324 (324), der das Strafrecht weniger als „Ordnungsfaktor", sondern vielmehr als sekundäre Normordnung betrachtet.

[189] Vgl. etwa *Otto*, Die einzelnen Delikte, § 1 Rn. 13; *Castaldo*, in: FS Roxin 2001, S. 1095 (1099); *Zaczyk*, Das Unrecht der versuchten Tat, S. 119 f.

[190] Vgl. BVerfGE 21, 391 (403); BVerfGE 25, 269 (286); BVerfGE 50, 142 (162); *Maurach/Zipf*, Strafrecht AT 1, § 2 Rn. 11; *Hefendehl*, in: Beulke/Lüderssen/Popp/Wittig, Das Dilemma des rechtsstaatlichen Strafrechts, S. 165 (169); *Vormbaum*, ZStW 107 (1995), 734 (757); *W. Hassemer*, in: Hefendehl/Hirsch/Wohlers, Die Rechtsgutstheorie,

Uneinigkeit besteht jedoch bereits hinsichtlich der Definition des Rechtsgutsbegriffs selbst. So werden Rechtsgüter etwa definiert als „Interessen"[191] oder aber „personale Entfaltungsbedingungen".[192] Einer interessengeleiteten Güterlehre steht die objektive Rechtsgüterlehre[193] gegenüber. Soweit der Rechtsgüterschutz damit zwar als strafrechtliche Aufgabe anerkannt wird, ist diese Funktion jedoch nicht isoliert vom gesellschaftsorientierten Schutzauftrag zu betrachten, denn auch der Schutz von Rechtsgütern dient letztlich der Gewährleistung eines gesellschaftlichen Sollzustandes.[194] Vorzugswürdig sind somit gesellschaftstheoretische Ansätze, die den Begriff des Rechtsgutes zu beschreiben suchen, indem sie seinen Träger in das gesamtgesellschaftliche Gefüge einordnen.[195] In diesem Zusammenhang mag auch bezweifelt werden, inwieweit sich die unterschiedlichen Definitionsansätze zum Rechtsgutsbegriff eines gemeinsamen Ausgangspunktes im sozialen Sein überhaupt erwehren können.

Unabhängig von den Schwierigkeiten einer begrifflichen Definition des Rechtsgutsbegriffs, ergeben sich hinsichtlich der in den Blick genommenen Fragestellung einer Bestimmung des Ausmaßes akzessorischer Bindung jedoch weitere Bedenken. Die Befürworter der Rechtsgutslehre werden nicht umhinkommen, dem Rechtsgut auch mit Blick auf das Zivilrecht eine zentrale Bedeutung beizumessen. Greift der Täter etwa in unerlaubter Weise in das Rechtsgut „Eigentum" eines Anderen ein, ist er bei Vorliegen der weiteren Voraussetzungen zum Schadensersatz nach Maßgabe des § 823 BGB verpflichtet. Auch mit dieser Norm verwirklicht der Gesetzgeber daher schlussendlich den Schutz ausgewähl-

---

S. 57 (64); kritisch hingegen *Amelung,* Rechtsgüterschutz, S. 302 ff., 309 ff.; *Jareborg,* in: FS Eser, S. 1341 (1352); *Jakobs,* Strafrecht AT, 2. Abschn. Rn. 22 ff.; s.a. *H.-L. Günther,* Strafrechtswidrigkeit und Strafrechtsausschluss, S. 154, der mit der „Nur-Schutzfunktion" des Strafrechts einen engen Rechtsgutsbegriff vertritt; einschränkend *Kindhäuser,* in: Lüderssen/Nestler-Tremel/Weigend, Modernes Strafrecht und Ultima-ratio-Prinzip, S. 29 (29), der davon ausgeht, Strafe könne lediglich mittelbar dem Rechtsgüterschutz dienen.

[191] *Koriath,* GA 1999, 561 (562).

[192] *Sternberg-Lieben,* in: Hefendehl/Hirsch/Wohlers, Die Rechtsgutstheorie, S. 65 (67).

[193] Vgl. etwa *Scheler,* Der Formalismus in der Ethik und die materiale Wertethik, S. 43.

[194] Vgl. *Wessels/Beulke/Satzger,* Strafrecht AT, Rn. 9.

[195] Mit diesem Ansatz etwa *Zaczyk,* in: Lüderssen/Nestler-Tremel/Weigend, Modernes Strafrecht und Ultima-ratio-Prinzip, S. 113 (114 ff.); ähnlich auch *Müssig,* Rechtsgüterschutz, S. 160 f., der jedoch dafür eintritt, dem Rechtsgutsdenken das Verständnis einer „institutionellen Deutung der Norm als Struktur der Gesellschaft" zugrunde zu legen; *Calliess,* Theorie der Strafe im demokratischen und sozialen Rechtsstaat, S. 143, der vom „Schutz von Partizipationschancen in der Gesellschaft" spricht; *Roxin,* Strafrecht I, § 2 Rn. 8, der für eine Orientierung „an den Lebensbedingungen des Einzelnen in der modernen Gesellschaft" vorschlägt sowie *Schünemann,* in: Hefendehl/Hirsch/ Wohlers, Rechtsgutstheorie, S. 133 (137 f.), der das Rechtsgutsprinzip „auf den Grundgedanken einer aus der Idee des Gesellschaftsvertrages abgeleiteten Strafrechtsbegrenzung" gründet.

ter Rechtsgüter.[196] Privatautonome Rechtsgestaltung eröffnet zudem die Möglichkeit, den Rechtsgüterschutz individuell in besonderer Weise auszugestalten und ist daher im Einzelfall geeignet, ihn zu verstärken oder aber herabzusenken. Ist das Zivilrecht somit gleichsam als dem Rechtsgüterschutz dienend zu charakterisieren[197], lässt sich das strafrechtsbegrenzende Potential eines für sich betrachteten Rechtsgutsbegriffs ohne Mühe verneinen. Eine Differenzierung ist bei gleicher Begriffsbildung in beiden Rechtsgebieten ohne Zuhilfenahme weiterer Kriterien nicht denkbar. Die gleichen Bedenken ergeben sich, suchte man das Rechtsgutsdogma im Kontext wirtschaftlicher Interaktion über spezifische Wirtschaftsrechtsgüter zu ergänzen. Weder ein „kollektives Vertrauensrechtsgut"[198], noch ein „Systemvertrauen"[199] oder „überindividuelle (soziale) Rechtsgüter des Wirtschaftslebens"[200] sind geeignet, das (Wirtschafts-)Strafrecht hinreichend vom übrigen (Wirtschafts-)Recht abzugrenzen.

Darüber hinaus werden Rechtsgüter auch nicht vollumfänglich und gegen jeden erdenklichen Angriff strafrechtlich geschützt.[201] Das Strafrecht ist vielmehr fragmentär.[202] Eine synonyme und ubiquitäre Übertragung zivilrechtlicher Unrechtsentscheidungen ist somit gleichsam ausgeschlossen. Der Rechtsgutslehre lässt sich jedoch insoweit eine Anbindung des Strafrechts an die außerstrafrechtliche Wertordnung entnehmen, als das Strafrecht grundsätzlich nur solche Rechtsgüter schützen darf, die auch unter dem Schutz der übrigen Rechtsordnung stehen.[203] Die Rechtsgutslehre vermag jedoch für sich die Notwendigkeit einer Verhaltenssanktion durch das Strafrecht, respektive die Grenzen strafrechtlicher Sanktion, nicht zu beschreiben.[204] Normativismus und Rechtsgutslehre

---

[196] Vgl. *Katzenmeier*, in: NK-BGB, Vor §§ 823 ff. Rn. 1.

[197] Vgl. *Lüderssen*, StV 2004, 97 (100).

[198] *Hefendehl*, JZ 2004, 18 (20).

[199] *Otto* ZStW 96 (1984), 339 (343); ähnlich *Volk*, JZ 1982, 85 (86).

[200] *Otto*, JURA 1989, 24 (26); ähnlich *Geerds*, Wirtschaftsstrafrecht und Vermögensschutz, S. 29, 64; *Tiedemann*, Wirtschaftsstrafrecht, Rn. 82: „Instrumente des Wirtschaftsverkehrs"; *C. Lindemann*, Gibt es eigenes Wirtschaftsstrafrecht?, S. 19: „Schutzobjekte der Gesamtwirtschaft oder funktionell wichtige Zweige und Einrichtungen der Gesamtwirtschaft."

[201] Vgl. *v. Hirsch*, GA 2002, 2 (9); *Lagodny*, Strafrecht vor den Schranken der Grundrechte, S. 146; *Maurach/Zipf*, Strafrecht AT 1, § 2 Rn. 26.

[202] Vgl. *Jescheck/Weigend*, Strafrecht AT, S. 53; *Kurth*, Das Mitverschulden des Opfers beim Betrug, S. 177.

[203] Vgl. *Frisch*, in: Eser/Kaiser/Weigend, Von totalitärem zu rechtsstaatlichem Strafrecht, S. 201 (204); s.a. *Haffke*, in: FS Roxin 2001, S. 955 (964): „Das Strafrecht ist nicht werteschöpfend"; *H.-L. Günther*, Strafrechtswidrigkeit und Strafrechtsausschluss, S. 154: „Nur-Schutzrecht".

[204] Auch das Bundesverfassungsgericht verneint einen strafzweckbegrenzenden Einfluss des Rechtsgutsdogmas auf den verfassungsrechtlichen Prüfungsumfang, vgl. *BVerfGE* 120, 224 (241); ähnlich auch *Pawlik*, Das unerlaubte Verhalten beim Betrug, S. 48, der die Rechtsgutslehre als „normativ bedeutungslos" bezeichnet sowie *Kaspar*, Verhältnismäßigkeit und Grundrechtsschutz im Präventionsstrafrecht, S. 234, der das

sind somit zwei sich ergänzende Institute[205] in dem Sinne, dass eine normative Betrachtung über den Rechtsgutsgedanken hinausgehen und diesen im Zusammenhang mit der Angriffshandlung beurteilen muss.[206] Der Rechtsgutslehre lässt sich daher hinsichtlich des Umfangs strafrechtlichen Schutzes eine im Sinne einer Zivilrechtsakzessorietät begrenzende Wirkung nicht zusprechen. Dennoch ist der vorstehenden Aussage bezogen auf die Legitimation strafrechtlicher Sanktionierung über den bloß negierenden Charakter hinaus ein positiver Aspekt zu entnehmen. Der Rechtsgutsgedanke erschöpft sich nicht lediglich in einer mit Blick auf eine strafrechtliche Pönalisierung dem Grunde nach zu statuierende Legitimierungsfunktion. Vielmehr ist dem Rechtsgutsgedanken auch eine Gewährleistungsfunktion immanent, die, würde sie nicht berücksichtigt, das Rechtsgutsdenken ungerechtfertigt verkürzte. Das Strafrecht gewährleistet danach einen gewissen Umfang des Rechtsgüterschutzes. Eine vorschnelle Reduktion strafrechtlich sanktionierbarer Verhaltensweisen auf bereits zivilrechtlich tadelnswertes Unrecht kann folglich auch unter Berücksichtigung dieses Aspektes aus der Rechtsgutslehre nicht hergeleitet werden. In diesem Fall würde der Gewährleistungs- und damit der am Rechtsgüterschutz ausgerichtete Schutzauftrag des Strafrechts von vornherein verkürzt. Denn insbesondere im Bereich privatautonomer Rechtsgestaltung ist der zivilrechtliche Primär- bzw. Sekundärschutz nicht immer ausreichend, um das betroffene Rechtsgut hinreichend vor Verletzung zu schützen.[207] Man denke etwa an das Sekundärleistungsrecht, dessen rechtsgutsbezogene Steuerungsfunktion über die alleinige Kompensation erlittener Vermögensvorteile nicht zwingend ausreicht, um einen hinreichenden – auch präventiven – Rechtsgüterschutz zu gewährleisten.

4. Die Ultima-ratio-Funktion des Strafrechts

Im Zusammenhang mit Versuchen, strafbare Verhaltensweisen unter Einbeziehung des Verhältnisses des Strafrechts zu anderen Rechtsgebieten zu extrahieren, werden auch die Topoi Subsidiarität und ultima ratio bemüht. Diese werden teils

---

kritische Potential der Rechtsgutstheorie nach Bestimmung des schützenswerten Rechtsgutes als verbraucht ansieht; im Ergebnis ebenso *Alwart,* in: FS Otto, S. 3 (15); *Appel,* Verfassung und Strafe, S. 390; *Stächelin,* Strafgesetzgebung, S. 164; *Jakobs,* Strafrecht AT, 2. Abschn. Rn. 22; wohlwollender hingegen *W. Hassemer,* Theorie und Soziologie des Verbrechens, S. 19 f., der dem Rechtsgutsbegriff mit einer systemtranszendenten Funktion zugleich auch kritisches Potential beimisst.

[205] Verfehlt ist es daher, von „Gegenbegriffen" zu sprechen; so aber *Hefendehl,* Kollektive Rechtsgüter im Strafrecht, S. 49 f.; eine Nähe zum Normativismus erkennt hingegen *Roxin,* ZStW 116 (2004), 929 (944), der die Rechtsgutslehre als mit der Lehre von der objektiven Zurechnung unmittelbar dogmatisch verknüpft sieht.

[206] So im Ergebnis auch *Hefendehl,* Kollektive Rechtsgüter im Strafrecht, S. 148; *Maurach/Zipf,* Strafrecht AT 1, § 19 Rn. 5.

[207] So auch *Wessels/Beulke/Satzger,* Strafrecht AT, Rn. 5; *Braun,* StraFo 2005, 102 (107).

synonym verwendet, teils wird ihnen jedoch auch ein divergierender Inhalt zugesprochen. Obwohl in einer beinahe unüberschaubaren Zahl juristischer Publikationen die Begriffe Subsidiarität und ultima ratio genannt werden, bleibt ihr inhaltlicher Gehalt in den meisten Fällen der Interpretation des Lesers vorbehalten.[208] Im Zuge nachstehender Ausführungen werden diese Prinzipien einer Überprüfung hinsichtlich der Frage unterzogen, ob sich aus ihnen eine Aussage bezogen auf die Reichweite einer zivilrechtsakzessorischen Beschränkung strafrechtlichen Rechtsgüterschutzes entnehmen lässt.

a) Strafrecht als „milderes Mittel"

Das Strafrecht greift nach einhelliger Auffassung erst ultima ratio ein.[209] Der Ultima-ratio-Grundsatz erlaubt nach gängiger Interpretation den Einsatz des Strafrechts als „schärfstes Schwert"[210] bzw. „äußerstes Mittel"[211] des Staates nur, soweit keine milderen Mittel zur Verfügung stehen, um den Eintritt sozialer Schäden zu vermeiden.[212] Dieser Appell ist nicht auf die Ebene der Gesetzgebung beschränkt, sondern trifft vielmehr auch den Rechtsanwender.[213] Einig ist man sich ferner darüber, dass das Strafrecht erst als subsidiärer Rechtsgüterschutz eingreifen soll.[214] Was genau unter einem subsidiären Schutz zu verstehen ist, wird indes nicht eindeutig benannt und insbesondere auch mit Aussagen des Ultima-ratio-Grundsatzes verbunden.[215] Streitige Fragen hinsichtlich Herkunft und inhaltlicher Abgrenzung der beiden Begriffe sollen an dieser Stelle jedoch nicht im Einzelnen beleuchtet werden. Vielmehr gilt es den Anknüpfungspunkt der zentralen Aussage beiden Kriterien mit Blick auf ihre strafbarkeitsbegrenzende Funktion herauszustellen. Dieser lässt sich in der Fragestellung konkretisieren, inwieweit mit außerstrafrechtlichen Instrumentarien weniger einschneidendere Mittel zur Verfügung stehen, um für den konkreten Fall die anvisierte Verhaltenssteuerung zu erreichen. Sofern das Strafrecht unter Rückgriff auf den Ultima-ratio-Grundsatz damit überwiegend einem Vergleich mit „milderen Mitteln" unterzogen wird, tritt auch die Nähe zum Erforderlichkeitskriterium des

---

[208] Mit ähnlicher Kritik auch *Prittwitz*, in: Albrecht/et al., Vom unmöglichen Zustand des Strafrechts, S. 387 (387).

[209] Vgl. etwa *Beulke*, in: FS Eisenberg, S. 245 (251 f.) sowie *Brandt*, Die Bedeutung des Subsidiaritätsprinzips, S. 154 f. mit einer eigenen Definition.

[210] *Wessels/Beulke/Satzger*, Strafrecht AT, § 1 Rn. 15.

[211] *Prittwitz*, in: Albrecht/et al., Vom unmöglichen Zustand des Strafrechts, S. 387 (393).

[212] Vgl. *Otto*, ZStW 96 (1984), 339 (348); *Felix*, Einheit der Rechtsordnung, S. 298 f.; *Frisch*, in: Eser/Kaiser/Weigend, Von totalitärem zu rechtsstaatlichem Strafrecht, S. 201 (202).

[213] Vgl. *Lahti*, in: FS Hassemer, S. 439 (446).

[214] Vgl. *Vormbaum*, ZStW 107 (1995), 734 (757).

[215] So etwa bei *Wohlers*, Deliktstypen des Präventionsstrafrechts, S. 242.

Verhältnismäßigkeitsgrundsatzes hervor. Beide Grundsätze werden daher zuweilen auch in einem einheitlichen Sinn verstanden[216] oder aber der Verhältnismäßigkeitsgrundsatz originär als Wurzel entsprechender Überlegungen zum Ultima-ratio-Charakter des Strafrechts ausdrücklich benannt.[217] Die vorstehend beschriebene Definition eines so verstandenen Ultima-ratio-Denkens erlaubt dabei für sich noch keine Bestimmung strafbarer Verhaltensweisen und verwehrt sich bei Reduktion auf den benannten Aussagegehalt damit jeglicher Erkenntnisse hinsichtlich des Verhältnisses von Zivilrecht und Strafrecht. Im Zuge der nachfolgenden Untersuchung wird daher die entscheidende Bedeutung des „milderen Mittels" zu ergründen sein. In diesem Zusammenhang sind grundsätzlich unterschiedliche Deutungsvarianten denkbar, welche jeweils in unterschiedlichem Umfang strafbares Verhalten bezeichnen.

aa) Diskussion um ein „milderes" Wirtschaftsstrafrecht

Nicht zu überzeugen vermag von vornherein die Ansicht einiger Vertreter rechtswissenschaftlicher Literatur, den Bereich des Wirtschaftsstrafrechts insgesamt milder einzuschätzen als die Installation verwaltungsrechtlicher Mechanismen.[218] Diesem Ansatz wird zu Recht vorgeworfen, dass er in unzulässiger Weise den Fokus vom potentiell Handelnden nimmt und die Frage einer strafrechtlichen Verantwortlichkeit an der Eingriffsintensität für Dritte prüft.[219] Dem kann auch nicht entgegen gehalten werden, der Verhältnismäßigkeitsgrundsatz beschränke sich nicht auf den handelnden Einzelnen, sondern konkludiere alle Normadressaten.[220] Das Strafverfahren wird für den Betroffenen immer mit erheblichen Einschränkungen verbunden sein, wobei sich die besondere Eingriffs-

---

[216] Vgl. *Frehsee,* Schadenswiedergutmachung, S. 144.

[217] Vgl. etwa *Jakobs,* Strafrecht AT, 2. Abschn. Rn. 27; *R. Hassemer,* Schutzbedürftigkeit des Opfers und Strafrechtsdogmatik, S. 19 f.; die Nähe zum Subsidiaritätsprinzip suchen hingegen etwa *Kaufmann,* in: FS Henkel, S. 89 (102) und *Schünemann,* Unternehmenskriminalität und Strafrecht, S. 157 f.; s. a. *Kaspar,* Verhältnismäßigkeit und Grundrechtsschutz im Präventionsstrafrecht, S. 246, der dem Ultima-ratio-Grundsatz neben dem Verhältnismäßigkeitsgrundsatz eine eigene Bedeutung abspricht; siehe auch *Höffner,* Zivilrechtliche Haftung und strafrechtliche Verantwortung des GmbH-Geschäftsführers bei Insolvenzverschleppung, S. 118, der eine Tauglichkeit des Erforderlichkeitsprinzips zur Begründung des Ultima-ratio-Grundsatzes ablehnt.

[218] Vgl. *Tiedemann,* Wirtschaftsstrafrecht, Rn. 228; *Schünemann,* in: GS Kaufmann, S. 629 (632); *Kratzsch,* Verhaltenssteuerung und Organisation im Strafecht, S. 267 f.; *Müller-Emmert,* GA 1976, 291 (302); im Ergebnis auch *J. Baumann,* JZ 1983, 935 (938); vorsichtiger dagegen *Achenbach,* StV 2008, 324 (326); *ders.,* GA 2004, 559 (562); *U. Weber,* ZStW 96 (1984), 376 (380 f.); *Otto,* in: FS Krey, S. 375 (403 f.); kritisch hingegen *Prittwitz,* in: FS Roxin 2011, S. 23 (24) sowie, nicht auf den Bereich des Wirtschaftsstrafrechts beschränkt, *Gärditz,* JZ 2016, 641 (646).

[219] Vgl. etwa *Bosch,* Organisationsverschulden, S. 555; kritisch auch *Jahn/Brodowski,* JZ 2016, 969 (977): „Tiedemann'sche Paradoxie"; *Volk,* JZ 1982, 85 (88): „[keine] wertneutrale Bilanzierung von Unbequemlichkeiten".

[220] Vgl. *Tiedemann,* Wirtschaftsstrafrecht, Rn. 229.

intensität auch aus der mit ihm verbundenen Unvorhersehbarkeit ergibt.[221] Geht es um die Beurteilung strafrechtlicher Verantwortlichkeit eines Einzelnen, muss gerade die konkrete Angriffshandlung entscheidend sein und als Maßstab auch die Eingriffsintensität für den Betroffenen gewählt werden. Dass mit einer strafrechtlichen Sanktionierung zugleich auch gesamtgesellschaftliche Interessen verfolgt werden, rechtfertigt dabei nicht, diese Interessen zum alleinigen Maßstab einer Verhaltenssteuerung des Normbrechers zu erheben. Kritisch zu beleuchten ist überdies die dabei zutage tretende Folgenorientierung. Zwar wird eine Folgenorientierung über die Ausrichtung teleologischer Erwägungen am Gesetzeszweck auch zum Bestandteil der Auslegung von Strafnormen.[222] Eine Orientierung an anderen Wirtschaftsteilnehmern, oder gar, wie es zuweilen auch ausdrücklich gefordert wird, eine „Kosten-Nutzen"-Analyse[223], gehen darüber jedoch entschieden hinaus. Sie ließe sich, in Ergänzung zu den bereits angeführten Bedenken[224], zum allgemeingültigen Strafbarkeitsmaßstab dogmatisch lediglich unter der Voraussetzung legitimieren, dass das Schutzgut aller (!) Wirtschaftsdelikte eine entsprechende Erweiterung erfahren würde. Andernfalls ginge eine Folgenerwägung entschieden über den gewählten Gesetzeszweck hinaus.

bb) Ablehnung eines vollständig unrechtsakzessorischen Strafrechts

Möglich ist auch eine Deutung des Ultima-ratio-Grundsatzes, wonach das Strafrecht im Sinne akzessorischer Anlehnung an die Primärordnung als grundsätzlich sekundär anzusehen ist.[225] Damit ließe sich die als Ausgangspunkt der Untersuchung gewählte Aussage, das Strafrecht dürfe nur sanktionieren, was bereits außerstrafrechtlich nicht erlaubt sei, bereits mit dem Ultima-ratio-Grundsatz belegen. Die Annahme eines zwingend vollakzessorischen Strafrechts impliziert jedoch nicht lediglich den Ausschluss strafrechtsautonomer Begriffsbildung. Sie führt geradewegs dazu, dass das Strafrecht nicht mehr nur das „äußerste Mittel", sondern überhaupt kein Mittel mehr wäre. Strafrecht könnte überhaupt nur einen ergänzenden Schutz bieten, müsste dann wegen der grundsätzlichen Entscheidung für seine Nachrangigkeit jedoch in den meisten Fällen zurückstehen. Dies käme seiner Abschaffung gleich[226] und missachtete den gesellschaftlichen Schutzauftrag, den auch das Strafrecht zu erfüllen hat.

---

[221] Vgl. *Theile*, wistra 2012, 285 (287).

[222] Siehe dazu bereits oben Zweites Kapitel, B. I. 3. b), S. 113.

[223] Vgl. *Kratzsch*, Verhaltenssteuerung und Organisation im Strafrecht, S. 267.

[224] Vgl. hierzu bereits oben Zweites Kapitel, B. I. 3. b), S. 110 ff.

[225] Vgl. *Maurach/Zipf*, Strafrecht AT 1, § 2 Rn. 25.

[226] S. a. *H.-L. Günther*, Strafrechtswidrigkeit und Strafrechtsausschluss, S. 156, der von einer „Verkümmerung" des Strafrechts zu einem „Annex" des Zivil- und Öffentlichen Rechts spricht; anders *Lüderssen*, in: FS Kaufmann, S. 487 (491 f.), der ein strafrechtsautonomes Unrechtsurteil ablehnt und zugleich fordert, das Strafrecht in weiten Teilen in ein neues Rechtsgebiet des „Soziale[n] Interventionsrecht[es]" zu überführen.

cc) Kernbereichsweise autonomes Strafrecht als Ausfluss
einer positiven Komponente subsidiären Strafens

Eine vorzugswürdige Deutungsvariante lässt das Strafrecht nur dann eingreifen, wenn das Zivilrecht entweder keine oder aber lediglich eine „unzureichende verhaltenssteuernde Wirkung"[227] entfaltet. Das Strafrecht darf daher grundsätzlich nur eingreifen, sofern dies erforderlich ist, weshalb auch eine Charakterisierung solcher Sanktionen strafrechtlichen Ursprungs als nachrangig grundsätzlich Zuspruch verdient. Das Strafrecht ist daher auf einen Schutz elementarer Bereiche des Rechtsgüterschutzes zu verweisen. Regelt das Zivilrecht den infrage stehenden Sachverhalt und stehen keine elementaren Bereiche des Rechtsgüterschutzes schutzlos da, hat das Strafrecht daher grundsätzlich zurückzustehen. Zudem muss das Strafrecht hinsichtlich seiner Legitimierungsfunktion akzessorisch agieren, weshalb es nicht autonom Rechtsgüter erschaffen und unter seinen Schutz stellen darf.[228] Damit lässt sich bereits unter Rückgriff auf den Erforderlichkeitsgrundsatz eine auf elementare Bereiche des Rechtsgüterschutzes beschränkte Notwendigkeit strafrechtlicher Sanktionierung ausmachen. Ausdruck gerade eines „milderen" Strafrechts ist daher auch sein fragmentärer Charakter, da nicht jeder Verstoß gegen zivilrechtliche Pflichten gleichsam auch eine strafrechtliche Sanktion zur Folge hat.[229] Reicht der nach Maßgabe des Zivilrechtes zur Verfügung gestellte Schutz jedoch nicht aus, darf das Rechtsgut nicht schutzlos stehen, sofern elementare Bereiche seiner Gewährleistung betroffen sind.[230] Andernfalls käme es zu einem Versagen des Strafrechts und damit des Rechtsgüterschutzes insgesamt gerade da, wo dem Zivilrecht die Auflösung von Interessenkonflikten nicht gelingt.[231] Diese Auffassung kollidiert dabei auch nicht

---

[227] *Haffke*, in: FS Roxin 2001, S. 955 (960); ähnlich *K. Kühl*, in: FS Tiedemann, S. 29 (41); *Kindhäuser*, in: Lüderssen/Nestler-Tremel/Weigend, Modernes Strafrecht und Ultima-ratio-Prinzip, S. 29 (29); vgl. auch *Bittmann*, wistra 2013, 1 (6), der auf die Möglichkeit verweist, die eingetretenen Folgen (über andere Teilrechtsgebiete) rückgängig zu machen.

[228] So auch *Vormbaum* ZStW 107 (1995), 734 (757).

[229] Vgl. *BGHSt* 37, 106 (115); *Waßmer*, Untreue bei Risikogeschäften, S. 73 f.; *Nölle*, Eigenhaftung, S. 133; *Roxin*, Strafrecht AT I, § 2 Rn. 97.

[230] Dies ebenfalls unter Rekurs auf die Notwendigkeit eines Schutzes unentbehrlicher gesellschaftlicher Werte anerkennend *Rössner*, in: FS Roxin 2001, S. 977 (977); ähnlich *Kasiske*, GA 2009, 360 (365), der eine Ergänzung um „genuin strafrechtliche Kriterien" fordert, um zu einer Sanktion sozialschädlichen Handelns zu gelangen; in dieselbe Richtung gehend, gleichwohl verhaltender, auch *Renzikowski*, GA 2007, 561 (566) sowie *Nöckel*, Grund und Grenzen eines Marktwirtschaftsstrafrechts, Rn. 305, die von einer „notwendige[n] Präzisierung (...) zivilrechtlicher Regelungen" spricht; anders hingegen *Haffke*, in: FS Roxin 2001, S. 955 (963): „Lückenfüllung ist nicht Aufgabe des Strafrechts."

[231] Mit dieser Feststellung – gleichwohl im Zusammenhang mit der untreuestrafrechtlichen Relevanz einverständlicher Entnahmen durch den GmbH-Geschäftsführer – auch *Gribbohm*, ZGR 1990, 1 (29 f.).

mit dem Erfordernis einer der strafrechtlichen Sanktion vorgelagerten Verhaltensnorm, da sich diese auch aus der Strafrechtsnorm selbst ergeben kann.[232]

Das Strafrecht fungiert im Gesamtsystem der Gesellschaft gerade auch als Rahmenschutz für das Teilsystem Wirtschaft.[233] Ein dem methodologischen Individualismus entspringendes Verständnis von Wirtschaft als „Komplex unzähliger Individualhandlungen"[234] ermöglicht es, die beiden Teilsysteme Recht und Wirtschaft auf der Mikroebene zu vereinen, indem dem Strafrecht hier die Funktion zugesprochen wird, die einzelnen Wirtschaftsakteure über (wirtschaftliche) Individualhandlungen zumindest im Kern zu schützen. Dieser Schutz lässt sich dabei auf den elementaren Bereich des Vermögensschutzes konkretisieren, welchen es im weiteren Verlauf dieses Forschungsvorhabens zu präzisieren gilt. In diesem Zusammenhang kann jedoch die Zuerkennung strafrechtsautonomer Bereiche lediglich für den Fall, dass eine entsprechende Entscheidung zum Güterschutz in anderen Teilrechtsgebieten (noch) nicht erfolgt ist, nicht ausreichen, um eben diesen Schutz elementarer Aspekte des Rechtsgüterschutzes zu gewährleisten.[235] Andernfalls hinge die Erfüllung des gesellschaftlichen Schutzauftrags des Strafrechts auf der Ebene der Rechtsanwendung einzig vom Gelingen des Rechtsgüterschutzes im außerstrafrechtlichen Bereich ab.[236] „Elementare Grundwerte des Gemeinschaftslebens" oder aber einen Kernbereichsschutz[237] kann das Strafrecht jedoch nur gewährleisten, wenn es zur autonomen Ermittlung des zu schützenden Kernbereichs überhaupt befugt ist.[238] Über die Gewährleistungsfunktion des Strafrechts hinaus zwingt diese Deutungsvariante des Ultima-ratio-Grundsatzes daher gleichsam dazu, eine zweite, positive Komponente eines so verstandenen Subsidiaritätsdenkens zu berücksichtigen.[239] Dies wird auch unterstrichen durch

---

[232] Vgl. *Bittmann*, NStZ 2016, 249 (251); *Wittig*, Das tatbestandsmäßige Verhalten des Betrugs, S. 106; zurückhaltender hingegen *Frisch*, NStZ 2016, 16 (17).

[233] S. a. *W. Hassemer*, wistra 2009, 169 (171), der dem Teilsystem Recht bildlich gesprochen die Funktion eines „Linienrichters" beimisst.

[234] *Mansdörfer*, Zur Theorie des Wirtschaftsstrafrechts, S. 16; ebenso *M. Wagner*, Die Akzessorietät des Wirtschaftsstrafrechts, S. 16 ff.

[235] So aber *Heghmanns*, Grundzüge einer Dogmatik, S. 125.

[236] So im Ergebnis *Heghmanns*, Grundzüge einer Dogmatik, S. 124, der fordert, einen strafrechtlichen Schutz zu versagen, wenn dies die einzige Möglichkeit zur Vermeidung von Wertungskonflikten zum Zivil- bzw. Verwaltungsrecht ist.

[237] Für eine „Zurückdrängung des Strafrechts auf einen Kernbereich" etwa *Welke*, Die Repersonalisierung des Rechtskonflikts, S. 291; *Schellenberg*, RuP 52 (2016), 12 (12); *Schünemann*, in: FS Faller, S. 357 (360); *Mühl*, Strafrecht ohne Freiheitsstrafen, S. 69: „Zuständigkeit für schwerste Normverstöße"; vorsichtiger hingegen *Frisch*, NStZ 2016, 16 (21), der von „deutlicher Nähe zum Kernstrafrecht" spricht; dies hingegen ablehnend etwa *Kuhlen*, in: Murmann, Recht ohne Regeln? S. 19 (24 f.); *Lüderssen*, in: FS Wolff, S. 325 (328); *Hamm*, NJW 2016, 1537 (1541).

[238] Eine Konkretisierungsbefugnis der Strafgerichte auch bei im Zivilrecht streitiger Unrechtsbewertung bejahen auch *Vogel/Hocke*, JZ 2006, 568 (569).

[239] Eine auch positive Komponente des Subsidiaritätsprinzips wird grundsätzlich anerkannt, vgl. etwa *Kaufmann*, in: FS Henkel, S. 89 (103 ff.); *Prittwitz*, in: Albrecht/

die Funktion, die das Strafrecht im Kontext von Recht und Gesellschaft einnimmt. Diese ist weniger in der Ausgestaltung rechtlicher Beziehungen der Rechtssubjekte untereinander, als vielmehr im allgemeinen Maßstab für Kontinuität und Durchsetzungskraft des Rechtes insgesamt zu sehen.[240] Maßstabsfunktion kann das Strafrecht für sich jedoch nur dann beanspruchen, wenn es sich auch dort behauptet, wo die Rechtsanwendung in anderen Teilrechtsgebieten unter Umständen versagt. Die vorstehende Betrachtung gerät daher auch nicht in den befürchteten Konflikt zur Gesamtrechtsordnung. Finden elementare Aspekte des Rechtsgüterschutzes in der Anwendung außerstrafrechtlicher Normen keine Berücksichtigung, liegt darin nicht bereits die Billigung damit zusammenhängender Verhaltensweisen, sondern vielmehr die Verkennung notwendigen Rechtsgüterschutzes. Zutreffend kann daher dem Grundsatz der „Einheit der Rechtsordnung" für sich keine inhaltliche Aussage hinsichtlich des Ausmaßes akzessorischer Bindung des Strafrechts entnommen werden.[241] Eine Steuerungsfunktion kommt dem Grundsatz der Einheit der Rechtsordnung somit lediglich auf der Ebene der Gesetzgebung insoweit zu, als der Gesetzgeber in den einzelnen Rechtsgebieten keine sich gegenseitig widersprechenden Normen erlassen darf. Eine Erkenntnis dahingehend, welches Teilrechtsgebiet im Konflikt um das Unrechtsurteil im Ergebnis zurückzustehen hat, lässt sich diesem Postulat jedoch nicht entnehmen.[242] Widerspruchsfreiheit im Sinne einer einheitlich rechtsanwendenden Rechtsordnung bedeutet daher nicht zwangsläufig auch deren Herstellung über ein Zurückstehen des Strafrechts, sodass ein alleiniger Rückgriff auf den Grundsatz der Einheit der Rechtsordnung zu kurz greift.

Der Einsatz des Strafrechts unter der Prämisse einer Außerachtlassung elementarer Bereiche des Rechtsgüterschutzes durch die Rechtsanwendung im Zivilrecht eröffnet demnach einen grundsätzlich autonomen Bereich strafrechtlicher Schutzbereichsbestimmung. Unmittelbaren Niederschlag findet dieses Postulat zunächst mit Blick auf eine kernbereichsrelevante strittige Rechtsauslegung[243]

---

et al., Vom unmöglichen Zustand des Strafrechts, S. 387 (393); *Brandt,* Die Bedeutung des Subsidiaritätsprinzips, S. 125.

[240] Vgl. *Pfeiffer,* NJW 1999, 2617 (2621).

[241] So auch *M. Wagner,* Die Akzessorietät des Wirtschaftsstrafrechts, S. 58.

[242] Vgl. *Heghmanns,* Grundzüge einer Dogmatik, S. 113.

[243] Dies mit Blick auf die untreuestrafrechtliche Bestimmung gesellschaftsrechtlicher Pflichten ebenfalls bejahend *Rönnau,* NStZ 2006, 218 (220); s. a. *ders.,* ZStW 119 (2007), 887 (915), der hervorhebt, ein Streit über den Norminhalt im Zivil- oder Gesellschaftsrecht dürfe nicht zu einer „Auslegungs- und Anwendungsblockade" auch im Strafrecht führen; einen überwiegenden Konsens im wissenschaftlichen Diskurs fordert hingegen *Schramm,* Untreue und Konsens, S. 140; zustimmend *Dittrich,* Die Untreuestrafbarkeit von Aufsichtsratmitgliedern, S. 212; in diese Richtung gehend ebenfalls *Chowdhury,* Geschäftsleiteruntreue, S. 103; auch für den Fall streitiger Rechtsauslegung eine strenge Auslegungsakzessorietät vertritt hingegen *Dierlamm,* StraFO 2005, 397 (400): „Die Akzessorietät ist das strafrechtliche Korrelat unbestimmter Befugnisnormen"; s. a. die Entscheidung *BGHSt* 50, 331 (337) (*Mannesmann*), im Rahmen derer

erstreckt sich sodann jedoch auch auf Bereiche, in denen durch das Zivilrecht ein kernbereichsweiser Rechtsgüterschutz schlicht nicht gewährleistet wird. Für diesen engen Bereich wird der Grundsatz der Akzessorietät über das Zugeständnis strafrechtlicher Autonomie als unmittelbarer Ausfluss der Gewährleistungsfunktion strafrechtlichen Rechtsgüterschutzes durchbrochen. Mit Blick auf die rechtsgutsbezogene Akzessorietät des Strafrechts einerseits sowie den Maßstab des Erforderlichkeitsgebotes andererseits ergibt sich auch, dass diese Erkenntnis keinem Fehlverständnis quantitativer Interpretation ausgesetzt werden darf. Die Anerkennung einer autonomen Ermittlung solcher elementaren Bereiche schutzlos gestellter Rechtsgüter führt gerade nicht zu der Forderung möglichst umfassenden Rechtsgüterschutzes. Über die Verbots- bzw. Gebotswertung des ausgestaltenden Zivilrechtes darf sich ein strafrechtsautonomes Unrechtsurteil nur bei Außerachtlassung eben solcher, den elementaren Rechtsgüterschutz betreffenden Bereiche, hinwegsetzen. Übertragen auf die hier zu untersuchende Ebene der Rechtsanwendung bedeutet dies, dass eine strafrechtliche Beurteilung des in Rede stehenden Verhaltens für den Fall, dass diese von der Anwendung und Auslegung zivilrechtlicher Normen abhängt, strafrechtsautonom sein muss, sofern elementare Bereiche des Rechtsgüterschutzes betroffen sind.

Damit lässt sich an dieser Stelle eine erste Konklusion dergestalt ziehen, dass der positive Aspekt des Subsidiaritätsgrundsatzes, gleichsam als Ausfluss einer Gewährleistungsfunktion strafrechtlichen Rechtsgüterschutzes, eine kernbereichsweise strafrechtsautonome Schutzbereichsbestimmung erfordern kann. Während es als „milderes Mittel" im Grundsatz an außerstrafrechtliche Unrechtswertungen gebunden ist, ist in diesem Bereich das Strafrecht befugt, seine eigene Unrechtswertung vorzunehmen, sofern andernfalls elementare Bereiche des Rechtsgüterschutzes schutzlos stünden.

b) Voraussetzungen einer kernbereichsweisen Wirklichkeitsakzessorietät des Strafrechts auf der Ebene der Rechtsanwendung

Über die vorstehende Untersuchung konnte die Erkenntnis gewonnen werden, dass eine normative Betrachtung nicht von vornherein auf die Rezeption außerstrafrechtlicher Handlungsanweisungen beschränkt ist, sondern vielmehr auch außerrechtliche Wertungen einzubeziehen hat, sofern elementare Bereiche des Rechtsgüterschutzes betroffen sind. Der Prozess der Unrechtswertung kann dabei in Ermangelung normativ bindender außerstrafrechtlicher Vorwertungen einzig unter Rezeption der Wirklichkeit in die Strafrechtsdogmatik erfolgen. Dies geschieht im Wege einer faktischen Betrachtung, im Rahmen derer eine Anbindung

---

der Bundesgerichtshof den Einfluss einer Beurteilung des infrage stehenden Verhaltens nach Maßgabe der Grundsätze des § 87 Abs. 1 S. 1 AktG als für die Frage nach dem Bestehen einer Vermögensbetreuungspflicht entscheidend ausdrücklich ablehnt.

an die tatsächliche Wirklichkeit möglich ist.[244] Strafrecht ist somit im Kern immer auch wirklichkeitsakzessorisch. Die Strafrechtsdogmatik bildet immer auch Wirklichkeit ab, nimmt sie als konstitutiven Bestandteil in sich selbst auf.[245] Zwar steht die Rezeption von Wirklichkeit vor der Herausforderung, die strafrechtlichen Normen zu bewahren, weshalb Wirklichkeitsakzessorietät stets innerhalb der strafrechtsdogmatischen Strukturen zu erfolgen und insbesondere auch deren Grenzen zu achten hat. Unter dieser Voraussetzung wird Wirklichkeit als Bestandteil der Dogmatik jedoch auch zum kritischen Maßstab der Normativität aus sich selbst heraus und bestimmt insoweit auch die Unrechtsbewertung der rezipierten Wirklichkeitssätze selbst mit. Die Bildung eines strafrechtsautonomen Unrechtsurteils ist dabei freilich wegen des Ultima-ratio-Charakters des Strafrechts auch nach Maßgabe des hiesigen Verständnisses lediglich für den Fall denkbar, dass neben der Verletzung elementarer Bereiche des Rechtsgüterschutzes zudem der durch das Zivilrecht gewährleistete Schutz nicht ausreicht.

Eine erste Präzisierung kernbereichsweise wirklichkeitsakzessorischen Strafrechts lässt sich über eine Beschreibung außerrechtlicher Wertungen über den Begriff der Wirklichkeit erreichen.[246] Wirklichkeit im hier entscheidenden Bereich eines Handels mit Finanzderivaten drückt sich insbesondere über den besonderen Bezug zur Finanzmarkttheorie aus. Allerdings sind einer Rezeption entsprechender Erkenntnisse verfassungsrechtliche Grenzen gesetzt. Die Bindung des Rechtsanwenders an Gesetz und Recht nach Maßgabe der Art. 20 Abs. 3 GG bzw. Art. 97 Abs. 1 GG fordert insoweit eine „rechtsimmanente Öffnung".[247] Wirklichkeitsakzessorisch kann das Strafrecht somit nur aus sich selbst heraus sein, indem es die Auslegung seiner Tatbestandsmerkmale im Sein verortet. Auf diese Weise ist gewährleistet, dass die Strafrechtsdogmatik selbst die Reichweite wirklichkeitsakzessorischer Anbindung bestimmt. Über das Erfordernis einer rechtsimmanenten Öffnung hinaus muss eine Rezeption außerrechtlicher Maßstäbe jedoch auch im Übrigen strafrechtssystemkonform sein, darf mithin nicht zu einem Widerspruch des Strafrechts mit feststehenden, anerkannten und somit allgemeingültigen strafrechtsdogmatischen Grundsätzen führen.[248] Während die Untersuchung einer rechtsimmanenten Öffnung an der Norm selbst erfolgen kann, muss die Prüfung der Systemkonformität unmittelbar an dem rezipierten Wirklichkeitsbereich vollzogen werden. Mit dem Täuschungsmerkmal ist ein hinreichender Wirklichkeitsbezug hergestellt, da sowohl mit dem auf Tatsachenelemente beschränkten Täuschungsgegenstand als auch mit der Täuschungshand-

---

244 Vgl. *Cadus*, Die faktische Betrachtungsweise, S. 92.

245 Vgl. *Starck*, JZ 1972, 609 (612).

246 S. a. *Gusy*, JZ 1991, 213 (221).

247 *M. Wagner*, Die Akzessorietät des Wirtschaftsstrafrechts, S. 12; ähnlich auch *Hilgendorf/Joerden*, Handbuch Rechtsphilosophie, S. 255; s. a. *Bumke*, Rechtsdogmatik, S. 91 f., der dieses Erfordernis aus den „juridischen Funktionen" des Rechts ableitet.

248 Ähnlich *Gusy*, JZ 1991, 213 (221).

lung selbst, Elemente des Seins im gesetzlichen Tatbestand verortet sind. Damit liegt eine rechtsimmanente Öffnung vor, welche die Möglichkeit einer kernbereichsweisen Akzessorietät auf der Ebene der Rechtsanwendung grundsätzlich zulässt. Inwieweit für den hier interessierenden Bereich ein zivilrechtlicher Schutz ausreichend ist und einer Rezeption außerrechtlicher Maßstäbe entgegensteht, gilt es im Anschluss an die Ausarbeitung der strafrechtsdogmatischen Grundlagen zu untersuchen.

C. Zusammenfassung der Erkenntnisse des zweiten Kapitels

Im vorstehenden Kapitel wurden die strafrechtsdogmatischen Grundlagen der angestrebten Subsumtion hier infrage stehender Sachverhaltskonstellationen im Zusammenhang mit derivativen Finanzinstrumenten unter den Täuschungsbegriff über eine Untersuchung des Verhältnisses zivilrechtlichen und strafrechtlichen Rechtsgüterschutzes gelegt. Anhand eines Rekurses auf die Zivilrechtsprechung konnte zunächst festgestellt werden, dass die Zivilsenate des Bundesgerichtshofs die Frage einer Aufklärungsbedürftigkeit im Zusammenhang mit der Anlageberatung am Leitgedanken der eigenverantwortlichen Anlageentscheidung ausrichten, wobei dies maßgeblich an der Erfüllung der geschuldeten Beratungspflicht gemessen wird.[249] Für den betrugsstrafrechtlichen Täuschungsbegriff konnte anschließend die Notwendigkeit eines im Grundsatz normativen Ausgangspunktes ausgemacht werden.[250] Sofern in diesem Zusammenhang von Normativität gesprochen wird, meint dies zuvorderst rechtliche Normen. Ein Rückgriff auf die ökonomische Methodik im Rahmen einer wirtschaftlich-ökonomischen Auslegung überzeugt wegen der in diesem Fall praktizierten originären Anknüpfung an die ökonomische Zweckrationalität nicht. Insbesondere geraten ein ökonomisches Nutzendenken und die damit verbundene Folgenbetrachtung in einen Konflikt mit der Rechtsdogmatik. Eine Berücksichtigung ökonomischer Erwägungen kommt daher nur im Wege der teleologischen Auslegung unter strafrechtsdogmatischer Öffnung über den Telos der Norm selbst in Betracht.[251]

Der Entscheidung um eine rechtsnormative Anbindung muss sodann jedoch die Auflösung innerrechtlicher Zuständigkeitsfragen über die Bestimmung des Verhältnisses strafrechtlicher und zivilrechtlicher Unrechtswertungen nachfolgen.[252] Als ultima ratio ist das Strafrecht grundsätzlich auf den elementaren Rechtsgüterschutz verwiesen und dabei akzessorisch an die Unrechtswertung des Zivilrechts gebunden, solange die dortige Verhaltenssteuerung ausreicht, um ei-

---

[249] Vgl. hierzu im Einzelnen oben Zweites Kapitel A., S. 86 ff.
[250] Vgl. hierzu im Einzelnen oben Zweites Kapitel B. I. 2., S. 104 ff.
[251] Vgl. hierzu im Einzelnen oben Zweites Kapitel B. I. 3. b), S. 113.
[252] Vgl. hierzu im Einzelnen oben Zweites Kapitel B. II., S. 113 ff.

nen hinreichenden Rechtsgüterschutz zu gewährleisten. Die Gewährleistungsfunktion des Strafrechts als Ausfluss seiner gesellschaftlichen Schutzverpflichtung erfordert es jedoch, dem Strafrecht über eine faktische Betrachtung dort ein
autonomes Unrechtsurteil zuzugestehen, wo der Rechtsgüterschutz im Zivilrecht
in elementaren Bereichen versagt. Strafrecht ist damit im Kern immer auch wirklichkeitsakzessorisch. Zur Voraussetzung dieser Wirklichkeitsakzessorietät wurde
neben einer strafrechtsimmanenten Öffnung auch das Erfordernis eines ausblei-
benden Widerspruchs mit der Strafrechtsdogmatik erhoben.

Das zweite Kapitel lässt sich mit der entscheidenden Feststellung schließen,
dass es grundsätzlich alle in zivilrechtlicher Hinsicht im Zusammenhang mit Finanzderivaten zu beurteilenden Konstellationen auch in strafrechtlicher Hinsicht
zu untersuchen gilt. Einzelne Fallgestaltungen dürfen somit nicht unter Verweis
auf eine zivilrechtliche Unrechtsbeurteilung einer Prüfung von vornherein entzogen werden.

Drittes Kapitel

Entwicklung des eigenen Ansatzes

A. Die viktimodogmatische Betrachtung

Wenngleich weitgehend Einigkeit dahingehend besteht, dass allein sittlich und moralisch verwerfliches Verhalten für eine betrugsstrafrechtliche Täuschung nicht ausreichen kann[1], werden unterschiedlichste Ansätze zur näheren Konturierung betrugsrelevanten Verhaltens vertreten. Insbesondere das Opfer ist in der jüngeren Betrugsdogmatik in den Fokus des wissenschaftlichen Diskurses gerückt. Die Bedeutung des Opferverhaltens für die Frage einer strafrechtlichen Verantwortlichkeit des Täters wollen sodann die viktimodogmatischen Ansätze beantwortet wissen, indem sie Täter und Opfer als zusammengehörig betrachten.[2] Die Ausweitung der strafrechtlichen Perspektive vom Täter auch auf das Opfer wird hier unter Rückgriff auf den Subsidiaritätsgrundsatz[3] oder aber den Ultima-ratio-Grundsatz[4] vollzogen. Der Subsidiaritätsgrundsatz beschränke sich nicht einzig auf neben dem Strafrecht zur Verfügung stehende anderweitige staatliche Mittel, sondern erstrecke sich auch auf die Selbstschutzmöglichkeiten des Opfers.[5] Insoweit sei es konsequent, dem Opfer den Schutz seiner Rechtsgüter abzuverlangen, sofern dies auf weniger einschneidendere Weise als über den Einsatz des Strafrechts möglich sei.[6] Eine Strafbarkeit des Täters sei als ultima ratio dann nicht angezeigt, wenn dieser weder strafwürdig noch strafbedürftig sei, weil das Opfer weder schutzwürdig noch schutzbedürftig sei[7] und es daher eines strafrechtlichen Schutzes auch nicht bedürfe. Im Zentrum dieser Überlegungen steht dabei der Gedanke zumutbaren Selbstschutzes.[8] In diesem Zusammenhang wird

---

[1] Vgl. *Kindhäuser,* ZStW 103 (1991), 398 (403, dort Fn. 14).

[2] Vgl. *W. Hassemer,* in: FS Klug, S. 217 (223).

[3] Vgl. *R. Hassemer,* Schutzbedürftigkeit des Opfers und Strafrechtsdogmatik, S. 19 ff.; *Amelung,* GA 1977, 1 (6); *Kurth,* Das Mitverschulden des Opfers beim Betrug, S. 179; *Fiedler,* Fremdgefährdung, S. 130.

[4] Vgl. *Schünemann,* in: FS Faller, S. 357 (362, 366); *ders.,* NStZ 1986, 439 (439); *Fiedler,* Fremdgefährdung, S. 127, 142 f.

[5] Vgl. *W. Hassemer,* in: FS Klug, S. 217 (223).

[6] Vgl. *Amelung,* GA 1977, 1 (6).

[7] Vgl. *Schünemann,* in: FS Faller, S. 357 (362).

[8] Vgl. *Eick,* Die Berücksichtigung des Opferverhaltens beim Betrug, S. 165; *Mühlbauer,* NStZ 2003, 650 (652); *Pérez-Manzano,* in: Schünemann/Suárez González, Madrid-Symposium für Klaus Tiedemann, S. 213 (224); *Ellmer,* Betrug und Opfermitver-

etwa auch im Rahmen der Anlageberatung zu strukturierten Derivaten im Zivilrecht ein Mitverschulden anerkannt, sofern der Anleger das ihm überreichte Informationsmaterial nicht liest.[9] Das vorstehende Verständnis erforderlichen strafrechtlichen Schutzes zugrunde gelegt, vermag es daher auch nicht verwundern, dass insbesondere beim Abschluss von Risikogeschäften die Position des Opfers einer kritischen Prüfung unterzogen wird.[10]

Eine nähere Betrachtung offenbart jedoch, dass die Viktimodogmatik weniger die „Einheit von Täter und Opfer" zum Anknüpfungstatbestand strafrechtlicher Verantwortung heranzieht, als vielmehr ausschließlich eine Opferperspektive einnimmt.[11] Die Frage nach einer erforderlichen Verhaltenssteuerung des Täters kann jedoch ebenso wenig von einer durch das Opfer ungenutzten Ergreifung selbstschützender Maßnahmen abhängen wie von den Auswirkungen außerstrafrechtlicher Regularien auf die Rechtsgesamtheit.[12] Es ist nicht einzusehen, wieso die – unter Umständen gar bloß fahrlässige – Außerachtlassung von Selbstschutzmaßnahmen das Handlungsunrecht des Täters insgesamt beseitigen soll.[13] Das Strafrecht würde in der Folge insbesondere den wachsamen Rechtsgutsträger schützen, gleichsam zum „ius vigilantibus scriptum"[14] werden ohne, dass sich die besondere Schutzbedürftigkeit gerade dieser Rechtsgutsträger im Einzelnen begründen ließe. Insbesondere darf auch das leichtgläubige Opfer nicht aus dem Schutzbereich der Betrugsnorm ausgenommen werden.[15] Zudem bleibt letztlich offen, wann (normativ) eine Strafwürdigkeit bzw. Strafbedürftigkeit vorliegen soll. Beide Begriffe sind offen und ausfüllungsbedürftig. Ebenfalls kommt eine opferbezogene Perspektive nicht ohne einzelfallbezogene Wertungen aus, suchte sie die (faktischen) Selbstschutzmöglichkeiten zu benennen, die das Opfer ergreifen muss, möchte es seines strafrechtlichen Schutzes nicht verlustig gehen. Entscheidend muss daher stets eine Perspektive sein, die das konkrete Verhalten des Täters in den Blick nimmt.[16] Sofern jedoch die Berücksichtigung eines Opfermit-

---

antwortung, S. 245 f.; *Schünemann*, NStZ 1986, 439 (439); *Kurth, Das Mitverschulden des Opfers beim Betrug*, S. 179; *Esser*, in: FS Krey, S. 81 (99).

[9] Vgl. etwa *OLG Bamberg*, BKR 2009, 288 (302).

[10] So etwa bei *Kurth, Das Mitverschulden des Opfers beim Betrug*, S. 183 ff.

[11] So im Ergebnis auch *Eschweiler*, Selbstgefährdung, S. 123.

[12] Vgl. zu letzterem Aspekt bereits obige Ausführungen im Zweiten Kapitel, B. II. 4. a) aa), S. 122 f.

[13] So auch *K. Kühl*, in: FS Spendel, S. 75 (96).

[14] *Dölling*, GA 1984, 71 (82).

[15] Vgl. *BGHSt* 2, 325 (326) (*Deputatkohle-Fall*), s. a. *BGHSt* 34, 199 (201 f.) (*Haarverdicker*); *BGH*, NJW 2003, 1198 (1198 f.); *Tiedemann*, in: LK-StGB, Vor § 263 Rn. 38 f.; *Maurach/Schröder/Maiwald*, Strafrecht BT 1, § 41 Rn. 61; *Loos/Krack*, JuS 1995, 204 (207 f.); *Otto*, Die einzelnen Delikte, § 51 Rn. 23; *Hoyer*, in: SK-StGB, § 263 Rn. 22; gleiches habe für ein nachlässiges Opfer zu gelten, vgl. etwa *Erb*, ZIS 2011, 368 (372).

[16] So auch *Eschweiler*, Selbstgefährdung, S. 123; *Ensthaler*, Einwilligung und Rechtsgutspreisgabe beim fahrlässigen Delikt, S. 106; *Mayer*, Strafrechtliche Produktverant-

verschuldens auf Tatbestandsebene gänzlich abgelehnt[17] und ein Rückgriff allenfalls auf der Ebene der Strafzumessung für möglich gehalten wird[18], vermag dies in seiner Absolutheit ebenfalls nicht zu überzeugen.[19] Soweit das Strafrecht als dem Rechtsgüterschutz dienend betrachtet wird, impliziert dies, dass Täter und Opfer auch im Strafrecht nicht getrennt voneinander in den Blick genommen werden können. Rechtsgüterschutz bedeutet daher immer auch Opferschutz. Eine vorschnelle Ablehnung jeglicher Opferberücksichtigung durch die überwiegenden Literaturvertreter sowie die Rechtsprechung erscheint zudem bereits vor dem Hintergrund nicht gerechtfertigt, dass auch der Begriff der Verkehrsanschauung sich hinsichtlich des anzulegenden Sorgfaltsmaßstabs an einem durchschnittlichen Opfer orientiert[20], gleichwohl hier mit einem generalisierenden Maßstab nicht das individuelle Opfer in die Betrachtung einbezogen wird.[21]

Überzeugen kann daher letztlich nur die Ausarbeitung eines normativen Gesamtkonzeptes, welches die strafrechtliche Verantwortung des Täters losgelöst von wertungsgeladenen Begriffen bestimmt und dadurch einer ausschließlich einzelfallorientierten Kasuistik vorbeugt. Dies hat jedoch nicht zur Folge, dass eine Berücksichtigung des Opfers auf Tatbestandsebene gänzlich ausgeschlossen ist. Allerdings entbehrt es jedweder dogmatischen Begründbarkeit, an das Opfer in strafrechtlicher Hinsicht einen strengeren Maßstab anzulegen, als an den Handelnden.[22] Unabdingbare Voraussetzung muss daher sein, dass sich das Verhalten des Opfers auch unmittelbar im Handlungsunrecht des Täters manifestiert.[23] Nur so lässt es sich strafrechtsdogmatisch verorten.

B. Abgrenzung der Verantwortungsbereiche als Rahmenkonzept

Sofern es ausweislich obiger Ausführungen im Kern um die Zuweisung von Verantwortung des Täters einerseits und des Opfers andererseits geht, könnte

---

wortung bei Arzneimittelschäden, S. 381; dem Grunde nach ebenfalls *Kratzsch,* in: FS Oehler, S. 65 (72).

[17] Vgl. etwa *Achenbach,* JURA 1984, 602 (603); *Otto,* JZ 1993, 652 (654); *Erb,* ZIS 2011, 372 ff.

[18] Vgl. etwa *LG Gera,* NStZ-RR 1996, 167 (167); *Hillenkamp,* Vorsatztat und Opferverhalten, S. 211 ff.; *Frank/Leu,* StraFo 2014, 198 ff.; *Stuckenberg,* ZStW 118 (2006), 878 (896 f.); kritisch dazu *Schünemann,* in: FS Faller, S. 357 (371).

[19] Gegen eine gänzliche Verlagerung auf die Ebene der Strafzumessung auch *Arzt,* MSchrKrim 1984, 105 (109).

[20] Vgl. *T. Schwarz,* Die Mitverantwortung des Opfers beim Betrug, S. 134.

[21] Vgl. *Vergho,* Der Maßstab der Verbrauchererwartung im Verbraucherschutzstrafrecht, S. 152.

[22] So auch *Puppe,* ZIS 2007, 247 (250).

[23] So auch *H.-L. Günther,* in: FS Lenckner, S. 69 (779), der bildlich davon spricht, es handele sich um „zwei komplementäre Seiten derselben Medaille."

sich die Rezeption der Lehre von der objektiven Zurechnung für die Bestimmung täuschungsrelevanten Verhaltens als tauglich erweisen. Die jüngere Lehre will die tatbestandliche Täuschung beim Betrug unter Rückgriff auf die Abgrenzung der Zuständigkeits- und Verantwortungsbereiche von Täter und Opfer bestimmen.[24] Dieser Ansatz ist indes keine Neuschöpfung der Betrugsdogmatik, sondern vielmehr auch leitender Gedanke der objektiven Zurechnung.[25] Die Lehre von der objektiven Zurechnung nimmt eine Konkretisierung tatbestandlichen Verhaltens vor, indem sie danach fragt, inwieweit sich eine vom Täter geschaffene rechtlich missbilligte Gefahr auch im tatbestandlichen Erfolg realisiert hat.[26] Der auf diese Weise durchführbaren Abgrenzung der Risikosphären kommt dabei eine haftungsbegrenzende Funktion zu, da sie nicht jegliches kausales Handeln als strafrechtlich zu pönalisierendes Unrecht qualifiziert.[27] Eine Berechtigung, dieses Prinzip auch für die Auslegung der betrugsstrafrechtlichen Täuschung heranzuziehen, ließe sich begründen, sofern sich gerade die Immanenz dieses Risikorealisierungszusammenhangs im Täuschungsmerkmal belegen ließe.

Eine entsprechende Untersuchung setzt dabei am gängigen Verständnis betrugsstrafrechtlicher Täuschungen an. In diesem Sinne wird eine Täuschung üblicherweise beschrieben als „ein zur Irreführung bestimmtes und damit der Einwirkung auf die Vorstellung eines anderen dienendes Gesamtverhalten."[28] Das Element des Einwirkens wird damit als für die Täuschung wesentlich angesehen. Mit dem Erfordernis des Einwirkens findet jedoch der Ursache-Wirkungs-Zusammenhang bereits Eingang in das Täuschungsmerkmal selbst. Das vom Täter gesetzte Risiko muss sich gerade in der Vorstellung des Getäuschten niederschlagen. Ansonsten läge nach herrschendem Verständnis bereits begrifflich keine Täuschung vor. Damit ist der Rückgriff auf eine Abgrenzung nach Zuständigkeits- und Verantwortungsbereichen als zentrales Prinzip der objektiven Zurechnung durch die Verortung des Realisierungszusammenhangs bereits im Täuschungsmerkmal grundsätzlich legitimierbar.

Allerdings hat die Lehre von der objektiven Zurechnung nicht nur als objektive Tatbestandsbeschränkung insgesamt[29], sondern speziell mit Blick auf die Über-

---

[24] So etwa *Krack,* JZ 2002, 613 (614); *Wittig,* Das tatbestandsmäßige Verhalten des Betrugs, S. 379 ff.; *Kubiciel,* HRRS 2015, 382 (385).

[25] Vgl. *Rengier,* Strafrecht AT, § 13 Rn. 48.

[26] So die allgemeine Grundformel, vgl. etwa *Rengier,* Strafrecht AT, § 13 Rn. 46; *Protzen,* wistra 2003, 208 (210); *Rönnau/Faust/Fehling,* JuS 2004, 113 (115); *Roxin,* Strafrecht AT I, § 11 Rn. 47; *Schünemann,* GA 1999, 207 (212).

[27] Vgl. *Jakobs,* Strafrecht AT, 7. Abschn. Rn. 29 ff.

[28] *K. Kühl,* in: LK-StGB, § 263 Rn. 6; s.a. *BGHSt* 47, 1 (3); *Perron,* in: Schönke/Schröder, StGB, § 263 Rn. 11; *Beukelmann,* in: BeckOK-StGB, § 263 Rn. 9 [online, Stand: 01.02.2018]; *Duttge,* in: HK-GS, § 263 Rn. 8; *Heger/Petsche,* in: Leitner/Rosenau, Wirtschafts- und Steuerstrafrecht, § 263 Rn. 21; *Tiedemann,* in: LK-StGB, § 263 Rn. 4.

tragung ihrer Erkenntnisse in den Täuschungsbegriff, auch Kritik erfahren. Insoweit wird etwa angeführt, die Struktur des Betrugstatbestandes ähnele derjenigen der mittelbaren Täterschaft und vertype über die Wissensherrschaft des Handelnden gerade einen Fall der objektiven Zurechnung unter Abgrenzung der Verantwortungsbereiche von Täter und Opfer.[30] Ein alleinige Rückzug auf diese Betrachtung übersieht jedoch, dass Feststellungen bezogen auf die Wissensherrschaft einzig die Frage der Tatherrschaft betreffen und noch keine Aussage dahingehend zulassen, inwieweit das kraft überlegenen Wissens gesetzte Risiko auch normativ zurechenbar ist. Im Übrigen setzt auch eine Beschreibung des Betrugstatbestandes als vertypte mittelbare Täterschaft die Immanenz eines Risikoverwirklichungszusammenhangs im Täuschungsmerkmal voraus, weshalb sich auch hier die Notwendigkeit einer normativen Begründung von Verantwortlichkeit über einen Rückgriff auf die Lehre von der objektiven Zurechnung argumentieren lässt.

Eine Abgrenzung der Verantwortungsbereiche von Täter und Opfer stellt somit ein taugliches Rahmenkonzept für die Konturierung des Täuschungsbegriffs dar. Unentbehrlich ist jedoch die Ausarbeitung eines präzisen normativen Kriteriums, welches es ermöglicht, strafrechtlich relevante Täuschungen zu extrahieren. In diesem Zusammenhang werden im nunmehr folgenden Abschnitt einige Ansätze auf ihre Tauglichkeit hinsichtlich dieses Konkretisierungsauftrages untersucht.

C. Einzelne Ansätze

Eine Übertragung der Erkenntnisse aus der objektiven Zurechnungslehre auf die Auslegung des Täuschungsgriffs wird in der strafrechtlichen Literatur in unterschiedlichen Ansätzen vertreten.[31] Die Konturierung des Täuschungsbegriffs sucht man in diesem Zusammenhang insbesondere unter Rückgriff auf bereits etablierte dogmatische Strukturen, den Topos des Vertrauens oder aber einen näher auszugestaltenden Abwägungsvorgang zu erreichen. Im Zuge der nachstehenden Ausführungen werden diese Ansätze einer kritischen Untersuchung unterzogen. Unter Berücksichtigung der bereits gewonnenen Erkenntnisse werden sie hinsichtlich ihrer Tauglichkeit zur Bestimmung täuschungsrelevanten Verhaltens insgesamt, insbesondere jedoch auch im Zusammenhang mit derivativen Finanzinstrumenten, bewertet.

---

[29] Vgl. etwa *H. J. Hirsch,* in: FS Uni Köln, S. 399 (404 ff.); *Struensee,* GA 1987, 97 (97 ff.); *Küpper,* Grenzen der normativierenden Strafrechtsdogmatik, S. 91 ff.

[30] Mit dieser Kritik etwa *Protzen,* wistra 2003, 208 (211).

[31] Vgl. etwa *Pawlik,* Das unerlaubte Verhalten beim Betrug, S. 4, 65 ff.; unter Rückgriff auf den Schutzzweckgedanken etwa *Mitsch,* Strafrecht BT 2, S. 274; s. a. *Gaede,* in: FS Roxin 2011, S. 967 (980 f.); *Vogel,* in: GS Keller, S. 313 (322 ff.): „Verletzung kommunikativer Verkehrssicherungspflichten"; *Merz,* Bewusste Selbstschädigung, S. 193 f.

I. Die Konzeption von Frisch

Frisch mahnt eine Überfrachtung der Lehre von der objektiven Zurechnung an und plädiert für eine Auslagerung einzelner Aspekte in die Diskussion um eine eigenständige Kategorie des tatbestandsmäßigen Verhaltens. Der Lehre von der objektiven Zurechnung sollen danach im Wesentlichen die Kriterien des Kausalzusammenhangs und des Realisierungszusammenhangs verbleiben.[32] Leitendes Element der Konzeption von Frisch ist der Begriff der missbilligten Gefahrschaffung, der, als dem tatbestandsmäßigen Verhalten zugeordnet, im Sinne auch der soeben herausgestellten Immanenz des Risikorealisierungszusammenhangs im Täuschungsmerkmal verankert und so der Frage nach der schlussendlichen Zurechnung von Erfolg und Handlungsunrecht vorgelagert ist.[33]

1. Konkludente Täuschung als Ausdruck berechtigten Vertrauen-Dürfens

Um den als Ausgangspunkt weiterer Überlegungen identifizierten Begriff der missbilligten Gefahrschaffung mit Inhalt zu füllen, rekurriert Frisch auf das Verfassungsrecht und die sich daraus ergebende Notwendigkeit einer hinreichenden Legitimation solcher die Handlungsfreiheit beschränkender Verbote. Der mit dem Handlungsverbot verfolgte Zweck ergebe sich dabei aus dem Güterschutz als solchem, wobei das Verbot gemessen am Güterschutz auch geeignet, erforderlich und angemessen sein müsse.[34] Die in der Folge vorzunehmende Abwägung des Handlungsinteresses auf der einen mit dem Gütererhaltungsinteresse bzw. dem Entfaltungsinteresse auf der anderen Seite, bildet dabei nach Frisch's Konzeption letztendlich das Instrumentarium zur Abgrenzung der Verantwortungsbereiche von Täter und Opfer.[35]

Eine Parallele sieht Frisch zwischen dem Betrugstatbestand und solchen Verhaltensweisen, die fremde Selbstgefährdungen oder Selbstschädigungen ermöglichen oder fördern.[36] Mit Blick auf das tatbestandsmäßige Verhalten müsse unter Berücksichtigung der Gefahr einer unangemessenen Freiheitsbeschränkung ein grundsätzlich weites Verständnis von Eigenverantwortlichkeit leitend sein, denn neben der Handlungsfreiheit des Täters sei auch die Entfaltungsfreiheit des

---

[32] Vgl. *Frisch,* Tatbestandsmäßiges Verhalten, S. 31 ff.

[33] Vgl. *Frisch,* Tatbestandsmäßiges Verhalten, S. 59; neben dem Kriterium der missbilligten Gefahrschaffung gleichsam ausgelagert sieht Frisch diejenigen Fallkonstellationen, die allgemein unter die Fallgruppen „Risikozusammenhang" sowie „Schutzzweck der Norm" subsummiert werden, vgl. *Frisch,* Tatbestandsmäßiges Verhalten, S. 62 ff.

[34] Vgl. *Frisch,* Tatbestandsmäßiges Verhalten, S. 70 f.

[35] Vgl. *Frisch,* Tatbestandsmäßiges Verhalten, S. 76.

[36] Vgl. *Frisch,* Tatbestandsmäßiges Verhalten, S. 163.

Opfers berührt.[37] Damit trifft Frisch für diese Sachverhalte eine grundsätzliche Entscheidung für die Freiheit, die hier gleichsam in zweifacher Gestalt, sowohl auf Seiten des Täters als auch auf Seiten des Opfers, prägt. Übertragen auf den Tatbestand des § 263 StGB bedeute dies, dass die Handlungsfreiheit nicht bei jedem Verhalten, das als unmoralisch und vertrauensentsetzend bezeichnet werden könne, zurückstehen dürfe.[38] Der eigenverantwortliche Bereich selbstschädigender Handlungen sei für den Fall konkludenten Täuschens nach Frisch jedoch dann verlassen, wenn der Verfügende über bedeutungshaltige Sachverhalte getäuscht werde, in deren Vorliegen oder Nichtvorliegen der Verfügende kraft der der Verhaltensweise anhaftenden „gesellschaftlichen Realität" vertrauen durfte.[39] Frisch konkretisiert den Abwägungsvorgang und insbesondere auch die Frage nach dem eigenverantwortlichen Handeln somit unter Rückgriff auf das Kriterium der Bedeutungshaltigkeit bzw. des Vertrauen-Dürfens und knüpft daher schlussendlich an leitende gesellschaftliche Erfahrungswerte an. Bestimmte Verhaltensweisen, und damit auch rechtsgeschäftliche Willenserklärungen, prägen danach Interaktion mit, indem sie ihr einen bedeutsamen Erklärungsinhalt zuweisen. Frisch unterscheidet dabei einzelne Konstellationen des so berechtigten Vertrauen-Dürfens. So könne der Täter seine eigene Handlungsfreiheit beschneiden, indem er sich gegenüber anderen verpflichtet, spezielle Verhaltensweisen nur bei Vorliegen bestimmter Umstände vorzunehmen und sich damit für den gegenständlichen Bereich selbst bindet.[40] Bedeutungshaltig seien darüber hinaus diejenigen Umstände, die mit Blick auf den konkreten Geschäftstypus als „offensichtliche" bzw. „primärrechtlich fundierte" Erwartungen zu bezeichnen seien.[41] Dies sei insbesondere dann der Fall, wenn der betroffene Umstand gerade in den durch das Primärrecht näher umrissenen Leistungsbereich falle und damit vom anderen kraft primärrechtlicher Verpflichtung zu erfüllen sei.[42]

2. Bewertung einer als Abwägung verstandenen Modellierung des Risikoverwirklichungszusammenhangs

Der Ansatz von Frisch ist im Kern durch ein Abwägungselement gekennzeichnet. Überzeugend ist in diesem Zusammenhang zunächst die Konkretisierung des von Frisch als missbilligte Gefahrschaffung bezeichneten Risikoverwirklichungszusammenhangs über die Handlungsfreiheit einerseits und das Gütererhaltungsinteresse andererseits. Die Hinzunahme inhaltlicher Rahmenkriterien ermöglicht einen ersten Systematisierungsgewinn hinsichtlich einer Abgrenzung der Ver-

---

[37] Vgl. *Frisch,* Tatbestandsmäßiges Verhalten, S. 152 f.
[38] Vgl. *Frisch,* in: FS Herzberg, S. 729 (738 f.).
[39] Vgl. *Frisch,* in: FS Jakobs, S. 97 (120 f.).
[40] Vgl. *Frisch,* in: FS Jakobs, S. 97 (103).
[41] Vgl. *Frisch,* in: FS Jakobs, S. 97 (104 f.).
[42] Vgl. *Frisch,* in: FS Jakobs, S. 97 (105).

antwortungsbereiche von Vermögensinhaber und intervenierendem Dritten. Der Ansatz vermag auch in weiterer Hinsicht zu überzeugen. Mit dem Gütererhaltungsinteresse wird das hiesige Strafrechtsverständnis als dem Rechtsgüterschutz dienend in den täuschungsimmanenten Risikoverwirklichungszusammenhang implementiert. Insbesondere ist die Konzeption auch im Grundsatz konsistent: Im Falle der Täuschung nimmt der Täter die eigenverantwortliche Gestaltung der rechtsgeschäftlichen Beziehung in die Hand. Die großzügige Inanspruchnahme eigener Handlungsfreiheit und das damit einhergehende Einschreiten in den Bereich fremder Vermögensverantwortung bürdet dem Täter jedoch zugleich auch die Verantwortung für eben diesen Bereich in Anspruch genommener fremder Verantwortung auf. Das eigenmächtige Eintreten in den fremden Verantwortungsbereich führt somit gerade dazu, dass der Täter in diesem Maße für den Schutz des fremden Rechtsgutes verantwortlich ist. Der Rechtsgüterschutz unterliegt dann nicht mehr der ursprünglichen Eigenverantwortung des Opfers, sondern wird fremdverantwortet durch den Täter. Allerdings lassen sich über diese Aussage lediglich die Grundsätze einer Übertragung strafrechtlicher Verantwortung modellieren, nicht jedoch das strafrechtsrelevante Verhalten als solches bezeichnen. Wenig überzeugend ist hingegen, diesen Konkretisierungsvorgang über eine Abgrenzung der Verantwortungsbereiche als Abwägungsvorgang zu verfolgen.[43] An dieser Stelle ist zu postulieren, dass eine Abwägung nur dann präzise durchführbar ist, wenn die abzuwägenden Komponenten hinreichend bestimmt sind.[44] Mangelt es diesen hingegen an Bestimmtheit, wird sich das Vorhaben des Vorwurfs ergebnisorientierter Vorgehensweise nicht erwehren können. Der Abwägungsvorgang steht zudem vor der Herausforderung einer spezifischen Gewichtung der beteiligten Faktoren. Die Hinzunahme beliebiger Faktoren würde an dieser Stelle ebenfalls einer ergebnisorientierten Prüfung Tür und Tor öffnen und hätte eine allgemeine Interessenabwägung zur Folge, die mit dem Bestimmtheitserfordernis des Art. 103 Abs. 2 GG nicht vereinbar wäre. Damit wird auch deutlich, dass das Ziel einer Konturierung des täuschungsimmanenten Risikoverwirklichungszusammenhangs nicht als Abwägung im traditionellen Sinne verstanden werden darf, sondern über die Bildung und Anwendung eines möglichst präzisen normativen Kriteriums zu erfolgen hat.[45] Damit dürfen Rechtsgüterschutz und Handlungsfreiheit zwar notwendigerweise nicht losgelöst voneinander betrachtet werden. Auch lässt sich aus vorstehender Kritik nicht folgern, dass die Verantwortungsbereiche von Täter und Opfer starren Grenzen unterliegen. Allerdings ist nicht an ein Verständnis von Gütererhaltungsinteresse und Handlungsfreiheit als sich konträr gegenüberstehende Interessen anzuknüpfen, die es gegeneinander

---

[43] Für eine Bestimmung strafrechtlichen Verhalten über eine Abwägung von Schutz und Freiheitsinteressen spricht sich auch Roxin aus, vgl. *ders.*, ZStW 116 (2004), 929 (932).

[44] S.a. *Hefendehl*, JA 2011, 401 (404).

[45] So im Ergebnis auch *Derksen*, Handeln auf eigene Gefahr, S. 80 f.

abzuwägen gilt. Entscheidend ist vielmehr die Bestimmung der in Anspruch genommenen Handlungsfreiheit und deren Zuordnung zu der Risikosphäre einer der Kommunikationsteilnehmer. Für diese Betrachtung lässt sich überdies anführen, dass Gütererhaltungsinteresse und Handlungsfreiheit auch im Zivilrecht als Kernelemente des Rechtsgüterschutzes bezeichnet werden können. Der Umfang des Rechtsgüterschutzes hängt sowohl in zivilrechtlicher als auch in strafrechtlicher Hinsicht davon ab, wann die eigene Handlungsfreiheit in einem Maße in Anspruch genommen wird, in dem eigenverantwortlich in die Risikosphäre eines Anderen eingegriffen wird. Mit dem Kriterium des Vertrauen-Dürfens versucht daher letztlich auch Frisch diesem Konkretisierungspostulat zur Geltung zu verhelfen. Im Folgenden bedarf es daher einer Untersuchung, inwieweit das Kriterium des Vertrauen-Dürfens als normatives Kriterium überzeugt und geeignet ist, die Verantwortungsbereiche abzugrenzen, um auf diese Weise den Risikoverwirklichungszusammenhang näher auszugestalten.

3. Kritische Auseinandersetzung mit dem Kriterium des Vertrauen-Dürfens

Der Vertrauensgrundsatz wird als Bestandteil der objektiven Zurechnung in der rechtswissenschaftlichen Literatur diskutiert.[46] Neben Frisch bemühen auch andere Autoren das Vertrauenskriterium, um täuschungsrelevantes Verhalten näher zu bestimmen.[47] Frisch bestätigt, wie von ihm selbst bemerkt, im Wesentlichen die Rechtsprechung und liefert einen diesbezüglichen Begründungsansatz. Dass beide Ansätze zum selben Ergebnis führen, darf jedoch nicht vorschnell zu dem Schluss verleiten, dass ein Erkenntnisgewinn von vornherein ausgeschlossen ist.[48] Dies ist vielmehr erst dann der Fall, wenn feststeht, dass das Vertrauenskriterium letztlich auf dieselben (unbestimmten) Maßstäbe wie der Begriff der Verkehrsauffassung rekurriert.

In diesem Sinne gilt es daher zu untersuchen, inwieweit der Vertrauensbegriff rechtsnormativ ausgefüllt werden kann. Vertrauen lässt sich zunächst umschreiben als der verlässliche Glaube an für wahr gehaltene Umstände. Vertrauen verhilft auf diese Weise dem Bestreben nach einer Verringerung vorhandener Komplexität[49] zukunftsbezogener Erwartungen zur Geltung.[50] In dieser Funktion wird dem Vertrauenselement daher insbesondere auch im Zusammenhang mit der

---

[46] Unter ausdrücklicher Berücksichtigung auch einer „kognitiven Seite" etwa *Pizarro*, Das erlaubte Vertrauen im Strafrecht, S. 208 ff.

[47] Vgl. *Heger/Petzsche*, in: Leitner/Rosenau, § 263 Rn. 42: „erkennbar fehlendes Vertrauen"; *Hennings*, Teleologische Reduktion des Betrugstatbestandes, S. 186 ff.; *Ellmer*, Betrug und Opfermitverantwortung, S. 271 ff.; *Kühne*, Geschäftstüchtigkeit oder Betrug?, S. 80 ff.

[48] So aber *Heim*, Die Vereinbarkeit der deutschen Betrugsstrafbarkeit, S. 122 f.

[49] Vgl. *Luhmann*, Vertrauen, S. 1.

[50] Vgl. *Mülbert/Sajnovits*, ZfPW 2016, 1 (5).

Komplexität des Finanzmarktgeschehens Bedeutung beigemessen.[51] Obwohl das Vertrauenskriterium mittlerweile als „fundamentales Prinzip"[52] der Rechtsordnung anerkannt ist, bestehen hinsichtlich seiner Bemühung für die Auslegung des Täuschungsbegriffs erhebliche Bedenken. Problematisch ist zunächst die generalisierende Wirkung von Vertrauen. Vertrauen führt regelmäßig zu einer Ausweitung von Erwartungen, indem Erfahrungswerte auf vergleichbare Fallkonstellationen übertragen werden.[53] Dies lässt den Begriff zwangsläufig konturenlos werden. Zwar kann dem Vertrauensbegriff auch ein mit Blick auf das Täuschungsmerkmal intersubjektives Verständnis zugrunde gelegt werden. Sucht man den Vertrauensbegriff zu konturieren, führt die grundsätzliche Entscheidung für einen normativen Ausgangspunkt jedoch dazu, dass sich die Untersuchung des konkreten Falls nicht mit der Auslegung der Erklärung begnügen darf. Entscheidend kann danach nur ein normativ geprägtes Vertrauen sein.[54] So orientieren sich dann auch die Fallgruppen von Frisch, ebenso wie der Maßstab der Verkehrsanschauung, in hohem Maße an primärrechtlichen Vorgaben. Damit ist in beiden Fällen die durch das Primärrecht gezeichnete Geschäftsrisikoverteilung letztlich auch maßgebend für den Erklärungsinhalt der konkludenten Täuschung. Ähnlich und zutreffend argumentiert schließlich auch Frisch, indem er den Vertrauensgrundsatz letztlich als „psychologisierende Umschreibung des Ergebnisses der entscheidenden normativen Überlegungen"[55] zu beschreiben sucht. Mittels Vertrauen lassen sich auf diese Weise zwar Momente der Unsicherheit überwinden[56] und damit zugleich komplexe soziale Gegebenheiten ordnen.[57] Über die Funktion des Vertrauens lassen sich jedoch die dogmatischen Voraussetzungen seiner Inanspruchnahme selbst nicht begründen. Dies hat unabhängig davon zu gelten, wie das Verhältnis von Vertrauen und Recht zu beurteilen ist. Sofern das Recht als konstitutiv für die Entstehung von Vertrauen angesehen wird, führt der Begriff des Vertrauens allein aufgrund seiner nach hiesigem Ansatz notwendig normativen Anknüpfung nicht weiter. Vielmehr wäre er schlicht überflüssig, ließe sich die Schutzbedürftigkeit bereits über die zivilrechtliche Risikoentscheidung selbst ermitteln. Sofern Vertrauen und Recht schließlich als zwei sich ergänzende Institute verstanden werden[58], bleibt unklar, wo der eine Bereich be-

---

[51] Vgl. etwa *Guiso/Sapienza/Zingales,* The Journal of Finance 63 (2008), 2557 ff.; *Mülbert/Sajnovits,* ZfPW 2016, 1 (23).

[52] *Mülbert/Sajnovits,* ZfPW 2016, 1 (4 f.).

[53] Vgl. *Luhmann,* Vertrauen, S. 31.

[54] S. a. *Mülbert/Sajnovits,* ZfPW 2016, 1 (22): „Wertungsentscheidungen der Rechtsordnung"; *ders./Steup,* WM 2005, 1633 (1639): „normkonformes Emittentenverhalten".

[55] *Frisch,* Tatbestandsmäßiges Verhalten, S. 191.

[56] Vgl. *Beckemper,* ZIS 2011, 318 (319).

[57] Vgl. *Luhmann,* Vertrauen, S. 1.

[58] Vgl. etwa *Luhmann,* Das Recht der Gesellschaft, S. 131 f.; *Engel,* Vertrauen, S. 47, https://www.coll.mpg.de/pdf_dat/1999_12online.pdf [zuletzt aufgerufen: 05.07. 2018]; *Beckemper,* ZIS 2011, 318 (321).

ginnt, wo der andere endet und wo sich Überschneidungen beider Institutionen finden. Insoweit bliebe damit auch diese Deutungsvariante eine Antwort auf die Frage des eigentlichen Vertrauensgegenstandes schuldig.

Eine andere Betrachtung ergibt sich auch nicht aus einer Anknüpfung an gesellschaftliche Erfahrungswerte. Auch wenn eine entsprechende gesellschaftliche Anbindung im Ergebnis vor dem Hintergrund des hier befürworteten gesellschaftsbezogenen Schutzauftrags des Strafrechts zu begrüßen wäre, bliebe auch hier der Anknüpfungstatbestand unscharf. Wenig überzeugend sind an dieser Stelle daher auch die Versuche, dem Vertrauen durch Ergänzung vermeintlich bedeutungshaltiger Begriffe mehr Gewicht verleihen zu wollen. Wann etwa Vertrauen „erkennbar" fehlt[59], bedarf einer weitergehenden Wertung anhand im Einzelnen noch unbestimmter Kriterien und kann daher keinen Konkretisierungsgewinn liefern.

Über das Kriterium des Vertrauen-Dürfens lässt sich somit keine weitergehende Präzisierung der Verantwortungsbereiche, insbesondere auch des letztendlichen Umfangs einer Bindung des Strafrechts an das Unwerturteil des Zivilrechts, erreichen. Die Bedeutungshaltigkeit eines Umstandes, den Frisch unter Rückgriff auf das Kriterium des Vertrauen-Dürfens zu bestimmen sucht, geht letztlich inhaltlich nicht über das hinaus, was auch der Begriff der Verkehrsanschauung zu leisten imstande ist. Der Begriff des Vertrauens ist damit ebenfalls inhaltsleer, da er ohne eine weitergehende inhaltliche Ausfüllung nicht auskommt.[60]

II. Das „Recht auf Wahrheit"

Als für die Täuschung konstitutiv könnte sich jedoch ein näher auszugestaltendes „Recht auf Wahrheit" erweisen. Bereits an dieser Stelle zeigt sich jedoch, dass dieser Ansatz zwingend zur Folge hat, dass die Grenze zwischen Tun und Unterlassen verschwimmt, da es in diesem Fall entscheidend nur auf die Verletzung von Wahrheitspflichten ankommt.

1. Der Ansatz von Kindhäuser

Kindhäuser knüpft die Verantwortlichkeit des Täters für ein betrugsrelevantes Eingreifen in den Handlungsspielraum des Opfers an die Verletzung eines dem Opfer zustehenden Wahrheitsanspruchs.[61] Im Grundsatz gebe es jedoch weder

---

[59] So etwa *Heger/Petzsche,* in: Leitner/Rosenau, Wirtschafts- und Steuerstrafrecht, § 263 Rn. 42.

[60] So im Ergebnis auch *Pawlik,* Das unerlaubte Verhalten beim Betrug, S. 140: „Ergebnis eines Bewertungsvorgangs"; *Mayer-Lux,* Die konkludente Täuschung beim Betrug, S. 166 (dort Fn. 1078); *Vogel,* in: GS Keller, S. 313 (317).

[61] Vgl. *Kindhäuser,* ZStW 103 (1991), 398 (402); *ders.,* in: FS Bemmann, S. 339 (354).

ein absolutes noch ein grundloses Recht auf Wahrheit.[62] Anders als noch in einem früheren Beitrag[63] leitet Kindhäuser die Verletzung des Wahrheitsanspruchs nicht mehr aus dem Eingriff in die Dispositionsfreiheit des Opfers her, die er als für den Betrug charakteristische Rechtsgutsverletzung beschrieb und die er als das Täuschungsmerkmal mitprägend bezeichnete. Die grundsätzliche Entscheidung zugunsten einer Deutung des Betrugs als mittelbare Täterschaft habe vielmehr zur Folge, dass nur solches Verhalten täuschungsrelevant sein könne, das geeignet sei, eine mittelbare Täterschaft des Täuschenden zu begründen.[64] Die nähere Ausgestaltung der Wahrheitspflichten habe sich sodann am Verantwortungsprinzip der objektiven Zurechnung zu orientieren.[65] Neben den ausdrücklich normierten heteronomen Wahrheitspflichten habe der Täter auch die so genannten autonomen Wahrheitspflichten zu erfüllen, die Kindhäuser als Kehrseite des durch den Täter in Anspruch genommenen Vertrauens bezeichnet und die gerade gegenüber dem Opfer bestehen müssen.[66]

Hinsichtlich der Bestimmung des Erklärungsinhaltes einer konkludenten Täuschung knüpft Kindhäuser sodann an den Charakter des Betruges als Kommunikationsdelikt an und fragt in diesem Zusammenhang nach einem „symbolisch vermittelten Erklärungsinhalt.“[67] Eine konkludente Täuschung liege danach vor, soweit es sich bei der fraglichen Erklärung um einen solchen Umstand handele, dessen Gegenteil „in einem logischen, empirischen oder normativen Widerspruch zum Inhalt des Erklärten“[68] stünde. Diese Deutung lässt sich letztlich mit der von Kindhäuser an anderer Stelle getroffenen Aussage erklären, die Erwartungen der Gesprächspartner richteten sich nach denjenigen kommunikativen Regeln, die Kommunikation überhaupt erst ermöglichen.[69] Der konkrete Erklärungsinhalt wird danach maßgeblich vom Kontext der Interaktion und den damit zusammenhängenden Erwartungen der Kommunikationspartner geprägt.[70] Damit legt Kindhäuser die grundlegenden Regeln der Auslegung zugrunde, nach Maßgabe derer der Empfängerhorizont und insbesondere die das kommunikative Umfeld prägenden Verkehrssitten und Konventionen für den normativen Inhalt einer Erklärung bestimmend sind.[71] Der Konzeption von Kindhäuser kann somit die grundsätzliche Aussage entnommen werden, dass sich Teilnehmer am Rechtsverkehr nicht

---

[62] Vgl. *Kindhäuser,* ZStW 103 (1991), 398 (403 f.).

[63] Vgl. *Kindhäuser,* ZStW 103 (1991), 398 (399).

[64] Vgl. *Kindhäuser,* in: FS Bemmann, S. 339 (354).

[65] Vgl. *Kindhäuser,* in: FS Bemmann, S. 339 (354).

[66] Vgl. *Kindhäuser,* ZStW 103 (1991), 398 (404).

[67] *Kindhäuser,* in: FS Tiedemann, S. 579 (581).

[68] *Kindhäuser,* in: NK-StGB, § 263 Rn. 110.

[69] Vgl. *Kindhäuser,* in: FS Tiedemann, S. 579 (581).

[70] Vgl. *Kindhäuser,* in: FS Tiedemann, S. 579 (581, 584).

[71] Vgl. *Kindhäuser,* in: FS Tiedemann, S. 579 (583 f., 585).

grundlos widersprüchlich verhalten dürfen.[72] Insbesondere „überflüssige" Informationen, die notwendig sind, um das mit der Äußerung avisierte Vorhaben zu erreichen, haben in diesem Sinne als konkludent miterklärt zu gelten.[73] Allerdings können auch nach Kindhäuser die dem Vertrag zugrundeliegende Zuweisung des Irrtumsrisikos sowie besondere Schutzvorschriften im Einzelfall eine andere Betrachtung rechtfertigen.[74] Als konkludent miterklärt sollen jedoch insbesondere solche Tatsachen gelten, die der konkreten Geschäftsgrundlage zuzurechnen sind und damit von den Vertragspartnern zur Voraussetzung für den Abschluss des Vertrages erhoben wurden.[75] Gleiches habe für diejenigen Umstände zu gelten, die für den konkreten Vertragstyp kennzeichnend seien, wie etwa das spezifische Risiko beim Spielvertrag.[76] Letztendlich stellt damit auch Kindhäuser nicht auf die konkrete Vorstellung des Getäuschten ab, sondern rekurriert auf allgemein etablierte Erwartungen.

2. Der Ansatz von Pawlik

Auch Pawlik sucht die betrugsrelevante Täuschung über ein „Recht zur Wahrheit" zu konturieren. Seiner Konzeption liegt ebenfalls ein dogmatisches Verständnis zugrunde, welches in der Abgrenzung der Handlungsfreiheiten der an der Interaktion Beteiligten fußt.[77] Wissensaustausch im Zusammenhang mit der Abwicklung von Geschäften setzt nach Ansicht Pawliks notwendigerweise die Mitwirkung beider Kommunikationspartner voraus.[78] Erst die Garantie eines gewissen Umfangs „normativer Erwartungen" gewähre dem Einzelnen die Inanspruchnahme der eigenen vermögensbezogenen Handlungsfreiheit.[79] Die Interaktionspartner könnten dabei in einem gewissen Umfang auf die gegenseitige Mitwirkung am Wissensaustausch vertrauen.[80] Diesem Ansatz liegt somit ein sozialer Vertrauensbegriff zugrunde, der sich an der Kontinuität fortgesetzten Verhaltens orientiert und auf diese Weise in gewissem Umfang Selbstbindung erzeugt.[81] Pawlik stellt jedoch an dieser Stelle nicht auf den hier bereits verworfenen Topos des (schutzwürdigen) Vertrauens[82] ab, sondern gestaltet diesen wei-

---

[72] Vgl. *Kindhäuser,* in: FS Tiedemann, S. 579 (583, 585 f.).

[73] Vgl. *Kindhäuser,* in: FS Tiedemann, S. 579 (586).

[74] Vgl. *Kindhäuser,* in: FS Tiedemann, S. 579 (593).

[75] Vgl. *Kindhäuser,* in: NK-StGB, § 263 Rn. 132.

[76] Vgl. *Kindhäuser,* in: NK-StGB, § 263 Rn. 133.

[77] Vgl. *Pawlik,* Das unerlaubte Verhalten beim Betrug, S. 82.

[78] Vgl. *Pawlik,* Das unerlaubte Verhalten beim Betrug, S. 84.

[79] Vgl. *Pawlik,* Das unerlaubte Verhalten beim Betrug, S. 73.

[80] Vgl. *Pawlik,* Das unerlaubte Verhalten beim Betrug, S. 84.

[81] Vgl. *Pawlik,* Das unerlaubte Verhalten beim Betrug, S. 69 m.w.N., 129; *ders.,* StV 2003, 297 (299).

[82] Vgl. hierzu im Einzelnen oben Drittes Kapitel, C. I. 3., S. 139 ff.

ter aus. Die (auch) strafrechtlich zu schützende Informationserwartung sei unter Rückgriff auf den sozialen Rahmen der Interaktion zu bestimmen. Ebenso wie Kindhäuser, knüpft damit auch Pawlik an die Kommunikationsgrundlagen an: Zu offenbaren seien Informationen, die vor dem Hintergrund „gesellschaftsstruktureller, semantischer und rechtlicher Vorgaben überhaupt Kooperation"[83] ermöglichen. Eine berechtigte Kontinuitätserwartung könne nur dann angenommen werden, wenn der Kommunikationspartner „keinen verständigen Anlass" zu Zweifeln habe, der in Frage stehende Umstand für ihn somit als „definitiv geklärt" erscheine.[84] Kurz: Der Erklärungsinhalt müsse eindeutig sein.[85] Die Zuständigkeit des Täters im Sinne einer Übernahme von Wahrheitspflichten gegenüber dem Opfer sei daher berührt, wenn sich ein durch den Täter ausgesprochener Verweis dem Vorwurf eines widersprüchlichen Verhaltens ausgesetzt sähe.[86] Die Notwendigkeit einer Informationsbeschaffung durch das Opfer selbst ende dabei, soweit sich eine Nachfrage als „Taktlosigkeit" erweise oder das Opfer als „blauäugig" entlarve.[87] Gleiches habe zu gelten, sofern ein „erhebliches Missverhältnis" zwischen der Informationsbeschaffung und den dafür aufzuwendenden Kosten bestünde.[88] In sachlicher Hinsicht finde der Wahrheitsanspruch seine Grenze in den für die Einschätzung des konkreten Geschäftsrisikos „unabdingbaren" Informationen.[89]

Zwar weisen die Ansätze von Kindhäuser und Pawlik offensichtliche Parallelen auf, sie unterscheiden sich jedoch insbesondere in der näheren Ausgestaltung der Wahrheitspflichten. Diese sucht Pawlik, im Unterschied zu Kindhäuser, in der Konstruktion von strafrechtsautonomen Garantenpflichten zu bestimmen, die er als genuin strafbarkeitsbegründend ansieht und in Anlehnung an Jakobs bildet.[90]

3. Resümee: Das verschleiert widersprüchliche Verhalten als konstitutives Täuschungsmerkmal

Die Ansätze von Kindhäuser und Pawlik vermögen die konkludente Täuschung in einem entscheidenden Punkt zu konkretisieren: Beide legen der Konstruktion von Wahrheitspflichten den Gedanken einer Verletzung berechtigter Kontinuitätserwartungen zugrunde. Die Erwartungen der an der Interaktion Be-

---

[83] *Pawlik,* Das unerlaubte Verhalten beim Betrug, S. 148.

[84] Vgl. *Pawlik,* StV 2003, 297 (300).

[85] Vgl. *Pawlik,* StV 2003, 297 (300).

[86] Vgl. *Pawlik,* Das unerlaubte Verhalten beim Betrug, S. 162, 166.

[87] Vgl. *Pawlik,* Das unerlaubte Verhalten beim Betrug, S. 174; ähnlich auch *Bung,* GA 2012, 354 (362), der insoweit von „institutionalisierter Abwesenheit der Nachfrage" spricht.

[88] Vgl. *Pawlik,* Das unerlaubte Verhalten beim Betrug, S. 175.

[89] Vgl. *Pawlik,* Das unerlaubte Verhalten beim Betrug, S. 175.

[90] Vgl. *Pawlik,* Das unerlaubte Verhalten beim Betrug, S. 127.

teiligten sind danach maßgeblich vom Kontext der Kommunikation geprägt. Wird diese Aussage einer isolierten Betrachtung unterzogen, bleibt zunächst offen, wie der Kreis berechtigter Erwartungen zu bestimmen ist. Eine darüberhinausgehende Konkretisierung ermöglicht jedoch die Ergänzung durch das weitere *Kriterium der (Selbst-)Widersprüchlichkeit*. Wahrheit lässt sich im Zusammenhang mit der Betrugsnorm bezeichnen als Übereinstimmung von Realität und Wahrnehmung.[91] Liegt den Erwartungen der Kommunikationsteilnehmer ein Wahrheitsanspruch zugrunde, lässt sich dieser als widerspruchsfreier Zusammenhang zwischen kommunizierter und tatsächlicher Wirklichkeit beschreiben. Dass sich die Kommunikationspartner nicht widersprüchlich verhalten, kann dabei als konstitutiv bezeichnet werden, sucht man die berechtigten Erwartungen ihrer Teilnehmer zu bestimmen. Schließlich könnte man sogar so weit gehen zu behaupten, dass berechtigte Erwartungen ohne die grundsätzliche Annahme der Widerspruchsfreiheit schlicht nicht benannt werden können. Kommunikation könnte insoweit ferner unter das generelle Postulat der Widerspruchsfreiheit gestellt werden. Diese letzte Aussage ließe indes einen wesentlichen Aspekt außer Betracht: Erklärungen sind nicht immer eindeutig, ihr Inhalt somit nicht stets nur einer Deutung zugänglich. Dem ist der Gesetzgeber im Bereich privatautonomer Rechtsgestaltung mit der Schaffung der §§ 133, 157 BGB nachgekommen. Es bedarf daher einer differenzierteren Betrachtung, die zwischen dem kommunizierten Widerspruch einerseits und dem verschleierten Widerspruch andererseits unterscheidet.

Kommunizierte Widersprüche eröffnen Handlungsoptionen, weil sie dem Empfänger ein eigenverantwortliches Eintreten in den veränderten kommunikativen Verlauf belassen. Der verschleierte Widerspruch hingegen nimmt eben diese Handlungsoptionen, indem er ihre Existenz schlicht verleugnet. Den Konzeptionen von Kindhäuser und Pawlik ist mit Blick auf den Anknüpfungsgegenstand für das Vorliegen (verschleiert) widersprüchlichen Verhaltens überdies dahingehend zuzustimmen, dass dem Kontinuitätsaspekt in diesem Zusammenhang wesentliche Bedeutung zukommt. Zwar führt auch ein offener Widerspruch zur Unterbrechung kommunikativer Kontinuität. Er belässt dem Empfänger jedoch seinen Handlungsspielraum. Diese Eröffnung kommunikativer Möglichkeiten führt dazu, dass ein offener Widerspruch Kommunikation gerade nicht hindert. Widerspruchsfreiheit ist somit einzig unter der Prämisse ihrer Verschleierung als Kommunikationshindernis zu bezeichnen.

Diese Erkenntnis kann auch mit Blick auf den Täuschungsbegriff der Betrugsnorm Geltung beanspruchen. Charakteristisch für aktive Täuschungen im Zusammenhang mit kommunikativer Interaktion ist die Widersprüchlichkeit zwischen

---

[91] Vgl. insoweit auch *Kindhäuser,* in: NK-StGB, § 263 Rn. 90: „(…) eine den Tatsachen widerstreitende Information, die durch eine Erklärung vermittelt wird und einer berechtigten Erwartung in ihrer Wahrheit widerspricht."

getätigter Äußerung einerseits und (erwarteter) Wirklichkeit andererseits. Auch eine Täuschung durch Unterlassen erfordert das Element der Widersprüchlichkeit, da sich die Erwartungen des Rechtsgutsinhabers in der übernommenen Pflichtenposition konkretisieren, zu der sich schließlich das Unterlassen widersprüchlich verhält. In beiden Fällen ist eine betrugstatbestandliche Täuschung zumindest dann abzulehnen, wenn der Erklärende ausdrücklich über den Widerspruch aufklärt. Unterbleibt hingegen eine Offenlegung des Widerspruchs, realisiert sich im Abschnitt von Handlungsmöglichkeiten unmittelbar das vom Täter geschaffene vermögensrelevante Risiko. Konstitutives Merkmal des Täuschungsbegriffs ist damit die *interkommunikative verschleierte Widersprüchlichkeit* des in Frage stehenden Verhaltens.[92] Liegt kein oder aber ein kommunizierter Widerspruch vor, scheidet eine Täuschung bereits aus diesem Grund aus.

Ein näherer Blick auf solche die Betrugsnorm restringierende Ansätze zeigt, dass das Merkmal der Widersprüchlichkeit keine spezifische Ausgestaltung des hiesigen Täuschungsverständnisses darstellt. So nutzen auch andere Ansätze den Gedanken widersprüchlichen Verhaltens, um die eigenen Kriterien zu stützen.[93] Teilweise wird das Element des Widerspruchs auch mit wertenden Aspekten verknüpft, die den Blick auf den konstitutiven Charakter erschweren. So wird etwa der Widerspruch unter Rückgriff auf das Tatbestandsmerkmal „falsch" zu bestimmen gesucht, indem diesem ein „richtiges Wirklichkeitsbild der Rechtsanwendung"[94] gegenübergestellt wird. Überzeugender ist es jedoch, eine normativierende Auslegung direkt am Merkmal verschleiert widersprüchlichen Verhaltens auszurichten. Der für die betrugsstrafrechtliche Täuschung konstitutive verschleierte Widerspruch bedarf daher im Folgenden einer näheren Ausgestaltung.

D. Konturierung der verschleierten Widersprüchlichkeit

Nicht jedes verschleiert widersprüchliche Verhalten kann strafrechtliche Sanktionen nach sich ziehen. Unter welchen Voraussetzungen der Täter die eigene Handlungsfreiheit im Übermaß in Anspruch nimmt, sodass der Rechtsgüterschutz nunmehr seinem Verantwortungsbereich unterfällt, gilt es daher im Folgenden zu untersuchen. Ein Erkenntnisgewinn mit Blick auf den hiesigen Untersuchungsauftrag ist nur denkbar, sofern es gelingt, diesbezüglich einen hinreichend bestimmten Anknüpfungsgegenstand zu benennen.

---

[92] Die Relevanz der Verschleierung gleichfalls herausstellend *Ranft,* wistra 1994, 41 (42).

[93] So etwa bei *Mayer-Lux,* Die konkludente Täuschung beim Betrug, S. 178, die auf einen „Semantikwiderspruch" im Sinne eines Widerspruchs zwischen einer Handlung einerseits und der Negation ihrer Bedeutung andererseits abstellt.

[94] *Mitsch,* Strafrecht BT 2, S. 263.

I. Verletzung unterlassensdogmatischer Aufklärungspflichten als Ausprägung widersprüchlichen Verhaltens

Einige Vertreter der strafrechtswissenschaftlichen Literatur sehen eine Parallele zwischen der konkludenten Täuschung und der Täuschung durch Unterlassen in der für beide Alternativen charakteristischen Verletzung einer Aufklärungspflicht.[95] In diesem Zusammenhang wird vorgeschlagen, die im Zusammenhang mit der Unterlassensdogmatik zu Aufklärungspflichten entwickelten Grundsätze auf die konkludente Täuschung zu übertragen.[96] Zwar konnte mit der Herausstellung (verschleiert) widersprüchlichen Verhaltens als einem für beide Täuschungsarten konstitutiven Merkmal sowie den Folgen ausdrücklicher Aufklärung eine dogmatisch einheitliche Grundlage für beide Modalitäten aufgezeigt werden. Zu untersuchen gilt es jedoch, inwieweit diese Nähe einen Rückgriff auf die Unterlassensdogmatik notwendig macht, diesen jedoch zumindest rechtfertigt.

1. Literaturstimmen

Obwohl sie sich eines gemeinsamen dogmatischen Ausgangspunktes bedienen, unterscheiden sich die einzelnen Ansätze insbesondere mit Blick auf die normative Ausgestaltung der einzelnen Garantenpflichten. Lackner weist darauf hin, dass konkludente Erklärungen mit der Verletzung von Aufklärungspflichten zusammenfallen können, sofern die aktive Wirkung auf die Vorstellung des Anderen eine strukturelle Zuordnung zur aktiven Täuschung und nicht zur Täuschung durch Unterlassen fordere.[97] In den Fällen, in denen der Täter eine rechtliche Aufklärungspflicht verletze, habe ein einheitlicher Maßstab zu gelten, unabhängig davon, ob letztlich eine konkludente Täuschung oder aber eine Täuschung durch Unterlassen vorliege.[98]

Ohne explizite Bezugnahme auf die Betrugsnorm fordert Jakobs ein garantenpflichtbegründendes Einstehenmüssen nicht lediglich für den Unterlassungs- sondern auch für den Begehungstäter.[99] Dieses will er unter Rückgriff auf die Organisationszuständigkeit als Resultat synallagmatischer Verbundenheit von Verhaltensfreiheit und Folgenverantwortung des Täters abgesteckt wissen.[100] Der

---

[95] Vgl. *Volk,* JuS 1981, 880 (882); *Reese,* Täuschung und Irrtum beim Betrug, S. 89 f.; *Schünemann,* NJW 1980, 2545 (2546 f.).

[96] Vgl. etwa *Gauger,* Die Dogmatik de konkludenten Täuschung, S. 203 ff.; *Schünemann,* NJW 1980, 2545 (2547); *Freund,* Erfolgsdelikt und Unterlassen, S. 68 ff.; zurückhaltender dagegen *Reese,* Täuschung und Irrtum beim Betrug, S. 91; ohne expliziten Bezug zur Betrugsnorm auch *Herzberg,* Die Unterlassung im Strafrecht, S. 173 sowie *Jakobs,* Strafrecht AT, 7. Abschn. Rn. 58.

[97] Vgl. *Lackner,* in: LK-StGB, § 263 Rn. 53.

[98] Vgl. *Lackner,* in: LK-StGB, § 263 Rn. 54 f.

[99] Vgl. *Jakobs,* Strafrecht AT, 7. Abschn. Rn. 58.

[100] Vgl. *Jakobs,* Die strafrechtliche Zurechnung von Tun und Unterlassen, S. 32.

strafbarkeitsbegründende Zuständigkeitsbereich sei betroffen, soweit der Täter entweder kraft Organisationszuständigkeit oder aber kraft institutioneller Zuständigkeit garantenpflichtig sei.[101]

Anknüpfend an die Lehre Jakobs sucht Pawlik die Wahrheitspflichten, die als konstitutives Betrugselement seinem Ansatz zugrunde liegen, über Garantenpflichten zu bestimmen. Sie seien die Kehrseite einer Zubilligung von Organisationsfreiheit, die wiederum als ein alle Garantenpflichten umfassendes Systematisierungselement zu verstehen sei.[102] Diese Kehrseite manifestiere sich im Zusammenhang mit zwischenmenschlichen Rechtsbeziehungen in den „unmittelbaren Korrelaten von Organisationsfreiheit".[103] Darüber hinaus sollen die „institutionellen Voraussetzungen von Organisationsfreiheit" dem Einzelnen ein unentbehrliches soziales Maß an Freiheit garantieren.[104]

Gauger schließlich erkennt Garantenpflichten zum einen als Ausfluss eines besonderen Obhutsverhältnisses für fremdes Vermögen an, wobei es nach seinem Dafürhalten aufgrund der Sperrwirkung des § 266 StGB maßgeblich auf das Vorliegen eines besonderen Vertrauensverhältnisses ankommen müsse.[105] Zum anderen ließen sich Garantenpflichten über die Schaffung einer das allgemeine Lebensrisiko überschreitenden Gefahrenlage für fremdes Vermögen bei gleichzeitiger Abwesenheit solcher vom Vermögensinhaber erzeugter Sonderrisiken sowie dem Unterlassen diesem obliegender Maßnahmen des Selbstschutzes begründen.[106] Während Gauger somit für den Bereich privatautonomer Rechtsgestaltung letztlich auf das Vertrauenskriterium zurückgreift, weist seine Bewertung sonstigen Täterverhaltens eine gewisse Nähe zum Kriterium der Sozialadäquanz auf.

2. Stellungnahme

Den Literaturstimmen, die auch in der konkludenten Täuschung eine Verletzung von Aufklärungspflichten erblicken, ist zunächst zuzugeben, dass sich eine strukturelle Nähe von konkludenter Täuschung einerseits und Täuschung durch Unterlassen andererseits nicht gänzlich von der Hand weisen lässt. Es leuchtet unmittelbar ein, dass, wie es Jakobs plastisch beschreibt, es keinen Unterschied macht, ob derjenige, der kraft „besonderen Grundes" verpflichtet ist, einen Hungernden zu ernähren, diese Pflicht erfüllt, indem er den Brotkorb nicht wegschließt oder aber einen weggeschlossenen Korb heranschafft.[107] Das strafrechtliche Unrecht unterscheidet sich originär nicht, da die Organisationszuständigkeit

---

[101] Vgl. *Jakobs,* Strafrecht AT, 29. Abschn. Rn. 28 ff.
[102] Vgl. *Pawlik,* Das unerlaubte Verhalten beim Betrug, S. 130.
[103] Vgl. *Pawlik,* Das unerlaubte Verhalten beim Betrug, S. 132.
[104] Vgl. *Pawlik,* Das unerlaubte Verhalten beim Betrug, S. 132.
[105] Vgl. *Gauger,* Die Dogmatik der konkludenten Täuschung, S. 211 f., 218 ff., 220.
[106] Vgl. *Gauger,* Die Dogmatik der konkludenten Täuschung, S. 223.
[107] Vgl. *Jakobs,* Die strafrechtliche Zurechnung von Tun und Unterlassen, S. 37.

als „besonderer Rechtsgrund"[108] das dogmatische Fundament abzustecken geeignet ist. Es wird demnach häufig auch von den tatsächlichen Umständen abhängen, ob ein Verhalten als aktives Tun oder aber als Unterlassen zu bezeichnen ist, sodass sich in diesem Zusammenhang schwerlich mit einem „normativen Übergewicht"[109] des Begehungstäters argumentieren lässt. Dennoch täuscht diese Erkenntnis über die eigentliche Feststellung hinweg, dass über eine gemeinsame dogmatische Fundierung hinaus eine Formulierung konkreter Kriterien zur Bestimmung strafrechtsrelevanten Verhaltens nach diesem Ansatz noch aussteht. Auch die rechtliche Bewertung konkludenter Erklärungen steht vor der Herausforderung, entsprechende Garantenpflichten explizit zu benennen. Somit bestünde auch bei einem Rekurs auf die Unterlassensdogmatik die Notwendigkeit, die erwartete Wirklichkeit als das im Rahmen der hiesigen Untersuchung ausgearbeitete konstitutiv-dogmatische Element der betrugsstrafrechtlichen Täuschung näher zu bestimmen. Im Ergebnis läge damit lediglich eine Verlagerung der Problematik vor. In diesem Zusammenhang merkt auch Jakobs an, dass dem Begehungstäter zwar nicht prinzipiell, jedoch in den praktisch relevanten Fällen bereits aufgrund der bloßen Begehung eine entsprechende organisatorische Zuständigkeit zugesprochen werden müsse.[110] Folge einer solchen nicht näher bezeichneten Organisationszuständigkeit des Begehungstäters ist dessen ubiquitäres Einstehenmüssen auf der tatbestandlichen Ebene der Täuschung und eine vollständige Auslagerung strafbegrenzender Überlegungen in die Lehre von der objektiven Zurechnung.[111] Auch die Lösung Gauger's kann in dieser Hinsicht nicht überzeugen, da die Topoi „Vertrauen" bzw. „Gefährdung" letztlich eine einzelfallbezogene Betrachtung fordern.[112] Die so beobachteten Unzulänglichkeiten lassen sich über die unterschiedlichen Anknüpfungspunkte strafrechtsrelevanten Verhaltens beim Unterlassen einerseits und bei konkludentem Tun andererseits erklären. Nach Maßgabe obiger Ausführungen lässt sich mit dem Merkmal verschleiert widersprüchlichen Verhaltens zwar ein einheitlicher Anknüpfungstatbestand strafrechtlicher Verantwortlichkeit für beide Täuschungsmodalitäten ausmachen; dennoch ist die Perspektive, aus der eine entsprechende Verhaltensbeurteilung zu erfolgen hat, aufgrund der unterschiedlichen Angriffshandlung beider Modalitäten eine andere: Bei der Täuschung durch Unterlassen resultiert der Abschnitt von Handlungsoptionen aus der Verletzung der Aufklärungspflicht, zu der sich das Unterlassen widersprüchlich verhält. Bei der aktiven (konkludenten) Täuschung hingegen werden dem Getäuschten Handlungsmöglichkeiten gerade über die aktive Erklärung abgeschnitten. Der verschleierte Widerspruch mani-

---

[108] *Jakobs,* Die strafrechtliche Zurechnung von Tun und Unterlassen, S. 30.

[109] *Gauger,* Die Dogmatik der konkludenten Täuschung, S. 201.

[110] Vgl. *Jakobs,* Strafrecht AT, 7. Abschn. Rn. 58.

[111] Vgl. auch die von Jakobs ausgearbeiteten Fallgruppen fehlender Zurechnung, *Jakobs,* Strafrecht AT 7. Abschn. Rn. 59 ff.

[112] Vgl. hierzu *Gauger,* Die Dogmatik der konkludenten Täuschung, S. 226 ff.

festiert sich damit bei Letzterer nicht in der konkreten Aufklärungspflicht, sondern in der ausdrücklichen Erklärung selbst. Anknüpfungspunkt für eine Bewertung des Verhaltens in strafrechtlicher Hinsicht ist damit auch nicht die als Ausfluss einer Garantenstellung bestehende Aufklärungspflicht, sondern das vom Täter gesteuerte Handeln.[113] Die strafrechtliche Pönalisierung konkludenter Erklärungen fordert danach gerade keinen weiteren über den „besonderen Grund" hinausgehenden Anknüpfungstatbestand, wie es für eine Aufklärungspflicht als Ausfluss einer Garantenstellung des Erklärenden erforderlich ist. Ein Rückgriff auf unterlassendogmatische Aufklärungspflichten für die Bestimmung auch konkludenter Täuschungen muss daher diesen Anknüpfungstatbestand für konkludente Erklärungen notwendigerweise auslassen. Dies führt damit entweder zu einer vermeidbaren Ausdehnung der konkludenten Täuschung oder aber letztlich auch zu einer Untersuchung der konkreten Erklärung selbst nach Maßgabe noch unbestimmter Kriterien. Während bei der Täuschung durch Unterlassen somit ein hinreichender Anknüpfungstatbestand zur Verfügung steht, wird über die mit dem Rückgriff auf die Unterlassensdogmatik notwendig verbundene Außerachtlassung der Erklärung selbst eine strafrechtliche Beurteilung zwangsläufig unbestimmt. Diese Unbestimmtheit lässt sich hingegen verhindern, wenn eine Normativierung direkt an der konkludenten Erklärung selbst ansetzt, anstatt normative Ansätze anderer dogmatischer Institutionen auf die konkludente Täuschung zu übertragen. Dem steht auch die Ausarbeitung eines einheitlichen Kriteriums nicht entgegen, solange eine Normativierung an die Spezifika der jeweiligen Täuschungsmodalität anknüpft. Es lässt sich hingegen keine überzeugende Begründung dafür anführen, die dem Bereich des Unterlassens vorbehaltene Norm des § 13 StGB auch auf aktive Täuschungen zu erstrecken.[114]

Vorzugswürdig ist es daher, die Normativierung der konkludenten Täuschung unmittelbar am Erklärungsinhalt selbst vorzunehmen, für das Unterlassen hingegen an den entsprechenden Entstehungstatbestand garantenpflichtbegründenden Einstehenmüssens anzuknüpfen.

II. Konturierung über die Konstruktion von Wahrheitspflichten

Ebenfalls an die Verletzung einer Pflicht knüpfen diejenigen Ansätze an, die die konkludente Täuschung über die Konstruktion von Wahrheitspflichten näher auszugestalten suchen. Es ist daher zu untersuchen, inwieweit sich betrugsrelevante Widersprüche über Wahrheitspflichten bestimmen lassen.

Einem Rekurs auf Wahrheitspflichten steht jedoch mit der Funktionslosigkeit dieser Konstruktion ein gewichtiges Argument entgegen. Diese lässt sich aus-

---

[113] Vgl. *Maaß*, GA 1984, 264 (267).
[114] Ebenso *Seibert*, Garantenpflichten, S. 330 ff.

weislich des eigenen Ansatzes jedoch nicht bereits mit einer fehlenden Verankerung im Betrugstatbestand begründen.[115] Wahrheit konnte in diesem Zusammenhang vielmehr bereits als ursprüngliches Institut ausgearbeitet werden, dessen unmittelbare Verletzung in einem verschleiert widersprüchlichen Verhalten des Handelnden mündet.[116] Auch Kindhäuser erkennt, dass in den weitüberwiegenden Betrugsfällen auch ein Recht auf Wahrheit verletzt wird.[117] Dieser Perspektivwechsel zeigt, dass die Betrugsnorm selbst die originärste Quelle von Wahrheitspflichten darstellt[118], weshalb der konkreten Rechtsanwendung eine (normative) Bestimmung einzelner Wahrheitspflichten vorgehen muss.

Kritisch zu beleuchten sind jedoch die von den Vertretern dieser Theorie herangezogenen Maßstäbe zur Bestimmung konkreter Wahrheitspflichten. Während Kindhäuser den im Rahmen des hiesigen Forschungsvorhabens bereits verworfenen Vertrauensbegriff[119] zugrunde legt, vermögen auch die Begründungsansätze von Pawlik, der eine hier ebenfalls abgelehnte Anleihe in der Unterlassensdogmatik vollzieht, nicht zu überzeugen. Neben der aus den strukturellen Unterschieden beider Täuschungsmodalitäten resultierenden dogmatischen Inkonsequenz dieses Unterfangens[120], können auch „gesellschaftsstrukturelle, semantische und rechtliche Vorgaben" Wahrheitspflichten nicht präziser bezeichnen als der Vertrauensbegriff oder aber ein schlichter Rekurs auf die Verkehrsauffassung. Die in allen Ansätzen benannten Wahrheitspflichten äußern sich daher letztlich in Feststellungen ohne subsumptionsfähige Grundlage. Weder der Begriff des Vertrauens noch institutionelle oder organisatorische Pflichten oder aber die „normative Zugänglichkeit"[121] der betreffenden Information weisen den notwendigen bestimmten oder – über die Bereitstellung hinreichend greifbarer Kriterien – im Strafrecht notwendig zumindest bestimmbaren Inhalt auf. Sie kommen in der Folge zur Begründung von Wahrheitspflichten nicht ohne wertende Elemente aus.[122] Damit bleiben sie einer Wertung des infrage stehenden Verhaltens entweder als den Maßgaben der Kontinuität genügend und daher täuschungsirrelevant oder aber als verschleiert widersprüchlich und damit grundsätzlich einer Qualifikation als Täuschung zugänglich, schuldig.

Sofern für den hier vertretenen Ansatz die Notwendigkeit eines verschleierten Widerspruchs als für den Betrugstatbestand konstitutiv herausgearbeitet wurde,

---

[115] Vgl. hierzu *Kargl,* in: FS Lüderssen, S. 613 (614); *Hoyer,* in: SK-StGB, § 263 Rn. 5.

[116] S. o. Drittes Kapitel, C. II. 3., S. 144 ff.

[117] Vgl. *Kindhäuser,* ZStW 103 (1991), 298 (406).

[118] Vgl. *Krack,* List als Straftatbestandsmerkmal, S. 73 f.

[119] Vgl. hierzu im Einzelnen oben Drittes Kapitel, C. I. 3., S. 139 ff.

[120] Vgl. hierzu im Einzelnen oben Drittes Kapitel, D. I. 2., S. 148 ff.

[121] *Pastor Munoz,* GA 2005, 129 (135).

[122] Mit ähnlicher Kritik auch *Perron,* in: GS Heine, S. 281 (290).

bedarf es schließlich der Konstruktion von Wahrheitspflichten weder, um dieses Ergebnis zu stützen noch, um es inhaltlich auszufüllen. Mangels Präzisierung der einzelnen Wahrheitspflichten aus sich selbst heraus ist einzig denkbare Schlussfolgerung diejenige, dass der Täter bei verschleiert widersprüchlichem Verhalten einen Wahrheitsanspruch des Opfers auf Kenntnis der entzogenen Handlungsmöglichkeiten verletzt. Damit bleibt ein Rückgriff auf die Verletzung von Wahrheitspflichten hinter dem Konkretisierungspotential verschleierter Widersprüche zurück, mit dem sich gerade die Folge einer Wahrheitspflichtverletzung benennen lässt. Ein Rückgriff auf die Konstruktion von Wahrheitspflichten wird daher abgelehnt.

III. Das Verbot des „Venire contra factum proprium"

Im zivilrechtlichen Verbot widersprüchlichen Verhaltens hat der Widerspruch bereits Eingang in die Rechtsdogmatik gefunden. Das Verbot widersprüchlichen Verhaltens wird im Zusammenhang mit der missbräuchlichen Rechtsausübung als besondere Ausprägung des aus § 242 BGB folgenden Grundsatzes von Treu und Glauben diskutiert.[123] Die Untersuchung des zivilrechtlichen Verbotes des „venire contra factum proprium" könnte einen Erkenntnisgewinn hinsichtlich der Konturierung eines in strafrechtlicher Hinsicht zu sanktionierenden verschleiert widersprüchlichen Verhaltens liefern. Auch im strafrechtswissenschaftlichen Diskurs wurden bereits Elemente des Gebotes von Treu und Glauben aufgegriffen, um die konkludente Täuschung zu konturieren. Angeknüpft wurde dabei insbesondere an das Erfordernis eines Mindestmaßes an Redlichkeit im Rechtsverkehr.[124]

1. Zivilrechtsdogmatische Einordnung

Auch in zivilrechtlicher Hinsicht ist nicht jeder Selbstwiderspruch missbilligt[125], sodass es auch hier entscheidend auf die Herausstellung derjenigen Fallkonstellationen ankommt, die letztlich als Missbrauch rechtlicher Gestaltungsmacht zu werten sind. Im Ausgangspunkt ist dabei entscheidend zu berücksichtigen, dass eine Rechtsordnung, die dem Einzelnen Rechte gewährt, auch grundsätzlich deren Ausübung gestatten muss. Andernfalls würde sie sich in einen Widerspruch zu ihrer eigenen Grundidee setzen. Der Einwand des Rechtsmissbrauchs wird daher überwiegend auf Ausnahmekonstellationen beschränkt und vor einen hohen Begründungsaufwand gestellt.[126] Denn letztendlich kann

---

[123] Vgl. *Kähler*, in: BeckOGK-BGB, § 242 Rn. 1132 [online, Stand: 01.03.2018].

[124] Vgl. etwa *Puppe*, NStZ 1991, 571 (573); *Kindhäuser*, in: NK-StGB, § 263 Rn. 124.

[125] Vgl. *Dette*, Venire contra factum proprium, S. 38.

[126] Vgl. etwa *BGHZ* 55, 274 (279 f.); *BGHZ* 68, 299 (304); *BGH*, NJW 2015, 548 (549).

eine unkontrollierte Ausdehnung dieses Rechtsgrundsatzes zu einer ungewollten erheblichen Einschränkung der Vertrags- und Handlungsfreiheit führen.[127]

Eine Bestimmung solchen, entsprechende Rechtswirkungen auslösenden widersprüchlichen Verhaltens, setzt dabei am vorangegangenen Betragen des Akteurs an, welches sich formal als zum in Frage stehenden Verhalten gegensätzlich erweisen muss.[128] Der Bundesgerichtshof konkretisiert diesen Widerspruch in dem Erfordernis eines schutzwürdigen Vertrauens, indem er für ein rechtserheblich widersprüchliches Verhalten fordert, dass

> „sich objektiv das Gesamtbild eines widersprüchlichen Verhaltens ergibt, weil das frühere Verhalten mit dem späteren schlicht unvereinbar ist und die Interessen der Gegenseite im Hinblick darauf vorrangig schutzwürdig erscheinen."[129]

Anknüpfungselement des *„venire contra factum proprium"* ist somit ein durch ein Vorverhalten begründetes schutzwürdiges Vertrauen.[130] Ähnlich wie bei dem als konstitutives Element betrugsstrafrechtlicher Täuschungen herausgestellten verschleierten Widerspruch erfolgt daher auch im zivilrechtlichen Kontext eine Anknüpfung an die Kontinuität von Verhalten. Ein näherer Blick auf die einschlägige rechtswissenschaftliche Literatur offenbart überdies die besondere Nähe des zivilrechtlichen Verbotes widersprüchlichen Verhaltens zum Verhältnismäßigkeitsgrundsatz, insbesondere zur Angemessenheitsprüfung.[131] Vor diesem Hintergrund stellt sich daher die Frage, inwieweit ein Rekurs auf zivilrechtsdogmatische Grundsätze einer Auflösung widersprüchlichen Verhaltens im Zusammenhang mit der privatautonomen Rechtsgestaltung einen Erkenntnisgewinn auch in betrugsstrafrechtlicher Hinsicht erlaubt.

2. Ablehnung einer Implementierung gesellschaftlicher Wertvorstellungen in die strafrechtliche Tatbestandsauslegung

Auch wenn sich auf den ersten Blick eindeutige Parallelen zwischen dem zivilrechtlichen Verbot widersprüchlichen Verhaltens und dem konstitutiven Widerspruch betrugsrelevanter Täuschungen auftun, ist einer Implementierung vorstehender zivilrechtlicher Grundlagen in den strafrechtlichen Täuschungsbegriff durchgreifende Kritik entgegen zu setzen. Ein als Abwägung verstandener Grundsatz von Treu und Glauben wird sich einer Beschreibung nicht erwehren

---

[127] Vgl. *Esser,* JZ 1956, 555 (556).

[128] Vgl. *Singer,* Das Verbot widersprüchlichen Verhaltens, S. 21.

[129] So die vom Bundesgerichtshof in ständiger Rechtsprechung verwendete Formel, vgl. etwa *BGHZ* 201, 101 (117); *BGH,* NJOZ 2016, 82 (83); *BGHZ* 211, 105 (113).

[130] Vgl. *Dette,* Venire contra factum proprium, S. 45 ff.; *Singer,* Das Verbot widersprüchlichen Verhaltens, S. 6, 43.

[131] Vgl. *Zöllner,* NZA-Beil. 2006, 99 (101); *Stürner,* Der Grundsatz der Verhältnismäßigkeit im Schuldvertragsrecht, S. 392 f.: „Generalklausel der Verhältnismäßigkeit".

können, die an den Topos der Einzelfallgerechtigkeit anknüpft.[132] Es darf in diesem Fall nicht aus dem Blick geraten, dass der Grundsatz von Treu und Glauben gerade dadurch der Verwirklichung von Einzelfallgerechtigkeit dient, indem er insbesondere zur Auflösung solcher Interessenlagen herangezogen wird, die aufgrund der Vielzahl denkbarer rechtlicher Konflikte gerade nicht über eine Anwendung anerkannter Rechtssätze und/oder -institute erfolgen kann. Entscheidend ist in diesem Kontext auch, inwieweit Überlegungen in Bezug auf eine grundsätzliche Übertragbarkeit entsprechender Erkenntnisse in das Strafrecht nicht von vornherein wegen Verstoßes gegen Art. 103 Abs. 2 GG bereits aus verfassungsrechtlichen Gründen auszuscheiden haben. In diesem Zusammenhang ist eine rechtssichere Ausgestaltung der Strafrechtsordnung einer grundsätzlichen Ausrichtung an einzelfallgerechtem Strafen vorzuziehen.[133] Dies hat der Verfassungsgeber für das Strafrecht in Art. 103 Abs. 2 GG auch ausdrücklich so festgeschrieben.[134] Zwar lässt sich einer Ausarbeitung möglichst bestimmter Kriterien deren mangelnde Anwendungsflexibilität vorwerfen. Eine konstitutionell den eigenen Regeln verschriebene Strafrechtsordnung kann sich jedoch auch vor dem Hintergrund dieser Kritik nicht in grundsätzlicher Weise dem Abwägungspostulat verschreiben, will sie nicht Gefahr laufen, sich in einen Selbstwiderspruch zu begeben. Ausweislich des vom Bundesverfassungsgericht statuierten „Präzisierungsgebotes"[135] trifft dabei auch und insbesondere die Strafgerichte die Pflicht, die konkrete Rechtsanwendung am Bestimmtheitsgrundsatz auszurichten. Dem daraus ableitbaren Gebot,

> „Unklarheiten über den Anwendungsbereich einer Norm durch Präzisierung und Konkretisierung im Wege der Auslegung nach Möglichkeit auszuräumen"[136],

liefe es jedoch entschieden entgegen, sich im Zuge der Auslegung wiederum unbestimmter Rechtsbegriffe zu bedienen. Erforderlich ist vielmehr ein gewisses Maß an „Auslegungsbestimmtheit".[137] Damit lässt sich eine erste Konklusion dergestalt ziehen, dass ein Rückgriff auf § 242 BGB auch im Rahmen strafrechtlicher Überlegungen grundsätzlich vor das Erfordernis einer hinreichenden Bestimmung derjenigen Grundsätze zu stellen ist, derer er sich bedient. Die Ablehnung einer an Einzelfallgerechtigkeit ausgerichteten Bestimmung widersprüchlichen Verhaltens hat jedoch zur Folge, dass allgemeinen Gerechtigkeitserwägungen in diesem Zusammenhang die Geltung zu versagen ist. Dies führt gleichzeitig zu einer Inkompatibilität mit dem Verständnis des zivilrechtlichen Grundsatzes von Treu und Glauben. Was eine Gesellschaft unter Treu und Glau-

---

[132] Vgl. *Schubert*, in: MüKo-BGB, § 242 Rn. 26; *Schmidt-De Caluwe*, Der sozialrechtliche Herstellungsanspruch, S. 246 f.

[133] Vgl. *Hoffmann-Holland*, Der Modellgedanke im Strafrecht, S. 139.

[134] Vgl. *Sternberg-Lieben*, in: GS Keller, S. 289 (293).

[135] *BVerfGE* 126, 170 (198).

[136] *BVerfGE* 126, 170 (198).

[137] *Kuhlen*, in: FS Otto, S. 89 (103).

ben versteht und was sie von einer an ihren Maßstäben ausgerichteten Rechts-ausübung verlangt, ist maßgeblich von den sie prägenden Wertvorstellungen ab-hängig. Damit einher geht jedoch zwangsläufig auch eine gewisse inhaltliche Schwankungsintensität und abwägungsinduzierte Auslegungsunbestimmtheit. Dies führt indes mit Blick auf die zivilrechtliche Funktion von Treu und Glauben nicht zur Inkonsistenz. Als Generalklausel darf § 242 BGB gerade keinen Inhalt aufweisen, der einzig eine bestimmte Auslegung indiziert. Im Gegenteil dienen Generalklauseln gerade auch der Implikation herrschender Werte in das Recht.[138] Es verwundert daher nicht, dass der Grundsatz von Treu und Glauben insbesondere auch mit moralischen Wertvorstellungen sowie Billigkeitserwägun-gen beschrieben wird.[139] Diese entziehen sich einer starren Definition jedoch notwendig, da sie sich ständig wandeln und somit eines statischen Anknüpfungs-gegenstandes entbehren. Damit lässt sich allerdings auch nicht von der Hand wei-sen, dass Generalklauseln in nicht unwesentlichem Umfang auch vom Element der Unsicherheit geprägt sind, wobei dieser Begriff zuweilen auch in Verbindung mit demjenigen der Willkür genannt wird.[140] Diese Offenheit wird schließlich auch über den Verweis der Norm auf die Verkehrsauffassung unterstrichen. Ist die Funktion von Treu und Glauben daher als Implikation von Werten in das konkrete vertragliche Verhältnis zu verstehen, muss seine Ausfüllung notwendig einen gewissen Konkretisierungsspielraum für den Rechtsanwender gewähr-leisten[141] und sich einer Verallgemeinerung seines Inhaltes erwehren. Dass eine Handlung als moralisch verwerflich empfunden wird, reicht allein jedoch nicht aus, um auch deren Sanktionierung in strafrechtlicher Hinsicht zu rechtfer-tigen.[142]

Ebenfalls an Auslegungsunbestimmtheit kranken überdies auch entsprechende Nuancierungen, wie etwa „krasse Ungerechtigkeit"[143] oder „krasse Unbillig-keit"[144]. Unter welchen Voraussetzungen solche besonderen Verstöße gegen die Gerechtigkeit anzunehmen sind, ist ebenso unklar, wie der Gerechtigkeitsbegriff insgesamt. Erwägungen dieser Art öffnen vielmehr Tür und Tor für Billigkeits-erwägungen, die für das Strafrecht verschlossen bleiben müssen, weil sie keinen objektivierbaren Inhalt bereitstellen.[145] Dies gilt auch, sofern im strafrechtlichen Diskurs ein strafrechtlich relevantes sozialethisch zu missbilligendes Verhalten

---

[138] Vgl. *Grüneberg*, in: Palandt, § 242 Rn. 6.

[139] Vgl. *R. Weber*, JuS 1992, 631 (632); *Schellhammer*, Schuldrecht, Rn. 1172.

[140] Vgl. etwa *Hedemann*, Die Flucht in die Generalklauseln, S. 66.

[141] So im Ergebnis auch *Leipold*, BGB I, § 15 Rn. 16.

[142] Vgl. *Zoll*, in: Eser/Kaiser/Weigend, Von totalitärem zu rechtsstaatlichem Straf-recht, S. 87, 94; *Amelung*, Rechtsgüterschutz, S. 318 ff.

[143] *BGH* NJW 2010, 3645 (3647).

[144] *BGH* NJW 2006, 3557 (3558).

[145] Vgl. auch *Zoll*, in: Eser/Kaiser/Weigend, Von totalitärem zu rechtsstaatlichem Strafrecht, S. 87, 89.

als „strafwürdig"[146] bezeichnet wird. Insofern handelt es sich lediglich um eine inhaltsgleiche Einkleidung in strafrechtsnahe Begriffe, ohne, dass sich daraus ein bestimmbarerer Inhalt ergibt. Denn letztlich ist, wie auch ein Anknüpfen an den Gerechtigkeitsgedanken, der Rekurs auf die Sozialethik oder Strafwürdigkeit eine Beschreibung gesellschaftlicher Wertvorstellungen in neuem Gewand.

Es lässt sich somit resümieren, dass sich die Intentionen des Grundsatzes von Treu und Glauben einerseits und des Strafrechtes andererseits in grundsätzlicher Hinsicht unterscheiden, da sie die zu beurteilende widersprüchliche Handlung aus unterschiedlichen Blickwinkeln betrachten. Ersterer gewährleistet Rechtsvertrauen gerade durch Implikation sich ständig erneuernder und anpassender Wertvorstellungen in das Recht. Ein gewisses Maß an Offenheit ist dem Verständnis von Treu und Glauben als Generalklausel nicht nur immanent, es ist auch notwendig, soll die zugewiesene Funktion überhaupt erfüllt werden. Das Strafrecht greift hingegen erst ultima ratio ein und verwirklicht nach dem auch hier zugrunde gelegten Verständnis einen nachrangigen Rechtsgüterschutz, der gerade nicht synchron zum zivilrechtlichen Schutz verläuft und nicht alle moralischen und sittlichen Verstöße sanktioniert. Gerade auch weil der Betrugstatbestand elementare Bereiche des Vermögensschutzes über den Schutz von Verhaltenskontinuität gewährleistet, muss dieser einer bestimmten Bezeichnung zugeführt werden. Vor diesem Hintergrund kann das Strafrecht sich nicht in dem Maße neuen Wertvorstellungen anpassen wie das Zivilrecht[147], indem die Auslegung einzelner Tatbestandsmerkmale einer vollumfänglichen Interessenabwägung unter dem sich wandelnden Blickwinkel gesellschaftlicher Moralvorstellungen geöffnet wird. Die Widersprüchlichkeit des Verhaltens muss sich vielmehr gerade aus der Anwendung der strafrechtlichen Norm selbst ergeben und darf nicht von außen über die Norm gestülpt werden. Bestimmtheit bedeutet damit gerade auch, dass Sozialkontrolle im Strafrecht nicht über die Implikation gesellschaftlicher Werte in die Norm, sondern unmittelbar aus ihrem Inhalt selbst erfolgen muss. Diese Betrachtung führt hingegen auch nicht zu einer unverhältnismäßigen Konservierung mehrheitlich konstatierter historischer Wert- und Moralvorstellungen. Eine Aktualisierung und Implementierung allgemeiner Wertewandel erfolgt stets über die Akzeptanz und damit die Effizienz der Strafnorm an sich.[148] Von einer Mehrheit nicht mehr akzeptierte Strafnormen schaffen sich, womöglich auch langfristig über mehrere Gesetzesnovellen hinweg, selbst ab.

Der variable und wertungsausfüllungsbedürftige Grundsatz von Treu und Glauben ist daher nicht geeignet, einen Ausgangspunkt für die Bestimmung täuschungsrelevanter Kontinuität im Sinne der Betrugsnorm zu liefern. Er stellt ins-

---

[146] Vgl. etwa *Müller-Dietz*, Strafe und Staat, S. 33; *Lampe*, in: FS Roxin 2001, S. 45 (62); *Schünemann*, in: FS Faller, S. 357 (358).

[147] So im Ergebnis auch *Tiedemann*, Tatbestandsfunktionen, S. 56.

[148] Vgl. bereits oben Zweites Kapitel, B. II. 2., S. 116 f.

besondere auch keine taugliche Grundlage für die Erfüllung der Präzisierungsvorgaben des Bundesverfassungsgerichtes dar.

IV. Der Begriff der Geschäftsgrundlage als Instrument zur Bestimmung verschleierter Widersprüche

Der Begriff der Geschäftsgrundlage hat auch in der strafrechtlichen Literatur
erhebliche Beachtung gefunden. Da auch ein Handel mit Finanzderivaten letztlich einen Geschäftsabschluss darstellt, könnte sich der Begriff der Geschäftsgrundlage sowie die Ansätze, die dessen inhaltliche Ausgestaltung versprechen,
als tauglich erweisen, auch das verschleiert widersprüchliche Verhalten näher zu
bestimmen.

1. Diskussion eines Rückgriffs auf den zivilrechtlichen Begriff der Geschäftsgrundlage

Hinsichtlich der Bestimmung konkludenter Erklärungsinhalte wird in der strafrechtlichen Literatur zuweilen ausdrücklich an das zivilrechtliche Verständnis der
Geschäftsgrundlage angeknüpft.[149] Bereits im Jahr 1979 rekurrierte auch der
dritte Strafsenat des Bundesgerichtshofs unter Hinweis auf Lackner auf die Tatsachen, die „nach Treu und Glauben (§ 242 BGB) Grundlage des Geschäftes
sind."[150] Insoweit könnte sich zunächst eine begriffsakzessorische Anknüpfung
an das zivilrechtliche Verständnis der Geschäftsgrundlage auch für eine strafrechtliche Beurteilung als tauglich erweisen. Ein Erkenntnistransfer in die Betrugsnorm kommt dabei nur in Betracht, sofern der zivilrechtliche Begriff der
Geschäftsgrundlage auch mit der Betrugsdogmatik kompatibel ist.

Der Begriff der Geschäftsgrundlage hat mit dem Schuldrechtsmodernisierungsgesetz in § 313 Eingang in das BGB gefunden. Der Gesetzgeber verfolgte
dabei eine Kodifizierung der von der Rechtsprechung etablierten Leitlinien[151],
deren Ursprünge bereits im gemeinen Recht zu verorteten sind. Entscheidend ist
ausweislich des Wortlautes der Norm des § 313 BGB eine schwerwiegende Veränderung der Geschäftsgrundlage nach Vertragsschluss (Abs. 1) oder eine wesentliche Fehlvorstellung der Parteien bei Vertragsschluss (Abs. 2). Geregelt ist
somit der Fall eines grundsätzlich unbeachtlichen Motivirrtums.[152] Das objektiv
Erklärte stimmt hier nicht mit dem subjektiv Gewollten überein, wobei das sub

---

[149] So etwa *Joecks/C. Jäger,* Studienkommentar StGB, § 263 Rn. 47: „(...) diejenigen Tatsachen (...), die nach § 242 BGB die Grundlage des Geschäfts bilden"; ebenso
Lackner, in: LK-StGB, § 263 Rn. 43 sowie *Puppe,* NStZ 1991, 571 (573).

[150] *BGHSt* 29, 165 (167) (*Rennwette*).

[151] Vgl. BT-Drs. 14/6040, S. 93; vgl. zur vorhergehenden Rechtsprechung etwa *RGZ*
103, 328 (332); *RGZ* 106, 422 (424); *RGZ* 168, 121 (126 ff.); *BGHZ* 25, 390 (392);
BGHZ 89, 226 (231 f.); *BGHZ* 128, 230 (236); *BGH* NJW 2001, 2259 (2260).

[152] Vgl. *Schwab/Löhnig,* Einführung in das Zivilrecht, Rn. 640.

jektiv Gewollte zugleich im Widerspruch zu den äußeren Umständen der Erklärung steht. Eine nähere Konkretisierung der Umstände, die die Geschäftsgrundlage des Vertrages bestimmen, lässt sich dem Gesetzeswortlaut nicht entnehmen und ist nach dem Willen des Gesetzgebers der Rechtsprechung überlassen.[153] Der Rechtsanwender kann den Begriff der Geschäftsgrundlage danach sowohl in einem subjektiven als auch in einem objektiven Sinn auslegen. Anknüpfend an Oertmanns Begriff der Geschäftsgrundlage[154] legt die Rechtsprechung ein subjektives Verständnis zugrunde und spricht von den

> „bei Vertragsschluss bestehenden gemeinsamen Vorstellungen beider Parteien oder die dem Geschäftsgegner erkennbaren und von ihm nicht beanstandeten Vorstellungen der einen Vertragspartei von dem Vorhandensein oder dem künftigen Eintritt gewisser Umstände, sofern der Geschäftswille der Parteien auf dieser Vorstellung aufbaut."[155]

Das Kriterium der Unzumutbarkeit eröffnet dabei die Möglichkeit, neben subjektiven gleichsam objektive Wertungen in die Abwägung einfließen zu lassen.[156] Auch Larenz möchte sowohl subjektive als auch objektive Momente berücksichtigen, indem er an diejenigen Umstände anknüpft, die objektiv notwendig sind, um dem Vertrag unter Zweckgesichtspunkten einen sinnvollen Inhalt zu geben.[157]

Hinsichtlich der dogmatischen Verortung eines zivilrechtlichen Begriffs der Geschäftsgrundlage ist zu betonen, dass zunächst das Reichsgericht[158], später auch der Bundesgerichtshof[159], zur Begründung des Rechtsinstituts den Grundsatz von Treu und Glauben heranzogen, welcher auch heute noch als Wurzel der Lehre vom Fehlen bzw. vom Wegfall der Geschäftsgrundlage anerkannt ist.[160] Damit lässt sich an dieser Stelle bereits unmittelbar an die zuvor geäußerte Kritik anknüpfen: Mit der Offenheit der begrifflichen Bestimmung kann zwar der gesetzgeberischen Intention, ein gewisses Maß an Flexibilität zur Verfügung zu stellen, Genüge getan werden. Gerade diese mangelnde Greifbarkeit des Vertragszweckkriteriums ist jedoch mit Blick auf dessen Implementierung in den betrugsstrafrechtlichen Täuschungsbegriff nicht unproblematisch. Der Begriff der Geschäftsgrundlage ist sowohl im Hinblick auf die Erheblichkeit einer Abweichung der Vorstellungen von der Wirklichkeit als auch hinsichtlich der Unzumutbarkeit eines Festhaltens trotz Abweichung zu prüfen; auch im Zivilrecht reicht

---

[153] Vgl. BT-Drs. 14/6040, S. 93.

[154] Vgl. *Oertmann,* Die Geschäftsgrundlage, S. 37.

[155] So etwa *BGHZ,* 131, 209 (214); *BGH,* NJW-RR 2006, 1037 (1038); *BGHZ* 167, 25 (33); *BGH* NJW 2015, 690 (691).

[156] Vgl. *Finkenauer,* in: MüKo-BGB, § 313 Rn. 24.

[157] Vgl. *Larenz,* Geschäftsgrundlage und Vertragserfüllung, S. 185.

[158] Vgl. etwa *RGZ* 99, 115 (115 f.); *RGZ* 107, 19 (21).

[159] Vgl. etwa *BGHZ* 25, 390 (392); *BGHZ* 89, 226 (231).

[160] Vgl. *Finkenauer,* in: MüKo-BGB, § 313 Rn. 182.

also der bloße „Wegfall der Geschäftsgrundlage" noch nicht, um entsprechende Rechtsfolgen auszulösen. Über das Erheblichkeitserfordernis werden auch die im Grundsatz von Treu und Glauben wurzelnden Gerechtigkeitserwägungen in den gesetzlichen Tatbestand überführt, da es gerade solche „mit Recht und Gerechtigkeit schlicht nicht mehr zu vereinbarenden"[161] Ergebnisse zu verhindern gilt.[162] Unter Berücksichtigung der vertraglichen bzw. gesetzlichen Risikoverteilung sind schließlich im Rahmen der Unzumutbarkeitsprüfung die Interessen der Parteien in Ausgleich zu bringen[163], um den Konflikt zwischen der Privatautonomie einerseits und dem Grundsatz von Treu und Glauben andererseits[164], aufzulösen. Eine unbesehene Übertragung der zivilrechtlichen Fallgruppen scheidet daher wegen der über den Grundsatz von Treu und Glauben in die Norm getragenen Wertungsspielräume, dessen Unabgeschlossenheit sowie dem Fehlen entsprechender Systematisierungskriterien aus.[165]

Darüber hinaus ergeben sich jedoch weitere Bedenken bezogen auf eine Übertragung entsprechender zivilrechtlicher Erkenntnisse in die Betrugsnorm. Diese betreffen in erster Linie die besondere Nähe des Instituts der Geschäftsgrundlage zum Grundsatz des „pacta sunt servanda", welcher unmittelbar auf das schutzwürdige Vertrauen in den auch künftigen Bestand eines einmal geschlossenen Vertrages rekurriert.[166] Folge einer Anerkennung dieses Vertrauensschutzes ist, dass einer ergänzenden Vertragsauslegung grundsätzlich der Vorrang einzuräumen ist.[167] Es sind daher solche Umstände nicht unter den Begriff der Geschäftsgrundlage im Sinne von § 313 BGB zu subsumieren, die bereits in der vertraglichen Vereinbarung selbst Niederschlag gefunden haben.[168] Nur für den Fall, dass der Vertrag eine Risikolücke aufweist, findet § 313 BGB und mit ihm das Institut der Geschäftsgrundlage Anwendung. Eine Übertragung dieser Überlegungen in die Betrugsnorm würde deren Anwendungsbereich jedoch von vornherein unangemessen verkürzen. Das Gesetz spricht von einer Täuschung über Tatsachen und bezieht auf diese Weise grundsätzlich auch Tatsachen in den Betrugstatbestand ein, die in der Vertragsgrundlage selbst angelegt sind.[169]

---

[161] *BAG*, NJW 2007, 2348 (2349).

[162] Vgl. *BAG*, NJW 2007, 2348 (2349).

[163] Vgl. *BGH*, NJW 2012, 1718 (1720); *BGH* NJW 2015, 690 (692); *BGH*, NJW 2015, 1014 (1015); *Jung/Krebs*, in: NK-BGB, § 313 Rn. 59; *Janda* NJ 2013,1 (3); *Schulze*, in: HK-BGB, § 313 Rn. 15; s. a. *Finkenauer*, in: MüKo-BGB, § 313 Rn. 77: „Die Interessen des Anpassungsgegners sind ernst zu nehmen und dürfen nicht vorschnell durch objektive Erwägungen verwässert werden."

[164] Vgl. *Feldhahn*, NJW 2005, 3381 (3381).

[165] Vgl. hierzu im Einzelnen oben Drittes Kapitel, D. III. 2., S. 153 ff.

[166] Vgl. *Schwarze*, Das Recht der Leistungsstörung, § 6 Rn. 4.

[167] Vgl. *Schwarze*, Das Recht der Leistungsstörung, § 6 Rn. 7.

[168] Vgl. *BGHZ* 131, 209 (214).

[169] So auch *Vogel*, in: GS Keller, S. 313 (317).

Der zivilrechtliche Begriff der Geschäftsgrundlage lässt überdies einen hinreichenden Bezug zur (täuschungsrelevanten) Erklärung selbst vermissen, da er lediglich an die die Täuschung umgebenden Umstände anknüpft.[170] Bei der konkludenten Täuschung im Zusammenhang mit privatautonomer Rechtsgestaltung ergibt sich der (verschleierte) Widerspruch jedoch gerade aus der Erklärung. Der verschleierte Widerspruch manifestiert sich in eben dem konkreten Erklärungsinhalt, weshalb auch dieser und nicht die Geschäftsgrundlage im oben dargestellten Sinn originärer Anknüpfungstatbestand einer Beurteilung des Verhaltens in strafrechtlicher Hinsicht sein muss.

2. Grenzen eines strafrechtlichen Begriffs der Geschäftsgrundlage

Sofern im literarischen Diskurs ein ausdrücklicher Rückgriff auf den zivilrechtlichen Begriff der Geschäftsgrundlage nicht erfolgt, wird jedoch überwiegend zumindest auf die zivilrechtlichen Grundlagen des Geschäftes Bezug genommen, um die strafrechtsrelevanten Geschäftsgrundlagen zu bestimmen. Während zuweilen auf den konkreten Vertragsinhalt abgestellt wird[171] rekurrieren andere auf die zivilrechtliche Risikoverteilung.[172] Losgelöst von einer zivilrechtlichen Anbindung wird der Begriff der Geschäftsgrundlage zumeist in einem nicht näher bezeichneten Sinn verwendet.[173] So wird etwa gesprochen von „mitzukommunizierenden"[174], „selbstverständlichen"[175] oder „vom Erklärungsempfänger unterstellten"[176] Geschäftsgrundlagen, deren nähere Bestimmung einer einzelfallbezogenen Betrachtung überlassen bleibt. Einige Autoren verwenden anstelle oder neben dem Begriff der Geschäftsgrundlage auch denjenigen des Geschäftstyps.[177] Dabei wird der Begriff des Geschäftstyps teilweise auch

---

[170] Ähnlich auch *Mayer-Lux*, Die konkludente Täuschung beim Betrug, S. 169.

[171] Vgl. *C. Jäger*, JA 2013, 868 (870).

[172] Vgl. *Noltenius*, wistra 2008, 285 (288); mit Tendenzen auch *Feinendegen*, NJW 2007, 787 (788), der zu der „unverzichtbaren Grundlage des Geschäfts" explizit die Essentialia zählt; ebenso *Mühlbauer*, HRRS 2003, 161 (163); *Petropoulos/Morozinis*, wistra 2009, 254 (255).

[173] Vgl. etwa *Soyka*, NStZ 2004, 538 (541); *Hartmann/Niehaus*, JA 2006, 432 (434): „Geschäftsgrundlage des geschlossenen Vertrages"; *Fasten/Oppermann*, JA 2006, 69 (71); s.a. *Saliger/Rönnau/Kirch-Heim*, NStZ 2007, 361 (364), die zwischen wettbewerbsinterner und betrugsrelevanter wettbewerbsexterner Manipulation unterscheiden und lediglich bei Letzterer einen „direkten Eingriff in die Geschäftsgrundlage" annehmen; s.a. *Kindhäuser*, in: NK-StGB, § 263 Rn. 132: „(...) erkennbar zur Geschäftsgrundlage und damit zur Voraussetzung des Vertragsschlusses gemacht (...)"; *ders./Nikolaus*, JuS 2006, 193 (195).

[174] *Gaede*, HRRS, 2007, 18 (19).

[175] *Radtke*, JURA 2007, 445 (450).

[176] *Fischer*, StGB, § 263 Rn. 22a.

[177] Vgl. *Hefendehl*, in: MüKo-StGB, § 263 Rn. 132; *Rengier*, Strafrecht BT I, § 13 Rn. 11; *Eisele*, Strafrecht BT II, § 263 Rn. 531; *Braun*, StraFo 2005, 102 (104); *Mühlbauer*, wistra 2003, 244 (249).

mit weiteren wertungsausfüllungsbedürftigen Aspekten, etwa der „Redlichkeit im Geschäftsverkehr"[178], verbunden.

Erfolgt nicht allein ein Rückzug auf unbestimmte, generalklauselartige Formulierungen, wird der Begriff der Geschäftsgrundlage somit überwiegend unter Rückgriff auf die zivilrechtliche Risikoverteilung sowie den Vertragszweck bestimmt. Damit unterscheidet sich dieser Maßstab zunächst einmal nicht wesentlich vom zivilrechtlichen Begriff der Geschäftsgrundlage. Zwar impliziert dies wegen der grundsätzlichen Möglichkeit einer eigenständigen Gewichtung sowie der Hinzunahme autonomer Kriterien im Strafrecht nicht dessen ausschließliche begriffsakzessorische Anbindung an das Zivilrecht; im Ergebnis lässt eine Untersuchung der einzelnen Ansätze jedoch eine mehr oder weniger strenge inhaltliche Zivilrechtsakzessorietät erkennen. Der damit einhergehende Mangel an Bestimmtheit, dem sich dieses Vorgehen nicht wird erwehren können, lässt sich exemplarisch am Ansatz Tiedemanns aufzeigen. Tiedemann lehnt zwar den von Lackner befürworteten Rückgriff auf das Zivilvertragsrecht und den Begriff der Geschäftsgrundlage ab.[179] Den Geschäftstyp bestimmt Tiedemann sodann jedoch nicht vollständig losgelöst von der zivilrechtlichen Risikoverteilung, indem er die Zwecksetzung der Vertragsparteien als entscheidend betrachtet.[180] Zentrales Element für die Bestimmung der Risikosphären im Zusammenhang mit der vertraglichen Rechtsgestaltung ist für Tiedemann die Privatautonomie. Sie bewirke bei einer synallagmatischen Verbindung grundsätzlich eine ausgeglichene Risikoverteilung, welche jedoch – etwa durch die Übernahme eines Beratungselementes – verschoben werden könne.[181] Dort, wo privatautonome Gestaltung stattfinde, verenge sich der Anwendungsbereich konkludenter Erklärungen. Ein in diesem Sinne nicht näher spezifizierter Rückgriff auf die zivilvertragliche Risikogrundlage ist jedoch bereits deshalb problematisch, weil in diesem Fall unklar ist, wie weit eine zivilrechtsakzessorische Betrachtung reichen soll und nach welchen Maßstäben der Umfang im Einzelnen zu bestimmen ist. Weder über einen Rekurs auf den Vertragsinhalt an sich noch auf die zur Grundlage des Geschäftes erhobenen Umstände wird eine Präzisierung des Begriffs der Geschäftsgrundlage erreicht. Insoweit bleibt gerade die entscheidende Frage unbeantwortet, welche zivilrechtlichen Pflichten für die Bestimmung der konkludenten Täuschung in das Strafrecht inkorporiert werden sollen, wie somit die „rechtlichen Rahmenbedingungen"[182] im Einzelnen zu bestimmen sind. Ein den Begriff der Geschäfts-

---

[178] So etwa bei *Perron*, in: Schönke/Schröder, StGB, § 263 Rn. 14/15.

[179] Vgl. *Tiedemann*, in: LK-StGB, § 263 Rn. 31.

[180] Vgl. *Tiedemann*, in: LK-StGB, § 263 Rn. 33; ähnlich auch *Hefendehl*, in: MüKo, § 263 Rn. 132: „Bei den den Geschäftstyp prägenden Umständen handelt es sich um solche, ohne die ein Leistungsaustausch zweifelsfrei an den Interessen einer Partei vorbeiginge."

[181] Vgl. *Tiedemann*, in: LK-StGB, § 263 Rn. 35.

[182] *Hefendehl*, in: MüKo-StGB, § 263 Rn. 121.

grundlage übergreifendes Konzept zur Übertragung der im Zusammenhang mit dem Begriff der Geschäftsgrundlage bzw. des Geschäftstyps angestellten Überlegungen lässt sich dem wissenschaftlichen Diskurs bislang nicht entnehmen. Vielmehr wird die Geschäftsgrundlage als jenes dogmatische Fangnetz gebraucht, das als Mindestvoraussetzung bezeichnet werden kann, um überhaupt zu (irgendeiner) Benennung konkludenter Erklärungsinhalte zu gelangen.

E. Entwicklung des eigenen Kriteriums

Die im vorangegangenen Abschnitt untersuchten Kriterien haben sich allesamt nicht als tauglich erwiesen, das verschleiert widersprüchliche Verhalten über die Konturierung der entscheidenden erwarteten Wirklichkeit näher zu bestimmen. Der zutage tretende Erkenntnismangel beruht dabei insbesondere auf der Zwischenschaltung wertungsausfüllungsbedürftiger Kriterien, inhaltlich variabler Begrifflichkeiten sowie dogmatisch unpassender Konstruktionen, ohne dabei den verschleierten Widerspruch als konstitutives Element des Täuschungsmerkmals hinreichend zu berücksichtigen. Im Folgenden wird das *Kriterium eines Abschnitts elementar vermögensrelevanter Gestaltungsoptionen* in seiner Funktion zur Bestimmung verschleiert widersprüchlichen Verhaltens im Kontext privatautonomer Rechtsgestaltung vorgestellt. Das Kriterium eines Abschnitts elementar vermögensrelevanter Gestaltungsoptionen erweist sich dabei als geeignet, die Schnittstelle zwischen Selbst- und Fremdverantwortung im betrugsstrafrechtlichen Kontext zu bestimmen.

I. Abschnitt von Handlungsoptionen als notwendiges Element verschleiert widersprüchlichen Verhaltens

Es konnte bereits herausgearbeitet werden, dass verschleiert widersprüchliches Verhalten immer auch mit dem Abschnitt von Handlungsmöglichkeiten einhergeht, welche sich dem Kommunikationspartner bei einer sich ihm unter Kontinuitätsgesichtspunkten offenbarten Wirklichkeit grundsätzlich eröffnen.[183] Diesen Gedanken aufgreifend, lässt sich für die Bestimmung der erwarteten Wirklichkeit letztlich an die dem Vermögensinhaber zur Verfügung stehenden Handlungsoptionen anknüpfen. Diese Erkenntnis lässt sich auch über ein an den methodologischen Individualismus angelehntes Verständnis des Wirtschaftsstrafrechts stützen. Mit der damit einhergehenden freiheitssichernden Funktion des Wirtschaftsstrafrechts[184] ist gleichermaßen die Notwendigkeit verbunden, auch die grundlegenden Voraussetzungen dieses individuellen Wirtschaftens zu

---

[183] Hierzu oben Drittes Kapitel, C. II. 3., S. 144 ff.
[184] Vgl. *Mansdörfer*, Zur Theorie des Wirtschaftsstrafrechts, S. 34.

sichern. Eine Wahrnehmung wirtschaftlicher Gestaltungsfreiheit ist jedoch nur dann denkbar, wenn der Einzelne um die ihm grundsätzlich offenstehenden Möglichkeiten weiß, sein Wirtschaftsgut Vermögen einzusetzen. Werden einzelne Handlungsmöglichkeiten durch einen Dritten ausgeschaltet, liegt für den Getäuschten ein verschleierter Widerspruch zwischen der tatsächlichen Wirklichkeit und seiner vermögensrelevanten Gestaltungserwartung vor. Gerade weil der Betrugstatbestand das Vermögen schützt, bedarf es auch einer diesbezüglichen Beschränkung des Anknüpfungstatbestandes auf den Abschnitt entsprechend vermögensrelevanter Handlungsoptionen.[185]

Eine erste Konkretisierung der insoweit entscheidenden erwarteten Wirklichkeit lässt sich dabei dergestalt vornehmen, dass ein Abschnitt elementar vermögensrelevanter Handlungsoptionen dann anzunehmen ist, wenn dem Rechtsgutsinhaber die Entscheidung um die Preisgabe seiner Vermögensgüter entweder vollständig abgenommen wird oder aber auf eine von einer eigenverantwortlichen Entscheidung nicht getragene Risikogrundlage gestellt wird. In beiden Fällen werden dem Vermögensinhaber einzelne Handlungsmöglichkeiten durch die Interventionshandlung eines Dritten abgeschnitten. Während im ersten Fall dem Getäuschten die Möglichkeit genommen wird, sich gegen die Disposition überhaupt zu entscheiden, ist es im zweiten Fall die Möglichkeit, eine Preisgabe der eigenen Vermögensgüter zu den nunmehr veränderten Risikokonditionen abzulehnen. Eine Präzisierung des Kriteriums eines Abschnitts elementar vermögensrelevanter Handlungsoptionen erfordert daher zunächst die Festlegung derjenigen Voraussetzungen, unter denen von einer eigenverantwortlichen Preisgabe eigener Vermögensgüter auszugehen ist.

II. Das Prinzip der Eigenverantwortlichkeit

Das als Bestandteil der objektiven Zurechnung weitgehend anerkannte Prinzip der Eigenverantwortlichkeit[186] wird vielerorts bemüht, um die strafrechtliche Verantwortung des Täters von der (Eigen-)Verantwortung des Opfers abzugrenzen.[187] Im Folgenden gilt es, die im Rahmen des wissenschaftlichen Diskurses um das Prinzip der Eigenverantwortlichkeit gewonnenen Erkenntnisse für die Bestimmung des Bereichs übergegangener Informationsverantwortung im Rahmen des eigenen Ansatzes nutzbar zu machen.

---

[185] Dies ablehnend und lediglich ein Verhalten mit Erklärungswert fordern dagegen *Jaguttis/Parameswaran*, NJW 2003, 2277 (2279).

[186] Vgl. etwa *Esser*, in: FS Krey, S. 81 (82); *K. Kühl*, Strafrecht AT, § 4 Rn. 83; *Wessels/Beulke/Satzger*, Strafrecht AT, Rn. 259; *Radtke*, in: FS Puppe, S. 831 (836); *Bosch*, Organisationsverschulden, S. 8 f.

[187] Vgl. etwa *Döpfner*, Der Restaurierungsbetrug, S. 191; *Hennings*, Teleologische Reduktion des Betrugstatbestandes, S. 172 ff.; *Esser*, in: FS Krey, S. 81 (96 ff.); *Merz*, Bewußte Selbstschädigung, S. 155.

1. Verknüpfung der dogmatischen Grundlagen eigenverantwortlicher Selbstgefährdung mit der konstitutiven Widersprüchlichkeit des Täuschungsmerkmals

In seiner viktimodogmatischen Interpretation wird der Gewährung eigenverantwortlich gestaltbarer Bereiche als Kehrseite die Pflicht entgegengesetzt, eben diesen Bereich auch unter Verzicht auf staatliche Maßnahmen so weit wie möglich eigenverantwortlich zu schützen.[188] Der Frage einer normativen Bedeutung unterlassenen Selbstschutzes vorgelagert ist jedoch bereits diejenige einer bereichsweisen Preisgabe von Rechtsgütern mit Blick auf einzelne Gefahrenquellen durch den Rechtsgutsinhaber selbst.[189] Entscheidend ist somit zunächst nicht die Verletzung solcher dem Opfer womöglich obliegender selbstschützender Pflichten, sondern die eigenverantwortliche Gestaltung des eigenen Rechtskreises und damit die Ausübung solcher die eigenen Rechtsgüter betreffender Rechte.

Eine strafrechtliche Verantwortlichkeit des Täters wird nach ganz überwiegender Ansicht abgelehnt, wenn der Inhaber die eigenen Rechtsgüter freiverantwortlich und sehenden Auges einer Gefährdung durch Dritte aussetzt und sich genau diese Gefahr letztlich auch realisiert.[190] Die Eigenverantwortung des Rechtsgutsinhabers lässt sich somit grundsätzlich als Grenze strafrechtlich zurechenbarer Verantwortung des anderen Teils verstehen.[191] Der dogmatische Standort einer Diskussion um die Bedeutung und Behandlung der Fallgruppe der eigenverantwortlichen Selbstgefährdung wird dabei sowohl in der Akzessorietät der Teilnahme[192], dem Schutzzweck der Norm[193], der Sozialadäquanz[194], als auch im Autonomieprinzip[195] gesehen. Insbesondere die Rechtsprechung bemüht seit dem so genannten *Heroinspritzen-Urteil*[196] des Bundesgerichtshofs eine Argumentation aus der Strafbarkeit der Teilnahme heraus. Wer sich an einer straflosen Selbsttötung beteilige, mache sich mangels akzessorischer Haupttat nicht strafbar.[197]

---

[188] Vgl. *Kurth,* Das Mitverschulden des Opfers beim Betrug, S. 142, 179; *Ellmer,* Betrug und Opfermitverantwortung, S. 234; *R. Hassemer,* Schutzbedürftigkeit des Opfers und Strafrechtsdogmatik, S. 35.

[189] Vgl. *Freund,* Erfolgsdelikt und Unterlassen, S. 199; *Murmann,* Die Selbstverantwortung des Opfers im Strafrecht, S. 398 (dort Fn. 332).

[190] Vgl. *Kuhli,* HRRS 2008, 385 (386); in der Rechtsprechung für die Selbstgefährdung so erstmals im so genannten *Heroinspritzen-Urteil* statuiert, vgl. *BGHSt* 32, 262 (264).

[191] Vgl. *Schumann,* Strafrechtliches Handlungsunrecht, S. 1.

[192] So insbesondere die Rechtsprechung seit *BGHSt* 32, 262 (265).

[193] So etwa *Roxin,* Strafrecht AT I, § 11 Rn. 106.

[194] So im Ergebnis etwa *Frisch,* NStZ 1992, 1 (6 f.).

[195] Vgl. *Duttge,* in: MüKo-StGB, § 15 Rn. 154; *Zaczyk,* Strafrechtliches Unrecht, S. 19 ff.; *Murmann,* Die Selbstverantwortung des Opfers im Strafrecht, S. 397 f.

[196] Vgl. *BGHSt* 32, 262 ff.

[197] Vgl. *BGHSt,* 19, 135 (137 f.) (*Gisela*); *OLG München,* NJW 1987, 2940 (2941) (*Hackethal*).

Was für eine Beteiligung an der Selbsttötung gelte, habe im Sinne eines *argumentum a maiore ad minus* erst recht für bloße Beteiligungen an eigenverantwortlichen Selbstgefährdungen zu gelten. Mit diesem Urteil vollzog sich schließlich auch der Wandel in der Rechtsprechung von der Pflichttheorie hin zu einer Argumentation nach den Grundsätzen der Akzessorietät der Teilnahme. Entscheidend sollte nach der früher vertretenen Pflichttheorie sein, inwieweit die Mitwirkung des Täters an der fremden Selbstverletzung als pflichtwidrig zu beurteilen war.[198]

Allein aus der vorgestellten dogmatischen Herleitung lässt sich hingegen noch nicht der Verlauf der Grenzen strafrechtlicher Verantwortung bestimmen[199], sodass es der Hinzunahme eines weiteren entscheidenden Aspektes bedarf. Unabhängig von der gewählten dogmatischen Verortung geht es letztlich immer um die Frage nach der Eigenverantwortlichkeit bzw. Freiverantwortlichkeit des Handelnden.[200] Dem eigenen dogmatischen Ansatz wird die Rechtsprechung dabei insoweit gerecht, als sie hier an die Regeln der Tatherrschaft anknüpft, um eigenverantwortliche Selbstgefährdung einerseits und einverständliche Fremdgefährdung andererseits, zu unterscheiden.[201] In Anlehnung an die tatbeherrschenden Bezugspunkte bei der Rechtsgutsgefährdung spricht der Bundesgerichtshof daher zuweilen zutreffend auch von „Gefährdungsherrschaft".[202] Entscheidend für einen strafrechtsrelevanten Verantwortungsübergang solle sein, inwieweit das Opfer das rechtsgutsgefährdende Risiko im selben Umfang erblicken könne, wie der sich beteiligende Dritte oder aber der Dritte über „überlegenes Sachwissen" verfüge.[203] Ein beim Dritten vorliegendes überlegendes Wissen erlaubt jedoch für sich noch keine Aussage dahingehend, in welchem Umfang der Rechtsgutsinhaber das betroffene Rechtsgut auch einzelnen Risiken preisgegeben wissen möchte. Insbesondere in seiner Rauschgift-Rechtsprechung nimmt der Bundesgerichtshof daher auch eine differenziertere Betrachtung hinsichtlich des tatsächlich

---

[198] Vgl. etwa *RGSt* 57, 172 (173) (*Memel-Fall*); *BGHSt* 7, 112 (115).

[199] Mit ähnlicher Kritik auch *Duttge,* in: FS Otto, S. 227 (241).

[200] Vgl. *Lasson,* ZJS 2009, 359 (361); ausdrücklich auf das „Prinzip" der Eigenverantwortung rekurrierend auch *K. Kühl,* Strafrecht AT, § 4 Rn. 72 und *Matthes-Wegfraß,* Der Konflikt zwischen Eigenverantwortung und Mitverantwortung im Strafrecht, S. 77 ff.

[201] Vgl. etwa *BGHSt* 49, 34 (39); *BGHSt* 53, 55 (60) (*Beschleunigungsrennen*); *BGH* StV 2014, 601 (602); *BayObLG,* NJW 1990, 131 (132); *OLG Koblenz,* Blutalkohol 2002, 483 (483); *OLG Celle,* StV 2013, 27 (29); aus der Literatur zustimmend etwa *Duttge,* in: HK-GS, § 15 Rn. 45; *Fischer,* StGB, Vor § 13 Rn. 37; *K. Kühl,* in: Lackner/Kühl, StGB, Vor § 211 Rn. 12; im Ergebnis auch *Walter,* NStZ 2013, 673 (675 f.); kritisch dagegen etwa *Roxin,* GA 2012, 655 (659).

[202] *BGH* NJW 2003, 2326 (2327) (*Müllcontainer-Fall*); *BGHSt* 53,55 (61) (*Beschleunigungsrennen*); so auch *Altvater,* NStZ 2004, 23 (25).

[203] Vgl. *BGHSt* 32, 262 (265); *BGH,* NStZ 1986, 266 (267); *BGH* NStZ 1985, 25 (26) (*Stechapfeltee-Fall*); *BGHSt* 36,1 (17); *BGHSt* 46, 279 (289); s. a. *Hoffmann-Holland,* Strafrecht AT, Rn. 135, der ein eindeutig überlegenes Wissen des Täters hinsichtlich der Gefährlichkeit der konkreten Handlung fordert.

beim Rechtsgutsinhaber vorliegenden Risikowissens vor, indem er seinen Maßstab für das „überlegene Wissen" unmittelbar an die Erfassung der gefahrtragen-
den Umstände selbst anknüpft.[204] Präzisieren lässt sich die Abgrenzung der
Eigenverantwortlichkeit zur (hier: mittelbaren) Fremdverantwortung daher über
eine Anbindung des risikoadjustierten Wissens des Rechtsgutsinhabers an den
autonomen Entscheidungsprozess. Selbst- bzw. Eigenverantwortung bedeuten
zunächst immer auch die selbstbestimmte Inanspruchnahme der eigenen rechts-
güterbezogenen Freiheitssphäre und damit auch das Recht, diese Rechtsgüter Gefährdungen auszusetzen.[205] Mit der Entscheidung für die Gefährdung lässt sich
der Eigenverantwortlichkeit damit auch eine subjektive Komponente der Einwilligung, zwar nicht in den tatbestandsmäßigen Erfolg, dennoch aber in die entsprechende Gefährdung, entnehmen.[206] Einwilligung ist dabei jedoch nicht im
Sinne einer Billigung grundsätzlich rechtlich missbilligten Verhaltens von dritter
Seite durch den Vermögensinhaber selbst zu verstehen, sondern qualifiziert vielmehr das Drittverhalten bereits als tatbestandslos.[207] Damit geht es um ein Ein-
stehenwollen für solche aus dem eigenverantwortlich preisgegebenen Bereich re-
sultierender Gefahren und damit gerade die Ausübung jener Gewährleistung als
Ausdruck eines selbstbestimmten Opfers.[208] Konsequent ist es daher auch, dass
überwiegend auf die Grundsätze der rechtfertigenden Einwilligung zurückgegriffen wird, um die Eigenverantwortlichkeit näher auszugestalten.[209]

---

[204] Vgl. *BGH*, NJW 2000, 2286 (2287); *BGHSt* 53, 288 (290 f.); *BGHSt* 59, 150
(169 f.).

[205] So im Ergebnis auch *Zaczyk*, Strafrechtliches Unrecht, S. 26; *Matthes-Wegfraß*,
Der Konflikt zwischen Eigenverantwortung und Mitverantwortung im Strafrecht, S. 85:
„(…) Verantwortung (…) als Korrelat der Handlungsfreiheit"; *Meliá*, ZStW 111 (1999),
357 (373 f.); vgl. zum positiven Aspekt des Selbstbestimmungsrechtes etwa *Steiner*,
NJW 1991, 2729 (2734): „Recht auf eine risikobehaftete Lebensweise"; *Hufen*, NJW
2001, 849 (851): „Recht zur Selbstgefährdung bis hin zur Selbstaufgabe"; *Dietlein*, Die
Lehre von den grundrechtlichen Schutzpflichten, S. 223: „Recht zu unvernünftigem
Verhalten".

[206] Vgl. *Otto*, Allgemeine Strafrechtslehre, § 6 Rn. 62; *Schild*, JURA 1982, 585
(591 f.); eine präzise Unterscheidung zwischen Rechtsgutspreisgabe auf der einen und
Einwilligung auf der anderen Seite findet sich auch bei *Ensthaler*, Einwilligung und
Rechtsgutspreisgabe beim fahrlässigen Delikt, S. 31; s.a. *Herzberg*, JA 1985, 265
(270), der konsequent nur von „relativer Freiverantwortlichkeit" spricht.

[207] Vgl. *Murmann*, Die Selbstverantwortung des Opfers im Strafrecht, S. 398; *Frisch*,
NStZ 1992, 1 (5); *Pasedach*, Verantwortungsbereiche wider Volksgesundheit, S. 84; anders hingegen *Dach*, NStZ 1985, 24 (25); *U. Weber*, in: FS Baumann, S. 43 (46).

[208] Vgl. *Murmann*, Die Selbstverantwortung des Opfers im Strafrecht, S. 397 f.

[209] Vgl. etwa *Hoffmann-Holland*, Strafrecht AT, Rn. 135; *Frisch*, Tatbestandsmäßiges
Verhalten, S. 166; *Freund*, Erfolgsdelikt und Unterlassen, S. 204 f.; *Amelung*, NJW
1996, 2393 (2395); *Herzberg*, Täterschaft und Teilnahme, S. 38; *ders.*, JA 1985, 336
(343); *Otto*, in: FS Tröndle, S. 157 (174); andere wollen dagegen ein Exkulpations-
regeln zur Anwendung bringen, vgl. etwa *Dölling*, GA 1984, 71 (76, 78 ff.); *Pasedach*,
Verantwortungsbereiche wider Volksgesundheit, S. 200 ff.; *Roxin*, Strafrecht AT I, § 11
Rn. 114; *G. Dannecker/Stoffers*, StV 1993, 642 (644); dies favorisierend wohl auch
Jahn, ZIS 2006, 57 (59).

Ausgeübte Selbstverantwortung ist damit immer auch die Entscheidung zwischen oppositionellen Alternativen.[210] Ein Abschnitt von Handlungsoptionen durch einen Dritten kommt daher von vornherein nicht in Betracht, wenn der Rechtsgutsinhaber einzelne Möglichkeiten eigenverantwortlich verworfen hat. Für die Annahme einer einverständlichen Fremdgefährdung ist, wie es das Bayerische Oberlandesgericht zutreffend formuliert, zu fordern, dass sich das „bessere Sachwissen" gerade auf das eingegangene Risiko bezieht.[211] In diesem Sinne lässt sich somit auch von einer Beherrschung der der Rechtsgutsverletzung vorhergehenden Risikosituation sprechen.[212] Nur eine solche Betrachtung ist geeignet, zu beurteilen, inwieweit der Inhaber seine Rechtsgüter tatsächlich einzelnen Gefährdungen preisgegeben wissen möchte. Eigenverantwortlichkeit erfordert daher, dass der Rechtsgutsträger imstande ist, dieses Risiko zutreffend einzuschätzen.[213] Dies erfordert Kenntnis von denjenigen Umständen, die eine Erfassung und Bewertung der das Rechtsgut tatsächlich treffenden Risiken ermöglichen.[214] Dass es sich um eine gefahrträchtige Tätigkeit handelt, das Vorhandensein von Gefahren für das Opfer damit dem Grunde nach erkennbar – und möglicherweise sogar allgemein bekannt – ist, reicht dabei jedoch grundsätzlich nicht aus.[215] Dieser Umstand lässt keinerlei Rückschluss auf einen Akt der Preisgabe durch den Rechtsgutsinhaber zu.

2. Abschnitt von Handlungsoptionen und eigenverantwortliche Risikoentscheidung

Mit Blick auf den der Täuschung immanenten Risikoverwirklichungszusammenhang lässt sich unter Rückgriff auf den vorgenannten dogmatischen Ausgangspunkt konstatieren, dass die strafrechtliche Verantwortung beim Rechtsgutsinhaber selbst liegt, sofern das vom Täter mit der Täuschung gesetzte Risiko für die Vermögensgüter den die Disposition leitenden Willensbildungsprozess des

---

[210] Vgl. *Bierhoff,* in: Koch/Kaschube/Fisch, Eigenverantwortung für Organisationen, S. 47 (49); s. a. *Zaczyk,* Strafrechtliches Unrecht, S. 45: „Durch das Verhalten des Täters muß es vielmehr zu einer Reduzierung der Handlungsalternativen kommen, zu einer Verengung der Entscheidungssituation des Opfers."

[211] Vgl. *BayOLG,* NStZ 1997, 341 (342); ähnlich *Puppe,* in: NK-StGB, Vor § 13 Rn. 197, die ausführt, es komme nicht darauf an, ob das sich selbst gefährdende Opfer „mehr weiß als der andere, sondern ob es genug weiß"; s. a. *Stam,* StV 2011, 536 (537 f.), der zwar grundsätzlich auch auf das Risikowissen des Opfers abstellt, jedoch zusätzlich den Vorgang der Risikobewertung durch den Täter einbezogen wissen möchte.

[212] Vgl. *Duttge,* in: FS Otto, S. 227 (244).

[213] So im Ergebnis auch *Eick,* Die Berücksichtigung des Opferverhaltens beim Betrug, S. 142; *Eschweiler,* Selbstgefährdung, S. 84; *Otto,* in: FS Tröndle, S. 157 (174).

[214] So im Ergebnis auch *Christmann,* JURA 2002, 679 (681); *Puppe,* JZ 2011, 911 (911); *Degener,* Die Lehre vom Schutzzweck der Norm, S. 357.

[215] Vgl. *Menrath,* Die Einwilligung in ein Risiko, S. 139; *Schünemann,* JA 1975, 715 (723).

Rechtsgutinhabers kraft dessen risikoadjustierten Wissens nicht entscheidungs-
tragend beeinflussen konnte.[216] Die mit der eigenverantwortlichen Preisgabe
gleichsam verbundenen Handlungsoptionen sind dann allein dem Verantwortungsbereich des Rechtsgutinhabers zuzurechnen, da dieser insoweit seine Dis-
positionsbefugnis nicht verliert. Lediglich für den Fall, dass das Opfer eben diese
Gefährdungen für das eigene Vermögen abschätzen kann, ist ihm die Ergreifung
zusätzlich vermögensschützender Maßnahmen möglich und zumutbar.

Allerdings gilt es im Zuge einer Bestimmung strafrechtlicher Verantwortung
dem Ultima-ratio-Charakter des Strafrechts zur Geltung zu verhelfen. Nicht jeder
Abschnitt von Handlungsoptionen kann den Urheber für daraus entstehende Ver-
mögensschäden auch strafrechtlich verantwortlich machen. Vielmehr bedarf es
eines Anknüpfens an das herausgearbeitete Strafrechtsverständnis, welches über
die gesellschaftliche Schutzfunktion des Strafrechts an den elementaren Bereich
des Rechtsgüterschutzes gekoppelt ist.[217] Das eigene Kriterium lässt sich somit
über den Aspekt elementarer Vermögensrelevanz komplettieren. Für die Prüfung
eines Abschnitts elementar vermögensrelevanter Handlungsoptionen ist dabei in
einem ersten Schritt entscheidend, inwieweit der Vermögensinhaber trotz Interventionshandlung des Dritten befähigt bleibt, frei über sein Vermögen zu disponieren.[218] Eigenverantwortlichkeit erfordert daher, dass der Vermögensinhaber
die rechtsgutsgefährdende Situation in seinen Willensbildungs- und Entscheidungsprozess um die Preisgabe seiner Vermögensgüter aufgenommen hat. Eben
dieser Bereich reflektiert elementare Vermögensrelevanz. Ein strafrechtsrelevanter Übergang von Verantwortung auf den intervenierenden Dritten erfordert dagegen, dass das Wissen des Dritten risiko- und damit entscheidungstragende Elemente umfasst, die gerade dem Vermögensinhaber verborgen geblieben sind. Das
so beim Vermögensinhaber vorliegende risikobezogene Wissensdefizit ist dann
Ausdruck der insoweit abgeschnittenen elementar vermögensrelevanten Handlungsoptionen. Sofern der Einzelne in Kenntnis all jener Umstände die Entscheidung trifft, das eigene Vermögen mit dem Eingehen vertraglicher Verbindlichkeiten einzelnen Risiken auszusetzen, kann bei schlussendlicher Realisierung dieses
Risikos die Verantwortung hingegen nicht auf einen Dritten verlagert werden. Die
eigenverantwortliche Risikoentscheidung des Rechtsgutsträgers bewirkt somit
letztlich keine Unterbrechung eines einmal gesetzten Risikos durch einen Dritten, sondern betrifft bereits die Frage des Handlungsunrechts als solche.[219]

---

[216] S. a. *Duttge*, in: FS Otto, S. 227 (246), der in diesem Zusammenhang auch von
Steuerbarkeit spricht.

[217] Vgl. zur Herleitung im Einzelnen oben Zweites Kapitel, B. II., S. 113 ff.

[218] Ähnlich auch *Merz*, Bewußte Selbstschädigung, S. 162 ff., der die Dispositionsfreiheit ebenfalls für eine normative Begrenzung der Betrugsnorm heranzieht, diese jedoch zutreffend nicht als Rechtsgut des Betrugstatbestandes, sondern vielmehr als aus
dem Vermögensschutz abgeleitet qualifiziert.

[219] So auch *Murmann*, Die Selbstverantwortung des Opfers im Strafrecht, S. 397;
Meliá, ZStW 111 (1999), 357 (374).

Damit zeigt sich, dass das eigene Kriterium die Angriffshandlung selbst in den Blick nimmt, gleichermaßen jedoch die sich im Abschnitt elementar vermögensrelevanter Handlungsoptionen manifestierende freiheitsbeschränkende Wirkung beim Opfer berücksichtigt. Eines Rückgriffs auf eine „viktimodogmatische Tatbestandsauslegung"[220] bedarf es daher nicht. Ebenso lässt ein Anknüpfen an das Institut der eigenverantwortlichen Selbstgefährdung die Schaffung einer dogmatischen Grundlage zu, ohne auf die Konstruktion von Aufklärungspflichten angewiesen zu sein. Darüber hinaus lässt sich auch eine weitere entscheidende Konklusion ziehen: Über die Ausrichtung eines konstitutiven Abschnitts von Handlungsoptionen am geschützten Vermögensrechtsgut wird der der Täuschung immanente Realisierungszusammenhang mit dem Tatbestandsmerkmal der Vermögensverfügung verknüpft.

Im Folgenden ist nunmehr der Risikobereich zu bestimmen, den die Parteien in den vertragsleitenden Entscheidungsprozess jeweils aufnehmen. Nur die für die eigenen Vermögensgüter erkannten und in den Entscheidungsprozess aufgenommenen Gefahrenbereiche können einen täuschungsrelevanten Abschnitt von Handlungsoptionen durch den Vertragspartner ausschließen.

3. Die Risikogrundlage als Ausdruck elementarer Vermögensrelevanz im Kontext privatautonomer Rechtsgestaltung

Im ersten Kapitel dieses Forschungsvorhabens konnte das systematische Risiko als entscheidungserheblicher Parameter dispositiver Entscheidungsfindung definiert und die Risikogrundlage als Resultat des Prognoseprozesses insgesamt beschrieben werden.[221] Durch die Anknüpfung an das soeben herausgearbeitete Verständnis von Entscheidungserheblichkeit können diese Erkenntnisse nutzbar gemacht werden, um die Bereiche elementarer Vermögensrelevanz im Kontext privatautonomer Rechtsgestaltung zu identifizieren. Anzuknüpfen gilt es dabei auch hier an den Prozess der Entscheidungsfindung selbst. Ausweislich obiger Ausführungen bedeutet Entscheidungsfindung immer auch Ausübung eigenverantwortlicher Entscheidungsgewalt. Der betrugsrelevante Abschnitt elementar vermögensrelevanter Handlungsoptionen ist daher letztlich immer über die vom Vermögensinhaber über die eigenverantwortliche Prognose preisgegebenen Risikobereiche und damit die entscheidungstragenden Elemente der Vermögensdisposition zu bestimmen. Für eine Abgrenzung von Eigen- und Fremdverantwortung im Bereich privatautonomer Rechtsgestaltung gilt es daher, die die rechtsgutsgefährdende Situation maßgeblich prägenden und vom eigenverantwortlichen Willensbildungsprozess des Rechtsgutsinhabers notwendig zu erfassenden Parameter zu bestimmen. Vermögensrelevanz im Sinne des hiesigen

---

[220] Dies etwa befürwortend *Schünemann,* NStZ 1986, 439 (439).
[221] Vgl. zur Herleitung im Einzelnen oben Erstes Kapitel, A. VI. 1., S. 28 ff.

Ansatzes lässt sich dabei mit denjenigen entscheidungstragenden Komponenten präzisieren, denen Einfluss dahingehend beigemessen werden kann, das Vermögen einzelnen Risiken auszusetzen oder aber Risiken gerade zu eliminieren. Die eigenverantwortliche Wahrnehmung von Vermögensangelegenheiten im vertraglichen Bereich erfolgt im Geschäftsverkehr damit letztlich über die Ausgestaltung der entsprechenden Risikogrundlage. An dieser Stelle kann der Rechtsgutsträger im Einzelnen entscheiden, inwieweit er seine Vermögensgüter der Gefahr sich zukünftig ändernder Umstände aussetzt. Die in diesem Zusammenhang vom Rechtsgutsinhaber vollzogene Risikoentscheidung kann dabei als Resultat der Prognose bezeichnet werden. Ein strafrechtlich relevanter Abschnitt von Handlungsoptionen ist daher immer dann anzunehmen, wenn ein am Vertragsschluss Beteiligter einseitig in die Risikogrundlage des konkreten Geschäftes bei gleichzeitigem Verlust risikorelevanter Gestaltungsmöglichkeit seines Vertragspartners eingreift und auf diese Weise unmittelbar auf den Prognoseprozess einwirkt. Die dem Rechtsgutsinhaber im Kontext privatautonomer Rechtsgestaltung zur Verfügung stehenden Handlungsoptionen lassen sich über den Begriff der Risikogestaltung weiter präzisieren. Verändert eine Vertragspartei einseitig die Risikogrundlage des Geschäftes, liegt infolge der Verschleierung die Realisierungsverantwortung des zusätzlichen oder veränderten Risikos beim Urheber der nunmehr enttäuschten Gestaltungserwartung. Der Rechtsgutsträger selbst kann die seinen Vermögensgütern drohende Gefahr nicht erkennen. Eine eigenverantwortliche Risikoentscheidung des Vermögensinhabers liegt in diesem Fall nicht vor, da der verschleierte Risikoparameter im Prognoseprozess nicht berücksichtigt werden kann. Der Begriff der Risikogrundlage lässt sich somit unter Hinzunahme des Kriteriums eines Abschnitts elementar vermögensrelevanter Gestaltungsoptionen in die Strafrechtsdogmatik implementieren und der Anwendungsbereich der konkludenten Täuschung auf diese Weise konturieren. Risikogrundlage im betrugsstrafrechtlichen Sinne beschreibt dabei die Summe objektiver Risikoparameter, denen Vermögens- und in der Folge auch Entscheidungsrelevanz zugesprochen werden kann.[222]

Aus dem Vorgenannten folgt zudem, dass bloße Störungen einer bereits eigenverantwortlich durch beide Parteien gestalteten Risikoentscheidung zwangsläufig aus dem Anwendungsbereich der konkludenten Täuschung herausfallen. In diesem Fall wird keiner Partei eine Handlungsmöglichkeit abgeschnitten, sondern lediglich die vertragsgemäße Durchführung einer bereits wahrgenommenen Risi-

---

[222] Auf die Vermögensrelevanz rekurriert auch Merz, wobei er diese über (insbesondere zivil-)rechtliche Bindungen zu präzisieren sucht, indem er lediglich solchen Tatsachen Betrugsrelevanz zuspricht, die auch Vertragsbestandteil geworden sind, vgl. *Merz*, Bewußte Selbstschädigung, S. 166, 168. Diese Vorgehensweise übersieht jedoch, dass es so zu einer unangemessenen Einschränkung des Anwendungsbereichs der betrugsstrafrechtlichen Täuschung kommt; vgl. hierzu bereits die Ausführungen im Zusammenhang mit der Tauglichkeit eines Rekurses auf den Begriff der Geschäftsgrundlage im Dritten Kapitel, D. IV. 1., S. 159.

kogestaltung nachträglich konterkariert. Hier geht es somit weniger um die einseitige Einwirkung auf die Gestaltungserwartung, als vielmehr um Erwartungen rein qualitativer Natur. Es ist daher nicht die Prognose selbst, sondern die Erfüllung der als Ausfluss derselbigen unmittelbar gebildeten Erwartungen betroffen. Der in diesem Fall entstehende Interessenkonflikt zwischen den Vertragsparteien kann adäquat unter Rückgriff auf zivilrechtliche Instrumentarien, insbesondere das Sekundärleistungsrecht, aufgelöst werden. Damit vermag das Kriterium eines Abschnitts elementar vermögensrelevanter Gestaltungsoptionen mit der Ausklammerung solcher lediglich die Durchführungserwartung betreffender Aspekte auch den Ultima-ratio-Grundsatz im Kontext privatautonomer Rechtsgestaltung inhaltlich auszufüllen.

4. Abschnitt elementar vermögensrelevanter Gestaltungsoptionen beim zweifelnden Opfer

Eine divergierende Betrachtung ist grundsätzlich mit Blick auf diejenigen Fälle denkbar, in denen das Opfer an der Aussage des Täters, etwa anhand konkreter Anhaltspunkte[223], zweifelt. In diesem Fall liegt es auf den ersten Blick nahe, die Ergreifung selbstschützender Kontrollmaßnahmen zur Voraussetzung für den Erhalt strafrechtlichen Schutzes zu erheben. Auch abseits einer im Zuge der hiesigen Ausarbeitung bereits abgelehnten viktimodogmatischen Betrachtung erscheint dieser Aspekt begründungsbedürftig. Immerhin liegt in diesem Fall ein Bewusstsein für etwaige anderweitige Gestaltungsoptionen beim Opfer nahe; daher stellt sich unmittelbar die Frage, inwieweit es dann noch zu einem Abschnitt entsprechender Gestaltungsoptionen kommen kann. Eine solche bereits oben angeklungene normative Verpflichtung zur Ergreifung selbstschützender Maßnahmen kann jedoch nur dann überzeugen, wenn dem zweifelnden Opfer die dem Selbstschutz dienenden Gestaltungsoptionen auch tatsächlich offenstehen. Weil diese jedoch durch die Interventionshandlung des Dritten ausgeschaltet wurden, ist in diesen Fällen nur eine Erschließung von Gestaltungsoptionen aus dem bloßen Zweifel heraus denkbar. Eine solche Betrachtung ist jedoch in sich nicht konsistent. Hat der Täter vom Wissen des Vermögensinhabers ungedeckt auf dessen Vorstellungsbildung eingewirkt, hat dieser die sich aus der Widersprüchlichkeit heraus ergebenden Gestaltungsoptionen verloren. Zweifel an den Aussagen des Täters ändern an diesem Verlust grundsätzlich nichts.[224] Forderte man

---

[223] Mit diesem Kriterium die Tatbestandsmäßigkeit des Irrtums prüfend etwa *Amelung,* GA 1977, 1 (7); einzig auf den Zweifel abstellend *Schünemann,* in: Schünemann/Dubber, Die Stellung des Opfers in der Strafrechtspflege, S. 1, 5; s. a. *Harbort,* Die Bedeutung der objektiven Zurechnung beim Betrug, S. 63 ff., der ein Bewusstsein der die Gefahr begründenden Umstände berücksichtigt wissen möchte; vorsichtiger hingegen *Rengier,* in: FS Roxin 2001, S. 811 (822 f.).

[224] Zweifel des Opfers ebenfalls für unerheblich befindet auch der Bundesgerichtshof, vgl. etwa *BGH,* NJW 2003, 1198 (1198 f.) sowie ein Großteil der wissenschaftlichen Literatur, vgl. etwa stellvertretend *M. Krüger,* wistra, 2003, 297 (297 f.).

nun vom Opfer dieser Einwirkungshandlung die Ergreifung von Maßnahmen zur Rückerlangung seiner Handlungsoptionen, liefe dies darauf hinaus, das Opfer zu verpflichten, das vom Täter unerlaubt geschaffene Risiko zu beseitigen. Ein „unvorsichtiges Nachtatverhalten" kann jedoch das Handlungsunrecht des Täters im Nachhinein nicht ausräumen.[225]

III. Untersuchung der Validität des eigenen Kriteriums: Anwendung auf anerkannte Fallgruppen der konkludenten Täuschung

Das Kriterium eines Abschnitts elementar vermögensrelevanter Gestaltungsoptionen wird im Folgenden auf anerkannte Fallgruppen der konkludenten Täuschung angewendet. Um den Forschungsgegenstand nicht aus dem Blick zu verlieren, kann freilich kein Anspruch auf Vollständigkeit erhoben werden. Ziel der Ausführungen ist daher weniger die Erarbeitung einer geschlossenen Fallgruppensystematik; vielmehr soll das eigene Kriterium einer kritischen Belastungsprobe unterzogen werden.

1. Erfüllungswilligkeit bzw. Erfüllungsfähigkeit und Qualität der Leistung

Jemand, der eine rechtsgeschäftliche Verpflichtung zur Erbringung einer Leistung eingeht, erklärt nach beinahe einhelliger Auffassung dabei zugleich konkludent, auch willens und in der Lage zu sein, die entsprechende Leistung zu erbringen.[226] Elementares Prognoseelement im Sinne des hiesigen Ansatzes ist in diesem Fall der Austausch von Leistung und Gegenleistung. Jeder Vertragspartner erbringt seine Leistung in der Erwartung, auch die vereinbarte Gegenleistung zu erhalten.[227] Ein erfüllungsunwilliger oder -unfähiger Vertragspartner nimmt hingegen dem Anderen die Möglichkeit zu entscheiden, eine einseitige Leistungsverpflichtung abzulehnen und enttäuscht auf diese Weise dessen Gestaltungserwartung. Entfallen Erfüllungswilligkeit oder -fähigkeit bei laufenden Leistungen nach Vertragsschluss, ist hingegen einzig die Durchführungserwartung betroffen. Der Prognoseprozess und mit ihm die Risikogestaltung sind abge-

---

[225] Vgl. *Suárez González,* in: Schünemann, Strafrechtssystem und Betrug, S. 115 (128).

[226] Vgl. aus der Rechtsprechung etwa *RGSt* 24, 405 (407); *BGH,* NStZ 1982, 70 (70); *BGHSt* 15, 24 (26); *BGH,* NJW 2016, 1109 (1109) (*Selbstbedienungstanken*) sowie aus der Literatur *Kindhäuser,* in: NK-StGB, § 263 Rn. 125; *Duttge,* in: HK-GS, § 263 Rn. 13; *Perron,* in: Schönke/Schröder, StGB, § 263 Rn. 16a; *Nestler,* Bank- und Kapitalmarktstrafrecht, Rn. 187; *Mayer-Lux,* Die konkludente Täuschung beim Betrug, S. 223; *Otto,* JURA 1983, 16 (21); *A. Meyer,* wistra 2006, 281 (282); nach der Art der Verpflichtung differenzierend und lediglich für Bargeschäfte des täglichen Lebens eine Täuschung bejahend dagegen *Bosch,* wistra 1999, 410 (412).

[227] Vgl. *Hefendehl,* in: MüKo-StGB, § 263 Rn. 142.

schlossen, eine konkludente Täuschung mithin abzulehnen. Entspricht das Geleistete nicht der erwarteten Qualität, scheidet eine konkludente Täuschung ebenfalls aus.[228] Gleiches gilt, sofern die Leistungen sich nicht in einem ausgewogenen Verhältnis gegenüberstehen, etwa der Kaufgegenstand „sein Geld nicht wert" ist.[229] Im Gegensatz zum Erfüllungsunwilligen bzw. Erfüllungsunfähigen schneidet der Erfüllende in den vorstehenden Konstellationen seinem Vertragspartner keine elementar vermögensrelevanten Gestaltungsoptionen ab. Sofern nicht die Qualität der Leistung wahrheitswidrig beschönigt wurde, hat sich die Gestaltungserwartung in der eigenverantwortlichen Entscheidung für den Leistungsaustausch realisiert. Der Schutz der Durchführungserwartung erfolgt in diesem Fall in hinreichendem Maße durch das zivilrechtliche Gewährleistungsrecht.

2. Einfordern bzw. Annahme einer nicht geschuldeten Leistung

Die Annahme einer nicht geschuldeten Leistung stellt nach zutreffender Auffassung ebenfalls keine konkludente Täuschung dar.[230] Die Annahme selbst nimmt dem Vermögensinhaber nicht seine elementar vermögensrelevanten Gestaltungsmöglichkeiten. Die Gestaltungserwartung des Verfügenden erschöpft sich in dessen eigenverantwortlicher Entscheidung, über den betroffenen Gegenstand im Wege einer realen Übergabe zu verfügen. Die diese Entscheidung leitenden Motive sind solange dem Verantwortungsbereich des Vermögensinhabers zuzurechnen, wie der Dritte nicht in elementar vermögensrelevanter Weise über die Manipulation risikotragender Elemente interveniert. Eine solche Interventionshandlung liegt jedoch vor, wenn der Dritte eine Leistung einfordert, auf die er keinen Anspruch hat. Mit der Einforderung wird zugleich auch die konkludente Erklärung abgegeben, einen Anspruch auf die entsprechende Leistung zu haben, sofern der rechtliche Anspruch dabei als gesichert dargestellt wird.[231] Eine eigenverantwortliche Gestaltungsentscheidung erfolgt hier durch den Vermögensinhaber gerade nicht, sondern wird über die Manipulation des Dritten übergangen. Die Aufforderung, eine nicht bestehende rechtliche Verpflichtung zu erfüllen, nimmt dem Getäuschten die Möglichkeit, sich gegen eine rechtsgrundlose Verfügung zu entscheiden und greift damit in den Bereich elementar vermögensrelevanter Gestaltungsoptionen ein.

---

[228] Vgl. *Tiedemann,* in: LK-StGB, § 263 Rn. 35; *Kindhäuser,* in: NK-StGB, § 263 Rn. 137.

[229] *BGH,* NJW 2015, 2826 (2827).

[230] Vgl. *Kindhäuser,* in: NK-StGB, § 263 Rn. 138; *Tiedemann,* in: LK-StGB, § 263 Rn. 39; *Eisele,* Strafrecht BT II, Rn. 534; *Perron,* in: Schönke/Schröder, StGB, § 263 Rn. 17a; *Otto,* Die einzelnen Delikte, § 51 Rn. 17; anders jedoch *E. Kaiser,* NJW 1971, 601 (601).

[231] Vgl. *BGH* NStZ 1994, 188 (189); *BGH,* NJW 2009, 2900 (2901); *OLG Hamm,* NStZ 1997, 130 (131); *Perron,* in: Schönke/Schröder, StGB, § 263 Rn. 16c; *Sieweke,* wistra 2009, 340 (342).

3. Spiel- und Wettverträge

Wie bereits angeklungen, werden unter den Topoi der Geschäfts- bzw. Vertragsgrundlage insbesondere auch die betrugsrelevanten Fallgestaltungen im Zusammenhang mit Spiel- und Wettverträgen diskutiert. Eine konkludente Täuschung ist in diesem Fall anzunehmen, wenn einer der Beteiligten das Wettrisiko einseitig verändert.[232] Eine solche einseitige Veränderung des Risikoprofils nimmt dem Vertragspartner die Möglichkeit, die Preisgabe seiner Vermögensgüter zu ungünstigeren Risikobedingungen zu verweigern und greift damit über die Manipulation der Prognose unmittelbar in die Gestaltungserwartung des Vermögensinhabers ein.

4. Kreditkarten- und Kundenkartenmissbrauch

Der Kreditkartenmissbrauch wird herkömmlich im betrugsrechtlichen Kontext im Zusammenhang mit unterschiedlichen Fallkonstellationen untersucht. In Abhängigkeit von den in diesem Zusammenhang getätigten autonomen Entscheidungsprozessen des Rechtsgutinhabers divergiert auch der konkludente Erklärungsinhalt des intervenierenden Dritten.

a) Einsatz durch einen zahlungsunfähigen berechtigten Karteninhaber im Drei-Partner-System

Fraglich ist zunächst, inwieweit die Nutzung einer Kreditkarte durch einen zahlungsunfähigen berechtigten Karteninhaber im so genannten Drei-Partner-System die konkludente Erklärung des Handelnden enthält, hinsichtlich der konkreten Transaktion auch zahlungsfähig zu sein. In dieser Konstellation ist der Kreditkarteninhaber gegenüber der kartenausgebenden Bank aus dem abgeschlossenen Geschäftsbesorgungsvertrag berechtigt, diese gegenüber dem Dritten über den Einsatz der Kreditkarte zu verpflichten, wobei sich der Zahlungsanspruch aus einer zwischen Kreditinstitut und Drittem geschlossenen Rahmenvereinbarung ergibt.[233] Sowohl für den Bundesgerichtshof als auch für die literarischen Vertreter einer eine konkludente Täuschung in diesem Fall ablehnenden Auffassung ist dabei entscheidend, inwieweit entsprechende Prüfpflichten bestehen. Nach Maßgabe der vertraglichen Grundlagen wird in diesem Zusammenhang postuliert, das Vertragsunternehmen sei in dieser Konstellation nicht zur Prüfung der Bonität verpflichtet. Der den Vorgang Bearbeitende stelle mithin auch keine dementsprechenden Vorstellungen an und entnehme schlussendlich der Vorlage der Kreditkarte auch keine Aussage bezüglich der Bonität des Vor-

---

[232] Vgl. etwa *BGHSt* 29, 165 (167 f.) (*Rennwette*); *BGHSt* 51, 165 (172) (*Sportwettenbetrug*); eine konkludente Täuschung dagegen ablehnend etwa *Schild*, ZfWG 2006, 213 (216).

[233] Vgl. *Eisele/Fad*, JURA 2002, 305 (305 f.).

legenden.[234] Zwar ist dem auch vom hiesigen Standpunkt aus dahingehend bei-
zupflichten, dass ein Abschnitt elementar vermögensrelevanter Gestaltungsoptionen nur dann in Betracht kommt, wenn diese vom Vermögensinhaber auch real
als solche wahrgenommen werden und nicht lediglich eine abstrakte Fiktion von
Möglichkeiten darstellen. Das Abstellen einzig auf die vertraglichen Prüfpflichten vermag jedoch bereits deshalb nicht zu überzeugen, weil der Inhalt des konkludent Miterklärten letztlich von der privatautonomen Ausgestaltung vertraglicher Prüfpflichten durch die Parteien abhinge. Fundierter lässt sich das Ergebnis
mit dem Kriterium eines Abschnitts elementar vermögensrelevanter Gestaltungsoptionen begründen. Mit dem Abschluss des Vertrages hat die Bank die eigenverantwortliche Gestaltungsentscheidung getroffen, dem Kunden die Kreditkarte unter den vertraglich näher bezeichneten Konditionen zum Zwecke ihres
Einsatzes im bargeldlosen Zahlungsverkehr zu überlassen. Mit der Auswahl ihres
Vertragspartners sowie der Entscheidung für die Preisgabe von Vermögensgütern
unter diesen Voraussetzungen ist ihre Gestaltungserwartung erschöpft. In Ausübung dieser originären Gestaltungsentscheidung ist es der Bank grundsätzlich
möglich, sich entweder gänzlich gegen einen Vertragsabschluss zu entscheiden
oder aber einzelne Maßnahmen zum Schutze ihres Vermögens zu ergreifen, um
auf diese Weise die Risikogrundlage der infrage stehenden Vermögensdisposition
mitzugestalten. Die störungsfreie Durchführung des Vertrages betrifft jedoch einzig die Durchführungserwartung, die auch im Falle des Kreditkartenmissbrauchs
einen ausreichenden Schutz über zivilrechtliche Instrumentarien erfährt. Der
zahlungsunfähige, jedoch berechtigte Karteninhaber schneidet der Bank mit dem
Einsatz seiner Kreditkarte somit keinerlei Gestaltungsmöglichkeiten im elementar vermögensrelevanten Bereich ab.

b) Einsatz durch einen unberechtigten Karteninhaber
im Drei-Partner-System

Grundsätzlich anders liegt der Fall, soweit ein unberechtigter Karteninhaber
eine Kreditkarte im Drei-Partner-System verwendet. Mit dem unberechtigten
Karteninhaber hat die Bank keine Gestaltungsvereinbarung getroffen. Die Vorlage der Kreditkarte bei gleichzeitigem Auszahlungsverlangen schneidet der
Bank im elementar vermögensrelevanten Bereich Gestaltungsoptionen ab. Ihr
wird die Möglichkeit genommen, dem Nichtberechtigten den Zugang zu ihren
Vermögensgütern zu verwehren. In Ermangelung einer Berücksichtigung aller
entscheidungstragenden Elemente ist eine eigenverantwortliche Entscheidung zu
verneinen. Im Gegensatz zur Vorlage durch einen berechtigten und lediglich zah-

---

[234] Vgl. etwa *BGHSt* 33, 244 (249); *Hefendehl*, in: MüKo-StGB, § 263 Rn. 121 f.;
Mühlbauer, wistra 2003, 244 (251); eine Täuschung im Ergebnis ebenfalls ablehnend
Bringewat, wistra 1984, 194 (195); anders hingegen *OLG Hamm*, NJW 1984, 1633
(1634 f.); *Knauth*, NJW 1983, 1287 (1289).

lungsunfähigen Karteninhaber ist daher infolge Fehlens der Gestaltungsentscheidung auch die Gestaltungs- und nicht lediglich die Durchführungserwartung betroffen. Der Karteninhaber erklärt damit in hiesiger Fallkonstellation bei Verwendung der Kreditkarte zugleich konkludent, zu deren Einsatz berechtigt zu sein.[235]

c) Einsatz durch einen berechtigten Karteninhaber im Zwei-Partner-System

Setzt ein berechtigter Karteninhaber eine Kundenkarte im so genannten Zwei-Partner-System ein, liegt darin zugleich die konkludente Erklärung, bezüglich des entsprechenden Betrages auch zahlungsfähig zu sein.[236] Im Zwei-Partner-System vereinbaren die Parteien im Zuge einer Rahmenvereinbarung im Voraus eine Stundung, die den Karteninhaber zum Einkauf beim Kartenaussteller unter Stundung der Zahlungsforderung berechtigt.[237] Auch in diesem Fall bedarf es hinsichtlich der Ermittlung des konkludent Erklärten keiner Auslegung der konkreten vertraglichen Ausgestaltung der Parteien, um rückgreifend auf diese die Befugnisse des Karteninhabers und letztlich den konkludenten Erklärungsinhalt zu bestimmen. Ausreichend ist vielmehr ein Rekurs auf die konkrete Gestaltungserwartung des Kartenausgebers. Anders als bei Aushändigung einer Kreditkarte, bei der dem Inhaber das Recht eingeräumt wird, diese jederzeit im bargeldlosen Zahlungsverkehr oder am Geldautomaten einzusetzen, erfolgt eine solche elementar vermögensrelevante Gestaltungsentscheidung im Falle der Aushändigung einer Kundenkarte gerade nicht. Ihr wohnt keine Garantiefunktion inne. Der Kartenausgeber hat seinen Vermögensbereich durch den Abschluss der Rahmenvereinbarung gerade nicht ubiquitär für den Kunden geöffnet.[238] Eine entsprechende elementar vermögensrelevante Gestaltungsentscheidung, die dem Kartenausgeber, ebenso wie dem Karteninhaber, die Möglichkeit einräumt, die Risikogrundlage im Sinne eigener prognostischer Vorstellungen zu gestalten, erfolgt erst mit Abschluss des konkreten Geschäftes. Ist der Karteninhaber bei Abschluss des Einzelvertrages entweder nicht erfüllungswillig oder aber fehlt ihm die Erfüllungsfähigkeit, liegt letztlich die oben dargestellte Konstellation eines erfüllungsunwilligen bzw. -unfähigen Vertragspartners[239] vor. Auch hier wird der Bank die Möglichkeit genommen, die Risikogrundlage im Einzelnen mitzugestalten, insbesondere eine einseitige Leistungsverpflichtung gänzlich abzulehnen.

---

[235] So auch *LG Berlin*, wistra 1985, 241 (242).

[236] Vgl. *BGH*, StV 1989, 199 (199 f.); *Hellmann*, in: Achenbach/Ransiek/Rönnau, Hdb Wirtschaftsstrafrecht, Teil 9, Kap. 2 Rn. 96; *Krey/Hellmann/Heinrich*, Strafrecht BT 2, § 11 Rn. 533; *Mitsch*, JZ 1994, 877 (885); zurückhaltender hingegen *BGH*, wistra 2005, 222 (222).

[237] Vgl. *Möhrenschlager*, in: LK-StGB, § 266b Rn. 34.

[238] So im Ergebnis auch *Otto*, Die einzelnen Delikte, § 51 Rn. 144.

[239] S. o. Drittes Kapitel, E. III. 1., S. 172 f.

5. Vorlage eines Sparbuchs durch einen Nichtberechtigten

Legt ein Nichtberechtigter mit dem Ziel, die Auszahlung eines Geldbetrages zu erreichen, ein Sparbuch vor, liegt hierin eine konkludente Täuschung über die Berechtigung.[240] Der Vorlegende entzieht der Bank auf diese Weise die Möglichkeit, eine Auszahlung des Geldbetrages abzulehnen und greift somit in elementar vermögensrelevanter Weise in deren Gestaltungserwartung ein. Sofern in diesem Zusammenhang überwiegend auf die in § 808 BGB normierte Risikoentscheidung des Gesetzgebers abgestellt und eine konkludente Täuschung in der Folge verneint wird[241], greift dies zu kurz. Gemäß § 808 Abs. 1 S. 1 BGB wird die Bank durch Zahlung auch an den nichtberechtigten Sparbuchinhaber von ihrer Leistungsverpflichtung frei. Das Risiko, dass ein Nichtberechtigter in den Besitz des Sparbuchs gelangt und den Zahlungsanspruch des Berechtigten zum Erlöschen bringt, fällt somit grundsätzlich in den Verantwortungsbereich des Berechtigten. Die Regelung des § 808 Abs. 1 S. 1 BGB verfolgt dabei den Zweck, die Bank um das Risiko einer unter Umständen erfolglosen Rückabwicklung der rechtsgrundlosen Verfügung zu entlasten.[242] Damit steht der Annahme einer entsprechenden Gestaltungserwartung der Bank augenscheinlich entgegen, dass diese zwar rechtsgrundlos verfügt, infolge des Erlöschens der Zahlungsverpflichtung jedoch eine Gegenleistung erhält. Diese Betrachtung berücksichtigt jedoch nicht, dass der Bank die elementar vermögensrelevante Entscheidung verwehrt wird, eine rechtsgrundlose Verfügung überhaupt vorzunehmen. Ein Rückgriff einzig auf die gesetzliche Risikoverteilung führte letztlich zu einer Implementierung solcher erst die Frage nach dem Vorliegen eines Vermögensschadens betreffender Aspekte in das Täuschungsmerkmal. Die Bestimmung der konkreten Gestaltungserwartung ist somit von einer alleinigen Ausrichtung an der zivilrechtlichen Risikoentscheidung des Gesetzgebers zu lösen.

F. Zusammenfassung der Erkenntnisse des dritten Kapitels

Als für den Täuschungsbegriff konstitutiv konnte eine interkommunikative verschleierte Widersprüchlichkeit zwischen der vom Getäuschten erwarteten und der tatsächlichen Wirklichkeit als unmittelbarer Ausfluss des Kontinuitätsdenkens herausgestellt werden.[243] Anknüpfend an diese Erkenntnis lassen sich die Verantwortungsbereiche von Täter und Opfer über das Kriterium eines Ab-

---

[240] So auch *Kindhäuser,* in: NK-StGB, § 263 Rn. 135; *Perron,* in: Schönke/Schröder, StGB, § 263 Rn. 16b; *Otto,* Die einzelnen Delikte, § 51 Rn. 16.

[241] Vgl. etwa *OLG Düsseldorf,* NJW 1989, 2003 (2004); *Tiedemann,* in: LK-StGB, § 263 Rn. 44.

[242] Vgl. *BGH,* NJW-RR 2010, 904 (906); *Habersack,* in: MüKo-BGB, § 808 Rn. 12.

[243] Vgl. hierzu oben Drittes Kapitel, C II. 3., S. 144 ff.

schnitts elementar vermögensrelevanter Gestaltungsoptionen abgrenzen. Ihre dogmatische Verortung finden diese Bemühungen dabei im Prinzip der Eigenverantwortlichkeit, genauer in der Fallgruppe der eigenverantwortlichen Selbstgefährdung.[244] Für den Bereich privatautonomer Rechtsgestaltung sind diese dogmatischen Strukturen über die Erkenntnisse um den eigenen Risikobegriff sowie eine Beschränkung auf den strafrechtsrelevanten elementaren Vermögensbereich zu komplettieren. Eine konkludente Täuschung ist unter Anwendung des eigenen Kriteriums sodann anzunehmen, wenn eine Vertragspartei einseitig in die Risikogrundlage, verstanden als Summe objektiver Risikoparameter mit Vermögens- und damit gleichsam Entscheidungs- bzw. Prognoserelevanz, eingreift. Über das Erfordernis eines Abschnitts vermögens- und damit risikorelevanter Gestaltungsmöglichkeiten lässt sich dabei auch dem eigenen Ultima-ratio-Verständnis des Strafrechts zur Geltung verhelfen: Risikorelevante Erklärungen im Zusammenhang mit Vermögensdispositionen, die auf einer eigenverantwortlichen Prognoseentscheidung des Rechtsgutsinhabers beruhen, fallen aus dem Anwendungsbereich der konkludenten Täuschung heraus.

---

[244] Vgl. zur dogmatischen Herleitung im Einzelnen oben Drittes Kapitel, E. II., S. 163 ff.

Viertes Kapitel

Untersuchung der Täuschungsrelevanz solchen Verhaltens im Zusammenhang mit Finanzderivaten anhand des eigenen Ansatzes

A. Die konkludente Täuschung

Gegenstand der nunmehr folgenden Ausführungen ist die Verknüpfung der im ersten Kapitel gewonnenen finanzmarkttheoretischen Erkenntnisse mit dem eigenen strafrechtsdogmatischen Ansatz. Ziel ist dabei die Abgrenzung der Verantwortungsbereiche der an privatautonomer Rechtsgestaltung im Zusammenhang mit derivativen Finanzinstrumenten Beteiligten. Die Untersuchung wird zeigen, dass dies über die bereits extrahierte Funktion finanzmathematischer Bewertungsmodelle als Risikointermediäre und deren Implementierung in den eigenen Ansatz gelingt. Die Untersuchung setzt dabei an der Modalität der konkludenten Täuschung an. Hinsichtlich derjenigen Konstellationen, die einer Subsumption unter den Begriff der konkludenten Täuschung nicht zugänglich sind, erfolgt anschließend eine Untersuchung am Maßstab der Unterlassensstrafbarkeit. Es gilt sodann zu prüfen, inwieweit sich das Kriterium eines Abschnitts elementar vermögensrelevanter Gestaltungsoptionen auch für die inhaltliche Bestimmung unterlassensdogmatischer Aufklärungspflichten als tauglich erweist. Die Fälle, in denen der Finanzdienstleister hinsichtlich der geflossenen Provisionen gegenüber dem Anleger unzutreffende Angaben tätigt und bezüglich derer bereits eine ausdrückliche Täuschung in Betracht kommt, sind somit nicht Gegenstand der nachfolgenden Untersuchung.

I. Finanzmarkttheorie und Abschnitt elementar vermögensrelevanter Gestaltungsoptionen: Entwicklung einer gesamtheitlichen Konzeption

Bevor eine Untersuchung der unterschiedlichen Sachverhalte erfolgen kann, bedarf es zuvorderst einer Systematisierung der einzelnen im Zuge der hiesigen Untersuchung gewonnenen Erkenntnisse und deren Eingliederung in ein gesamtheitliches Konzept zur strafrechtlichen Beurteilung von Täuschungen im Zusammenhang mit derivativen Finanzinstrumenten.

1. Risikointermediation über mathematische Modellierung als strafrechtsautonomes Element der entscheidungserheblichen Risikogrundlage

Zunächst bedarf es einer Integration der Funktion finanzmathematischer Bewertungsmodelle in den strafrechtlichen Ansatz. Inwieweit anhand der so ermittelten dogmatischen Ausgangslage auch eine strafrechtsautonome Unrechtswertung erfolgen darf, ist dabei immer auch an den Anforderungen zu messen, die im Zusammenhang mit der Ultima-ratio-Funktion des Strafrechts[1], insbesondere dessen kernbereichsweiser Wirklichkeitsakzessorietät[2], herausgearbeitet wurden.

a) Der „faire" Marktwert als konkludenter Erklärungsinhalt beim Spekulationsgeschäft

Finanzmathematische Bewertungsmodelle fungieren als Risikointermediäre, indem sie das systematische Risiko in die Anlageentscheidung transformieren.[3] Sie bestimmen daher die Gestaltungserwartung hinsichtlich der durch sie modellierten Risikoparameter mit, sodass ihnen unmittelbarer Einfluss auf den Prognoseprozess zugesprochen werden kann. Damit lässt sich das mathematisch modellierte systematische Risiko als entscheidungstragender Umstand qualifizieren. Dieses muss für die Annahme einer eigenverantwortlichen Selbstgefährdung zwingend vom Wissen des Rechtsgutsinhabers umfasst sein. Der konkludente Erklärungsinhalt lässt sich über den „fairen" Marktwert als Abbild dieses entscheidungstragenden Faktors weiter präzisieren.[4] Dies gilt jedenfalls für Spekulationsgeschäfte. Werden Finanzderivate im Rahmen des *Hedging* eingesetzt, um offene Risikopositionen aus anderen Bereichen abzusichern, ist der Transfer systematischer Risiken zwar auch Gegenstand des Handels; für die Prognose maßgebendes und damit entscheidungstragendes Element ist jedoch nicht die unmittelbare Erfassung des systematischen Risikos, sondern die Korrelation der einzelnen Variablen. Sie lässt sich über den Korrelationskoeffizienten abbilden. Werden Derivate somit zur Absicherung eines – auch im Sinne der Marktwertrechtsprechung des Bundesgerichtshofs konnexen – Darlehens genutzt, kommt es mangels Entscheidungserheblichkeit auf eine Extraktion des systematischen Risikos nicht an.

Bei Spekulationsgeschäften ist dagegen der faire Marktwert als Abbild der nullsummencharakteristischen Risikogrundlage des Handels unmittelbar entscheidungserheblich. Wie auch Spiel- und Wettverträge weisen derivative Finanzinstrumente, soweit etwaige Strukturierungen unberücksichtigt bleiben, ein aus-

---

[1] Vgl. hierzu im Einzelnen oben Zweites Kapitel, B. II. 4. a) cc), S. 124 ff.

[2] Vgl. hierzu im Einzelnen oben Zweites Kapitel, B. II. 4. b), S. 127 ff.

[3] Vgl. hierzu im Einzelnen oben Erstes Kapitel, B. IV., S. 72 ff.

[4] So auch *J. Roberts,* NJOZ 2010, 1717 (1722); vgl. bereits *Schünemann,* NJW 1980, 2545 (2549).

geglichenes Gewinn-Verlust-Profil auf. Die Chancen und Risiken der Handelspartner decken sich, der Gewinn der einen Seite wird spiegelbildlich den Verlust
der anderen Seite ausmachen. Der faire Marktwert erlaubt somit die Quantifizierung des zwischen den Parteien transferierten systematischen Risikos. Weil es
letztlich für das Gewinn-Verlust-Profil des Handels darauf ankommt, wie sich
der aktuelle Kassapreis zum Terminpreis verhält, ist neben dem Nullsummenspielcharakter als den Handel rahmende geschäftsspezifische Risikoverteilung
das konkret gehandelte systematische Risiko derjenige Faktor, der die risikoadjustierte Gestaltungserwartung der Handelspartner maßgeblich prägt.[5] Bei Abschluss des Handels erklärt der Finanzdienstleister damit konkludent, der dem
Geschäft zugrunde gelegte Marktwert bilde eben dieses nullsummencharakteristische Risikoprofil ab.[6] Die Rezeption einer auf diese Weise mathematisch modellierten Wirklichkeit in die betrugsstrafrechtliche Täuschung ist auch mit den an
ein wirklichkeitsakzessorisches Strafrecht zu stellenden Anforderungen konform.
Mit dem Täuschungsmerkmal nimmt die Betrugsnorm ausdrücklich eine Verortung im Sein vor und öffnet die Auslegung damit gerade auch für eine auf den
Kernbereich ausgerichtete wirklichkeitsakzessorische Betrachtung.[7]

Dem steht auch nicht entgegen, dass der Marktwert hinsichtlich der zukünftigen Entwicklung keine sichere Prognose aufzeigen kann. Insoweit ist einzig
erforderlich, dass der Anleger Kenntnis von den wesentlichen Risikofaktoren erlangt, anhand derer er sodann die ihm zur Verfügung stehenden Handlungsoptionen abwägen und seine Gestaltungserwartung realisieren kann. Das Risiko, das
Nullsummenspiel aufgrund einer für ihn nachteiligen Entwicklung des *Underlying* zu „verlieren", ist über die Kenntnis des transferierten systematischen Risikos bereits von der Risikoentscheidung des Anlegers umfasst. Das Prognoserisiko
verbleibt, wie bereits herausgestellt werden konnte[8], letztlich beim Anleger. Einer
über das systematische Risiko hinausgehenden, vom Wissen des Anlegers ungedeckt eingeführten weiteren Risikogefährdung über die Einpreisung zusätzlicher
Risikoparameter hat der Vermögensinhaber sein Vermögen hingegen nicht geöffnet. Man kann insoweit auch von einem „zweiten unerlaubten Risiko"[9] sprechen,
welches kein „verbundenes Ausführungsrisiko"[10] darstellt und dem der Anleger

---

[5] Vgl. auch *Mülbert/Sajnovits*, ZfPW 2016, 1 (26), die mit der „ordnungsgemäßen
Funktion komplexer Preisbildungssysteme" den Gegenstand (berechtigten) Vertrauens
zu bestimmen suchen.

[6] So i. E. auch *J. Roberts*, DStR, 2015, 833 (837).

[7] Vgl. hierzu bereits oben Zweites Kapitel, B. II. 4. b), S. 128 f.

[8] Vgl. hierzu im Einzelnen oben Erstes Kapitel, B. IV., S. 72 ff.

[9] Diese Bezeichnung verwendet etwa *Puppe*, in: NK-StGB, Vor § 13 Rn. 198; vgl.
zum „Gefährdungs-Exzess" auch *OLG Düsseldorf*, NStZ-RR 1997, 325 (327) (*Auto-
surfen*).

[10] Diese Bezeichnung findet sich bei *Menrath*, Die Einwilligung in ein Risiko,
S. 149, der betreffend die Einwilligung in gefährliche Handlungen darauf abstellen

sein Vermögen nicht eigenverantwortlich preisgegeben wissen möchte. In diesem Fall liegt die strafrechtliche Verantwortung hinsichtlich der verbundenen Gestaltungsoptionen einzig beim Dritten, sodass eine eigenverantwortliche Selbstgefährdung bezogen auf dieses Risiko nicht vorliegt.[11] Eine so vollzogene Ausrichtung des konkludenten Erklärungsinhaltes am systematischen Risiko ist auch konsequent, weil die Handelspartner mit dem Finanzderivat einzig das systematische Risiko transferieren, nicht dagegen das Risiko, dass eine Partei darüber hinaus einseitig weitere Risiken in den Handel einführt.

Für die Frage nach dem Abschnitt elementar vermögensrelevanter Gestaltungsoptionen ergibt sich daher zunächst ein Vollständigkeitserfordernis: Alle ihm zur Verfügung stehenden Gestaltungsoptionen kann der Anleger nur erfassen, soweit ihm alle Parameter bekannt sind, die die nullsummencharakteristische Risikoverteilung zu seinen Lasten verschieben. Das Modellrisiko ist dagegen ausweislich obiger Ausführungen[12] bereits Teil des Risikotransfers über die mathematische Modellierung und muss als solches nicht aufgedeckt werden, solange die Anwendung des herangezogenen Preisbewertungsmodells ordnungsgemäß erfolgt. Wird keine Manipulation über die Veränderung einzelner Parameter der Berechnung vorgenommen, kommt es beim Anleger nicht zu einem Abschnitt von Gestaltungsoptionen. Anders zu beurteilen ist jedoch der Fall, dass die Modellrisiken, etwa durch eine gezielte Auswahl solcher für den Anleger ungünstiger Daten, künstlich gesteuert werden. Der auf diese Weise modellierte Marktwert weist dann nicht mehr das dem Transferprozess charakteristisch anhaftende Modellrisiko auf. Vielmehr liegt eine künstliche Verschiebung des Chancen-Risiko-Profils durch den Finanzingenieur vor. Zwar ist an dieser Stelle abermals zu betonen, dass der Finanzmarkt nicht zwingend vollkommen informationseffizient ist, weshalb auch nicht vorausgesetzt werden kann, dass die Preise alle Informationen enthalten.[13] Der Anleger erwartet jedoch regelmäßig, dass der ihm dargebotene Marktwert hinsichtlich der modellierten Parameter alle marktüblichen Informationen enthält, mithin keine Informationsauswahl zu seinen Lasten vorgenommen wurde.

Auch im Zusammenhang mit derivativen Finanzinstrumenten lässt sich die Bestimmung einer täuschungsrelevanten, kontinuitätsgeleiteten erwarteten Wirklichkeit nur über eine eigenverantwortliche Entscheidung des Anlegers hinsichtlich der Gestaltung der vermögensrelevanten Risikogrundlage erreichen. Sofern dem Handel daher, vom Wissen einer Partei nicht gedeckt, ein von dieser eigen-

---

möchte, ob ein mit dem Ausführungsrisiko verbundenes – und damit von der Einwilligung mitumfasstes – Risiko vorliegt.

[11] Vgl. zum insoweit beschränkten Umfang einer „generellen" Einwilligung in rechtsgutsgefährdende Verhaltensweisen auch *Puppe,* GA 2009, 486 (496).

[12] Vgl. hierzu bereits oben Erstes Kapitel, B. IV., S. 74 f.

[13] Vgl. hierzu im Einzelnen oben Erstes Kapitel, A. VI. 2. c), S. 32 ff.

verantwortlichen, nullsummencharakteristischen Gestaltung abweichendes Risikoprofil zugrunde gelegt wird, liegt eine konkludente Täuschung vor. Dieses Ergebnis entspricht darüber hinaus auch den Anforderungen, die ausweislich des eigenen Ansatzes an eine bereichsweise Wirklichkeitsakzessorietät zu stellen sind: Neben einer rechtsimmanenten Öffnung über eine Verortung des Täuschungsmerkmals im Sein lassen sich die Erkenntnisse der Finanzmathematik über das konstitutive Täuschungsmerkmal widersprüchlichen Verhaltens und das daraus ableitbare Kriterium eines Abschnitts elementar vermögensrelevanter Gestaltungsoptionen auch in die Strafrechtsdogmatik selbst integrieren. Ein Widerspruch mit der Strafrechtsdogmatik liegt mithin nicht vor.

b) Rezeption mathematischer Risikomodellierung: Zulässigkeit strafrechtsautonomer Unrechtswertung infolge zivilrechtlicher Selbstbindung

Eine Bestimmung des Erklärungsinhaltes der konkludenten Täuschung unter Ausrichtung der entscheidungstragenden Risikoparameter am mathematisch modellierten „fairen" Marktwert bedeutet auch die Rezeption außerrechtlicher Maßstäbe. Bevor die einzelnen Konstellationen des Derivatehandels untersucht werden, ist daher zu erörtern, inwieweit das Strafrecht, ausweislich des eigenen Ansatzes, von Vornherein an das Unrechtsurteil des Zivilrechtes gebunden ist. Eine strafrechtsautonome Unrechtswertung infolge wirklichkeitsakzessorischer Betrachtung kommt nur dann in Betracht, wenn der nach Maßgabe zivilrechtlicher Sozialkontrolle zur Verfügung stehende Schutz nicht ausreicht, um den vorstehend extrahierten Bereich elementaren Rechtsgüterschutzes zu gewährleisten.[14]

An dieser Stelle seien zuvorderst die Leitlinien der zivilrechtlichen Risikoaufklärung erneut in Kürze aufgerufen. Als für die Aufklärungsbedürftigkeit einzelner Umstände entscheidend wurde das Kriterium der Entscheidungserheblichkeit ermittelt. Dessen Konkretisierung vollzieht der Bundesgerichtshof am Maßstab der Offenkundigkeit. Dieser wird über die Kriterien der Schutzbedürftigkeit des Anlegers einerseits sowie die berechtigten wirtschaftlichen Eigeninteressen des Finanzdienstleisters andererseits inhaltlich ausgefüllt. Der Vorgang wird schlussendlich flankiert von dem dem vertraglichen Verhältnis zugrundeliegenden gesetzlichen Pflichtenprogramm.[15] Eine Untersuchung der Schutzbereichsbestimmung zivilrechtlicher Sozialkontrolle setzt an eben dieser grundsätzlichen Interessenentscheidung an. In diesem Zusammenhang ist zunächst zu konstatieren, dass Anlageberatungsverträge ihrer Rechtsnatur nach Geschäftsbesorgungsverträge darstellen, im Rahmen derer sich eine Partei verpflichtet, die Interessen der anderen Partei wahrzunehmen.[16] Dabei ordnet der Geschäftsführer seine eigenen

---

[14] Vgl. hierzu im Einzelnen oben Zweites Kapitel, B. II. 4. a) cc), S. 124 ff.
[15] Vgl. hierzu im Einzelnen oben Zweites Kapitel, A. IV., S. 99 ff.
[16] Vgl. *Heermann,* in: MüKo-BGB, § 675 Rn. 54.

Interessen denjenigen seines Vertragspartners unter.[17] Kollidieren die eigenen Interessen mit den vertraglich übernommenen Interessen, stellt dies einen Interessenkonflikt zum Erfüllungsinteresse des Vertragspartners dar. Vertragliche Sekundärpflichten fungieren daher in diesem Zusammenhang letztlich als Schutz einer auf diese Weise gesetzlich flankierten privatautonomen Rechtsgestaltung. Mit der Ausgestaltung der Pflichtenstellung der Parteien, die sich im Rahmen der Geschäftsbesorgung insbesondere auch in der Interessenwahrungspflicht des Geschäftsführers konkretisiert, wird im Zivilrecht daher über die vertragliche Ausgestaltung der Parteien, aber auch über eine gesetzliche Typisierung, eine eigene Risikoverteilung vorgenommen.[18] Unter Zugrundelegung vorstehender Maßstäbe lässt sich sodann auch eine grundsätzliche Orientierung an den durch die gesetzlichen Vorschriften näher bestimmten gegenseitigen Pflichten und des der Einigung durch die Parteien zugrunde gelegten synallagmatischen Gleichgewichts erklären. Die Erklärungsnotwendigkeit in Bezug auf einzelne Umstände wird im zivilrechtlichen Kontext mit dem Erfüllungsinteresse, im Zusammenhang mit der Anlageberatung daher bezogen auf die Beratungspflicht, begründet. Der Anlageberater ist verpflichtet, eine Bewertung des Anlageobjektes vorzunehmen und dem Anleger dieses anschließend zu präsentieren. Aus dem fremdnützigen Charakter dieser Pflicht ergibt sich zugleich das Erfordernis, im Zuge der Bewertung und Beratung die Interessen des Anlegers zu wahren.

Mit der Frage nach der Offenkundigkeit eigener Interessen wird im Zivilrecht jedoch (derzeit) eine bloß beschränkte Perspektive auf die tatsächliche Wirklichkeit eingenommen. Diese zivilrechtlich (selbst-)beschränkte Perspektive auf die Wirklichkeit verkürzt den Rechtsgüterschutz im Bereich privatautonomer Rechtsgestaltung in elementar vermögensrelevanter Weise dann, wenn das Vermögen in elementaren Bereichen schutzlos solchen Eingriffen durch Dritte ausgesetzt wird, deren Risiken es der Vermögensinhaber gerade nicht eigenverantwortlich geöffnet hat. Eben dies konnte für den hier interessierenden Transfer des systematischen Risikos mittels derivativer Finanzinstrumente festgestellt werden: Die alleinige Anknüpfung an den Kompensationsgedanken des Zivilvertragsrechts lässt mit dem systematischen Risiko ein risikotragendes und damit elementar vermögensrelevantes Element außer Betracht. Allein das systematische Risiko entscheidet indes, ob das Geschäft für die Parteien letztlich lohnend ist oder nicht und betrifft damit den Bestand von Vermögensrechtsgütern unmittelbar. Das charakteristische Zufallselement lässt sich dabei ausweislich obiger Ausführungen[19] in der dem Geschäft zugrundeliegenden Chancen-Risiko-Verteilung eines Nullsummenspiels abbilden. Eine alleinige Ausrichtung an der zivilrechtlichen Zuordnung zum fremdnützigen Anlageberatungsvertrag lässt hingegen gerade die

---

[17] Vgl. *Kumpan,* Der Interessenkonflikt im deutschen Privatrecht, S. 25.
[18] Vgl. auch *Decker,* Aufklärungspflichten, S. 130.
[19] Vgl. oben Erstes Kapitel, C. II. 4. a), S. 81 f.

aus dem Nullsummenspielcharakter folgende typisch entgegengesetzte Interessenverteilung unberücksichtigt. Der Gesetzgeber hat sich für die Abschaffung des § 764 BGB a. F. entschieden und die Spieleigenschaften zu Gunsten der Herstellung verbindlicher Termingeschäfte zurückstehen lassen. In den Interessenausgleich bezieht der Bundesgerichtshof den nullsummencharakteristischen Risikotransfer jedoch gerade nicht ein. Die normativ-objektive Betrachtung knüpft vielmehr unmittelbar und ausschließlich an die Beratungsverpflichtung an. Auf diese Weise wird jedoch die nullsummencharakteristische Risikogrundlage als entscheidungstragendes Element der Vermögensdisposition nicht berücksichtigt. Gerade die Strukturierung eines Finanzderivates führt zu einer Veränderung der tatsächlichen Risikogrundlage des zugrundeliegenden Handels und betrifft damit elementare Bereiche des Vermögensschutzes, deren Preisgabe über eine eigenverantwortliche Risikoentscheidung des Vermögensinhabers erfolgen muss. Dies führt zu der notwendigen Forderung an das Zivilrecht, die so entstehenden Schutzlücken über eine am systematischen Risiko ausgerichtete Auslegung der synallagmatischen Pflichten zu schließen. Auch die Zivilsenate des Bundesgerichtshofs knüpfen letztendlich für die Frage nach der Aufklärungsbedürftigkeit einzelner Umstände an die Eigenverantwortlichkeit der Anlageentscheidung an. Konsequent ist daher auch im Zivilrecht eine Ausrichtung der geschuldeten Finanzdienstleistung am systematischen Risiko sowie dessen Abbildung im fairen Marktwert; denn auch in zivilrechtlicher Hinsicht fordert die eigenverantwortliche Entscheidung als unabdingbare Mindestvoraussetzung, dass der Anleger das Risiko um die Preisgabe seiner Vermögensgüter überhaupt erkennen kann. Über eine entsprechende Absteckung der Pflichtenstellung des Finanzdienstleisters könnte darüber hinaus auch der derzeit bestehende Widerspruch zum nunmehr im Aufsichtsrecht in § 63 Abs. 7 S. 4 WpHG n. F. normierten Grundsatz der Kostentransparenz hergestellt werden. Solange das Zivilrecht dieser Forderung nach einem Schutz elementarer Bereiche des Vermögens nicht nachkommt, ist hingegen das Strafrecht nach Maßgabe des der hiesigen Untersuchung zugrunde liegenden Ultima-Ratio-Verständnisses[20] über seine Gewährleistungsfunktion legitimiert, eine eigene Unrechtswertung vorzunehmen. Mit Blick auf die Konturierung der konkludenten Täuschung ist daher bezogen auf die Beurteilung einzelner Konstellationen eines Handels mit Finanzderivaten eine Loslösung vom synallagmatisch geprägten Unrechtsverständnis und eine Ausrichtung am charakteristischen Transfer des systematischen Risikos geboten. In diesem Zusammenhang lässt sich zudem statuieren, dass die Ausgleichsfunktion für eine strafrechtliche Sanktionierung auch gerade nicht entscheidend ist.[21]

---

[20] Vgl. hierzu obige Ausführungen im Zweiten Kapitel, B. II. 4. a) cc), S. 124 ff.

[21] Vgl. *Jahn/Brodowski*, JZ 2016, 969 (975); s. a. *Kindhäuser*, Gefährdung als Straftat, S. 31 mit dem zutreffenden Hinweis, dass die Verletzung einer Strafnorm gerade nicht notwendigerweise den Eintritt eines Schadens voraussetzt.

Es lässt sich resümieren, dass die Anknüpfung an das beratungsvertragliche Synallagma über eine (derzeit) alleinige Ausrichtung an der Validität der Beratungsleistung das charakteristische Risikoprofil derivativer Finanzinstrumente nicht erfassen kann. Sofern mit Blick auf das Verhältnis von Zivilrecht und Strafrecht das Bild zweier sich überlappender Kreise bemüht wird, von denen das Zivilrecht den rahmenden, das Strafrecht hingegen den gerahmten Kreis darstellt[22], ist dieses Bild entsprechend zu ergänzen: Das Strafrecht muss nicht zwangsläufig vollständig innerhalb des zivilrechtlichen Kreises liegen. Vielmehr sind auch Situationen denkbar, in denen der zivilrechtlich ausgestaltete Schutz gerade einzelne Aspekte nicht erfasst, das Strafrecht mithin den zivilrechtlichen Kreis bereichsweise verlässt. Eine strafrechtliche Betrachtung darf nicht von vornherein auf das Unrechtsurteil einer sich selbst bindenden zivilrechtlichen Interessen- respektive Risikoentscheidung beschränkt sein.[23] Andernfalls könnte das Strafrecht Sozialkontrolle im Hinblick auf den Schutz der Eigenverantwortlichkeit von Vermögensdispositionen von vornherein nicht gewährleisten.

2. Kompatibilität mit der Wettbetrugsrechtsprechung des Bundesgerichtshofs

Die hier vorgenommene Verknüpfung finanzmarkttheoretischer Erkenntnisse mit den betrugsdogmatischen Grundlagen des eigenen Ansatzes lässt sich auch mit der Wettbetrugsrechtsprechung des Bundesgerichtshofs stützen. Im ersten Kapitel dieses Forschungsvorhabens wurde bereits die besondere Nähe derivativer Finanzinstrumente zu den Spiel- und Wettverträgen herausgearbeitet, insbesondere der auch für Letztere charakteristische Nullsummenspielcharakter aufgezeigt.[24] Hinsichtlich dieses risikotragenden Charakteristikums ist daher eine widerspruchsfreie strafrechtliche Behandlung von Spiel- bzw. Wettverträgen einerseits und derivativen Finanzinstrumenten andererseits geboten. Diese lässt sich über einen Vergleich der Wettbetrugsrechtsprechung mit dem eigenen Ansatz bestätigen.

Eine konkludente Täuschung diskutiert der Bundesgerichtshof im Zusammenhang mit Wettverträgen, sofern ein Wettteilnehmer einseitig in die Verteilung des

---

[22] Vgl. etwa *Brammsen*, wistra 2009, 85 (87); ähnlich *Waßmer*, Untreue bei Risikogeschäften, S. 73 f.: „Das Strafrecht muss sich auf den kleinsten gemeinsamen Nenner (…) zurückziehen (…)."

[23] So im Ergebnis auch *Cai*, Zur Täuschung über zukünftige Ereignisse beim Betrug, S. 139; anders hingegen *Bosch*, JA 2007, 389 (391), der auf den konkreten „Vertragstyp" abstellt, anhand dessen er bestimmen möchte, „für welche Risiken die jeweilige Vertragspartei informationsverschaffungspflichtig ist"; ähnlich auch *Becker*, JuS 2014, 307 (310): „Risiko- und Verantwortungsverteilung in dem zugrundeliegenden Rechtsverhältnis" sowie *Lüderssen*, in: FS Eser, S. 163 (169): „Wo aber die Rechtsordnung zu differenzierten Modellen greift, spricht alles für die Akzessorietät des Strafrechts".

[24] Vgl. hierzu im Einzelnen oben Erstes Kapitel, C. II. 4. a), S. 81 f.

Wettrisikos eingreift, um auf diese Weise die eigenen Gewinnchancen zu verbessern. In diesem Fall sei, so der Bundesgerichtshof, eine konkludente Täuschung anzunehmen, weil die Parteien bei Abschluss des Wettvertrages einander konkludent erklärten, das spezifische Wettrisiko nicht manipuliert zu haben.[25] Dies lasse sich mit den Erwartungen des Kommunikationspartners begründen, die anhand der Verkehrsanschauung sowie des rechtlichen Rahmens zu bestimmen seien.[26] Grundlage des Geschäftes sei schließlich die berechtigte Erwartung, der Vertragspartner werde den Vertragsgegenstand nicht manipulieren.[27] Dabei reiche die bloße Ausnutzung eines Informationsvorsprungs allerdings nicht aus, um eine konkludente Täuschung zu begründen, da ein solches Verhalten vielmehr dem allgemeinen Geschäftsrisiko zuzurechnen sei.[28] Über den Zwischenschritt einer Ausklammerung sozial üblichen Ausnutzens von Informationsvorsprüngen erreicht somit auch der Bundesgerichtshof eine Extraktion des spezifischen Wettrisikos. Dieses Wettrisiko beschreibt dabei letztlich auch die nullsummencharakteristische Risikoverteilung des Wettvertrages. Auch der Bundesgerichtshof zieht die nullsummencharakteristische Risikoverteilung somit für die Bestimmung des konkludenten Erklärungsinhaltes bei „klassischen" Wetten heran, obgleich er hierfür auf den – hier bereits verworfenen[29] – Begriff der Geschäftsgrundlage rekurriert. Die grundsätzliche Übertragung des Kriteriums eines Abschnitts elementar vermögensrelevanter Gestaltungsoptionen auf Sachverhalte im Zusammenhang mit derivativen Finanzinstrumenten und die damit verbundene Anknüpfung an den Nullsummenspielcharakter führt somit auch in einem Vergleich mit risikoverwandten Konstellationen zu tragbaren Ergebnissen.

3. Konkludente Täuschung und Werthaltigkeit des Finanzderivates

Aufschläge auf die Optionsprämie wurden von den Strafgerichten in der Vergangenheit hinsichtlich ihrer Täuschungsrelevanz anhand des Kriteriums der Werthaltigkeit der Anlage beurteilt.[30] Dieses Kriterium ist im Folgenden dahingehend zu untersuchen, inwieweit es auch mit Blick auf den eigenen dogmatischen Ansatz einen Erkenntnisgewinn liefern kann.

---

[25] Vgl. *BGHSt* 51, 165 (171 f.) (*Sportwette*); *BGHSt* 29, 165 (167 f.) (*Rennwette*).

[26] Vgl. *BGHSt* 51, 165 (170).

[27] Vgl. *BGHSt* 51, 165 (171).

[28] Vgl. *BGH*, NStZ 2014, 317 (318).

[29] Vgl. hierzu im Einzelnen oben Drittes Kapitel, D. IV., S. 157 ff.

[30] Vgl. *BGHSt* 30, 177 (181); *OLG München*, NJW 1980, 794 (795); *OLG Hamburg*, NJW 1980, 2593 (2594); vgl. aus der Literatur etwa *Maurach/Schroeder/Maiwald*, Strafrecht BT 1, § 41 Rn. 46; *Hellmann/Beckemper*, Wirtschaftsstrafrecht, Rn. 143; *Heger*, in: Lackner/Kühl, StGB, § 263 Rn. 10; *Fischer*, StGB, § 263 Rn. 29; *Seelmann*, NJW 1981, 2132 (2132); *Löw*, Strafrechtliche Risiken der unterlassenen Aufklärung über Vertriebsprovisionen, S. 119 f.; anders hingegen *Perron*, in: Schönke/Schröder, StGB, § 263 Rn. 31 b.

Für die Beurteilung einer Anlage als werthaltig im Sinne vorstehender Rechtsprechung genügte es, wenn dem Anleger noch eine – wenn auch nur minimale – spekulative Gewinnchance verblieb, der Anlage mithin noch ein „Minimalwert" zugesprochen werden konnte.[31] An dieser Stelle zeigt sich auch die Nähe zur zivilrechtlichen Beurteilung „unüblicher" Provisionsaufschläge sowie der äußeren Grenze einer Einpreisung anfänglich negativer Marktwerte durch den Bundesgerichtshof. Auch in diesen Fällen wird das Kriterium der Werthaltigkeit herangezogen, um eine Aufklärungspflicht über Innen- und Außenprovisionen sowie eingepreiste Margen zu begründen.[32] Mit Blick auf das hiesige Unterfangen einer Konturierung der strafrechtsrelevanten erwarteten Wirklichkeit kann ein Anknüpfen an das Werthaltigkeitskriterium jedoch nicht überzeugen. Problematisch ist insbesondere die konkrete Ermittlung einer ebensolchen „praktischen Wertlosigkeit" von Finanzderivaten. Sie steht mit der Notwendigkeit einzelfallbezogener Untersuchungen einer Eignung dieses Kriteriums zur Bestimmung verschleiert widersprüchlichen Verhaltens und in der Folge einer konkreten Bezeichnung von Gestaltungsoptionen entgegen. Während etwa das Oberlandesgericht München dafür eintrat, die Wertlosigkeit zu bejahen, sofern der vom Vermittler getätigte Aufschlag der ursprünglichen Prämie entsprach[33], verfolgte das Oberlandesgericht Hamburg mit der Durchführung einer stichprobenartigen Durchschnittsbetrachtung einen anderen Ansatz.[34] Beide Ansätze geben den Blick frei für die entscheidende Kritik eines Rekurses auf die Werthaltigkeit der Anlage: Sie ist Folge, nicht jedoch Gegenstand der eigentlichen Täuschung. Das Kriterium der Werthaltigkeit betrifft letztlich Fragen des Vermögensschadens und nicht der Täuschung. Allein die Feststellung, der Anleger habe ein wertloses Äquivalent erhalten, vermag nicht den Schluss zuzulassen, er sei gleichsam auch in betrugsrelevanter Weise getäuscht worden. Die „Verschleifung" solcher ein anderes Tatbestandsmerkmal betreffender Aspekte kollidiert im Übrigen auch mit dem Bestimmtheitsgrundsatz, aus dem das Bundesverfassungsgericht das so genannte Verschleifungsverbot herleitet. Danach muss jedem Straftatbestandsmerkmal eine eigenständige Bedeutung verbleiben.[35]

Einem Anknüpfen an eine beim Anleger verbleibende spekulative Gewinnchance liegt überdies ein unzutreffendes Verständnis des getätigten Handels insgesamt zugrunde. Das Spekulationsrisiko resultiert einzig aus dem der Basiswertentwicklung zugrundeliegenden systematischen Risiko. Das Einpreisen von Margen stellt einen weiteren Risikoparameter dar, der nicht mit dem systematischen Risiko identisch ist und damit das Spekulationsrisiko des Handels auch

---

[31] Vgl. *OLG München,* NJW 1980, 794 (795).

[32] Siehe oben Zweites Kapitel, A. II. 4., S. 96 ff.

[33] Vgl. *OLG München,* NJW 1980, 794 (795).

[34] Vgl. *OLG Hamburg,* NJW 1980, 2593 (2594); dies ausdrücklich ablehnend *Scheu,* MDR 1981, 467 (467).

[35] Vgl. etwa *BVerfGE* 126, 170 (198).

nicht repräsentiert.[36] Das Kriterium der Werthaltigkeit im vorstehenden Sinne führt letztlich nicht zu tragfähigen Erkenntnissen, da es eine Aussage über das systematische Risiko und damit die verbleibenden Spekulationschancen gerade nicht erlaubt. Sofern das systematische Risiko ausweislich der Erkenntnisse des ersten Kapitels über die mathematische Modellierung in die Anlageentscheidung transformiert wird, muss es auch den Anknüpfungstatbestand für risikoadjustierte Überlegungen bilden und daher Vorrang vor anderweitigen „Schätzverfahren" genießen.

Das Kriterium der Werthaltigkeit und seine Anknüpfung an verbleibende Spekulationschancen kollidiert somit mit der funktionalen Bedeutung des systematischen Risikos, krankt an mangelnder Bestimmtheit und ist als Repräsentant reiner Folgenbetrachtung für die nähere Bestimmung des Täuschungsbegriffs abzulehnen.[37]

4. Diskussion einer ubiquitären eigenverantwortlichen Selbstgefährdung bei Spekulationsgeschäften

Im Zusammenhang mit Risikogeschäften wird das Opfer zuweilen dergestalt beschrieben, der Verlockung eines hohen Gewinns nicht widerstehen zu können.[38] Feststellungen dieser Art erschöpfen sich dabei letztlich im Rekurs auf den spekulativen Charakter des Geschäftes. Schließe das Opfer solche Geschäfte ab, die für sich genommen bereits mit einem Verlustrisiko behaftet seien, missachte es die durchschnittlich zu erwartende Sorgfalt und trage somit eine Mitverantwortung am Eintritt des rechtsgutsschädigenden Erfolges.[39] Es fragt sich, ob bereits der spekulative Charakter des Geschäftes geeignet ist, einen strafrechtsrelevanten Übergang von Verantwortung auf einen eintretenden Dritten auszuschließen, ohne dafür eine viktimodogmatische Perspektive einnehmen zu müssen.

Entsprechend des eigenen Ansatzes ist insoweit zu fordern, dass der Anleger mit dem Abschluss des Spekulationsgeschäftes das eigene Vermögen gewissermaßen vollumfänglich dem Risiko einer Intervention durch seinen Handelspart-

---

[36] Dies scheint jedenfalls das OLG Hamburg im Ausgangspunkt auch zu erkennen, wenn es ausführt: „In diesem Zusammenhang ist von Bedeutung, dass eine überhöhte Verdienstspanne des Zwischenhändlers im Optionsgeschäft – anders als bei herkömmlichen Warengeschäften – die Substanz des veräußerten Gegenstandes verringert, weil die auf die ursprüngliche Prämie aufgeschlagene Verdienstspanne die Gewinnzone verschiebt und damit die Gewinnchance des Kunden unmittelbar beeinträchtigt", vgl. *OLG Hamburg*, NJW 1980, 2593 (2594).

[37] So im Ergebnis auch *Worms*, wistra 1984, 123 (126), der gleichwohl bereits die Tatsachenqualität des Kriteriums der Werthaltigkeit ablehnt sowie *Sauckel*, Betrug beim Handel mit Warenterminoptionen, S. 123, zugleich mit dem Hinweis auf die in der fehlenden Verkörperung der Gewinnchance in der Option begründeten Argumentationsbrüche.

[38] Vgl. etwa *Hennings*, Teleologische Reduktion des Betrugstatbestandes, S. 204.

[39] Vgl. *T. Schwarz*, Die Mitverantwortung des Opfers beim Betrug, S. 167.

ner geöffnet hat. Dies angenommen verkannte jedoch den Risikobereich, dem der Vermögensinhaber die eigenen Vermögensgüter eigenverantwortlich aussetzt und lässt sich für Finanzderivate in besonderer Deutlichkeit herausstellen. Die alleinige Bezugnahme auf die vom Anleger erhofften spekulativen Gewinnchancen lässt außer Betracht, dass sich eine etwaige Unsorgsamkeit des Opfers nur auf die bei für ihn ungünstiger Entwicklung des *Underlying* eintretenden Verlustrisiken bezieht. Die eigenverantwortliche Gefährdung der eigenen Vermögensgüter erfordert immer auch die Inkaufnahme der mit der Gefährdung potentiell realisierbaren Folgen. Das notwendige Element der Einwilligung liegt jedoch allein bezogen auf einen im Grundsatz spekulativen Geschäftscharakter vor.[40] Dass das Geschäft generell für den Abschließenden mit erhöhten Verlustrisiken behaftet ist, einer Tatsache, derer sich der Vermögensinhaber durchaus bewusst ist, erlaubt jedoch keine Ausweitung dieser Einwilligungskomponente auf solche über das systematische Risiko hinausgehende Manipulationsrisiken. Andernfalls würde schlicht das tatsächlich mit dem Handel transferierte Risiko verkannt. Eine eigenverantwortliche Selbstgefährdung ist in der Person des Opfers somit lediglich hinsichtlich der sich aus dem systematischen Risiko ergebenden Verlustrisiken, inklusive einverständlich eingepreister zusätzlicher Hebel, überhaupt denkbar. Sofern sich daher lediglich dieses Risiko realisiert, scheidet eine Betrugsstrafbarkeit aus, weil der Vermögensinhaber sein Rechtsgut im Wissen um die Verlustgefahr preisgegeben hat. Insoweit ist auch dem Bundesgerichtshof zuzustimmen, wenn er darauf hinweist, in den Fällen einer Selbstgefährdung werde das infrage stehende Rechtsgut immer nur einem Risiko aussetzt, dessen Umfang vom Rechtsgutsträger auch zutreffend erkannt worden sei. Erwartungswidrige Entwicklungen und bloß mögliche Erfolgseintritte seien davon jedoch nicht umfasst.[41] Allein die eigentümliche Risikostruktur des Geschäftes vermag die Verlagerung jeglichen Informationsrisikos auf das Opfer nicht zu rechtfertigen, sofern sich entscheidende Gefährdungsaspekte dem Wissen des Vermögensinhabers gerade entziehen. Andernfalls liefe dies auf eine fingierte Preisgabe von Vermögensrechtsgütern hinaus.

Der spekulative Charakter des Geschäftes ist somit nicht geeignet, einen strafrechtsrelevanten Übergang von Verantwortung auf den Dritten zu hindern, sofern dieser einseitig das charakteristisch über den fairen Marktwert abgebildete Nullsummenspiel manipuliert.

5. Problematik einer „Freizeichnung" von strafrechtlicher Verantwortlichkeit über reine Papieraufklärung

Die nachfolgende Untersuchung betrifft die im Zusammenhang mit der Entwicklung des eigenen Ansatzes bislang noch unbeantwortete Frage, inwieweit es

---

[40] Ähnlich *Amelung*, GA 1977,1 (13).
[41] Vgl. *BGH*, NStZ 2017, 219 (221).

für die Annahme einer eigenverantwortlichen Selbstgefährdung auf das subjektive Verständnis des Opfers um die einzelnen Risiken ankommt oder ob eine typologische Betrachtung vorzunehmen ist. Anders ausgedrückt: Kommt es auf die tatsächliche Kenntnis aller Einzelrisiken beim Opfer an oder reicht für eine Verantwortungszuweisung an das Opfer die Möglichkeit der Kenntnisnahme als solche bereits aus? Diese Frage ist mit Blick auf den Untersuchungsgegenstand von besonderer Bedeutung, da Anlegern im Rahmen der Risikoaufklärung zumeist ein Konvolut informatorischen Materials zur Verfügung gestellt wird. Dieses entfaltet zum einen allein aufgrund der Quantität, zum anderen auch bezogen auf die inhaltliche Aufmachung oftmals abschreckende Wirkung und wird daher von vielen Anlegern nicht im Einzelnen studiert. Die für die Ermittlung von Markt- und Terminpreis entscheidenden Parameter werden von Finanzdienstleistern dabei zum einen über Rahmenvereinbarungen, welche auch die für die Ermittlung zukünftiger Zahlungsströme zugrunde zu legenden Berechnungsmethoden aufzeigen, bereitgestellt; zum anderen enthalten die für den Handel zusätzlich abgeschlossenen Einzelverträge weitere Risikoparameter. Hierzu zählt neben der Beschreibung des konkreten Derivates auch die Nennung von Referenzaktiva, Laufzeit, Lieferbedingungen sowie einzelner Strukturierungsparameter. Die Gestaltungserwartung eines Anlegers ist an den ihm auf diese Weise zur Verfügung gestellten Informationen ausgerichtet. Angenommen, die bereitgehaltenen Unterlagen enthielten alle in strafrechtlicher Hinsicht relevanten Informationen, stellt sich daher die Frage, ob sich der Finanzdienstleister durch die Unterschrift des Kunden, mit der dieser versichert, das Material erhalten und verstanden zu haben, von einer strafrechtlichen Verantwortung durch den Anleger „freizeichnen" lassen kann.

a) Vergleich mit dem unerfahrenen Anleger
i. S. v. § 49 BörsG i. V. m. § 26 BörsG

Die hiesige Fragestellung lässt sich auch in einen Zusammenhang mit dem Tatbestand des § 49 BörsG setzen, der mit einem Verstoß gegen § 26 Abs. 1 BörsG die Verleitung zu Börsenspekulationsgeschäften sanktioniert. Ein tatbestandliches Verhalten erfordert hiernach, dass der Täter gerade die Unerfahrenheit des Anlegers für sein Vorhaben ausnutzt. Das Tatbestandsmerkmal der Unerfahrenheit wird von Teilen der Literatur davon abhängig gemacht, dass der Anleger die Aufklärung grundsätzlich verstanden hat.[42] Eine bloße Papieraufklärung reiche hierfür jedoch nicht aus. Zu fordern sei vielmehr, dass der Anleger die Risiken auch verstanden habe; denn dieser könne nur als erfahren angesehen werden, sofern er die Tragweite des Geschäftes auch tatsächlich abschätzen

---

[42] Vgl. *Waßmer,* in: Graf/Jäger/Wittig, Wirtschafts- und Steuerstrafrecht, § 49 BörsG Rn. 50 ff.; *Benner,* in: Wabnitz/Janovsky, Hdb des Wirtschafts- und Steuerstrafrechts, Kap. 9 Rn. 226, 230; *Ziouvas,* EwiR 2002, 477 (478); ablehnend dagegen *Gehrmann/ Zacharias,* WiJ 2012, 89 (99).

könne.[43] In diesem Zusammenhang erscheint es zunächst naheliegend, auch für den Tatbestand des § 263 StGB zu fordern, dass der Anleger die Risiken auch wirklich erfasst hat, eine Aufklärung somit nicht auf den Inhalt der überreichten Papiere beschränkt und damit ausschließlich auf dem Papier erfolgt ist. Sind dem Einzelnen Gestaltungsoptionen subjektiv tatsächlich nicht bekannt, ließe sich argumentieren, dass ihm diese durch den Dritten abgeschnitten werden. Eine solche Betrachtung ist jedoch gleich in mehrfacher Hinsicht angreifbar. Dies betrifft zunächst die fehlende Vergleichbarkeit der Betrugsnorm mit dem Tatbestand des § 49 BörsG in den entscheidenden Punkten. Die Unerfahrenheit des Anlegers ist bei Letzterem geschriebenes Tatbestandsmerkmal und damit Ausdruck des strafrechtlichen Unrechts insgesamt. Der Tatbestand der Verleitung zur Börsenspekulation soll gerade unerfahrene Anleger, die über ein ausreichendes Wissen hinsichtlich der mit Spekulationsgeschäften verbundenen Risiken nicht verfügen, schützen. Mit dem Merkmal der Unerfahrenheit findet damit eine Sanktionierung bloßer Papieraufklärung im gesetzlichen Tatbestand unmittelbar eine Stütze. Die Betrugsnorm hingegen verlangt eine besondere Schutzbedürftigkeit des Anlegers gerade nicht. Sie stellt vielmehr darauf ab, ob das Opfer, einem täuschungsbedingten Irrtum unterlegen, eine vermögensschädigende Verfügung vornimmt. Obgleich beide Tatbestände dem Vermögensschutz dienen, ist die Angriffshandlung eine andere. Denn anders als beim Betrug nutzt der Täter des § 49 BörsG nicht den täuschungsbedingten Irrtum, sondern vielmehr die Unerfahrenheit des Anlegers aus.[44] Die Unerfahrenheit ist damit auf Täterseite originär verantwortungsbegründendes Element. Forderte man dagegen den Betrugstäter auf, neben objektiven auch subjektive Widersprüche auszuschließen, stellte dies als negatives Tatbestandsmerkmal letztlich eine Analogie zu Lasten des Täters dar, da sich für dieses Erfordernis im Tatbestand der Betrugsnorm selbst keinerlei Stütze findet.

b) Opferzuständigkeit für selbstschützende Gestaltungsoptionen als Korrelat eigenverantwortlichen Handelns

Vorstehende Erkenntnisse sind auch mit dem eigenen Ansatz konsistent. Eine eigenverantwortliche Selbstgefährdung fordert gerade nicht, dass der Rechtsgutinhaber alle Risiken im Einzelnen kennt.[45] Die Betrugsnorm gewährleistet keinen allumfassenden Vermögensschutz in dem Sinne, dass sie eine vollumfängliche Informiertheit des Anlegers verlangt. Setzt der Einzelne das eigene Vermögen einem Gefahrenbereich aus, umfasst diese eigenverantwortliche Entscheidung gerade auch diejenigen Risiken, die aus dieser Entscheidung erwachsen

---

[43] Vgl. *Waßmer*, in: Graf/Jäger/Wittig, Wirtschafts- und Steuerstrafrecht, § 49 BörG Rn. 45 f., 50.

[44] Vgl. *Hellmann/Beckemper*, Wirtschaftsstrafrecht, Rn. 111.

[45] So im Ergebnis auch *J. Lange/E. Wagner*, NStZ 2011, 67 (68).

können.[46] Damit ist letztlich nicht die Kenntnis aller denkbaren Einzelrisiken entscheidend, sondern vielmehr das Bewusstsein, in welchem Umfang sich die Rechtsgutsgefährdung dem eigenen Einfluss gerade entzieht.[47] Kann auf objektiver Grundlage statuiert werden, dass der Vermögensinhaber die Folgen der eigenen Entscheidung abschätzen kann, folgt daraus zwingend, dass dieser die notwendige Sorgfalt aufzuwenden hat, um das eigene Vermögen vor Gefahren zu schützen, denen es selbstverantwortet geöffnet wurde.[48] Unterlässt der Rechtsgutsinhaber entsprechende Maßnahmen, kann von einem Abschnitt elementar vermögensrelevanter Gestaltungsoptionen nicht gesprochen werden. Vielmehr obliegt es der freiheitsverbürgenden Entscheidung des Rechtsgutsinhabers selbst, inwieweit er auf die Erforschung und Ausübung einzelner Gestaltungsoptionen verzichtet.[49] Damit kommt einem unterlassenen Selbstschutz zwar keine originär normativ strafbarkeitsbeschränkende Wirkung nach Maßgabe viktimodogmatischer Ansätze zu; dennoch ist – gewissermaßen nachgelagert – ein selbstbeschränkender Mechanismus anzuerkennen, der unbedingter Ausfluss autonomen Handelns selbst ist und die Zuständigkeit des Rechtsgutsinhabers begründet, sofern dieser die Tragweite eigenen Handelns zutreffend erkannt hat.[50]

c) Differenzierte Betrachtung bei Geschäften mit Finanzderivaten

Mit Blick auf den Forschungsgegenstand ist somit zu postulieren, dass der Finanzdienstleister sich grundsätzlich nicht davon überzeugen muss, dass der Anleger die dargebotenen Informationen auch tatsächlich verstanden hat. Allerdings sind insoweit Differenzierungen vorzunehmen; denn vorstehend gewonnene Erkenntnisse schließen nicht die Schaffung eines neuen Risikos aus, welches der Finanzdienstleister über die Aufmachung der Informationen generiert. Erfolgt eine Papieraufklärung etwa einseitig über eine Darstellung lediglich vorteilhafter Szenarien oder ist sie in sich widersprüchlich oder unverständlich, ist dies nicht mehr von dem Risikobereich umfasst, dem der Anleger das eigene Vermögen eigenverantwortlich preisgegeben hat. Vielmehr handelt es sich um einen neuen Gefahrenbereich, da der Anleger grundsätzlich davon ausgehen darf, dass die

---

[46] Ähnlich auch *Puppe*, ZIS 2013, 46 (48 f.), die darauf abstellt, ob der Täter die Gefahr nach der eigenverantwortlichen Entscheidung des Rechtsgutsinhabers hinsichtlich Art und Ausmaß noch mitgestaltet.

[47] Vgl. *Murmann*, NStZ 2012, 387 (388); s. a. *Frisch*, Tatbestandsmäßiges Verhalten, S. 226, der zutreffend von „Gefahrdimension" spricht; s. a. *BGHSt* 61, 21 (26 f.) (*Gamma-Butyrolacton*) unter Ablehnung des Erfordernisses einer Kenntnis sämtlicher rechtsgutsbezogener Risiken unter Beschränkung auf einen „in seinem wesentlichen Grad zutreffend erkannten Umfang".

[48] So im Ergebnis auch *Radtke*, in: FS Puppe, S. 831 (837); *Puppe*, ZIS 2007, 247 (251); *Meliá*, ZStW 111 (1999), 357 (380); *Kutzner*, JZ 2006, S. 712 (716).

[49] S. a. *Derksen*, Handeln auf eigene Gefahr, S. 193, der von Alternativen opfereigener Organisation spricht, „die sich der fremden deliktischen Planung entziehen."

[50] So im Ergebnis auch *Frisch*, Tatbestandsmäßiges Verhalten, S. 168 f.

überreichten Unterlagen auch geeignet sind, die mit dem Geschäft verbundenen Einzelrisiken zu erforschen. Denn andernfalls ist eine Kenntnisnahme der verbundenen Gestaltungs- und insbesondere auch Selbstschutzmöglichkeiten nicht denkbar. In diesem Fall instrumentalisiert der Täter vielmehr die gefahrträchtige Entscheidung des Rechtsgutsinhabers, macht sie sich zu eigen und eröffnet damit letztendlich einen durch ihn selbst steuerbaren neuen Gefahrenbereich.[51] Greifen die aufsichtsrechtlichen Wohlverhaltenspflichten des Wertpapierhandelsgesetzes, ist überdies eine im Folgenden näher auszugestaltende Pflicht zur Aufklärung kraft Innehabens einer Garantenstellung denkbar.

II. Untersuchung der einzelnen Fallkonstellationen

Anhand des Kriteriums eines Abschnitts elementar vermögensrelevanter Gestaltungsoptionen, welches konzeptionell um die Funktion mathematischer Modellierung ergänzt wurde, gilt es nunmehr die einzelnen Konstellationen des Derivatehandels auf ihre Täuschungsrelevanz hin zu untersuchen.

1. Der anfänglich negative Marktwert:
Abschnitt elementar vermögensrelevanter Gestaltungsoptionen
über die Einstrukturierung von Bruttomargen

Möglicherweise ist im Einpreisen einer Bruttomarge ein Abschnitt elementar vermögensrelevanter Gestaltungsoptionen zu erblicken. Die Auflösung dieser Problemlage lässt sich auch hier unter Rückgriff auf den Nullsummenspielcharakter erreichen. Wird der Marktwert infolge Einpreisens einer Marge negativ, verschiebt sich das vormals ausgeglichene Risikoprofil zugunsten der einen und zulasten der anderen Partei.[52] An dieser Stelle lässt sich eine Parallele zu den oben[53] bereits erörterten Wettbetrugsfällen ziehen. Auch die Manipulation einer Wette nimmt dieser den die Risikogrundlage des Handels bestimmenden Nullsummenspielcharakter. Dem benachteiligten Vertragspartner wird auf diese Weise die Möglichkeit genommen, die Preisgabe seiner Vermögensgüter zu den nunmehr veränderten Risikobedingungen abzulehnen. Dieses grundsätzliche Verständnis ist auch einer Beurteilung aufgrund eingepreister Margen anfänglich negativer Marktwerte im Zusammenhang mit derivativen Finanzinstrumenten zugrunde zu legen. Unterbleibt eine Offenlegung des anfänglich negativen Marktwertes, greift der Finanzdienstleister einseitig über die Veränderung der Risikogrundlage in die Gestaltungserwartung seines Vertragspartners ein und schneidet ihm auf diese Weise im elementar vermögensrelevanten Bereich Gestaltungsop-

---

[51] So im Ergebnis auch *Meliá*, ZStW 111 (1999), 357 (380).

[52] Vgl. auch *J. Roberts*, BKR 2015, 330 (330): „Eine ‚faire' Wette hat keinen Marktwert."

[53] S. o. Viertes Kapitel, A. I. 2., S. 186 f.

tionen ab. Dieses Ergebnis lässt sich auch mit einer aktuellen gesetzgeberischen Entscheidung unterlegen. Seit dem 3. Januar 2018 sind Wertpapierhandelsunternehmen nach Maßgabe des § 63 Abs. 7 S. 4 WpHG n. F. verpflichtet, den Anleger über Kostenposten aufzuklären, welche die Rendite beeinträchtigen, ohne gleichzeitig ihre Ursache im zugrundeliegenden Marktrisiko der Anlage zu haben. Sofern dem Anleger eine Informationsbroschüre im Sinne von § 63 Abs. 2 S. 2 WpHG n. F. ausgehändigt wird, muss diese seit dem 1. Juli 2018 nach Maßgabe des § 63 Abs. 7 S. 11 WpHG n. F. auch eine formalisierte Aufstellung der Nebenkosten im Einzelnen enthalten auch ohne, dass dies durch den Kunden explizit verlangt wird. Auch im Aufsichtsrecht hat sich somit die aus der Unmöglichkeit einer Trennung von Marge und systematischem Risiko bei bloßer Angabe des Marktwertes resultierende besondere Schutzbedürftigkeit des Anlegers unmittelbar niedergeschlagen. Die hier vorgeschlagene strafrechtliche Unrechtswertung ist daher mit derjenigen des Aufsichtsrechtes kompatibel.

Damit zeigt sich zugleich, dass es auf die Frage der Offenkundigkeit eigener Gewinnerzielungsabsichten des Finanzdienstleisters in strafrechtlicher Hinsicht nicht ankommen kann. Zwar kann es grundsätzlich keinem Wirtschaftsteilnehmer zugemutet werden, eigene Leistungen ohne Entgelt anzubieten. Dabei können die Parteien den Preis einer Leistung auch grundsätzlich frei vereinbaren, solange die Preisgestaltung nicht als sittenwidrig zu beurteilen ist.[54] Auch der Teilnehmer an einer Sportwette zahlt einen Wetteinsatz, über den das Wettbüro neben den anfallenden Kosten auch den Umsatz generiert. In diesem Zusammenhang wird daher auch eingewandt, der Anleger könne einen Marktwert von Null nicht erwarten, da in diesem Fall weder Kosten noch Gewinnkomponente in die Bepreisung einbezogen werden könnten.[55] Diese Betrachtung lässt jedoch ein wesentliches Merkmal der Preisbildung derivativer Finanzinstrumente außer Betracht. Der Teilnehmer einer herkömmlichen Wette kennt seinen Einsatz betragsmäßig. Er hat mithin alle Parameter zur Hand, um eine Risikobeurteilung vorzunehmen und kann entscheiden, ob er das Spiel bzw. die Wette zu diesem Preis eingehen möchte oder ob ihm das Risiko, den Einsatz zu verlieren, zu hoch ist. Der Anleger hingegen geht bei einem Handel unter Einsatz von Finanzderivaten, wie es auch der Bundesgerichtshof in der *Ille-Entscheidung*[56] zutreffend hat anklingen lassen, zunächst einmal davon aus, dass die Bank ein diametral den eigenen Gewinn- und Verlust-Risiken entgegengesetztes Risikoprofil hält. Die Besonderheit derivativer Finanzinstrumente liegt somit in der unmittelbaren Verknüpfung von Marge und Risikoprofil. Anders als bei herkömmlichen Spiel- und Wettverträgen, aber auch mit Blick auf sonstige Verbindungen im Wirtschafts-

---

[54] Vgl. *Loritz,* WM 2000, 1831 (1832).

[55] Vgl. *Bausch/Schwenker,* BKR 2014, 43 (44); *Clouth,* ZHR 177 (2013), 212 (244); *Lerch,* Anlageberater als Finanzintermediäre, S. 41.

[56] Vgl. *BGHZ* 189, 13 (27).

leben, sind Risiko und Marge in der Bepreisung derivativer Finanzinstrumente unmittelbar miteinander verknüpft.[57] Die Marge ist eine zusätzliche Risikokomponente, die über das systematische Risiko hinaus das Risikoprofil des Handels insgesamt mitgestaltet. Dem Anleger ist eine Extraktion des originär gehandelten systematischen Risikos bereits aufgrund der Verbundenheit der Komponenten nicht möglich. Die Auswirkungen dieser Verknüpfung werden über den Hebeleffekt noch verstärkt, da sich negative Marktwerte so um ein Vielfaches potenzieren können. Inwieweit er an solchen Effekten partizipieren möchte, steht dem Anleger über die Strukturierung des Produktes als Gestaltungsoption dabei grundsätzlich offen. Entscheidet sich der Anleger jedoch gegen diese Möglichkeit, führt eine dennoch vollzogene Strukturierung zu einer Umgehung dieser vermögensbezogenen Gestaltungsentscheidung. Die Einstrukturierung eines anfänglich negativen Marktwertes verändert die grundsätzliche Chancen-Risiko-Verteilung des Handels zugunsten des Finanzdienstleisters und zulasten des Anlegers.[58] Sie nimmt damit unmittelbaren Einfluss auf das vom Anleger im Zuge der Anlageentscheidung ermittelte Prognoseergebnis. Die auf diese Weise erhöhten Risiken spiegeln sich dabei in der Risikoprämie wider, die grundsätzlich vom Finanzdienstleister an den Kunden für die Übernahme dieser Risiken zu entrichten gewesen wäre.[59] Die Risikoprämie ist dabei Ausdruck der entweder historisch ermittelten Wahrscheinlichkeit (historische Volatilität) oder der Erwartungen der Finanzmarktteilnehmer (implizite Volatilität) und repräsentiert den mathematisch modellierten Unsicherheitsfaktor. Im Gegensatz dazu spiegelt eine Bruttomarge das modellierte systematische Risiko gerade nicht wider. Auf die Frage einer überwiegenden Verlustwahrscheinlichkeit des Finanzderivates kann es dabei nicht ankommen.[60] Ein entsprechender Rekurs verkennt das soeben dargestellte verbundene Verhältnis von systematischem Risiko und eingepreister Marge. Letztere wirkt als zusätzlicher Risikoparameter neben dem systematischen Risiko und verändert auf diese Weise die Risikogrundlage des Handels. Sofern der Finanzdienstleister daher den modellierten Marktwert über das Einpreisen einer Marge gegenüber dem Anleger negativ hat werden lassen, hat er diesen Parameter gegenüber dem Kunden auszuweisen. Dabei muss freilich nicht die Kalkulation im Einzelnen offengelegt werden. Ist der Anleger über die Höhe der Marge und die daraus folgende Negativität des anfänglichen Marktwertes aufgeklärt, stehen ihm mit der Extraktion der einzelnen Risikoparameter alle die Risikogrundlage bestimmenden Informationen zur Verfügung. Erst in diesem Fall kann der Anleger sich für oder gegen die Preisgabe seiner Vermögensgüter unter Berücksichtigung

---

[57] Dies hat auch das Oberlandesgericht Hamburg bereits dem Grunde nach erkannt, vgl. *OLG Hamburg*, NJW 1980, 2593 (2594).

[58] Vgl. auch *J. Roberts*, BKR 2015, 330 (332).

[59] Vgl. *Köndgen/Sandmann*, ZBB 2010, 77 (81).

[60] Zutreffend daher *BGH*, NJW 2015, 1095 (1098); anders hingegen *Lerch*, Anlageberater als Finanzintermediäre, S. 38.

der tatsächlichen Chancen-Risiko-Verteilung entscheiden. Darüber hinaus hat er in diesem Fall die Möglichkeit, Maßnahmen zum Schutze seines Vermögens zu ergreifen, die Risikoposition etwa über ein Hedge-Geschäft abzusichern.

An dieser Stelle zeigt sich abermals, dass es einer entsprechenden Aufklärung nicht bedarf, wenn sich der Einsatz des Finanzderivates in der Risikoabsicherung als solche erschöpft. Zwar bleibt die Funktionsweise des Derivates dieselbe; dem Anleger werden jedoch über die Einpreisung eines anfänglich negativen Marktwertes keinerlei Gestaltungsoptionen abgeschnitten. Wie der Bundesgerichtshof zutreffend ausführt, handelt es sich lediglich um den Tausch einer festverzinslichen in eine variabel verzinsliche Verschuldung.[61] Weil die Positionen am Ende nicht glattgestellt werden und ein anfänglich negativer Marktwert sich nicht auf die Höhe der variablen Zahlungen auswirkt, werden dem Kunden keinerlei Gestaltungsoptionen im elementar vermögensrelevanten Bereich abgeschnitten. Inwieweit hier die Einpreisung von Margen etwa in der Zahlung überhöhter Risikoprämien mündet, betrifft letztlich die Angemessenheit der für die konkrete Absicherungsleistung zu entrichtenden Vergütung und damit die Durchführungs-, nicht hingegen die Gestaltungserwartung. Ebenfalls für die strafrechtliche Bewertung unerheblich ist, ob auch nach Maßgabe des Konnexitätsbegriffs des Bundesgerichtshofs von einem konnexen Geschäft auszugehen ist. Entscheidungstragenden Charakter beansprucht allein die Funktion, die das systematische Risiko im konkreten Fall einnimmt und an der sich der entsprechende Risikoinformationstransfer bemisst.

Auf die Angemessenheit der Höhe der Bruttomarge kann es im Übrigen ebenso wenig ankommen wie auf deren Marktüblichkeit.[62] Unabhängig von ihrer Konturlosigkeit können diese Parameter aufgrund des Hebeleffektes derivativer Finanzinstrumente sowie der Unmöglichkeit einer Prognose zukünftiger Kursverläufe im Zeitpunkt des Vertragsschlusses die tatsächlichen Auswirkungen auf die Risikogrundlage niemals vollständig abbilden. Kurssprünge können bei Einstrukturierung weiterer Parameter, etwa eines Leitereffektes, trotz Marktüblichkeit der eingepreisten Marge weitaus drastischere Folgen auslösen als bei einem Plain-Vanilla-Produkt. Zu einer Veränderung der Chancen und Risiken und damit einer Beeinträchtigung der Werthaltigkeit kommt es bereits in dem Moment, in dem über das Einpreisen einer Marge der Marktwert negativ wird.[63] Fraglich ist daher nicht das zweifelsfreie Vorliegen einer Chancenverschiebung, sondern lediglich,

---

[61] Vgl. etwa *BGH*, NJW 2015, 2248 (2252).

[62] So auch der Bundesgerichtshof in seiner *Ille-Entscheidung*, vgl. *BGHZ* 189, 13 (29); ebenso *Worms*, wistra 1984, 123 (125); *J. Roberts*, BKR 2015, 330 (333).

[63] So auch *Lederer*, Aufklärungspflichten bei strukturierten Swaps, S. 176; missverständlich ist es daher, wenn teilweise zunächst eine „unfaire Verteilung von Chancen und Risiken" abgelehnt, sodann jedoch auf die Höhe der Marge abgestellt und das Kriterium der Werthaltigkeit zum Einsatz gebracht wird, vgl. *Sandquist,* Der anfängliche negative Marktwert in der Anlageberatung, S. 94 f.

wie stark sich diese zu Lasten des Anlegers auswirkt. Bestimmte Schwellenwerte können daher konsequenterweise im hiesigen Kontext ausschließlich Geltung auf zivilrechtlicher Sekundärebene bezogen auf die Höhe eines Schadensersatzanspruchs Bedeutung erlangen. Auch marktübliche anfänglich negative Marktwerte verändern jedoch zunächst einmal die Risikogrundlage, sodass erst bei deren Offenlegung die Gestaltungsinteressen des Anlegers gewahrt bleiben. Verfehlt wäre in diesem Zusammenhang auch der Einwand, ein berechtigtes Vertrauen, von seinem Geschäftspartner über die Unangemessenheit eines Preises informiert zu werden, könne nicht angenommen werden. Liegt das nullsummencharakteristische Risikoprofil infolge einseitiger Manipulation einer Vertragspartei nicht (mehr) vor, handelt es sich nicht um eine preislich unverhältnismäßige Leistung, sondern um eine gänzlich andere Leistung mit in vermögensrelevanter Hinsicht vollständig divergierender Risikoverteilung.

Für die Fallgruppe „anfänglich negative Marktwerte" lässt sich damit resümieren, dass Finanzdienstleister, die eine in den anfänglichen Marktwert eingepreiste Bruttomarge gegenüber dem Anleger nicht offenlegen, diesem elementar vermögensrelevante Gestaltungsoptionen abschneiden. Hierin liegt ein verschleierter Widerspruch zu der konkludenten Erklärung, der dargebotene Marktwert bilde das nullsummencharakteristische Risikoprofil ab. Es liegt eine konkludente Täuschung vor.

2. Konkludenter Erklärungsinhalt im Zusammenhang mit Innen- und Außenprovisionen

Eine weitere an dieser Stelle auf ihren Täuschungscharakter hin zu untersuchende Konstellation betrifft die Erhebung von Innen- bzw. Außenprovisionen. Beide Provisionsformen sind über eine entscheidende Gemeinsamkeit verbunden: Die Provisionsbeträge werden unmittelbar vom Anlagebetrag abgezogen. Innenprovisionen werden vom Emittenten an den beratenden und/oder vermittelnden Finanzdienstleister gezahlt und unmittelbar vom Anlagebetrag in Abzug gebracht. Außenprovisionen hingegen werden auf die Börsenprämie geschlagen und schmälern auf diese Weise den Anlagebetrag. Bleibt die letztlich vorliegende Verringerung des Anlagebetrages dem Anleger gegenüber verborgen, stellt sich die Frage, inwieweit auch in diesem Fall ein Abschnitt elementar vermögensrelevanter Gestaltungsoptionen vorliegt.

Auch bezogen auf die Erhebung von Provisionen lassen sich die täuschungsrelevanten Fallkonstellationen anhand einer Untersuchung am Kriterium des Abschnitts elementar vermögensrelevanter Gestaltungsoptionen ermitteln. An dieser Stelle lässt sich an die vorangegangene Untersuchung zu eingepreisten Bruttomargen anknüpfen. Hier wie dort spiegelt der dargebotene Marktwert letztlich nicht die nullsummencharakteristische Risikogrundlage des Handels wider, weil der Anleger seines Anlagebetrages bereits bei Abschluss des Handels teilweise verlustig geht. Verringert sich der Anlagebetrag jedoch um einen bestimmten Betrag, ändert sich das gesamte Risikoprofil des Handels. Der Kurs muss für den Anleger einen ungleich günstigeren Verlauf nehmen, um für ihn überhaupt ein Erreichen der Gewinnzone zu ermöglichen. Und selbst in diesem Fall entspräche der tatsächliche Gewinn nicht demjenigen, der bei Zugrundelegung des nullsummencharakteristischen Risikoprofils erwirtschaftet hätte werden können. Die strafrechtliche Verantwortlichkeit einzelner Verhaltensweisen ist somit nach Maßgabe des hiesigen Ansatzes davon abhängig, inwieweit die Provisionen dem Anleger gegenüber entweder überhaupt nicht oder aber als separierbare Position des Gesamtpreises ausgewiesen werden.

Geht die Provision in der Optionsprämie auf, kann der Kunde das Risiko des Geschäftes nicht mehr erfassen, da der dargestellte Marktwert das Markt- bzw. Kreditrisiko nicht mehr abbildet. Auch diese Erkenntnis lässt sich mit der Bedeutung der Optionsprämie illustrieren. Eine Vermittlungsgebühr stellt kein an die Basiswertentwicklung angebundenes Unsicherheitselement dar. Geht eine entsprechende Gebühr in der Optionsprämie auf, verfälscht sie die in die Anlageentscheidung transferierten Risikoinformationen und schneidet dem Anleger die Möglichkeit ab, sich gegen den aufgrund des Aufschlags auf veränderter Risikogrundlage stattfindenden Handel zu entscheiden. Gleiches gilt für Innenprovisionen. Auch in diesem Fall wird die Risikogrundlage des Handels über die Einpreisung von Provisionen in den „fairen" Marktwert verändert. Versteckte Provisionen begründen danach den Tatbestand der konkludenten Täuschung, und zwar unabhängig davon, ob ein freier oder aber ein bankgebundener Anlageberater tätig wird.

Anders liegt der Fall jedoch, wenn der Aufschlag von der eigentlichen Optionsprämie getrennt und gesondert ausgewiesen wird. Hier verschmelzen Risikoprämie und Vermittlungsgebühr nicht untrennbar im Gesamtpreis. Die Risikogrundlage des Handels bleibt dem Kunden gegenüber nicht verborgen. Er kann entscheiden, ob er das Geschäft auf bekannter Risiko- bzw. Prognosegrundlage mit den überdies entstehenden Vermittlungskosten als zusätzlichem Risikoparameter abschließen möchte oder nicht. Unter Kontinuitätsgesichtspunkten lässt sich in diesem Fall die Annahme zusätzlicher Gestaltungsoptionen nicht rechtfertigen.

3. Beurteilung von Konstellationen
verdeckt fließender Rückvergütungen

Rückvergütungen werden, im Gegensatz zu den soeben untersuchten Provisionen, gegenüber dem Kunden offen ausgewiesen.[64] Insoweit kann daher zunächst auf obige Ausführungen im Zusammenhang mit offen ausgewiesenen Provisio-

---

[64] Vgl. zur Unterscheidung zwischen Innenprovisionen und Rückvergütungen bereits oben Zweites Kapitel, A. II. 4. a), S. 96.

nen rekurriert werden. Ähnlich wie diese sind Rückvergütungen für den Anleger erfassbar und manipulieren auf diese Weise nicht die Risikogrundlage des Handels. Teilweise wird jedoch im Falle verdeckter Kick-Back-Zahlungen eine konkludente Täuschung über die tatsächliche Höhe der angefallenen Provisionen bzw. die Kosten des Geschäfts angenommen.[65] Dieser Anknüpfungstatbestand ist jedoch bereits vor dem Hintergrund abzulehnen, dass bezogen auf den Rückfluss entsprechender Provisionen weniger die Frage nach deren Höhe, sondern vielmehr diejenige nach deren Verbleib entscheidend ist. Die Höhe ist dem Anleger gegenüber gerade ausgewiesen und damit bekannt. Eine konkludente Täuschung käme somit lediglich unter der Voraussetzung in Betracht, dass gerade das Wissen um den tatsächlichen Verbleib dem Anleger zusätzliche elementar vermögensrelevante Gestaltungsoptionen eröffnete und damit seine Gestaltungserwartung beträfe.

Der Verbleib von Gütern lässt sich zivilrechtlich über Herausgabeansprüche regeln. Der Bundesgerichtshof hat eine Offenlegungspflicht gegenüber dem Anleger bezogen auf Provisionen daher auch im Zusammenhang mit der Betrugsnorm bereits unter Rückgriff auf die aus dem Geschäftsbesorgungsverhältnis folgende Herausgabepflicht aus §§ 675, 667 BGB begründet.[66] Im Rahmen kommissionsrechtlicher Verbundenheit lässt sich hier auch auf § 384 Abs. 2 HGB zurückgreifen. Die vorstehenden Herausgabepflichten verhelfen letztlich der Interessenwahrungspflicht zur Geltung[67], sodass es nicht verwundert, dass in der Rechtsprechung als Anknüpfungspunkt für die Täuschungshandlung daneben der bei Zahlung verdeckter Rückvergütungen vorliegende Interessenkonflikt auch unmittelbar angeführt wurde.[68] Insbesondere vor dem Hintergrund einer grundsätzlichen Billigung so genannter Behaltensklauseln durch den Bundesgerichtshof[69], wonach es in vielen Fällen bereits fraglich sein dürfte, inwieweit eine zivilrechtliche Herausgabepflicht überhaupt besteht, vermag die Annahme einer betrugsstrafrechtlichen Täuschung auch im Übrigen nicht zu überzeugen. Allein die Frage nach dem Verbleib der Provisionen bei dem einen oder dem anderen Finanzdienstleister ändert für sich genommen noch nicht die nullsummencharakte-

---

[65] Vgl. etwa ohne nähere Begründung *Zieschang,* in: Park, Kapitalmarktstrafrecht, § 263 Rn. 125; s. a. *Löw,* Strafrechtliche Risiken der unterlassenen Aufklärung über Vertriebsprovisionen, S. 119, 120 f., der eine Täuschung über das Nichtbestehen einer Kick-Back-Vereinbarung annimmt, wenngleich er diese unter das Erfordernis stellt, dass eine entsprechende Vorstellung bei den Parteien auch tatsächlich feststellbar ist.

[66] Vgl. etwa *BGH,* NJW-RR 1990, 604 (605); *OLG Stuttgart,* WM 2011, 976 (978) im Rahmen einer schadensersatzrechtlichen Prüfung gemäß § 823 Abs. 2 BGB i.V.m. § 263 Abs. 1 StGB.

[67] Vgl. *Mülbert,* WM 2009, 481 (484 f.).

[68] Vgl. *BGH,* NJW 2010, 2339 (2340); aus der Literatur etwa *Wach,* EWiR 1989, 765 (766); *Löw,* Strafrechtliche Risiken der unterlassenen Aufklärung über Vertriebsprovisionen, S. 121 f.

[69] Vgl. *BGHZ* 199, 355 (363 ff.).

ristische Risikogrundlage des Geschäftes. Diese bleibt dem Anleger weder verborgen noch verschmelzen einzelne Risikoparameter mit dem transformierten
systematischen Risiko, sodass die Gestaltungserwartung nicht enttäuscht ist. Im
Gegensatz zu den zuvor untersuchten Konstellationen eingepreister anfänglich
negativer Marktwerte sowie verdeckter Provisionen liegt keine vom Wissen des
Anlegers nicht gedeckte Schmälerung der Gewinnchancen vor.[70] Inwieweit die
beratende Bank aufgrund eines Interessenkonfliktes zur Offenbarung einzelner
Zahlungsflüsse oder aber kraft vertraglicher Herausgabepflichten zur Auskehr
einzelner Bezüge an den Anleger verpflichtet ist, betrifft ausschließlich die
Durchführung des Vertragsverhältnisses auf der Grundlage der vereinbarten Risikoverteilung und damit die Durchführungserwartung der Vertragspartner. Die
Verletzung einer Pflicht zur Offenlegung bestehender Interessenkonflikte kann
jedoch vollumfänglich über eine Abwägung der Schutzbedürftigkeit des Anlegers mit den wirtschaftlichen Eigeninteressen des Finanzdienstleisters im Rahmen des zivilrechtlichen Sekundärleistungsrechtes ausgeglichen werden. Ebenso
kann die Erfüllung vertraglicher Herausgabeansprüche adäquat über das Zivilrecht erreicht werden.

 Eine andere Betrachtung ergibt sich auch nicht unter Berücksichtigung solcher
Kick-Back-Konstellationen im Zusammenhang mit der Erlangung von Immobiliendarlehen. Hier wird zum Zwecke einer Immobilienfinanzierung gegenüber
der Bank ein erhöhter Immobilienkaufpreis angegeben, wobei der überschie-
ßende Betrag am Ende an den zahlungsunfähigen Kunden zurückfließt. Zutreffend nimmt der Bundesgerichtshof in diesem Fall eine Täuschung (hier: über die
Zahlungsfähigkeit des Kunden) an.[71] Diese Lösung lässt sich auch mit dem eigenen Ansatz stützen. Die Risikogrundlage des Darlehensvertrages wird aus Sicht
der Bank maßgeblich mitbestimmt von der Solvenz des Darlehensnehmers, die
daher auch Teil der Gestaltungserwartung ist. Dies betrifft sowohl die Entscheidung, ob es überhaupt zu einem Vertragsschluss kommt, als auch die Höhe der
Darlehensvaluta und das Ob und Wie etwaiger Absicherungsmechanismen, etwa
über den Abschluss von Bürgschaften. Wird die Bank in diesen Fällen über die
Zahlungsunfähigkeit des Kunden im Unklaren gelassen, kommt es zu einem Abschnitt elementar vermögensrelevanter Gestaltungsoptionen, da ihr die Möglichkeit genommen wird, ebensolche Maßnahmen zum Schutze ihres Vermögens
zu ergreifen. Damit entsprechen diese Fälle inhaltlich denen eines erfüllungsunfähigen oder -unwilligen Vertragspartners.[72] Funktion und Folge von Kick-Back-
Zahlungen im Zusammenhang mit Immobiliendarlehen sind mit den hier zu
untersuchenden Fällen im Zusammenhang mit Finanzderivaten somit nicht vergleichbar.

---

[70] So aber *Nestler,* Bank- und Kapitalmarktstrafrecht, Rn. 384.
[71] Vgl. etwa *BGH,* NStZ-RR 2005, 374 (375) mit zusätzlichem Hinweis auf eine
ebenfalls vorliegende Täuschung über die Kick-Back-Zahlung.
[72] Vgl. hierzu oben Drittes Kapitel, E. III. 1., S. 172 f.

Den Anknüpfungspunkt der Höhe nach tatsächlich angefallener Kosten bemüht der Bundesgerichtshof auch für den Fall, dass einem Arzt für die Abrechnung bestimmter Leistungen gegenüber der Krankenkasse von Seiten eines Produktherstellers Rückvergütungen zufließen. In diesem Fall werde, so der Bundesgerichtshof, gegenüber dem Leistungsträger konkludent erklärt, die abgerechneten Kosten seien vollständig und nicht um den rückvergüteten Betrag geschmälert angefallen.[73] Auch dieser Fall ist jedoch mit der hier zu untersuchenden Konstellation nicht vergleichbar. Mit der Angabe eines erhöhten Preises fordert der Arzt gegenüber der Krankenkasse eine nicht geschuldete Leistung ein, da diese aufgrund des Verstoßes gegen § 128 Abs. 2, 5 SGB V nicht zur Zahlung verpflichtet ist.[74] In diesem Fall ist im Einklang mit den im Zusammenhang mit der Fallgruppe „Einfordern einer nicht geschuldeten Leistung" gewonnenen Erkenntnissen[75] die Gestaltungserwartung des Leistungsträgers betroffen.

Haben demgegenüber Bank und Anleger Provisionen einer bestimmten Höhe in die Beratungsvereinbarung aufgenommen, sind diese grundsätzlich Teil des gegenseitigen Pflichtenprogramms. Sofern sich tatsächliche und vereinbarte Höhe nicht unterscheiden, entspricht die Risikogrundlage auch der durch die eigenverantwortliche Entscheidung des Anlegers getragenen Prognose. Die beratende Bank, der von dritter Seite verdeckt Rückvergütungen zufließen, gibt somit keine betrugsstrafrechtlich relevante konkludente Erklärung über den Verbleib der Provisionen ab.[76]

4. Das Nichtbestehen eines Interessenkonfliktes

Teilweise wird auch eine konkludente Täuschung über das (Nicht-)Bestehen eines Interessenkonfliktes angedacht.[77] Das Vorliegen eines Interessenkonfliktes kann für sich jedoch nicht ausreichen, um eine strafrechtliche Verantwortung zu begründen. Problematisch ist hier zunächst der fehlende vermögensrelevante Bezug. Die Pflicht zur Aufklärung über Interessenkollisionen soll nicht explizit das Vermögen schützen, sondern lediglich die Qualität der Beratungsleistung und damit den Erhalt einer äquivalenten Gegenleistung sichern. Damit ist auch nach

---

[73] Vgl. *BGH,* NStZ 2004, 568 (569); *BGH,* NStZ-RR 2017, 313 (313).

[74] Vgl. *BGH,* NStZ-RR 2017, 313 (313).

[75] Vgl. hierzu oben Drittes Kapitel, E. III. 2., S. 173.

[76] So im Ergebnis auch *Schlösser,* BKR 2011, 465 (473 f.); *Gerst/Meinicke,* CCZ 2011, 96 (97 f.); *Cordes,* in: Szesny/Kuthe, Kapitalmarkt Compliance, Kap. 22 Rn. 113, gleichwohl auf das Nichtvorliegen einer Rückvergütung abstellend; anders hingegen *Bröker,* Strafrechtliche Probleme bei Warentermin- und Optionsgeschäften, S. 41; sowohl eine konkludente als auch eine Täuschung durch Unterlassen für möglich haltend dagegen *Lorenz,* Churning, Rn. 55.

[77] Vgl. etwa *Löw,* Strafrechtliche Risiken der unterlassenen Aufklärung über Vertriebsprovisionen, S. 121 f., allerdings auch hier unter der Voraussetzung, dass sich eine die Interessen des Anlegers wahrende Beratung auch als Geschäftsgrundlage des Beratungsvertrages entsprechend feststellen lässt.

dem hiesigen Ansatz lediglich die Durchführungserwartung betroffen, solange die Interessenkollision nicht Anlass war, auch die Risikogrundlage, etwa über die Einstrukturierung von Bruttomargen oder die Erhebung nicht ausgewiesener Provisionen, zulasten des Anlegers und ohne dessen Kenntnis zu verändern. Die Interessenkollision allein führt jedoch nicht zu einer Veränderung der nullsummen-charakteristischen Chancen-Risiko-Verteilung des Handels. Möglich ist hier jedoch, dass es infolge wirtschaftlicher Eigeninteressen des Finanzdienstleisters im Rahmen der Anlageberatung zum Ausspruch einer Empfehlung kommt, die von der der Beratung zugrundeliegenden Risikoeinstellung des Anlegers abweicht. Solange das charakteristische Risikoprofil erhalten bleibt, kommt eine Täuschung in diesem Fall lediglich unter dem zusätzlichen Erfordernis in Betracht, dass der Finanzdienstleister eine Garantenstellung innehat.

5. Besonderheiten strukturierter Finanzprodukte

Bezüglich strukturierter Finanzprodukte ergibt sich aus dem Vorgenannten das Erfordernis, zusätzlich eingepreiste Risikoparameter im Rahmen der Aufklärung zu berücksichtigen. Auch die Bewertung strukturierter Produkte erfolgt grundsätzlich über die Zerlegung des Finanzinstrumentes in seine einzelnen Parameter sowie deren anschließende Bewertung und Addition.[78] Das infolge der Strukturierung veränderte Risikoprofil kann jedoch in vielen Fällen nicht mehr über die Herstellung synthetischer Derivate abgebildet und bewertet werden.[79] Maßstab der tatsächlichen Risikogrundlage ist dennoch auch hier die mathematische Modellierung, und zwar einschließlich der diese beeinflussenden einzelnen Strukturierungsparameter. Neben einseitigen Beendigungsrechten des Handelspartners (mit oder ohne Ausgleichspflicht) liegt eine konkludente Täuschung etwa auch dann vor, wenn Leitereffekte oder aber „Knock-in"- oder „Knock-out"-Schwellenwerte ohne Wissen des Anlegers in das Finanzprodukt einstrukturiert werden.

B. Die Täuschung durch Unterlassen

Nach weitüberwiegender Ansicht in Rechtsprechung und Literatur ist auch eine Täuschung durch Unterlassen möglich.[80] Im Folgenden gilt es zuvorderst, den eigenen Ansatz in die Unterlassensdogmatik des Strafgesetzbuchs zu implementieren, bevor es anschließend die einzelnen Aufklärungspflichten im Zusammenhang mit Finanzderivaten zu untersuchen gilt. Die Untersuchung setzt dabei an einer grundsätzlichen Unterscheidung solcher Garantenstellungen mit vertrag-

---

[78] Vgl. *Döhler/Cottin,* Risikoanalyse, S. 260.

[79] Vgl. *Janos/Hunziger,* Rendite und Risiken von Zertifikaten, S. 27.

[80] Anders *Naucke,* Zur Lehre vom strafbaren Betrug, S. 106 ff., 214; *Herzberg,* Die Unterlassung im Strafrecht, S. 74 ff.; einschränkend etwa *Grünwald,* in: FS Meyer, S. 281 (289); *Dencker,* in: FS Grünwald, S. 75 (91).

lichem und solcher mit gesetzlichem Entstehungstatbestand an. Der Grundsatz von Treu und Glauben krankt hingegen an mangelnder Bestimmtheit[81] und wird daher als Entstehungstatbestand betrugsstrafrechtlicher Garantenstellungen nicht herangezogen.

I. Grundlagen einer Implementierung des eigenen Ansatzes in die Unterlassensdogmatik des StGB

Das Vermögen des Einzelnen ist nicht vollumfänglich vor Minderung durch unterbliebene Information geschützt.[82] Diese Erkenntnis hat sich bereits im Zusammenhang mit der konkludenten Täuschung in deren restriktiver Anwendung niedergeschlagen, ist jedoch auch für die Täuschung durch Unterlassen von entscheidender Bedeutung. Ziel der nachfolgenden Untersuchung ist es aufzuzeigen, dass das Merkmal verschleiert widersprüchlichen Verhaltens auch mit Blick auf eine durch Unterlassen begangene Täuschung Konstitutionscharakter beanspruchen kann. In Verbindung mit dem Kriterium eines Abschnitts elementar vermögensrelevanter Gestaltungsoptionen erweist es sich als geeignet, die Entstehungs- wie auch inhaltlichen Voraussetzungen betrugsstrafbewährter Aufklärungspflichten, insbesondere mit Blick auf die hier interessierenden Konstellationen im Zusammenhang mit derivativen Finanzinstrumenten, näher zu bestimmen.

1. Akzessorische Anbindung an den Entstehungstatbestand über die Norm des § 13 StGB

Dem Ziel, eine systematische Ordnung garantenpflichtbegründender Tatbestände zu erreichen, haben sich unterschiedlichste Ansätze verschrieben. Diese knüpfen jeweils an den Entstehungsgrund der Garantenstellung an, ohne damit bereits eine inhaltliche Präzisierung der daraus im Einzelnen resultierenden Garantenpflichten vorzunehmen.[83] Während nach traditioneller formaler Rechtspflichtenlehre eine Einteilung in die Topoi Vertrag, Gesetz und Ingerenz bzw. enge Lebensgemeinschaft[84] vorgenommen wird, bedient sich die moderne Funktionenlehre einer Unterscheidung in Beschützer- und Überwachergaranten.[85] Un-

---

[81] Vgl. zur Argumentation im Einzelnen oben Drittes Kapitel, D. III. 2., S. 153 ff.

[82] Vgl. *Kindhäuser*, in: NK-StGB, § 263 Rn. 150; *Freund*, in: MüKo-StGB, § 13 Rn. 100.

[83] Mit dieser Kritik auch *Stratenwerth / Kuhlen*, Strafrecht AT, § 13 Rn. 14.

[84] Vgl. zur Ergänzung um den Begriff der engen Lebensgemeinschaft durch das Reichsgericht *RGSt* 69, 321 (323).

[85] Begründet durch *Kaufmann*, Die Dogmatik der Unterlassungsdelikte, S. 283; s. a. *Rengier*, Strafrecht AT, § 50 Rn. 3 ff.; daneben finden sich mit Blick auf die grundsätzliche Bestimmung von Garantenstellungen weitere Systematisierungsbestrebungen, etwa das „Herrschaftsprinzip" von *Schünemann*, Grund und Grenzen, S. 229 ff.; *ders.,* GA 1985, 341 (375), ein Anknüpfen an Erwartungen des sozialen Alltagslebens, vgl. *Brammsen*, Garantenpflichten, S. 119 ff., 124 ff. oder das Vertrauensprinzip, s. dazu im

abhängig von einer Entscheidung für das eine oder das andere Systematisierungsinstrumentarium, bedarf es jedoch sowohl einer Bestimmung derjenigen Umstände, die eine besondere Einstandspflicht begründen, als auch der konkreten Reichweite einer solchen Pflicht.

Einer Implementierung des eigenen Kriteriums muss in diesem Zusammenhang zunächst die allgemeine Frage nach dem Ausmaß akzessorischer Bindung des Strafrechts im Bereich des unechten Unterlassens vorangestellt werden. Im vorangegangenen Teil dieses Forschungsvorhabens konnte mit Blick auf die aktive (konkludente) Täuschung eine vollständig unrechtsakzessorische Anbindung des Strafrechts an das Zivilrecht abgelehnt und die Notwendigkeit einer Berücksichtigung finanzmarkttheoretischer Erkenntnisse herausgestellt werden.[86] Ein anderer Maßstab ist jedoch mit Blick auf solches dem Bereich des unechten Unterlassens entstammenden strafbarkeitsbegründenden Verhaltens geboten. Das Strafrecht knüpft für die Zuweisung strafrechtlicher Verantwortlichkeit mit dem Erfordernis rechtlichen Einstehenmüssens, anders als bei der aktiven Täuschung, explizit an den originär übergegangenen Bereich an Informationsverantwortung an. Bindet das Gesetz die strafrechtliche Verantwortlichkeit indes an einen bestimmten Entstehungstatbestand, muss das Strafrecht zwingend insoweit akzessorisch sein, als an die vertraglich bzw. gesetzlich zugewiesene Position des Dritten zum fremden Vermögen auch die Frage nach dem Bestehen einer Garantenstellung angebunden ist.[87] Die rechtsgutsbezogene strafrechtliche Schutzverpflichtung konkretisiert sich in dem im Entstehungstatbestand manifestierten konkreten Handlungsgebot. In diesem Fall gilt daher: „Unterlassungen, die nach der spezielleren rechtlichen Ordnung erlaubt sind, dürfen nicht als unechte Unterlassungsdelikte bestraft werden."[88] Hier ist der strafrechtliche Schutzauftrag von vornherein durch und auf den Entstehungstatbestand festgelegt. Der Entstehungstatbestand der Garantenstellung bildet den Anknüpfungspunkt für den Bereich, den der Rechtsgutsinhaber gerade nicht mehr eigenverantwortlich organisiert, weil er sich auf eine gefahrlose Drittorganisation verlässt.[89] Diese Drittorganisation umfasst dabei diejenigen Handlungs- respektive Gestaltungsoptionen, hinsichtlich derer der Entstehungstatbestand das Opfer gerade entlastet. Der Entstehungstatbestand selbst wird damit zum Maßstab eigenverantwortlichen Handelns. Weil eine vollständige Loslösung vom Entstehungstatbestand nicht möglich ist[90], wird im Rahmen des hiesigen Ansatzes die nähere Bestimmung der Garantenstellung an eben diesem ansetzen. Diesbezüglich ist jedoch zunächst die Entste-

---

Einzelnen unten Viertes Kapitel, B. II. 3., S. 211 f.; s.a. *Coelln,* Einstehenmüssen, S. 133 ff., 233 ff., die letztlich auf das Verhältnismäßigkeitsprinzip zurückgreift.

[86] Vgl. hierzu im Einzelnen oben Viertes Kapitel, A. I., S. 179 ff.

[87] So auch *M. Wagner,* Die Akzessorietät des Wirtschaftsstrafrechts, S. 274 f.

[88] *Schünemann,* Grund und Grenzen, S. 225.

[89] Ähnlich *Derksen,* Handeln auf eigene Gefahr, S. 192.

[90] Vgl. *K. Kühl,* JuS 2007, 497 (500); *Stree,* in: FS Mayer, S. 145 (146 f.).

hungsnorm im Hinblick auf die Schutzfunktion zu untersuchen, die sie für das betroffene Rechtsgut entfaltet.[91]

Es lässt sich resümieren, dass im Bereich des unechten Unterlassens das Strafrecht als akzessorisch zum Entstehungstatbestand der Garantenstellung bezeichnet werden kann. Mit Blick auf unterlassensdogmatische Aufklärungspflichten sind somit diejenigen vermögensrelevanten Gestaltungsoptionen entscheidend, die zwar originär dem Verantwortungsbereich des Vermögensinhabers zuzurechnen sind, jedoch über den Entstehungstatbestand der Garantenstellung auf den entsprechend Verpflichteten übergehen.

2. Der Perspektivwechsel in der Gestaltungserwartung: Abgrenzung zur Konkludenz

Formal geht es auch im Zusammenhang mit einer vertraglichen Übernahme vermögensbezogener Schutzverpflichtungen bzw. deren Übergang kraft gesetzlicher Normierung im Kern um berechtigte Kontinuitätserwartungen.[92] Dies betrifft entweder auf Seiten des Garanten die Erwartung, eine solche Verpflichtung zu übernehmen oder aber, auf Seiten des Rechtsgutsinhabers, sie durch Verlagerung auf den Garanten zu übertragen. Obwohl in beiden Fällen letztlich der Abschnitt von Handlungs- bzw. Gestaltungsoptionen durch Information behoben werden kann, ist der Anknüpfungstatbestand für die Frage nach dem verschleiert widersprüchlichen Verhalten im Falle der Konkludenz einerseits und des Unterlassens andererseits nicht identisch.[93] Während bei der Konkludenz der aktive, einseitige Transfer verschleiert widersprüchlicher, vermögensrelevanter Informationen entscheidend ist, konkretisiert sich die Gestaltungserwartung des Vermögensinhabers im Falle des Unterlassens im Umfang vertraglich bzw. gesetzlich übergegangener Informationsverantwortung. Kommt der Verpflichtete der übernommenen Informationsverpflichtung nicht nach, begibt er sich in einen Widerspruch zu den berechtigten Erwartungen des Vermögensinhabers. Mündet dieser Widerspruch in einem Abschnitt elementar vermögensrelevanter Gestaltungsoptionen, besitzt das Verhalten nach Maßgabe des eigenen Ansatzes Täuschungsqualität. Infolge dieser Anknüpfung an den Entstehungsgrund der Garantenstellung ist die Gestaltungserwartung des Vermögensinhabers auch konsequenter-

---

[91] Dies lässt sich auch als „formal-materiale" Vorgehensweise beschreiben, vgl. *Maurach/Gössels/Zipf,* Strafrecht AT 2, § 46 Rn. 46; eine solche „Mischform" zwischen formaler und funktionaler Lehre vertritt auch das überwiegende Schrifttum, vgl. etwa *Weigend,* in: LK-StGB, § 13 Rn. 24; *Stratenwerth/Kuhlen,* Strafrecht AT, § 13 Rn. 14 f.; *Wessels/Beulke/Satzger,* Strafrecht AT, Rn. 1007 ff.

[92] S. a. *Jakobs,* Strafrecht AT, 29. Abschn. Rn. 46: „Konstanz von Verhaltensschemata".

[93] Vgl. hierzu bereits obige Ausführungen im Zusammenhang mit der Untersuchung eines Rückgriffs auf die Unterlassensdogmatik auch zur Ausgestaltung aktiver (konkludenter) Erklärungen im Dritten Kapitel D. I. 2., S. 148 ff.

weise an eben diesem auszurichten. Mit Blick auf vertragliche Entstehungstat-
bestände kommt es für die Bestimmung der Gestaltungserwartung somit auf die
kraft vertraglicher Verpflichtung eingenommene vermögensbezogene Schutzposi-
tion des Vertragspartners an.[94] Die Anknüpfung an einen gesetzlichen Entstehungstatbestand erfordert dagegen die Bestimmung des kraft gesetzlicher Normierung übergegangenen Bereichs an Informationsverantwortung.

II. Garantenstellung kraft vertraglicher Übernahme von Informationsverantwortung

Im Anschluss an die vorstehenden ersten Systematisierungsbemühungen sind
im Folgenden die Voraussetzungen zu bestimmen, unter denen Dritte für den
Verlust vermögensrelevanter Gestaltungsoptionen kraft vertraglichem Entstehungstatbestand strafrechtlich zur Verantwortung gezogen werden können. Eine
Abgrenzung der Verantwortungsbereiche lässt sich dabei über eine präzise Ausarbeitung der insoweit entscheidenden vermögensrelevanten Gestaltungsoptionen
erreichen.

1. Systematisierungsbemühungen über gegenseitige Erwartungen: Kontinuität und Unterlassen

Aus vertraglichen Verbindungen können sich besondere Schutzpflichten in Bezug auf den Schutz fremder Vermögensgüter ergeben. Eine erste Spezifizierung
kann über die Untersuchung der gegenseitigen Erwartungen der Kommunikationsteilnehmer erreicht werden. In diesem Sinne führt die Übernahme bereichs-
weiser Verantwortung für den Vermögensschutz des Vertragspartners dazu, dass
sich der vordergründig Handlungspflichtige auf eine Wahrnehmung dieser Einstandspflicht verlassen und seinerseits die Ergreifung solcher für den Vermögensschutz notwendiger Maßnahmen unterlassen darf.[95] Dieser „Handlungserwartung"[96] spiegelbildlich gegenüber steht die Erwartung des Übernehmenden auf
entsprechende Preisgabe eben dieses Vermögensschutzes, weil er sich auf das
entgegengebrachte Vertrauen einlässt.[97] Die so entstehende Schutzfunktion wirkt
sich auf diese Weise unmittelbar auf das betroffene Rechtsgut aus.[98] Für den Be-

---

[94] Ähnlich *Tag,* in: HK-GS, § 13 Rn. 14: „Schutzfunktion des Garanten".

[95] Vgl. *BGH,* NJW 2000, 3013 (3014); *BGH,* NJW 2017, 2052 (2053); *Gaede,* in:
NK-StGB, § 13 Rn. 34; *Kaspar,* JuS 2012, 628 (632); *Arzt,* JA 1980, 647 (652 f.).

[96] *Roxin,* Strafrecht AT II, § 31 Rn. 6.

[97] Vgl. *Jakobs,* Strafrecht AT, 29. Abschn. Rn. 48, 69; ähnlich *Otto,* Allgemeine
Strafrechtslehre, § 9 Rn. 45: „gegenseitiges Erwarten der Erwartungen"; s.a. *Murmann,*
in: FS Beulke, S. 181 (186), der die (beherrschende) Sonderpflicht des Täters als mit
der Abhängigkeit des Opfers korrespondierend beschreibt sowie *Stree/Bosch,* in:
Schönke/Schröder, StGB, § 13 Rn. 27, die von einer „Lageveränderung" sprechen.

[98] Vgl. *Stree,* in: FS Mayer, S. 145 (155).

reich übergegangener Informationsverantwortung wird der Rechtsgutsinhaber selbstschützende Maßnahmen daher einschränken[99], wobei er darauf vertraut, dass der Pflichtige den durch ihn beschränkten eigenverantwortlich preisgegebenen Gefahrenbereich nicht verlässt. Über die (berechtigten) Erwartungen der Parteien lässt sich der Kontinuitätsgedanke damit auch in den Bereich des Unterlassens übernehmen.

2. Verhältnis betrugsdogmatischer Garantenstellungen zur Vermögensbetreuungspflicht des Untreuetatbestandes

Hinsichtlich der Bestimmung des Bereichs übergegangener Informationsverantwortung bedarf es auch einer Berücksichtigung des Verhältnisses betrugsstrafrechtlicher Garantenstellungen zur untreuestrafrechtlichen Vermögensbetreuungspflicht. Letztere wird hier teilweise zur Voraussetzung betrugsstrafrechtlicher Garantenstellungen erhoben, womit ihr gleichsam Sperrwirkung zukommt.[100] Auswirkungen auf den Umfang der Aufklärungspflichten sind insbesondere mit Blick auf die auch für den hier interessierenden Bereich der Anlageberatung strengen Voraussetzungen für die Bejahung einer Vermögensbetreuungspflicht denkbar. Eine Vermögensbetreuungspflicht wird nur dann anzunehmen sein, wenn mit der Anlageberatung zugleich eine Vermögensverwaltung vorliegt, im Rahmen derer der Berater über das Vermögen eigenständig disponieren kann.[101] Voraussetzung hierfür ist, dass der Anlageberater befugt ist, im Wesentlichen weisungsfrei entsprechende Entscheidungen zu treffen.[102] Dies wird insbesondere dann anzunehmen sein, wenn der Anlageberater über eine Generalvollmacht verfügt, die es ihm erlaubt, nach eigenem Ermessen Wertpapiere zu erwerben und zu veräußern.[103] Ob eine Vermögensbetreuungspflicht auch im Falle bloßer Anlageberatung besteht und in der Folge die Entstehung einer Garantenstellung erlaubt, ist dagegen zweifelhaft.[104] Eine womöglich bestehende Kopplung unterlassensdogmatischer Garantenstellungen an die Vermögensbetreuungspflicht

---

[99] Vgl. *Derksen,* Handeln auf eigene Gefahr, S. 228.

[100] Vgl. *Lüderssen,* in: FS Kohlmann, S. 177 (181 ff.); *Schlösser,* BKR 2011, 465 (475); *I. Kühl,* Wirtschaftlichkeitsgebot und Vertragsarzt im Strafrecht, S. 179; *Schünemann,* NJW 1980, 2545 (2547); *Gauger,* Die Dogmatik der konkludenten Täuschung, S. 218 ff.; *Noak,* MedR 2002, 76 (78 f.); *Seelmann,* NJW 1981, 2132 (2132); *Maaß,* Betrug verübt durch Schweigen, S. 26; vorsichtiger dagegen *Hoyer,* in: SK-StGB, § 263 Rn. 56; *Samson/Horn,* NJW 1970, 593 (596).

[101] Vgl. *Waßmer,* in: Graf/Jäger/Wittig, Wirtschafts- und Steuerstrafrecht. § 266 Rn. 49; *Mölter,* wistra 2010, 53 (56 f.); *Birnbaum,* wistra 1991, 253 (255 f.); *Wach,* Terminhandel, Rn. 277.

[102] Vgl. *BGH,* NJW 1991, 2574 (2574).

[103] Vgl. *Zieschang,* in: Park, Kapitalmarktstrafrecht, § 266 Rn. 46; *Fichtner,* Die börsen- und depotrechtlichen Strafvorschriften, S. 100.

[104] Dies ablehnend etwa *Schlösser,* BKR 2011, 465 (470 f.).

hätte somit unmittelbare Folgen auch für die Bestimmung des Bereichs abge-
schnittener Gestaltungsoptionen und damit die Betrugsrelevanz verschleiert widersprüchlichen Verhaltens.

Sofern allerdings die betrugsstrafrechtliche Garantenstellung unter das Erfordernis einer gleichzeitig vorliegenden Vermögensbetreuungspflicht gestellt wird,
werden entscheidende Aspekte des jeweiligen Anknüpfungsgegenstandes strafrechtlicher Verantwortung außer Acht gelassen. Ein pauschaler Rekurs auf das
Vermögen als das von beiden Tatbeständen geschützte Rechtsgut[105] übersieht insbesondere die Abhängigkeit des Entstehungstatbestandes einer Garantenstellung
von der Schutzrichtung des Straftatbestandes. Die konkrete Garantenpflicht ist
gerade von der Garantenstellung des Täters abhängig, deren Reichweite daher
das vom Täter einzufordernde Handeln steuert.[106] Danach liegt zwar mit der
Vermögensbetreuungspflicht zugleich eine Garantenstellung vor.[107] Diese Aussage ist jedoch nicht in der Weise umkehrbar, dass jede kraft vertraglicher Verbundenheit entstehende Garantenstellung im betrugsrelevanten Bereich zugleich
eine Vermögensbetreuungspflicht voraussetzt.[108] Die Schlussfolgerung auf einen
identischen Schutzbereich unter schlichtem Rekurs auf den gemeinsamen Zweck,
die Vermögensinteressen eines Dritten zu schützen[109], übersieht, dass der Betrugstatbestand das Vermögen im Bereich des unechten Unterlassens ausschließlich
gegen dessen Minderung kraft Entscheidungsbildung auf unzureichender Infor-
mationsgrundlage schützt.[110] Die Vermögensbetreuungspflicht hingegen verpflichtet zu umfassendem Vermögensschutz „von innen heraus".[111] Charakteristisch gerade für den Betrug ist dagegen, dass das Opfer selbst eine Vermögensdisposition vornimmt ohne, dass der Täter seinerseits in das Vermögen des
Opfers eingreifen muss.[112] Die Untreue wird daher, anders als der Betrug, auch
nicht als Selbst-, sondern als Fremdschädigungsdelikt bezeichnet.[113] Darüber
hinaus divergiert auch die Handlungserwartung, die sich den jeweiligen Tatbe-

---

[105] Vgl. *Lüderssen*, in: FS Kohlmann, S. 177 (181).

[106] Vgl. *Maurach/Gössels/Zipf*, Strafrecht AT 2, § 46 Rn. 74; *Stree*, in: Schönke/
Schröder, StGB, § 13 Rn. 14.

[107] Vgl. *BGHSt* 36, 227 (228); *Mitsch*, Strafrecht BT 2, S. 378; *Waßmer*, in: Graf/
Jäger/Wittig, Wirtschafts- und Steuerstrafrecht, § 266 Rn. 11.

[108] So auch *Wessels/Hillenkamp*, Strafrechts BT 2, Rn. 506; *G. Dannecker*, in: Graf/
Jäger/Wittig, Wirtschafts- und Steuerstrafrecht, § 263 Rn. 44; *G. Dannecker/C. Dannecker*, JZ 2010, 981 (986); *Satzger*, in: S/S/W-StGB, § 263 Rn. 84.

[109] So etwa *Schlösser*, BKR 2011, 465 (475).

[110] Vgl. *Wessels/Hillenkamp*, Strafrechts BT 2, Rn. 506; *Kindhäuser*, in: NK-StGB,
§ 263 Rn. 149.

[111] *Schünemann*, NStZ 2005, 473 (474); *Kubiciel*, NStZ 2005, 353 (358).

[112] Vgl. *G. Dannecker*, in: Graf/Jäger/Wittig, Wirtschafts- und Steuerstrafrecht,
§ 263 Rn. 6.

[113] Vgl. *Waßmer*, in: Graf/Jäger/Wittig, Wirtschafts- und Steuerstrafrecht, § 266
Rn. 10.

ständen bezogen auf den Normadressaten entnehmen lässt. Während die Betrugsnorm den Vermögensschutz lediglich über ein bereichsweises Informationser-
fordernis sicherstellt, kann der nach Maßgabe des § 266 StGB Vermögensbetreuungspflichtige den Vermögensschutz in jeder erdenklichen Weise verwirklichen.[114] Dass hier nicht ohne weiteres eine Überschneidung angenommen
werden kann, belegen auch die in diesem Fall entstehenden Schutzlücken. Eine
Vermögensbetreuungspflicht kann erst entstehen, wenn ein entsprechendes ver-
tragliches Verhältnis begründet ist und schließt damit gerade Täuschungen vor
bzw. bei Vertragsschluss aus.[115]

Die besondere Informationsbezogenheit des Schutzbereichs der Betrugsnorm
lässt sich schließlich auch mit dem als für den Täuschungsbegriff konstitutiv herausgearbeiteten Merkmal verschleiert widersprüchlichen Verhaltens unterlegen.
Der Abschnitt vermögensbezogener Gestaltungsoptionen resultiert beim Betrug
gerade aus deren Verschleierung durch Information (Tun) oder Vorenthaltung
von Information (Unterlassen). Für die Verletzung der Vermögensbetreuungspflicht wird jedoch weder verlangt, dass der Pflichtige sich mit dem Unterlassen
in einen verschleierten Widerspruch zu vorangegangenem Verhalten oder bestehenden Verpflichtungen begibt, noch kommt es überhaupt auf den Abschnitt
von Gestaltungsoptionen an. Der Vermögensbetreuungspflichtige muss das zu
schützende Vermögen vielmehr umfassend vor Schäden bewahren. Der Garanten-
pflichtige dagegen trägt für den aus seiner Garantenstellung folgenden, zugleich
jedoch auch durch den Entstehungstatbestand selbst beschränkten Bereich die Informationsverantwortung. Kraft derer ist er dem Vermögensinhaber in besonderer
Weise zum Erhalt vermögensrelevanter Gestaltungsoptionen verpflichtet. Damit
realisiert die Betrugsnorm Vermögensschutz gerade unter dem Aspekt übergegangener Informationsverantwortung und nicht, wie der Untreuetatbestand, über
den Übergang umfassender Betreuungsverantwortung. Geht es jedoch ausschließlich um den Übergang von Informationsverantwortung auf den Garanten, steht
zugleich fest, dass es im Kontext der Betrugsnorm gerade nicht um die eigenverantwortliche Wahrnehmung fremder Vermögensinteressen geht, sondern um die
Gewährleistung eigenverantwortlicher Vermögensdisposition durch den Vermögensinhaber selbst. Auch wenn der Entstehungstatbestand der Garantenstellung
im vertraglichen Verhältnis angesiedelt ist, wird die Garantenstellung über die
den Entstehungstatbestand konkretisierende Schutzrichtung des Betrugstatbestandes auf den Übergang ausschließlich der Informationsverantwortung beschränkt.
Unterscheidet sich damit die Anknüpfungsrichtung, kann die Vermögensbetreuungspflicht für die Entstehung von Garantenstellungen und den daraus folgenden
Pflichtenumfang keine präjudizierende Wirkung entfalten.

---

[114] Vgl. *Kindhäuser*, in: NK-StGB, § 263 Rn. 149.
[115] Vgl. *Zieschang*, in: Park, Kapitalmarktstrafrecht, § 266 Rn. 44.

3. Versuch einer Konturierung berechtigter Erwartungen über das Erfordernis eines besonderen Vertrauensverhältnisses

Der Bereich, für den beide Vertragsparteien zu Recht von einem Übergang der Informationsverantwortung ausgehen können, wird von der Rechtsprechung sowie der überwiegenden Anzahl literarischer Vertreter unter Rückgriff auf das Kriterium des besonderen Vertrauensverhältnisses bestimmt. Ein besonderes Vertrauensverhältnis sei danach nicht bereits als Ausfluss der mit Vertragsschluss begründeten allgemeinen Vertragspflichten anzunehmen, sondern erfordere darüber hinaus das Vorliegen weiterer Umstände.[116] Dies wird von der Rechtsprechung anhand einer Abwägung der Interessen- und Verantwortungsbereiche der am Vertragsschluss Beteiligten[117] – kurzum: der vertragsspezifischen Risikoverteilung – beurteilt. Entscheidend sei, inwieweit der Betroffene gerade für die „vermögensrechtliche Entscheidungsfreiheit"[118] seines Vertragspartners einzustehen habe. Der Bundesgerichtshof nimmt dies letztlich an, sofern

„Treu und Glauben und die Verkehrssitte die Offenbarung der für die Entschließung des anderen Teils wichtiger Umstände gebieten."[119]

Auch die Literatur will Inhalt und Umfang vertraglich übernommener Pflichten unter Rückgriff auf den Vertragsinhalt bestimmen.[120] Weil jedoch nicht jede vertragliche Pflichtverletzung ein garantenpflichtbegründendes besonderes Vertrauensverhältnis auslösen könne, habe die strafrechtliche Betrachtung nicht bei der Feststellung vertragsverletzenden Verhaltens stehenzubleiben.[121] Einigkeit in Rechtsprechung und Literatur besteht somit dahingehend, dass aus einer zivilrechtlichen Aufklärungspflicht nicht automatisch auch eine strafrechtliche Garantenpflicht folgt.[122] Ein Übergang strafrechtsrelevanter Informationsverantwortung liegt nach den in Rechtsprechung und Literatur zugrunde gelegten Maßstäben

---

[116] Vgl. etwa *BGHSt* 39, 392 (398); *BGH*, NStZ 2010, 502 (502); *OLG Stuttgart*, NStZ 2003, 554 (555); *Gaede*, in: NK-StGB, § 13 Rn. 31; *Otto*, Allgemeine Strafrechtslehre, § 9 Rn. 73; *Wittig*, Wirtschaftsstrafrecht, § 14 Rn. 42; *Heger/Petzsche*, in: Leitner/Rosenau, Wirtschafts- und Steuerstrafrecht, § 263 Rn. 52; *G. Dannecker/C. Dannecker*, JZ 2010, 981 (986); *Ranft*, JURA 1992, 66 (67); kritisch hingegen *Seelmann*, GA 1989, 241 (243 ff.); *Roxin*, Strafrecht AT II, § 32 Rn. 13.

[117] Vgl. etwa *BGH*, NJW 2000, 3013 (3014); *BGH*, NJW 2010, 1087 (1090); *BGHZ* 194, 26 (33).

[118] *BGHSt* 39, 392 (398).

[119] *BGH*, NStZ 2017, 349 (350); *BGH*, NJW 2017, 2052 (2053).

[120] Vgl. etwa *Heuchemer*, in: BeckOK-StGB, § 13 Rn. 47 [online, Stand: 01.02. 2018].

[121] Vgl. etwa *Stratenwerth/Kuhlen*, Strafrecht AT, § 13 Rn. 22, die hinsichtlich solcher Umstände, die die bloße Verletzung von Vertragspflichten oder die Wirksamkeit des Vertrages betreffen, eine weitgehende Loslösung der strafrechtlichen von der zivilrechtlichen Wertung fordern.

[122] Vgl. *BGHSt* 39, 392 (399); *OLG Bamberg*, NStZ-RR 2012, 248 (250); *Worms*, Anlegerschutz durch Strafrecht, S. 185.

vielmehr erst dann vor, wenn die vertragliche Risikoverteilung ein Informations-
bzw. Wissensgefälle zwischen den Parteien hinsichtlich des infrage stehenden
Umstandes offenbart.[123]

Damit steht zugleich fest, dass sich unter diesen Voraussetzungen pauschale
Aussagen zu Entstehung und Umfang garantenpflichtbegründenden besonderen
Vertrauens verbieten. Es wird daher weniger ein präziser normativer Maßstab angelegt, als vielmehr das konkrete Rechtsverhältnis mit dem Ziel beleuchtet, die
vermögensrelevanten[124] und entscheidungserheblichen Informationen herauszu-
filtern. Zwar knüpfen damit sowohl die Rechtsprechung als auch die überwiegende Ansicht in der Strafrechtsliteratur zur Bestimmung aufklärungspflichtigen
Verhaltens mit vertraglichem Ursprung ebenfalls an das konkrete Vertragsver-
hältnis und damit den Entstehungstatbestand der Garantenstellung selbst an. Das
Vertrauenskriterium ist jedoch derselben Kritik ausgesetzt wie sie bereits im Zusammenhang mit der Konturierung verschleiert widersprüchlichen Verhaltens für
den Bereich der konkludenten Täuschung herausgearbeitet wurde.[125] Ebenso wenig überzeugt der Rekurs auf das Rechtsinstitut von Treu und Glauben.[126]

4. Aufklärungspflichten im Zusammenhang mit der Anlageberatung

Gegenstand nachstehender Ausführungen ist die Bestimmung betrugsrelevanten Unterlassens im Zusammenhang mit der Anlageberatung beim Vertrieb von
Finanzderivaten. Insoweit stellt sich die Frage, ob das Kriterium eines Abschnitts
elementar vermögensrelevanter Gestaltungsoptionen geeignet ist, die Verantwortungsbereiche zwischen Vermögensinhaber und Drittem präzise abzugrenzen, um
auf diese Weise auch ein „besonderes Vertrauensverhältnis" inhaltlich auszufüllen.

a) Risikotransfer über die Wertpapierdienstleistung

Inwieweit über einzelne Umstände im Zusammenhang mit derivativen Finanzinstrumenten aufzuklären ist, ist vom Umfang vertraglich übertragener Informationsverantwortung abhängig. Bezogen auf Verträge, die ein Beratungselement
aufweisen, wird in der rechtswissenschaftlichen Diskussion überwiegend ein
Wissensgefälle zwischen den Vertragsparteien angenommen, kraft dessen ein
besonderes Vertrauen auf die Übermittlung entsprechend vermögensrelevanter

---

[123] Vgl. *Waßmer/Kießling,* NZWiSt 2012, 313 (314); *Hefendehl,* in: MüKo-StGB,
§ 263 Rn. 167.

[124] Die Vermögensrelevanz der infrage stehenden Regelung ebenfalls betonend *Hefendehl,* in: MüKo-StGB, § 263 Rn. 162.

[125] Vgl. hierzu im Einzelnen oben Drittes Kapitel, C. I. 3., S. 139 ff.

[126] Vgl. zur Kritik im Einzelnen oben Drittes Kapitel, D. III. 2., S. 153 ff.

Informationen begründet wird.[127] Der Gedanke eines zwischen Anleger und Finanzdienstleister divergierenden Wissensstandes hinsichtlich des konkreten Vertragsgegenstandes wird teilweise auch im Falle bloßer Vermittlungsgeschäfte bemüht, um eine Garantenstellung zu begründen.[128] Eine pauschale Gleichstellung beider Finanzdienstleistungen wird in der Literatur dagegen zutreffend kritisiert und eine differenzierte Bestimmung der garantenpflichtbegründenden Umstände gefordert.[129]

Anlageberatung einerseits und Anlagevermittlung andererseits sind nicht ohne Weiteres einer synonymen Betrachtung zugänglich. Zwar ist grundsätzlich auch im Falle der Anlagevermittlung ein Wissensgefälle zwischen Vermittler und Anleger denkbar. Dies allein kann jedoch bereits vor dem Hintergrund nicht ausreichen, dass Teilnehmer am Wirtschaftsleben in den seltensten Fällen einen gleichen oder bloß vergleichbaren Wissensstand aufweisen werden. Auch unter Rückgriff auf das Kriterium des besonderen Vertrauensverhältnisses wird daher zutreffend der bloße Vertragsschluss nicht für ausreichend befunden, entsprechend vertrauensgeleitete Aufklärungspflichten zu begründen. Der alleinige Rekurs auf ein zwischen den Parteien bestehendes Wissensgefälle lässt überdies auch den Bezug zum vertraglichen Entstehungsgrund der Garantenstellung vermissen und birgt daher die Gefahr der Etablierung umfassender Garantenpflichten im Bereich privatautonomer Rechtsgestaltung. Die Notwendigkeit einer unterschiedlichen Betrachtung von Anlageberatung einerseits und Anlagevermittlung andererseits lässt sich auch unter Rückgriff auf obige Ausführungen zum Perspektivwechsel in der Gestaltungserwartung begründen. Anknüpfungsgegenstand für eine Garantenstellung sowie die aus ihr erwachsenen Aufklärungspflichten ist unter Berücksichtigung des Entstehungstatbestandes die im Verhältnis zum Vermögensinhaber eingenommene Stellung des Finanzintermediärs. Diese lässt sich mit der Verpflichtung zur Bewertung des Risikoprofils für die Anlageberatung als Risikotransferleistung des Finanzdienstleisters beschreiben. Die im Rahmen der Anlageberatung auf den Anlageberater übergegangene vermögens- bzw. risikorelevante Informationsverantwortung lässt sich somit über die Verpflichtung zur anleger- und anlagegerechten Beratung abgrenzen. Danach ist neben der Auf-

---

[127] Vgl. *Hefendehl,* in: MüKo-StGB, § 263 Rn. 167; eine Garantenpflicht im Falle der Beratung ebenfalls bejahend *Zieschang,* in: Park, Kapitalmarktstrafrecht, § 263 Rn. 41; *Kindhäuser,* in: NK-StGB, § 263 Rn. 160; restriktiver dagegen *Maaß,* Betrug verübt durch Schweigen, S. 107 f.; kritisch auch *Park/Rütters,* StV 2011, 434 (441); mit Blick auf vertragliche Verbindungen institutioneller Anleger ablehnend hingegen *Ransiek,* WM 2010, 869 (873).

[128] Vgl. etwa *BGHSt* 30, 177 (181) sowie zustimmend *Scheu,* JR 1982, 121 (122); ein Vertrauensverhältnis im Falle der Vermittlung ebenfalls bejahend *Rochus,* NJW 1981, 736 (736).

[129] Vgl. *Fichtner,* Die börsen- und depotrechtlichen Strafvorschriften, S. 175 f.; *Zieschang,* in: Park, Kapitalmarktstrafrecht, § 263 Rn. 40; *Otto,* WM 1988, 729 (731); *Worms,* Anlegerschutz durch Strafrecht, S. 183 f.

klärung über das Anlageprodukt selbst auch eine Bewertung unter Berücksichtigung der Besonderheiten der konkreten Anlage wie auch des individuellen Anlegers geschuldet.[130] Der Anleger richtet seine Anlageentscheidung an den infolge des Risikotransfers gewonnenen Erkenntnissen aus, lässt seinen Vertragspartner insoweit in seinen elementar vermögensrelevanten Risikobereich eintreten und überträgt diesem die Verantwortung für die sich ihm im Bereich des geschuldeten Informationstransfers eröffnenden Gestaltungsoptionen. Der Bereich übergegangener Informationsverantwortung ist dabei konsequenterweise auch an der vertraglich zugeschriebenen Funktion des Anlageberaters als Organ des Informations- respektive Risikotransfers[131] zu bestimmen. Diese Betrachtung folgt insbesondere auch dem Kontinuitätsgedanken, da sich beide Parteien ausweislich des zwischen ihnen geschlossenen Vertragsverhältnisses auf einen entsprechenden Übergang vermögensbezogener Schutzpflichten einstellen. Dass das Risiko einer Fehlbewertung (zivilrechtlich) letztlich beim Anleger verbleibt, führt hier zu keiner anderen Bewertung, da es als Folgenbetrachtung nicht den Risikotransfer als solchen, sondern vielmehr die ordnungsgemäße Erfüllung der vertraglichen Verpflichtung und damit die Durchführungserwartung betrifft.

Der Anlagevermittlungsvertrag hingegen verpflichtet den Anlagevermittler, im Gegensatz zum Anlageberater, ausschließlich zur vollständigen und wahrheitsgemäßen Information über das Anlageprodukt. Die Bewertung des Anlagevorhabens ist nicht geschuldet[132] und obliegt dem Anleger selbst. Die Anlagevermittlung lässt sich so auch als derjenige Bereich beschreiben, in dem sich der Pflichtenkreis von Anlageberatung und -vermittlung überschneidet.[133] Damit ergibt sich für die Anlagevermittlung ein entsprechend reduzierter Übergang vermögensrelevanter Schutz- bzw. Informationspflichten und somit auch ein divergierender Anknüpfungspunkt für die Frage eines Abschnitts elementar vermögensrelevanter Gestaltungsoptionen. Der Vermittler fungiert, anders als der Berater, nicht als Organ des Risikotransfers. Letzterer übernimmt mit der Risikobewertung in vermögensrelevanter Weise eine entsprechende Informationsverantwortung, indem er die Chancen-Risiko-Bewertung für den Anleger wahrnimmt und in dessen Anlageentscheidung transformiert.[134] Über die bloße Auskunftsverpflichtung des Anlagevermittlers wird diesem jedoch gerade nicht die Risikobewertung und damit zugleich die Verantwortung für die mit dem Bewertungs-

---

[130] Vgl. hierzu bereits oben Zweites Kapitel, A. I., S. 86 ff.

[131] Vgl. *Lerch,* Anlageberater als Finanzintermediäre, S. 15, 19 f.

[132] Vgl. *Edelmann,* in: Assmann/Schütze, Hdb des Kapitalanlagerechts, § 3 Rn. 8, 30; *Buck-Heeb/Lang,* in: BeckOGK-BGB, § 674 Rn. 136 [online, Stand: 01.01.2018].

[133] Vgl. *BGH,* NJW-RR 1993, 1114 (1114): „Überschneidungen möglich"; *Lerch,* Anlageberater als Finanzintermediäre, S. 12.

[134] Vgl. auch *M. Lange,* Informationspflichten von Finanzdienstleistern, S. 25 f.: „(...) Beratung ist darauf gerichtet, eine eigene Vorstellung zu übermitteln, eine Handlungsmöglichkeit aufzuzeigen."

auftrag verbundenen Gestaltungsoptionen übertragen. Der Anlagevermittler kann dem Anleger im elementar vermögensrelevanten Bereich somit keinerlei Gestaltungsoptionen abschneiden, da ein Übergang entsprechender Schutzpflichten nicht erfolgt. Auf dieser argumentativen Grundlage lässt sich in der Folge auch ein besonderes Vertrauensverhältnis ablehnen. Denn der aus einem Auskunftsvertrag Verpflichtete wird, anders als der im Rahmen einer Anlageberatung tätig werdenden Finanzdienstleister, für seinen Vertragspartner gerade nicht im vorgenannten Sinne in entscheidungserheblicher Art und Weise tätig.[135] Garant ist somit lediglich der Anlageberater, wobei der Umfang der aus dieser Garantenstellung resultierenden Aufklärungspflichten im Folgenden einer näheren Konkretisierung anhand des Kriteriums eines Abschnitts elementar vermögensrelevanter Gestaltungsoptionen bedarf.

b) Bestimmung des Umfangs übertragener Informationsverantwortung

Im Zuge vorangegangener Ausführungen konnte der Bereich übergegangener Informationsverantwortung, ausgehend vom Entstehungstatbestand der Garantenstellung, bereits über die vertraglich übernommene Funktion des Anlageberaters als Risikotransferorgan konkretisiert werden. Im Folgenden bedarf es einer weitergehenden Präzisierung der aus dieser Garantenstellung im Einzelnen ableitbaren Aufklärungspflichten.

Entsprechende Überlegungen knüpfen auch im Bereich des unechten Unterlassens an den autonomen Entscheidungsprozess des Vermögensinhabers an und sind damit am Maßstab der Eigenverantwortlichkeit zu messen. Im Kern geht es daher auch hier um die Bestimmung desjenigen Bereiches, für den der Vermögensinhaber das eigene Rechtsgut einzelnen Risiken preisgegeben wissen möchte. Die Eigenverantwortlichkeit manifestiert sich dabei letztlich in den vorgegebenen Bewertungsgrundlagen, an denen auch die Erwartungen des Anlegers an die Risikobewertung, welche schlussendlich in die eigene Anlageentscheidung transferiert wird, ausgerichtet sind. Auch im Bereich der Täuschung durch Unterlassen wird die Vermögensrelevanz über die Risikogrundlage des konkreten Handels abgebildet. Die Aufklärungspflicht erstreckt sich damit auf diejenigen Umstände des Risikotransfers durch den Anlageberater, deren Verschweigen dem Vermögensinhaber in elementar vermögensrelevanter Weise Gestaltungsoptionen abschneidet. Voraussetzung hierfür ist, dass im Umkehrschluss eine entsprechende Kenntnis zur Präsentation einer divergierenden Risikogrundlage geführt und auf diese Weise unmittelbaren Einfluss auf das Prognoseergebnis genommen hätte. Im Vergleich mit einem Risikotransfer über mathematische Modellierung anhand konkreter Parameter krankt die hiesige Festlegung der Bewertungsgrund-

---

[135] Davon unberührt bleibt jedoch die Möglichkeit einer aktiven Täuschung, die in Form einer ausdrücklichen Täuschung oder aber – bei Erfüllung der entsprechenden Voraussetzungen – als konkludente Täuschung denkbar ist.

lagen bei Zugrundelegung eines subjektiven Maßstabes jedoch an einem grundsätzlichen Mangel an Bestimmtheit. Welche Parameter der Anlageberater tatsächlich für die Bewertung herangezogen hat, lässt sich im Nachhinein nur schwer
ausmachen. Anknüpfungspunkt kann daher ausschließlich die Grundstruktur des
vertraglichen Entstehungstatbestandes der Garantenstellung sein, anhand derer
sich die strafrechtsrelevanten Parameter eines Risikotransfers über den Anlageberater bestimmen lassen. Eine nähere Konturierung lässt sich über den durch die
Elemente der (Verlust-)Risiken sowie der (Gewinn-)Chancen flankierten Prozess
der Risikobewertung erreichen. Die Anlageberatung verfolgt – anders als etwa
das Portfoliomanagement – das Ziel, eine an der Risikoeinstellung des Anlegers
ausgerichtete Anlage zu empfehlen.[136] Zum Zwecke der Erstellung eines entsprechenden Risikoprofils werden im Rahmen einer Anlageberatung zumeist Frage-
bögen eingesetzt.[137] Anhand der hinterlegten Angaben wird der konkrete Anleger sodann einer Risikoklasse zugewiesen, wobei sich die Einteilung dabei
maßgeblich an der Risikoeinstellung sowie den Erfahrungen des Anlegers orientiert.[138] Entscheidend ist in diesem Zusammenhang, inwieweit der Anleger entweder in erster Linie sichere Erträge bei gleichzeitiger Inkaufnahme einer geringeren Partizipation an günstigen Kursverläufen des *Underlying* oder aber eher
spekulativ mit der Wahl einer entsprechend volatileren Anlage am Markt auftreten möchte. Die Risikotransferleistung des Anlageberaters ist an der jeweiligen
Risikoeinstellung des Anlegers ausgerichtet. Gerade die Bewertung der Anlage
am Maßstab der eigenen Risikoeinstellung betrifft die vom Anleger auf den Berater transferierte Informationsverpflichtung. Der Anleger hat das eigene Vermögen lediglich in dem Umfang eigenverantwortlich einer Gefährdung ausgesetzt,
der der angegebenen Risikopräferenz entspricht. Sofern das zu guter Letzt ausgearbeitete Ergebnis der Risikobewertung mit der Risikoeinstellung des Anlegers
nicht kompatibel ist, der Anlageberater mithin eine der ursprünglichen „Abspra-
che" nicht entsprechende Risikoeinstellung als Bewertungsgrundlage gewählt
hat, muss er darüber aufklären. In diesem Fall begibt sich das als Folge des geschuldeten Transformationsprozesses präsentierte Risikoergebnis in einen verschleierten Widerspruch zu der übernommenen Verpflichtung, eine an der Risikoeinstellung des Anlegers ausgerichtete Risikobewertung vorzunehmen. Dem
Anleger wird über die Transformation einer unter Kontinuitätsgesichtspunkten
unerwarteten Risikogrundlage in die Anlageentscheidung die Möglichkeit verwehrt, sich entweder gänzlich gegen die Vermögensdisposition zu entscheiden
oder aber entsprechende Maßnahmen zum Schutze des eigenen Vermögens zu

---

[136] Vgl. *Spremann/Gantenbein*, Finanzmärkte, S. 113.

[137] Vgl. auch die aufsichtsrechtliche Verpflichtung von Wertpapierdienstleistungsunternehmen in § 63 Abs. 10 S. 1 WpHG n. F., entsprechende Informationen über Erfahrungen und Kenntnisse des Anlegers einzuholen.

[138] Vgl. etwa den Fragebogen der HANSAINVEST, www.rm-fonds.de/pdf/wphg_
bogen.pdf [zuletzt aufgerufen: 24.05.2018].

ergreifen. Die Adaption des Bewertungsergebnisses durch den Anleger und deren Niederschlag in der Vermögensdisposition ist in diesem Fall nicht mehr von einer eigenverantwortlichen Entscheidung getragen. Mit der fehlenden Eigenverantwortlichkeit[139] der zugrundeliegenden Entscheidung ist auch die Gestaltungserwartung des Anlegers betroffen. Denn mit dem Vorenthalten der Entscheidung, die eigenen Vermögensgüter zu nunmehr veränderten Risikobedingungen nicht mehr preisgeben zu wollen, kommt es zu einem Abschnitt elementar vermögensrelevanter Gestaltungsoptionen.

c) Tatsachenelemente eines Risikotransfers über den Finanzdienstleister

Vorstehende Ausführungen zur Betrugsrelevanz eines Risikotransfers über den Finanzdienstleister legen die Untersuchung der Tatsachenqualität des ermittelten Bewertungsergebnisses sowie einzelner Aspekte des Bewertungsprozesses nahe. Als Tatsachen werden allgemein „konkrete Vorgänge der Gegenwart oder Vergangenheit, die dem Beweis zugänglich sind"[140], verstanden. Kennzeichen einer Tatsache ist deren „objektive Bestimmtheit und Gewissheit"[141] sowie ihre Beweisbarkeit.[142] Beweisbarkeit ist dabei nicht in einem empirischen Sinne zu verstehen[143], sondern meint vielmehr die grundsätzliche interpersonale Greifbarkeit der Aussage.[144] Diese wiederum bildet dann einen überprüfbaren objektiven Anknüpfungspunkt.[145] Zukunftsprognosen sowie bloße Werturteile unterfallen dem Tatsachenbegriff danach grundsätzlich nicht.[146]

Diese nach der herrschenden Auffassung für den betrugsstrafrechtlichen Täuschungsbegriff gebildeten Grundsätze lassen begründeten Zweifel an den vorgenannten Aussagen hinsichtlich der Täuschungsrelevanz solcher durch den Bewertungsprozess produzierter Ergebnisse aufkommen. Der Bewertungsprozess durch den Finanzdienstleister umfasst mehrere mit Blick auf den Tatsachenbegriff problematische Elemente. Neben der Prognose der in Zukunft zu erwartenden Kurs-

---

[139] Auf die „Entscheidungsgrundlagen einer Vermögensverfügung" stellt auch Kindhäuser ab, vgl. *ders.*, NK-StGB, § 263 Rn. 154.

[140] So die gängige Auffassung in Rechtsprechung und Lehre, vgl. etwa *BGHSt* 60, 1 (6); *Fischer*, StGB, § 263 Rn. 6; *Wessels/Hillenkamp*, Strafrecht BT 2, Rn. 493.

[141] *BGHSt* 48, 331 (344); s. a. *Küper/Zopfs*, Strafrecht BT, Rn. 480: „prinzipielle Beweisbarkeit".

[142] Vgl. *Kindhäuser*, in: NK-StGB, § 263 Rn. 74; *Rengier*, Strafrecht BT I, § 13 Rn. 4.

[143] Vgl. *Fischer*, StGB, § 263 Rn. 6.

[144] Vgl. etwa *Maurach/Schröder/Maiwald*, Strafrecht BT 1, § 41 Rn. 27: „intersubjektiv nachprüfbar"; ebenso *Wittig*, Wirtschaftsstrafrecht, § 14 Rn. 9 sowie *Bitzilekis*, in: FS Hirsch, S. 29 (40 f.).

[145] Vgl. *Bitzilekis*, in: FS Hirsch, S. 29 (40).

[146] Anders *Hilgendorf*, Tatsachenaussagen und Werturteile im Strafrecht, S. 147 ff., der Prognosen grundsätzlich dem Tatsachenbegriff unterstellen will.

entwicklungen beinhaltet die letztlich abgegebene Bewertung mit den dazu enthaltenen persönlichen Einschätzungen immer auch subjektiv wertende Elemente. Allerdings lässt sich auch der hiesige Ansatz nach Maßgabe obiger Grundsätze über die den Bewertungsprozess bestimmenden Bewertungsgrundlagen auf eine hinreichend objektiv beweisbare Grundlage stellen und damit einem Tatsachenkern zuschreiben.[147] An dieser Stelle ist neben dem Risikoprofil der Anlage auch die Risikoeinstellung des Anlegers anzuführen. Weiterhin ist in diesem Zusammenhang auch anerkannt, dass Prognosen als innere Tatsachen insbesondere dann einen Tatsachenkern enthalten, wenn sie einen „besonderen Anspruch auf Richtigkeit und Objektivität"[148] beanspruchen und damit verbindliche Wirkung entfalten.[149] Die grundsätzliche Anerkennung auch der inneren Tatsache als solche im Sinne des Betrugstatbestandes ließe sich nicht widerspruchsfrei begründen, suchte man den Tatsachenbegriff jeglicher zukunftsbezogener Aspekte zu berauben, da diese regelmäßig Bestandteil innerer Ereignisse sind.[150] Prognosen mit Blick auf zukünftig erwartete Renditen und Verluste weisen dabei in der Regel auch einen hinreichenden Tatsachenbezug auf.[151] Dies hat jedenfalls zu gelten, solange sie sich nicht in bloßen Prophezeiungen ohne Wirklichkeitsbezug erschöpfen und die der Prognose zugrunde liegenden Komponenten im Einzelnen bestimmt sind.[152] Nach Dafürhalten des Bundesgerichtshofs täuscht der Erklärende daher über die Prognosegrundlage – und damit über eine betrugsrelevante Tatsache –, sofern ein hinreichend bestimmter Bezug zu „konkreten gegenwärtigen oder vergangenen Verhältnissen, Zuständen oder Geschehnissen" vorliegt.[153]

Im Rahmen einer Anlageberatung im Zusammenhang mit derivativen Finanzinstrumenten wird das in den Bewertungsprozess einfließende Risikoprofil des angeratenen Produktes in aller Regel auf rechnerischer Grundlage erfolgen und sich am systematischen Risiko der Anlage orientieren. Auch der zweite Parame-

---

[147] Ein Tatsachenkern wird im strafrechtswissenschaftlichen Diskurs als „Mindestvoraussetzung" für das Vorliegen einer Täuschung verlangt, vgl. etwa *BGHSt* 48, 331 (344 f.); *K. Kühl*, in: Lackner/Kühl, StGB, § 263 Rn. 5; *Fischer*, StGB, § 263 Rn. 9; *Gerst/Meinicke*, StraFO 2011, 29 (31).

[148] *Tiedemann*, Wirtschaftsstrafrecht, Rn. 1032; ähnlich auch *Rübenstahl/Loy*, NZG 2018, 528 (529); s. a. *BVerfGE* 94, 1 (8), wonach als für Tatsachenbehauptungen charakteristisch auf deren objektive Beziehung zwischen Äußerung und Wirklichkeit abgestellt wird.

[149] Vgl. *Schröder*, JR 1958, 106 (106).

[150] Vgl. *Cai*, Zur Täuschung über zukünftige Ereignisse beim Betrug, S. 31 f.; eine Einbeziehung „innerer Tatsachen" in den Betrugstatbestand dagegen generell ablehnend *Worms*, Anlegerschutz durch Strafrecht, S. 177 sowie *Naucke*, Zur Lehre vom strafbaren Betrug, S. 214 f.

[151] Vgl. *Gerst/Meinicke*, StraFO, 2011, 29 (31); *Kölbel*, in: Achenbach/Ransiek/Rönnau (Hrsg.), Hdb Wirtschaftsstrafrecht, Teil 5, Kap. 1 Rn. 29; anders jedoch *Worms*, Anlegerschutz durch Strafrecht, S. 177; s. a. *BGH*, NStZ 2008, 96 (98).

[152] Vgl. *C. Dannecker*, NZWiSt 2015, 173 (174).

[153] Vgl. *BGHSt* 60, 1 (6 f.).

ter des Bewertungsprozesses weist einen hinreichenden Tatsachenbezug auf. Die Risikoeinstellung des Anlegers steht aufgrund der im Vorhinein mitgeteilten Risikodaten fest und ist letztlich über die unmittelbare Anbindung an das objektiv ermittelbare Risikoprofil der Anlage selbst zu messen. Diese Elemente der Risikogrundlage stellen somit Tatsachen im Sinne der Betrugsnorm dar.[154] Damit steht zugleich fest, dass neben diesem beweisbaren Teil des Bewertungsprozesses auch Bereiche bestehen, die eines Tatsachenkerns entbehren. Dies betrifft Elemente, hinsichtlich derer jedwede Bestimmbarkeit zu verneinen ist, da sie der Sphäre innerer Entscheidungsfindung zuzuordnen sind, im Rahmen derer sich weder einzelne Einflussfaktoren benennen noch diese sich im Sinne eines konkreten Prozesses nachbilden lassen. Auch dieser Bereich ist Teil der im Zuge der Anlageberatung geschuldeten Bewertung, kann jedoch in Ermangelung der Tatsachenqualität seiner Elemente keinen betrugsstrafrechtlich relevanten Übergang von Informationsverantwortung begründen. Eine betrugsstrafrechtliche Täuschung scheidet danach von vornherein für solche Umstände aus, die weder an das Risikoprofil des Anlageproduktes noch an die Risikoeinstellung des Anlegers anknüpfen. Damit lässt sich ein daran anknüpfendes Qualitätsverständnis der durch den Anlageberater durchgeführten Bewertung als Bestandteil der Durchführungserwartung bereits unter Rückgriff auf das Merkmal der Tatsache als Anknüpfungsgegenstand betrugsstrafrechtlicher Aufklärungspflichten verneinen. Eine Täuschung über die anhand der Bewertungsgrundlagen konstruierte Risikogrundlage des Handels ist hingegen ausweislich der dargelegten Tatsachenqualität grundsätzlich möglich.

d) Aus dem Beratungsverhältnis resultierende strafrechtsrelevante
Aufklärungspflichten im Zusammenhang mit Finanzderivaten

Anhand der im vorangegangenen Abschnitt gewonnenen Erkenntnisse sind im Folgenden die hier interessierenden Fallgestaltungen einer Anlageberatung im Zusammenhang mit Finanzderivaten zu untersuchen. Neben einer allgemeinen Präzisierung des Bereichs übergegangener Informationsverantwortung gilt es an dieser Stelle insbesondere auch die Notwendigkeit einer Aufklärung über Rückvergütungen zu beleuchten.

aa) Pflicht zur Offenlegung einzelner Aspekte des Bewertungsprozesses

Zunächst stellt sich die Frage, inwieweit der Anlageberater verpflichtet ist, den Prozess der Bewertung im Einzelnen gegenüber dem Anleger offenzulegen. Dies betrifft insbesondere auch die Aufklärung über das ausgewertete Informationsmaterial sowie die einzelnen Bewertungsschritte. Neben den für die Ermittlung der

---

[154] Ähnlich *G. Dannecker,* in: Graf/Jäger/Wittig, Wirtschafts- und Steuerstrafrecht, § 263 Rn. 27.

Risikoeinstellung des Kunden herangezogenen Tatsachen fallen hierunter auch die Informationen, anhand derer die Risiken der konkret empfohlenen Anlage bestimmt werden. Insbesondere im Kontext der Risikobeurteilung des Anlageproduktes bedarf es zudem einer Untersuchung, inwieweit die Modellrisiken des angewandten Preisbewertungsmodells, einschließlich des für die Berechnung herangezogenen Datenmaterials, gegenüber dem Anleger zu offenbaren sind. Insoweit könnte auch die Kenntnis dieser Parameter Entscheidungserheblichkeit für die Anlageentscheidung beanspruchen. Dies setzt eine Subsumption möglichst umfassender Information über das Anlageprodukt einerseits sowie den Prozess der Risikobewertung andererseits unter den Bereich übergegangener Informationsverantwortung mit der Begründung voraus, ein Verschweigen führe zu einem Abschnitt elementar vermögensrelevanter Gestaltungsoptionen beim Vermögensinhaber. In diesem Fall ließe sich letztlich ein entsprechender Gleichlauf zur zivilrechtlichen Pflicht der anleger- und anlagegerechten Beratung ausmachen.

Die insoweit bestehenden zivilrechtlichen Aufklärungspflichten allein können jedoch nicht ausreichen, um auch in strafrechtlicher Hinsicht entsprechende Offenbarungspflichten zu begründen. Der strafrechtlich relevante Bereich übergegangener Informationsverantwortung betrifft ausschließlich den Bereich verschleiert widersprüchlichen Verhaltens, in dem es zu einem Abschnitt elementar vermögensrelevanter Gestaltungsoptionen kommt. Dieser konnte ausweislich vorstehender Ausführungen bereits präzisiert werden. Dem Anleger werden elementar vermögensrelevante Gestaltungsoptionen danach abgeschnitten, wenn sich das Bewertungsresultat nicht mit der zugrunde gelegten Risikoeinstellung deckt. Die einzelnen Parameter der Bewertung sind somit nur dann aufklärungspflichtig, wenn ihnen ein entsprechender Einfluss beigemessen werden kann. Sofern die zugrundeliegende Marktwertberechnung durch Einpreisung zusätzlicher Parameter manipuliert wird, liegt nach Maßgabe obiger Ausführungen jedoch bereits eine konkludente Täuschung vor. Darüber hinaus besteht auch kein strafrechtlich schutzwürdiges Interesse des Anlegers an einer Aufklärung über die Modellrisiken des eingesetzten mathematischen Preisbewertungsmodells. Der auf den vertraglichen Entstehungstatbestand beschränkte eigenverantwortlich preisgegebene Bereich betrifft ausschließlich das von der zugrundeliegenden Risikoeinstellung flankierte Element der Bewertung.

bb) Pflicht zur Aufklärung über den Verbleib von Provisionen sowie das Vorliegen von Interessenkollisionen

Auch wenn im Zusammenhang mit der konkludenten Täuschung die Betrugsrelevanz verdeckt fließender Rückvergütungen verneint wurde[155], ist diese Frage nunmehr erneut hinsichtlich einer in diesem Fall womöglich vorliegenden Täu-

---

[155] Vgl. hierzu im Einzelnen oben Viertes Kapitel, A. II. 3., S. 199 ff.

schung durch Unterlassen in den Blick zu nehmen. Eine Aufklärungspflicht des Anlageberaters über den Verbleib von Provisionen könnte sich aus dessen Garantenstellung ergeben. Voraussetzung hierfür ist nach Maßgabe vorstehender Ausführungen allerdings, dass das Unterlassen der Aufklärung die Gestaltungserwartung des Anlegers insoweit enttäuscht, als über die vorgenommene Transferleistung elementar vermögensrelevante Gestaltungsoptionen des Anlegers abgeschnitten werden. Mit dem Verschweigen umsatzabhängiger Rückvergütungen müssen die Bewertungsgrundlagen jedoch nicht zwangsläufig zugleich auch eine Änderung erfahren. Vielmehr ist auch denkbar, dass mit der fehlenden Aufklärung über eine bestehende Interessenkollision lediglich die Qualität der Beratungsleistung und damit die Durchführungserwartung betroffen ist. Auch für den Einbezug weiterer Kriterien in den Bewertungsvorgang kann nur die Risikoeinstellung des Anlegers und deren Kompatibilität mit dem letztlich empfohlenen Produkt entscheidend sein, da auch in diesem Fall auf den Bereich vertraglich übergegangener Informationsverantwortung abzustellen ist. Damit ist lediglich für den Fall, dass das angeratene Finanzderivat ein Risikoprofil aufweist, welches von der dem Bewertungsprozess zugrunde gelegten Risikoeinstellung abweicht, eine entsprechende Aufklärung zu fordern. Die Kick-Back-Vereinbarung an sich indiziert jedoch keine Abweichung der letztendlich abgegebenen Bewertung von der Risikoeinstellung und ist somit kein Indikator für den Abschnitt elementar vermögensrelevanter Gestaltungsoptionen. Daher ist die Vereinbarung von Rückvergütungen nicht grundsätzlich gegenüber dem Anleger zu offenbaren.[156]

Gleiches muss konsequenterweise für das Vorliegen eines Interessenkonfliktes gelten. Solange dem Anleger trotz Interessenkollision eine mit dessen Risikoeinstellung kompatible Anlage empfohlen wird, besteht keine Pflicht des Finanzdienstleisters, über mit dem Handel verbundene Eigeninteressen aufzuklären. Die Sicherstellung einer qualitativ einwandfreien Beratung kann als zivilrechtliche Pflicht für sich genommen keine strafrechtliche Verantwortlichkeit begründen.

III. Garantenstellung kraft gesetzlichem Entstehungstatbestand am Beispiel der aufsichtsrechtlichen Normen der §§ 63, 64 WpHG n. F.

Aufklärungspflichten können sich auch aus Garantenstellungen mit gesetzlichem Entstehungstatbestand ergeben. Mit Blick auf den Untersuchungsgegenstand rückt hier insbesondere ein entsprechender Übergang von Informationsverantwortung kraft aufsichtsrechtlicher Informationsverpflichtung nach Maßgabe der §§ 63, 64 WpHG n. F. in den Fokus der Betrachtung. Gegenstand nachstehen-

---

[156] So im Ergebnis auch *Perron,* in: Schönke/Schröder, StGB, § 263 Rn. 31b; *Bernsmann/Gatzweiler,* Verteidigung bei Korruptionsfällen, Rn. 666; eine Garantenpflicht dagegen bejahend etwa *Gerst/Meinicke,* CCZ 2011, 96 (98).

der Ausführungen ist daher die Untersuchung einschlägiger Vorschriften darauf, inwieweit sie den Finanzdienstleister kraft Innehabens einer Garantenstellung zur Aufklärung verpflichten und wie der Umfang übergegangener Informationsverantwortung jeweils abzustecken ist.

1. Auswirkungen des Zweiten Finanzmarktnovellierungsgesetzes auf die Informations-, Verhaltens- und Transparenzpflichten des WpHG

Die in den §§ 31 ff. WpHG a.F. geregelten Informationspflichten sind mit dem Zweiten Finanzmarktnovellierungsgesetz vom 23. Juni 2017 mit Wirkung zum 3. Januar 2018 in § 63 WpHG n.F. (allgemeine Verhaltensregeln) sowie § 64 WpHG n.F. (besondere Verhaltensregeln) überführt worden. Dies betrifft insbesondere auch die Pflicht des Wertpapierdienstleistungsunternehmens, den Anleger über bestehende Interessenkollisionen aufzuklären, welche nunmehr in § 63 Abs. 2 WpHG n.F. (bislang § 31 Abs. 1 Nr. 2 WpHG a.F.) geregelt ist. § 63 Abs. 1 WpHG n.F. ergänzt die bislang in § 31 Abs. 1 Nr. 1 WpHG a.F. geregelte Interessenwahrungspflicht um das Erfordernis einer „bestmöglich" an den Interessen des Anlegers ausgerichteten Wertpapierdienstleistung. Im Rahmen einer Anlageberatung besteht darüber hinaus die Pflicht des Wertpapierdienstleistungsunternehmens, den Kunden über die (Un-)Abhängigkeit der Beratungsleistung aufzuklären, § 64 Abs. 1 Nr. 1 WpHG n.F. (bisher § 31 Abs. 4b S. 1 WpHG a.F.). Erheblich verschärft wurden mit dem Zweiten Finanzmarktnovellierungsgesetz die Anforderungen an die Kostentransparenz, die fortan in § 63 Abs. 7 S. 4 WpHG n.F. normiert sind. Während dem Anleger gegenüber bislang lediglich ein Gesamtpreis präsentiert werden musste, sind die einzelnen Kostenposten nunmehr im Einzelnen offenzulegen. Dies betrifft insbesondere auch Nebenkosten, die nicht aus dem zugrundeliegenden Marktrisiko herrühren und deren gesonderte Darstellung dem Anleger nunmehr die Erfassung entsprechender Auswirkungen auf die Rendite ermöglichen soll.[157]

2. Der Bereich übergegangener Informationsverantwortung bei Garantenstellungen mit gesetzlichem Entstehungstatbestand

Die grundsätzlich postulierte Ausrichtung am Entstehungstatbestand der Garantenstellung erfordert eine nähere Untersuchung der einschlägigen aufsichtsrechtlichen Normen. Entscheidend ist dabei, inwieweit diese eine Informationsverantwortung des gesetzlich Verpflichteten gerade in Bezug auf elementare Bereiche des fremden Vermögens begründen.

---

[157] S.a. Art. 24 Abs. 4 S. 3, der insoweit maßgeblichen Richtlinie 2014/65/EU des Europäischen Parlaments und des Rates vom 15. Mai 2014. Durch diesen Rechtsetzungsakt wurde die Richtlinie 2004/39/EG des Europäischen Parlaments und des Rates abgelöst, die wiederum an die Stelle der Richtlinie 93/22/EWG des Rates vom 10. Mai 1993 (Wertpapierdienstleistungsrichtlinie) getreten ist.

a) Schutzzweck und Telos des gesetzlichen Entstehungstatbestandes

Bei Garantenstellungen mit gesetzlichem Entstehungstatbestand wird der Bereich eines Übergangs von Informationsverantwortung durch den Gesetzgeber vorgegeben, indem dieser das Risiko der Informationsbeschaffung auf einen Kommunikationsteilnehmer verlagert. Auch hier gilt jedoch, dass nicht jede gesetzlich normierte Informationsverpflichtung auch eine betrugsrelevante Aufklärungspflicht statuieren kann. In diesem Zusammenhang wird im strafrechtswissenschaftlichen Diskurs etwa über das Vertrauensprinzip als allgemeinem Grundsatz ebenfalls für den gesetzlichen Entstehungstatbestand einer Garantenstellung ein Vertrauensverhältnis[158] oder aber auch die Entscheidungserheblichkeit der entsprechenden Information für die Vermögensverfügung gefordert.[159] Die hierin zum Ausdruck kommenden Bemühungen um eine Konturierung des Täuschungsbegriffs auch im Bereich des unechten Unterlassens sind bereits mit Blick auf den Ultima-ratio-Charakter des Strafrechts unentbehrlich, da die gesellschaftliche Schutzverpflichtung nicht stets synonym einer Ausweitung oder Beschneidung gesetzlich normierter Aufklärungspflichten folgt.

Der dem hiesigen Konzept zugrundeliegende Kontinuitätsgedanke manifestiert sich in der gesetzlichen Verankerung übergegangener Informationsverpflichtung, zu der sich das Verhalten des Verpflichteten letzten Endes widersprüchlich verhält. Ungeachtet der Frage nach einem inhaltlichen Gleichlauf der Pflichten zur anleger- und anlagegerechten Beratung einerseits und den aufsichtsrechtlichen Informationspflichten andererseits lassen sich Letztere insoweit von Ersteren abgrenzen, als ein Risikotransfer im Sinne eines Bewertungsprozesses aufsichtsrechtlich nicht geschuldet ist.[160] Anknüpfungspunkt weiterer Überlegungen kann daher nur die Norm selbst und damit wiederum nur der Entstehungstatbestand sein, dessen Schutzzweck danach zunächst den Vermögensschutz umfassen muss.[161] Dies ist unter Ermittlung des Telos der einschlägigen aufsichtsrechtlichen Normen zu untersuchen.[162] Ein strafrechtlich relevanter Übergang von Informationsverantwortung ist wegen der grundsätzlichen Anbindung der Garantenstellung an den gesetzlichen Entstehungstatbestand somit generell nur für Bereiche denkbar, für die das Aufsichtsrecht einen entsprechenden Schutz über-

---

[158] Vgl. *Perron,* in: Schönke/Schröder, StGB, § 263 Rn. 19, 21; *Maurach/Gössels/Zipf,* Strafrecht AT 2, § 46 Rn. 49: „faktisches Vertrauensverhältnis"; *Hefendehl,* in: MüKo-StGB, § 263 Rn. 166; *G. Dannecker,* in: Graf/Jäger/Wittig, Wirtschafts- und Steuerstrafrecht, § 263 Rn. 48.

[159] Vgl. *Kindhäuser,* in: NK-StGB, § 263 Rn. 154.

[160] Vgl. auch *M. Lange,* Informationspflichten von Finanzdienstleistern, S. 327 f.: „keine Empfehlungspflicht."

[161] So im Ergebnis auch *Zieschang,* in: Park, Kapitalmarktstrafrecht, § 263 Rn. 39; ebenfalls auf den Schutzzweck abstellend *Murmann,* in: FS Beulke, S. 181 (187 f.).

[162] S. a. *Tag,* in: HK-GS, § 13 Rn. 16 mit der generellen Forderung nach einer teleologischen Reduktion solcher Garantenstellungen mit gesetzlichem Entstehungstatbestand.

haupt vorsieht. Der auf diese Weise abgesteckte Anlegerschutz erfährt strafrechtlichen Schutz dabei ausweislich des eigenen Ansatzes nicht vollumfänglich, sondern lediglich in dem Umfang, in dem sich der Finanzdienstleister bei Au-
ßerachtlassen der geforderten Informationsverpflichtung in einen verschleierten
Widerspruch unter Abschnitt elementar vermögensrelevanter Gestaltungsoptionen begibt. Auch der nunmehr gesetzliche Entstehungstatbestand der Garantenstellung ändert indes nicht die eigentliche Kommunikationsgrundlage von Wertpapierdienstleistungsunternehmen und Anleger, welche in der privatautonomen
Begründung rechtlicher Verbindlichkeiten wurzelt. Lediglich der Anknüpfungstatbestand und damit die Perspektive einer Bestimmung (berechtigter) Erwartungen des Vermögensinhabers divergieren, indem weder an den Risikotransfer
mittels mathematischer Modellierung noch an einen solchen infolge eines vertraglich geschuldeten Bewertungsprozesses, sondern vielmehr an die aufsichtsrechtliche Norm anzuknüpfen ist. Ein Aufklärungserfordernis kommt damit lediglich unter der Voraussetzung eines kumulativen Vorliegens einer entsprechenden
aufsichtsrechtlichen Verpflichtung einerseits und deren Einschreiten in den Bereich elementarer Vermögensrelevanz andererseits in Betracht.

b) Beseitigung von Informationsasymmetrien
nach Maßgabe des Telos der §§ 63, 64 WpHG n. F.

Wie bereits die ursprüngliche Fassung des § 31 WpHG a. F. dienen auch die in
der Folgezeit vorgebrachten unionalen Neuerungen sowie die im Zuge des Zweiten Finanzmarktnovellierungsgesetzes vorgenommenen Ergänzungen der Umsetzung einer auf EU-Ebene geforderten Verbesserung des Anlegerschutzes.[163]
Dieser ist dabei als Teil eines gesamtregulatorischen Konzeptes zu verstehen, im
Zuge dessen gleichermaßen der Anlegerschutz sowie Funktion und Effizienz des
Finanzmarktes insgesamt Berücksichtigung finden sollen.[164] Wegen seiner ausdrücklichen Benennung dürfte in diesem Zusammenhang auch keinerlei Zweifel
mehr bestehen, dass auch auf aufsichtsrechtlicher Ebene der individuelle Anlegerschutz vom Gesetzgeber verfolgt wird.[165] Er tritt neben den Funktionenschutz
und flankiert die Regulierung des Finanzmarktrechtes insgesamt.[166] Markteffi-

---

[163] Vgl. etwa den Erwägungsgrund Nr. 70 der Richtlinie 2014/65/EU vom 15. Mai
2014; s. a. Erwägungsgrund Nr. 31 der Richtlinie 2004/39/EG des Europäischen Parla-
mentes und des Rates vom 21. April 2004.

[164] Vgl. Erwägungsgrund Nr. 164 der Richtlinie 2014/65/EU vom 15. Mai 2014.

[165] Der individuelle Anlegerschutz wurde überwiegend auch bereits mit Blick auf die
Altfassung der Wohlverhaltenspflichten als Zweck anerkannt, vgl. etwa *Massari,* Das
Wettbewerbsrecht der Banken, S. 152; *Mülbert,* WM 2007, 1149 (1155 f.); *Veil,* ZBB
2008, 34 (40 f.); einen individuellen Anlegerschutz zugunsten eines lediglich generellen
Anlegerschutzes dagegen ablehnend *M. Lange,* Informationspflichten von Finanzdienst-
leistern, S. 273 f.

[166] Vgl. *Hacker,* Verhaltensökonomik und Normativität, S. 727; s. a. *Hopt,* ZHR 159
(1995), 135 (159): „Zwei Seiten derselben Medaille".

zienz und Anlegerschutz sind dabei über die Komponente des Anlegerschutzes insoweit verbunden, als erodierendes Vertrauen in die Funktionsfähigkeit des Finanzmarktes dessen schwindende Effizienz zur Folge hat.[167] Vertrauende Anleger werden mit größerer Bereitschaft investieren und auf diese Weise die Funktionsfähigkeit des Finanzmarktes fördern.[168] Ein ausufernder Anlegerschutz kann hingegen dessen Effizienz auch negativ beeinflussen.[169]

Vorstehende Ausführungen zeigen, dass das Aufsichtsrecht, anders als das Zivilrecht, für die Bestimmung seines Schutzbereiches nicht an das konkrete Rechtsverhältnis anknüpft. Aufsichtsrechtliche Aufklärungspflichten sind damit nicht an das vertragliche Synallagma angebunden. Mit dem Zweck, den Anlegerschutz zu stärken, eröffnet der Telos der Normen damit zwar grundsätzlich die Möglichkeit einer Diskussion um einen entsprechenden Übergang vermögensrelevanter Informationsverantwortung vom Anleger auf den Finanzintermediär. Dieser Übergang wird jedoch zugleich durch Einbindung in ein übergreifendes Gesamtkonzept beschränkt und unter das Erfordernis einer wechselseitigen Berücksichtigung der verfolgten Zielsetzungen gestellt.[170] Der Schutz des Betrugstatbestandes erstreckt sich jedoch nicht auf den Finanzmarkt insgesamt, sondern ist vielmehr auf den Bereich individuellen Vermögensschutzes beschränkt. Es geht somit um einen bereichsweise ausgestalteten Schutz, im Rahmen dessen lediglich ausgewählte Informationsasymmetrien eliminiert werden sollen. Innerhalb des so vorgegebenen aufsichtsrechtlichen Rahmens hat sich die Frage eines strafrechtsrelevanten Abschnitts elementar vermögensrelevanter Gestaltungsoptionen zu bewegen. In diesem Sinne gilt es die jeweils als Anknüpfungstatbestand herangezogene Norm einer Auslegung dahingehend zu unterziehen, inwieweit das Wertpapierdienstleistungsunternehmen durch das Aufsichtsrecht dazu verpflichtet wird, über risikorelevante Umstände des Handels aufzuklären. Betrugsrelevanz können dabei lediglich solche Aufklärungspflichten haben, kraft derer dem Anleger elementar vermögensrelevante Gestaltungsoptionen gewährleisten werden sollen. Dies ist dann der Fall, wenn über das Ausbleiben der betreffenden Information beim Anleger eine unzutreffende Vorstellung über die Risikogrundlage des Handels hervorgerufen wird. Nur in diesem Fall sichert die aufsichtsrechtliche Norm elementare Bereiche des Vermögens über den Übergang von Informationsverantwortung ab.

---

[167] Vgl. *Hagemann,* Grauer Kapitalmarkt und Strafrecht, S. 568; *Schmeding* BB 1978, 735 (736); *Hopt,* Der Kapitalanlegerschutz im Recht der Banken, S. 52, 336; *Merkt,* Unternehmenspublizität, S. 301.

[168] Vgl. *Oulds,* in: Kümpel/Wittig, Bank- und Kapitalmarktrecht, Kap. 14 Rn. 141; *Kübler/Assmann,* Gesellschaftsrecht, S. 469.

[169] Vgl. *Kress,* Effizienzorientierte Kapitalmarktregulierung, S. 96.

[170] Vgl. *Hopt,* Der Kapitalanlegerschutz im Recht der Banken, S. 52 f., 336 f.; *Kress,* Effizienzorientierte Kapitalmarktregulierung, S. 95 f.

3. Betrugsrelevanz der einzelnen aufsichtsrechtlichen Aufklärungspflichten

Im Folgenden werden die einzelnen aufsichtsrechtlichen Aufklärungspflichten unter Anwendung des eigenen Kriteriums dahingehend untersucht, inwieweit sie einen Übergang von Informationsverantwortung in betrugsstrafrechtlicher Hinsicht herbeiführen.

a) Die allgemeinen Informationserfordernisse nach Maßgabe des § 63 WpHG n. F.

Ein Übergang von Informationsverantwortung könnte sich zunächst aus den allgemeinen Informationserfordernissen des § 63 WpHG n. F. ergeben. Mit Blick auf die alte Fassung des § 31 Abs. 2, 3 WpHG wurde ein entsprechendes Aufklärungserfordernis bereits befürwortet.[171] Die dort geregelten Bereiche finden sich nunmehr sinngemäß in § 63 Abs. 1, 6 und 7 WpHG n. F.[172], wonach die Abfassung überbrachter Informationen in „eindeutiger" und „verständiger" Form zu erfolgen hat. Zudem muss die Dienstleistung „redlich und professionell im bestmöglichen Interesse" des Anlegers vorgenommen werden. Der aufsichtsrechtliche Anlegerschutz lässt sich demnach mit dem Erfordernis der Verständlichkeit[173], aber auch der Widerspruchsfreiheit[174] der Darstellung, beschreiben. Dies wird flankiert über das in Abs. 7 normierte Vollständigkeitserfordernis. Nur eine vollständige Aufklärung wird als „angemessen" beurteilt werden und den Kunden in die Lage versetzen können, das Risikoprofil der Anlage zu erfassen, um so eine eigenverantwortliche Anlageentscheidung treffen zu können. Der kraft Aufsichtsrechtes übergegangene Bereich an Informationsverantwortung betrifft somit die Art der Aufklärung.

Begibt sich das Wertpapierdienstleistungsunternehmen durch eine unverständliche, unvollständige oder aber in sich widersprüchliche Darstellung unter Abschnitt elementar vermögensrelevanter Gestaltungsoptionen des Anlegers in einen verschleierten Widerspruch zu dieser Verpflichtung, verletzt es in betrugsrelevanter Weise die ihm obliegenden Aufklärungspflichten. Ein Abschnitt elementar vermögensrelevanter Gestaltungsoptionen wird nach dem hier vertretenen Ansatz immer dann vorliegen, wenn aufgrund des nach aufsichtsrechtlichen Vor-

---

[171] Vgl. etwa *Kindhäuser*, in: NK-StGB, § 263 Rn. 158; *Nestler*, Bank- und Kapitalmarktstrafrecht, Rn. 401 (bzgl. § 31 Abs. 2 WpHG a. F.); *Zieschang*, in: Park, Kapitalmarktstrafrecht, § 263 Rn. 39; *Satzger*, in: SSW-StGB, § 263 Rn. 97; *Löw*, Strafrechtliche Risiken der unterlassenen Aufklärung über Vertriebsprovisionen, S. 129.

[172] Vgl. Drucksache 18/10936, S. 233.

[173] Vgl. auch *Rothehöfer*, in: Schwark/Zimmer, Kapitalmarktrechts-Kommentar, § 31 WpHG Rn. 105.

[174] Vgl. insoweit auch § 11 der – nunmehr aufgehobenen – Wertpapierdienstleistungsrichtlinie, dessen Umsetzung in nationales Recht der Erlass von § 31 WpHG a. F. diente.

gaben defizitären Informationsmaterials eine unzutreffende Risikogrundlage vorgestellt wird. Der so abgesteckte „Kern"[175] allgemeiner Informationserfordernisse nach Maßgabe des § 63 WpHG n.F. beschreibt den Bereich übergegangener Informationsverantwortung.[176] Die berechtigte Informationserwartung des Anlegers wird etwa dann enttäuscht, wenn diesem gegenüber irreführende Angaben zur Chancen-Risiko-Verteilung getätigt werden. Dies ist der Fall, wenn der Hinweis auf die mit einer volatilen Anlage verbundenen enormen Verlustrisiken lediglich mit Beispielen unterlegt wird, die dieses Risiko systematisch untertreiben. Gleiches gilt bei zusammenhangloser Vorlage komplizierter Risikoberechnungen. In beiden Fällen bleibt dem Anleger der wahre Blick auf die Risikogrundlage des Handels infolge der Art der Informationsübertragung verborgen. Solche Informationen, die zwar den durch das Aufsichtsrecht gesetzten Anforderungen nicht entsprechen, jedoch keinerlei Auswirkungen auf die Darstellung der Risikogrundlage zur Folge haben, sind in betrugsstrafrechtlicher Hinsicht dagegen unerheblich. Mit Blick auf das Vollständigkeitserfordernis ist ein Abschnitt elementar vermögensrelevanter Gestaltungsoptionen danach für den Fall anzunehmen, dass über die Unvollständigkeit der dargebotenen Informationen die Risikogrundlage unzutreffend dargestellt wird, dem Anleger etwa ausschließlich solche Szenarien vorgestellt werden, die eine für ihn positive Entwicklung zeigen.

b) Pflicht zur Offenlegung von Interessenkonflikten gemäß § 63 Abs. 2 WpHG n.F.

Im Zuge bisheriger Ausführungen konnte eine originär an einen zwischen Anleger und Finanzdienstleister bestehenden Interessenkonflikt anknüpfende strafrechtliche Verantwortung nicht festgestellt werden. Eine entsprechend strafbewährte Aufklärungspflicht könnte sich indes aus der aufsichtsrechtlichen Verpflichtung des § 63 Abs. 2 WpHG n.F. ergeben. Voraussetzung hierfür ist jedoch, dass diese Norm eine entsprechende Informationsverantwortung des Wertpapierdienstleistungsunternehmens begründet.[177] § 63 Abs. 2 WpHG n.F. regelt in Verbindung mit § 80 Abs. 1 S. 2 Nr. 2 WpHG n.F. das vormals in § 31 Abs. 1 Nr. 2 WpHG a.F. niedergelegte Erfordernis, Interessenkonflikte so weit wie möglich auszuräumen, den Anleger jedoch zumindest über bestehende Interessenkollisionen aufzuklären.[178] Der dort normierte Anlegerschutz reicht für sich allein

---

[175] Vgl. *Tiedemann,* in: LK-StGB, § 263 Rn. 60, der in diesem Kern mit Blick auf § 31 Abs. 2 WpHG a.F. entsprechende Informationspflichten erblickt.

[176] Abgrenzungsschwierigkeiten ergeben sich hier zur ausdrücklichen Täuschung. Sie liegt vor, sofern nicht die Unverständlichkeit, sondern bereits eine ausdrücklich erklärte Unwahrheit risikorelevanter Aussagen anzunehmen ist; vgl. insoweit auch den Wortlaut des § 63 Abs. 1 WpHG n.F., der explizit die Wahrheit des Erklärten fordert.

[177] Bzgl. § 31 Abs. 1 S. 1 Nr. 2 WpHG a.F. wurde eine Garantenpflicht etwa befürwortet von *Tiedemann,* in: LK-StGB, § 263 Rn. 60.

[178] Vgl. Erwägungsgrund Nr. 56 der Richtlinie 2014/65/EU vom 15. Mai 2014.

indes nicht aus, um auch eine Täuschung im Sinne des § 263 Abs. 1 StGB zu begründen. Sofern sich ein bestehender Interessenkonflikt nicht in einer die Risikogrundlage unzutreffend darstellenden Ausführung niederschlägt, liegt eine strafrechtsrelevante Aufklärungsverpflichtung nicht vor. Spiegelt das rechnerisch ermittelte Risikoprofil dabei zugleich nicht die nullsummencharakteristische Risikoverteilung des konkreten Finanzderivates wider, wird in der Regel bereits eine aktive konkludente Täuschung vorliegen.[179] Sofern im Zuge der Anlageberatung die vom Berater abgegebene Empfehlung nicht mit der Risikoeinstellung des Anlegers kompatibel ist, ist dieser zur Aufklärung zugleich kraft des vertraglichen Entstehungstatbestandes der Garantenstellung verpflichtet.[180] Das Vorliegen einer Interessenkollision allein ist somit auch unter Anknüpfung an den aufsichtsrechtlichen Entstehungstatbestand nicht geeignet, einen strafrechtsrelevanten Übergang von Informationsverantwortung zu begründen.

c) Aufklärung über die Abhängigkeit der Anlageberatung
nach Maßgabe des § 64 Abs. 1 Nr. 1 WpHG n. F.

Denkbar ist grundsätzlich auch die Entstehung einer strafrechtlich relevanten Aufklärungsverpflichtung aus der aufsichtsrechtlichen Pflicht zur Aufklärung über die Abhängigkeit der Anlageberatung. § 64 Abs. 1 Nr. 1 WpHG n. F. müsste daher tauglicher gesetzlicher Entstehungstatbestand für einen garantenpflichtbegründenden Übergang von Informationsverantwortung sein. An dieser Stelle kann jedoch auf vorstehende Ausführungen verwiesen werden. Sofern die durch das Wertpapierdienstleistungsunternehmen präsentierte Risikogrundlage keine unzutreffende Chancen-Risiko-Verteilung belegt, werden dem Anleger keine elementar vermögensrelevanten Gestaltungsoptionen abgeschnitten. Allein die Abhängigkeit der Dienstleistung indiziert noch nicht, dass das dargebotene Informationsmaterial auch ein unzutreffendes Risikoprofil ausweist. Schlägt sich die Abhängigkeit des Wertpapierdienstleistungsunternehmens jedoch in einer von der Risikoeinstellung des Anlegers divergierenden Risikogrundlage nieder, ist das Unternehmen im Rahmen einer Anlageberatung kraft vertraglicher Übernahme der Risikotransferverantwortung zur Aufklärung verpflichtet. Ein „unfairer" Marktwert hingegen begründet bereits eine konkludente Täuschung.

Vorstehende Ausführungen müssen auch für die aufsichtsrechtliche Verpflichtung zur Aufklärung des Kunden über erhaltene Zuwendungen nach Maßgabe des § 70 Abs. 1 S. 1 Nr. 2 WpHG n. F. gelten. Der Erhalt von Zuwendungen rechtfertigt für sich genommen ebenfalls nicht die Annahme, dass dem Anleger gegenüber zugleich auch eine unzutreffende Risikogrundlage präsentiert wurde.

---

[179] Vgl. hierzu im Einzelnen obige Ausführungen im vierten Kapitel, A. II. 1., S. 194 ff.

[180] Vgl. hierzu im Einzelnen obige Ausführungen im vierten Kapitel, B. II. 4., S. 212 ff.

d) Der Grundsatz der Kostentransparenz
nach § 63 Abs. 7 S. 4 WpHG n. F.

Besonders in dem Erfordernis, die Kosten im Einzelnen gegenüber dem Anleger auszuweisen, zeigt sich das Bestreben des Gesetzgebers, mit dem Zweiten Finanzmarktnovellierungsgesetz den Anlegerschutz auch durch eine Verstärkung der Transparenz insgesamt zu verbessern.[181] Handelt es sich um Nebenkosten, die sich für den Anleger ungünstig auf die Risikoverteilung auswirken, begründet dies auch in strafrechtlicher Hinsicht einen Übergang von Informationsverantwortung, der das Wertpapierdienstleistungsunternehmen zur Aufklärung verpflichtet. Die risikoinduzierte Darstellung bildet hier nicht die tatsächliche Chancen-Risiko-Verteilung des Handels ab. Auch in diesem Fall wird jedoch in der Regel bereits eine konkludente Täuschung vorliegen.

C. Zusammenfassung der Erkenntnisse des vierten Kapitels

Über eine Implementierung der finanzmarkttheoretischen Erkenntnisse aus dem ersten Kapitel in den eigenen dogmatischen Ansatz konnte das mathematisch modellierte systematische Risiko als in strafrechtlicher Hinsicht entscheidungserheblicher Umstand herausgestellt werden.[182] Bei Spekulationsgeschäften lässt es sich im „fairen" Marktwert eines Finanzderivates abbilden. Anders als beim *Hedging* ist hier eine Extraktion des systematischen Risikos (und nicht der Korrelationskoeffizient) entscheidungserheblich. Bei Abschluss des Handels erklärt der Finanzdienstleister damit konkludent, der dem Geschäft zugrunde liegende Marktwert bilde das nullsummencharakteristische Risikoprofil derivativer Finanzinstrumente ab. Anfänglich negative Marktwerte, versteckte Provisionen sowie weitere risikorelevante Strukturierungsparameter bezeichnen in diesem Zusammenhang zusätzliche Risikofaktoren, denen der Anleger sein Vermögen gerade nicht eigenverantwortlich preisgegeben hat; sie begründen im Falle ihrer Verschleierung eine konkludente Täuschung.[183] Eine tatsächliche Kenntnis des Anlegers von allen Einzelrisiken ist jedoch nicht zu fordern. Entscheidend ist allein, dass sich der Vermögensinhaber eigenverantwortlich entscheiden kann, das eigene Vermögen einem bestimmten Gefahrenbereich auszusetzen.

Das Strafrecht ist bezogen auf vorgenannte Fallkonstellationen nicht an die Unrechtswertung des Zivilrechts gebunden, da Letzteres über die (derzeit) alleinige Ausrichtung am vertraglichen Synallagma das systematische Risiko als ent-

---

[181] Vgl. Drucksache 18/10936, S. 1 f.

[182] Vgl. hierzu im Einzelnen oben Viertes Kapitel, A. I. 1., S. 180 ff.

[183] Vgl. zur Argumentation im Einzelnen oben Viertes Kapitel, A. II. 1., S. 194 ff., 2., S. 198 ff. sowie 5., S. 203 f.

scheidungstragendes Element nicht berücksichtigen kann. Dies hat zur Folge, dass der Vermögensschutz in elementaren Bereichen nicht gewährleistet ist.[184] Das hier vertretene Ergebnis ist sowohl mit der Wettbetrugsrechtsprechung des Bundesgerichtshofs[185] als auch mit den aktuellen Bestrebungen des Gesetzgebers im Aufsichtsrecht konsistent. § 63 Abs. 7 S. 4 WpHG n. F. fordert nunmehr ausdrücklich eine Extraktion des systematischen Risikos durch Offenlegung davon divergierender Kostenposten.

Der verschleierte Fluss von Rückvergütungen ist für sich genommen dagegen nicht geeignet, einen betrugsstrafrechtlich relevanten konkludenten Erklärungsinhalt zu generieren.[186] Der Finanzdienstleister gibt weder eine konkludente Erklärung über die tatsächliche Höhe der Provisionen noch über deren Verbleib oder das Nichtvorliegen eines Interessenkonfliktes ab. Keine dieser Verhaltensweisen führt allein zu einer Veränderung des dem Handel zugrunde liegenden Risikoprofils. Es kommt somit weniger zu einem Abschnitt elementar vermögensrelevanter Gestaltungsoptionen – und damit einer Manipulation der durch den Anleger durchgeführten Prognose – als vielmehr zu einer Enttäuschung lediglich im Bereich der Durchführungserwartung.

Neben einer konkludenten Täuschung ist für den hier untersuchten Bereich eines Handels mit Finanzderivaten auch eine Täuschung durch Unterlassen denkbar. Im Bereich des unechten Unterlassens ist das Strafrecht über den Entstehungstatbestand der Garantenstellung und den insoweit beschränkten Übergang von Informationsverantwortung akzessorisch an die außerstrafrechtliche Unrechtswertung gebunden. Anknüpfungstatbestand eigenverantwortlichen Handelns ist der Entstehungstatbestand selbst.[187] Betrugsrelevanz kommt einem Verhalten dann zu, wenn der Verpflichtete seiner Informationsverantwortung nicht nachkommt und sich so unter Abschnitt elementar vermögensrelevanter Gestaltungsoptionen in einen verschleierten Widerspruch zu den berechtigten Erwartungen des Vermögensinhabers begibt. Dies zugrunde gelegt, lässt sich eine Garantenstellung im Falle der Anlageberatung über die Funktion des Anlageberaters als Organ des Risikotransfers begründen.[188] Über die Beratungs- und insbesondere Bewertungsverpflichtung tritt der Anlageberater in den elementar vermögensrelevanten Bereich des Rechtsgutsinhabers ein und steht für die aus seiner Verpflichtung erwachsenen Gestaltungsoptionen ein. Die Eigenverantwortlichkeit manifestiert sich dabei in den vereinbarten Bewertungsgrundlagen, welche wiederum von der Risikoeinstellung des Anlegers als entscheidendem Merkmal der Risikogrundlage geprägt sind. Der Anleger hat das Vermögen nur insoweit eigenverant-

---

[184] Vgl. hierzu im Einzelnen oben Viertes Kapitel, A. I. 1. b), S. 183 ff.
[185] Vgl. hierzu im Einzelnen oben Viertes Kapitel, A. I. 2., S. 186 f.
[186] Vgl. zur Argumentation im Einzelnen oben Viertes Kapitel, A. II. 3., S. 199 ff.
[187] Vgl. hierzu im Einzelnen oben Viertes Kapitel, B. I. 1., S. 204 ff.
[188] Vgl. hierzu im Einzelnen oben Viertes Kapitel, B. II. 4. a), S. 212 ff.

wortlich preisgegeben, wie seine eigene Risikopräferenz reicht. Eine strafbe-
wehrte Aufklärungspflicht ist daher einzig über solche ein davon abweichendes
Bewertungsergebnis bedingende Tatsachen anzunehmen.[189] Der Finanzdienstleister ist damit weder zur Offenlegung einzelner Aspekte des Bewertungsprozesses
verpflichtet, noch muss er über den Verbleib von Provisionen oder einen bestehenden Interessenkonflikt aufklären, solange das Bewertungsergebnis mit der
Risikoeinstellung des Anlegers kompatibel ist.[190]

Hinsichtlich solcher Garantenstellungen mit gesetzlichem Entstehungstatbestand ist an den Telos der infrage stehenden Norm anzuknüpfen. Das Aufsichtsrecht muss den Übergang von Informationsverantwortung gerade für den Bereich
elementarer Vermögensrelevanz vorsehen. Entscheidend ist danach, inwieweit
das Wertpapierdienstleistungsunternehmen kraft Aufsichtsrecht verpflichtet ist,
über Umstände aufzuklären, deren Verschweigen beim Anleger eine Fehlvorstellung über die Risikogrundlage des Handels hervorzurufen geeignet sind.[191] Eine
Aufklärungspflicht besteht danach, wenn sich das Wertpapierdienstleistungsunternehmen über eine unvollständige, widersprüchliche oder unverständliche Darstellung unter Abschnitt elementar vermögensrelevanter Gestaltungsoptionen in
einen verschleierten Widerspruch zu seinen Verpflichtungen aus § 63 WpHG
n. F. begibt.[192] Auch das Aufsichtsrecht begründet hingegen in betrugsstrafrechtlicher Hinsicht keine Verpflichtung, über einen bestehenden Interessenkonflikt,
die Unabhängigkeit der Anlageberatung oder Rückvergütungen aufzuklären, wenn
nicht zugleich vorstehende Voraussetzungen vorliegen.

D. Schlussbetrachtung

Die im Zuge der hiesigen Untersuchung im Zusammenhang mit Finanzderivaten ergründeten strafrechtlichen Unrechtswertungen kongruieren in weiten Teilen
mit den vom Bundesgerichtshof in zivilrechtlicher Hinsicht hervorgebrachten Ergebnissen. Lediglich mit Blick auf zwei Konstellationen wurde eine Schutzlosstellung elementar vermögensrelevanter Bereiche über die zivilrechtliche Bewertung festgestellt. Solange im Zivilrecht ein entsprechender Vermögensschutz
nicht hergestellt wird, gilt es die entstehenden Schutzlücken über eine strafrechtsautonome Unrechtswertung zu beheben. Ein Verweis des Strafrechts auf die Rezeption zivilrechtlicher Unrechtsentscheidungen vermag für den Fall einer Außerachtlassung elementar vermögensrelevanter Bereiche des Rechtsgüterschutzes
durch das Zivilrecht nicht zu überzeugen.

---

[189] Vgl. zur Argumentation im Einzelnen oben Viertes Kapitel, B. II. 4. b), S. 215 ff.
[190] Vgl. hierzu im Einzelnen oben Viertes Kapitel, B. II. 4. d), S. 219 ff.
[191] Vgl. zur Herleitung im Einzelnen oben Viertes Kapitel, B. III. 2. a), S. 223 f.
[192] Vgl. hierzu im Einzelnen oben Viertes Kapitel, B. III. 3., S. 226 ff.

Eine divergierende Unrechtswertung wurde zum einen hinsichtlich der rechtlichen Bewertung anfänglich negativer Marktwerte herausgearbeitet. Nach Ansicht der Zivilsenate des Bundesgerichtshofs verpflichten sie – sofern nicht bereits im Einzelfall die Werthaltigkeit betroffen ist – nur dann zur Aufklärung, wenn ein Zwei- und kein Dreipersonenverhältnis vorliegt. Dies ist der Fall, sofern die Bank selbst als Handelspartner im konkreten Derivategeschäft und nicht lediglich als Vermittlerin auftritt.[193] Unterschiede ließen sich zum anderen bezogen auf die Bewertung vom Anlagebetrag einbehaltener Provisionen ausmachen. Diese begründen eine zivilrechtliche Aufklärungspflicht nach Auffassung des Bundesgerichtshofs für freie Anlageberater und Anlagevermittler nur, sofern sie eine bestimmte Größenordnung erreichen und deshalb als die Werthaltigkeit der Anlage schmälernd bezeichnet werden können.[194] Nach Maßgabe des hiesigen Ansatzes ist hingegen in beiden Fallkonstellationen eine konkludente Täuschung anzunehmen ohne, dass es auf vorstehende Differenzierungen ankommt.[195]

Die aufgezeigten unterschiedlichen Unrechtswertungen in beiden Disziplinen lassen sich mit der Notwendigkeit erklären, die Auflösung zivilrechtlicher Interessenkonflikte an die synallagmatischen Pflichten der Parteien anzubinden. Die besondere Verknüpfung von systematischem Risiko und Marge wird vom Bundesgerichtshof in diesem Zusammenhang jedoch zugunsten einer Berücksichtigung wirtschaftlicher Eigeninteressen des Finanzdienstleisters zurückgestellt. Letztere sind Bestandteil der vertraglichen Risikogrundlage und spielen damit auch in die Ausgestaltung der konkreten Beratungs- bzw. Auskunftspflichten hinein. Unberücksichtigt bleibt hierbei jedoch, dass sich über die Einpreisung von Margen und Provisionen das Risikoprofil des Finanzderivates ändert. Zwar kann grundsätzlich als allgemein bekannt unterstellt werden, dass Finanzdienstleister bei Erbringung der geschuldeten Leistung zugleich auch wirtschaftliche Eigeninteressen verfolgen. Dennoch muss der Anleger nicht damit rechnen, dass das gehandelte systematische Risiko über die Einpreisung einer Marge oder aber die verdeckte Schmälerung über Provisionen nicht mehr dem eigentlichen Marktrisiko entspricht und dem Handel damit im Ergebnis ein Risikoprofil zugrunde gelegt wird, das schlichtweg nicht (mehr) erkennbar ist; denn in diesem Fall wird dem Anleger die Möglichkeit verwehrt, sein Vermögen zu schützen, indem er von dem Geschäft auf nunmehr zu seinen Lasten ausgestalteter Risikogrundlage absieht oder zur Risikominimierung ein Hedge-Geschäft abschließt. Eine Verschiebung des Chancen-Risiko-Profils – und damit zugleich eine Beeinträchtigung der Werthaltigkeit des gehandelten Finanzderivates – liegt daher bereits mit dem originären Einpreisen der Marge vor und nicht erst dann, wenn diese eine

---

[193] Vgl. hierzu im Einzelnen oben Zweites Kapitel, A. II. 3. b) bb), S. 92 ff.

[194] Vgl. hierzu im Einzelnen oben Zweites Kapitel, A. II. 4., S. 96 ff.

[195] Vgl. hierzu im Einzelnen oben Viertes Kapitel, A. II. 1., S. 194 ff. sowie 2., S. 198 f.

gewisse Höhe erreicht. Es handelt sich beim systematischen Risiko einerseits und den wirtschaftlichen Eigeninteressen des beteiligten Finanzdienstleisters andererseits um zwei voneinander losgelöst zu betrachtende Elemente. Beide stellen sie Risikoparameter dar, die in einer für den finanzmathematischen Laien untrennbaren Verknüpfung in einer Gesamtrisikoposition aufgehen. Diese Verbindung sowie die praktische Unmöglichkeit, das gehandelte systematische Risiko zu extrahieren, sind für den Anleger gerade nicht offenkundig. Dies hat schließlich auch der Gesetzgeber erkannt und mit der Neuregelung des Grundsatzes zur Kostentransparenz seit dem 3. Januar 2018 in § 63 Abs. 7 S. 4 WpHG n. F. festgeschrieben, dass dem Kunden gegenüber alle Kosten aufzuzeigen sind, die nicht durch das gehandelte Marktrisiko verursacht werden. Die im Zuge der hiesigen Untersuchung herausgearbeitete Unrechtswertung ist somit auch mit derjenigen im Aufsichtsrecht konform, weshalb bereits aus diesem Grund ein Konflikt mit der Gesamtrechtsordnung ausscheiden muss. Dabei sind nach Maßgabe des § 2 Abs. 8 Nr. 4 WpHG auch durch die Bank getätigte Vermittlungsgeschäfte vom Anwendungsbereich der Norm umfasst, sodass es aufsichtsrechtlich nicht auf eine Unterscheidung nach der zivilrechtlichen Pflichtenstellung ankommt. Dies ist auch konsequent, da der Inhalt der zivilrechtlichen entweder Auskunfts- oder aber Beratungspflicht für sich genommen keinerlei Anknüpfungspunkt für die Behandlung der besonderen Verbindung von systematischem Risiko und Marge zulässt. Sofern der Bundesgerichtshof in seiner Rechtsprechung zu Innenprovisionen zugleich auf aufsichtsrechtliche Transparenzerfordernisse abstellt, erscheint es auch im Hinblick auf das Postulat einer in sich widerspruchsfreien Rechtsprechung erforderlich, die neuen Anforderungen an die Kostentransparenz hinreichend zu berücksichtigen.[196] Die über die aufsichtsrechtlichen Neuerungen zum Ausdruck kommende Intention des Gesetzgebers schlägt dabei auch unmittelbar auf die im Hinblick auf Provisionsgeschäfte festgestellten Divergenzen durch: Werden freie Anlageberater und Anlagevermittler gewerbsmäßig tätig, sind auch sie nach Maßgabe des § 2 Abs. 10 WpHG n. F. i. V. m. § 1 Abs. 1a KWG n. F. – freilich unter Berücksichtigung der in § 3 Abs. 1 Nr. 7 WpHG n. F. geregelten Ausnahme – als Wertpapierdienstleistungsunternehmen im Sinne des Wertpapierhandelsgesetzes zu bezeichnen. Der Anwendungsbereich des in § 63 Abs. 7 S. 4 WpHG n. F. geregelte Grundsatzes der Kostentransparenz ist in diesem Fall eröffnet. Im Übrigen fordert auch § 13 Abs. 3 Nr. 1 Finanzanlagenvermittlungsverordnung (FinVermV) eine Separation der in Rechnung gestellten Provisionen. Der Referentenentwurf des Bundesministeriums für Wirtschaft und Energie vom 7. November 2018 betreffend die Zweite Verordnung zur Änderung der Finanzanlagenvermittlungsverordnung sieht nunmehr eine Anpassung der bestehenden Regelungen an die überarbeitete Finanzmarktrichtlinie (MiFID II) vor. Hiervon erfasst ist auch eine Angleichung an den in § 63 Abs. 7 S. 4 WpHG

---

[196] Auswirkungen der über die MiFID II im Aufsichtsrecht eintretenden Änderungen auf die zivilrechtlichen Pflichten erkennt auch *Jordans,* BKR 2015, 309 (311).

normierten Grundsatz der Kostentransparenz. § 13 Abs. 2 FinVermV soll danach künftig ebenfalls zur Information über Kosten und Nebenkosten verpflichten, die nicht vom zugrundeliegenden Marktrisiko verursacht werden, um dem Anleger ein Verständnis sowohl im Hinblick auf die Gesamtkosten als auch bezogen auf die kumulative Wirkung der Kosten auf die Rendite zu ermöglichen.[197]

Um einen hinreichenden Schutz auch im Zivilrecht und damit einen Gleichlauf zivilrechtlicher, aufsichtsrechtlicher sowie der nach dem eigenen Ansatz entwickelten strafrechtlichen Unrechtswertung herzustellen, bedarf es nach hiesigem Dafürhalten jedoch keiner ausdrücklichen gesetzlichen Regelung des Derivategeschäftes im Bürgerlichen Gesetzbuch. Vielmehr genügt eine Anpassung der aktuellen Rechtsprechungsgrundsätze, um einen hinreichenden Vermögensschutz sicherzustellen. Dies setzt die Auflösung zivilrechtlicher Selbstbindung über eine Öffnung der Zivilrechtsdogmatik für die funktionale Bedeutung finanzmathematischer Preismodellierung voraus. Die aufgezeigten Schutzlücken lassen sich über einen originären Einbezug mathematischer Aussagen über Wirklichkeit und deren Trennung vom Prognoseprozess beheben. Mathematisch sich der Stochastik bedienende Preisbewertungsmodelle erheben nicht den Anspruch, Wirklichkeit exakt abzubilden sowie die zukünftige Entwicklung solcher vom systematischen Risiko abhängiger Verläufe vorherzusagen. Dennoch kann die Mathematik leisten, was die Rechtsdogmatik nicht kann: Sie kann systematische Risiken abbilden und sie über eine Transformation in die Anlageentscheidung einer rechtlichen Bewertung zuführen, ohne den Prognoseprozess selbst obsolet werden zu lassen. Das Erfordernis einer entsprechenden Berücksichtigung mathematisch modellierter Wirklichkeit lässt sich dabei mit den schier unendlichen Möglichkeiten des *Financial Engineering* erklären, die mit einer neuen Gefahrendimension für Anleger einhergehen. Diese Gefahrendimension besteht dabei unabhängig davon, ob der Finanzdienstleister mit den zivilrechtlichen Pflichten eines Vermittlers oder aber unter beratungsvertraglicher Verpflichtung auftritt. Ebenso ist nicht entscheidend, inwieweit ein zur Dienstleistung verpflichteter Anlageberater an eine Bank gebunden ist oder aber als freier Anlageberater agiert.

Vorgeschlagen wird an dieser Stelle daher die Entwicklung einer Lösung, die die Ausfüllung der synallagmatischen Pflichten der Parteien auch an den Erkenntnissen der Finanzmarkttheorie ausrichtet. Der mit einem Abweichen von der nullsummencharakteristischen Risikogrundlage einhergehende Abschnitt elementar vermögensrelevanter Gestaltungsoptionen wirkt sich unter dieser Voraussetzung als unmittelbarer Ausfluss eines Interessenkonfliktes zwischen Anleger und beratendem bzw. vermittelndem Finanzdienstleister aus. Eines Rückgriffs

---

[197] Vgl. Referentenentwurf des Bundesministeriums für Wirtschaft und Energie betreffend die Zweite Verordnung zur Änderung der Finanzanlagenvermittlungsverordnung vom 7. November 2018, S. 8, über: https://www.bmwi.de/Redaktion/DE/Downloads/XYZ/zweite-verordnung-zur-aenderung-der-finanzanlagenvermittlungsverordnung.pdf?__blob=publicationFile&v=4 [zuletzt aufgerufen: 16.2.2019].

auf das Rechtsinstitut des schwerwiegenden Interessenkonfliktes bedarf es zur Bewertung von Fallkonstellationen, in denen es zu einer einseitigen Manipulation der Risikogrundlage kommt, dabei nicht. Vielmehr lässt sich die Konsistenz dieser Überlegungen über das Prinzip der Eigenverantwortlichkeit begründen, welches auch im Rahmen der zivilrechtlichen Risikoaufklärung tragende Bedeutung beansprucht. Als Parameter der entscheidungserheblichen Risikogrundlage ist der über mathematische Preisbildung modellierte „faire" Marktwert Ausdruck des gehandelten systematischen Risikos und damit gerade auch entscheidungserheblicher Parameter nach Maßgabe der Grundsätze zivilrechtlicher Risikoaufklärung. Die hier vertretene nähere Ausgestaltung des strafrechtlichen Instituts eigenverantwortlich selbstgefährdenden Handelns lässt sich daher auch mit den zivilrechtlichen Grundlagen der Risikoaufklärung in Einklang bringen. In beiden Fällen ist entscheidend, inwieweit der Anleger die Risiken, denen das eigene Vermögen ausgesetzt wird, überblicken kann und mit deren Preisgabe letztlich eine selbstverantwortete Entscheidung trifft. Der Erhalt elementar vermögensrelevanter Gestaltungsoptionen bedeutet die Schnittstelle von Zivil- und Strafrecht. Sie ist als Minimum rechtlich vermittelter Sozialkontrolle auch vom strafrechtlichen Vermögensschutzes umfasst. Während es im Grundsatz als ultima ratio lediglich nachrangigen Rechtsgüterschutz gewährleistet, darf das Strafrecht diese Schnittstelle nicht ohne Verkennung des eigenen gesellschaftlichen Schutzauftrages schutzlos stellen, gerade auch sofern und solange ein Schutz durch das Zivilrecht nicht erfolgt. Soll eine divergierende Unrechtswertung zwischen Zivilrecht auf der einen und Straf- bzw. Aufsichtsrecht auf der anderen Seite vermieden werden, muss daher ein entsprechender Schutz ebenfalls durch das Zivilrecht gewährleistet werden. Eine Berücksichtigung der finanzmarkttheoretischen Charakteristika von Finanzderivaten ermöglicht dabei eine rechtsdogmatisch insgesamt konsequente Lösung problematischer Konstellationen in allen Rechtsgebieten.

Das hiesige Forschungsvorhaben hat es sich zum Ziel gesetzt, einen Beitrag zur betrugsstrafrechtlichen Aufarbeitung der interdisziplinären Thematik der Finanzderivate zu leisten. Damit stellt sich zunächst die Frage, inwieweit einer Verfolgung von Altfällen die Strafverfolgungsverjährung entgegensteht. Sie beginnt nach Maßgabe des § 78a S. 1 StGB mit Beendigung der Tat, bezogen auf die Betrugsnorm daher mit Erlangung des letzten vom Täter erstrebten Vermögensvorteils.[198] Die Leistung des Anlagebetrages, der im Zuge der letztendlichen Anlage der beabsichtigte Einbehalt von Provision bzw. Marge nachfolgt, ist Gegenstand der täuschungsbedingten Erfüllung, über die sich der zur Beendigung der Tat führende endgültige Vermögensabfluss realisiert.[199] Vor diesem Hintergrund dürfte der Ablauf der fünfjährigen Verjährungsfrist des § 78 Abs. 3 Nr. 4, Abs. 4

---

[198] Vgl. aus der jüngeren Rechtsprechung etwa *BGH,* NStZ-RR 2018, 211 (212); *BGH,* NStZ-RR 2018, 307 (307).

[199] Vgl. zum Zeitpunkt der Beendigung beim Eingehungsbetrug *BGH,* NStZ 1997, 542 (543).

StGB einer strafrechtlichen Verfolgung in den meisten Altfällen entgegenstehen. Sofern jedoch im Einzelfall Strafverfolgungsverjährung nicht eingetreten ist, kann der Annahme eines hinreichenden Tatverdachtes in dogmatischer Hinsicht bezogen auf die übrigen Tatbestandsmerkmale der Betrugsnorm zumindest im Grundsatz nicht der Vorwurf tatbestandslosen Verhaltens entgegengehalten werden. Kommt es zu einem täuschungsbedingten Erwerb eines Finanzderivates, dürfte insbesondere in den im Zuge des hiesigen Forschungsvorhabens als betrugsstrafrechtlich relevant erkannten Konstellationen ein Vermögensschaden – auch bei Marktüblichkeit der Marge – naheliegen. Bezogen auf die Frage nach der Werthaltigkeit des Finanzderivates bietet sich dabei ebenfalls eine Ausrichtung am nullsummencharakteristischen Risikoprofil derivativer Finanzinstrumente und eine entsprechende Differenzierung nach „fairem" und „unfairem" Risikoprofil an. Denn sofern der Finanzdienstleister, ohne dass der Kunde eine gesonderte Prämie zahlt, allein über die Strukturierung des Derivates seine Marge generiert, spiegelt Letztere nicht ausschließlich das allgemeine unternehmerische Risiko wider. Vielmehr lassen sich in diesem Fall auch unmittelbare Auswirkungen auf das der Anlage zugrunde liegende systematische Risiko ausmachen. Die besondere Risikostruktur derivativer Finanzinstrumente erfordert daher bei strukturierten Finanzderivaten eine Untersuchung der Kompensationswirkung auf Kostenebene (Marktüblichkeit der Marge) einerseits und auf der Ebene des systematischen Risikos andererseits. Bei täuschungsbedingtem Erwerb eines „unfairen" Finanzderivates steht dem Abfluss des in der zusätzlichen Risikoposition manifestierten Wertes auf der Risikoebene kein Äquivalent gegenüber, da sich im Gegenzug die Gewinnchancen des Anlegers gerade nicht erhöhen. Über eine finanzmathematische Berechnung lässt sich die wirtschaftliche Werthaltigkeit dieser Risikoposition mit der Risikoprämie auch konkret ermitteln und damit als Differenzschaden beziffern. Für die Bewertung anfänglich negativer Marktwerte lässt sich in diesem Zusammenhang an die Überlegungen Kasiskes[200] anknüpfen, der den Risikoschaden unter Rückgriff auf die Kosten des Absicherungsgeschäftes beziffert wissen möchte. Die Bank generiert in diesem Fall allein über die Strukturierung des Finanzderivates ihren Gewinn, indem sie die zu Lasten des Anlegers eingepreiste Risikoposition über den Abschluss entsprechender Hedge-Geschäfte am Markt verwertet. Auf diese Weise vereinnahmt sie letztendlich die Risikoprämie, die als Äquivalent für die Übernahme der infolge der Strukturierung erhöhten Risiken eigentlich dem Anleger zustünde. Vorzugswürdig ist daher, auf der Ebene des systematischen Risikos an das infolge der Strukturierung erhöhte Risiko und den insoweit mit dem Verlust der Risikoprämie auf Seiten des Anlegers entstehenden negativen Saldo anzuknüpfen.[201]

---

[200] Vgl. *Kasiske,* NZWiSt 2016, 302 (308 f.).

[201] Anders *Kasiske,* der letztlich an die Gesamtrisikoposition anknüpft, vgl. NZWiSt 2016, 302 (308 f.).

Eine andere Anknüpfung ist indes für die Fälle geboten, in denen der Anleger auf der Grundlage einer entsprechenden Empfehlung des Anlageberaters ein Finanzderivat erwirbt, welches zwar im Ergebnis ein ausgeglichenes Risikoprofil aufweist, sich jedoch nicht mit seiner Risikoeinstellung deckt. In diesem Fall erfolgt auf der Risikoebene über die „faire" Risikoverteilung grundsätzlich eine Kompensation, da mit den nunmehr erhöhten Risiken zugleich auch eine Chancenerhöhung einhergeht. Bei wertender Betrachtung ist unter Berücksichtigung der besonderen Charakteristik derivativer Finanzinstrumente diesem Chancenäquivalent jedoch keine Kompensationswirkung beizumessen. Denn nicht nur kann der Hebeleffekt derivativer Finanzinstrumente im Ergebnis auf Seiten des Anlegers einen Verlust herbeiführen, der über den angelegten Betrag weit hinausgeht. Vielmehr ist auch der bei abweichendem Risikoprofil vom Bundesgerichtshof im gleichwohl Erlangten statuierte „vermögensmäßig beachtliche Gebrauchsvorteil"[202] fraglich. Der konkrete Einsatzzweck eines Finanzderivates wird sich – anders als dies bei anderen Anlagegütern der Fall sein muss – insbesondere wegen der Auswirkungen des Hebeleffektes beinahe ausschließlich am systematischen Risiko der Anlage und dessen Volatilität orientieren. Eine Divergenz zwischen eigener Risikoeinstellung und Risikoprofil des Finanzderivates wird daher zumeist die Unbrauchbarkeit der Anlage insgesamt für den Anleger bedeuten. In diesem Fall ist daher eine normative Korrektur der über die faire Risikostruktur auf der Risikoebene herbeigeführten Kompensationswirkung unter Rückgriff auf die Rechtsfigur des individuellen Schadenseinschlags[203] geboten.

---

[202] Vgl. *BGH*, NStZ 2014, 318 (320).

[203] Vgl. hierzu auch die – überzeugende – Begründung einer Anwendung auf Fälle, in denen das vertraglich vereinbarte vom tatsächlichen Risiko abweicht bei *Rostalski*, HRRS 2016, 73 (78 ff.).

Erkenntnisse der Untersuchung
in Thesenform

1. Der Begriff des Risikos lässt sich in die Strafrechtsdogmatik implementieren und für die Konturierung des betrugsstrafrechtlichen Täuschungsbegriffs nutzbar machen, indem er an den Prozess der Anlageentscheidung gekoppelt wird. Das mittels Finanzderivaten transferierte systematische Risiko lässt sich danach verstehen als Parameter der entscheidungserheblichen Risikogrundlage.

2. Finanzmathematische Preisbewertungsmodelle erlauben immer nur eine Approximation an die Realität. Sie können die Zukunft jedoch nicht vorhersagen, den Anleger somit nicht vom Prognoseprozess freistellen. Finanzmathematische Bewertungsmodelle können vielmehr als Risikointermediäre bezeichnet werden. Sie ermöglichen einen Informationstransfer innerhalb des durch die eigene Methodik vorgegebenen Rahmens und machen auf diese Weise das systematische Risiko über dessen Quantifizierung für die Strafrechtsdogmatik erfassbar.

3. Eine im Grundsatz normative Ausgestaltung der betrugsstrafrechtlichen Täuschung muss den Ultima-ratio-Charakter des Strafrechts achten. Das Strafrecht darf nur eingreifen, wenn das Zivilrecht keine oder lediglich eine unzureichende verhaltenssteuernde Wirkung entfaltet. Im Grundsatz gilt, dass sich das Strafrecht nicht über eine zivilrechtliche Unrechtswertung hinwegsetzen darf; es agiert vielmehr akzessorisch. Die mit dem gesellschaftsbezogenen Schutzauftrag des Strafrechts einhergehende Gewährleistungsfunktion zwingt jedoch zu einer strafrechtsautonomen Unrechtswertung im Wege wirklichkeitsakzessorischer Betrachtung dort, wo der Rechtsgüterschutz im Zivilrecht in elementaren Bereichen versagt.

4. Konstitutives Merkmal betrugsstrafrechtlicher Täuschungen ist der interkommunikative verschleierte Widerspruch zwischen erwarteter und tatsächlicher Wirklichkeit. Eine Abgrenzung zwischen solchen das eigene Vermögen eigenverantwortlich selbstgefährdenden Handlungen und einer unter Betrugsgesichtspunkten relevanten Interventionshandlung eines Dritten lässt sich weiter über das Kriterium eines Abschnitts elementar vermögensrelevanter Gestaltungsoptionen erreichen. Eine konkludente Täuschung liegt danach immer dann vor, wenn ein am Vertragsschluss Beteiligter einseitig in die Risikogrundlage des Handels eingreift und seinem Vertragspartner dadurch risikorelevante Gestaltungsmöglichkeiten abschneidet.

5. Die zivilrechtliche Auflösung von Interessenkonflikten führt für den hier interessierenden Bereich eines Handels mit Finanzderivaten zu einer Schutzlosstellung elementarer Bereiche des Vermögensschutzes. Dies gründet in der alleinigen Ausrichtung am synallagmatischen Erfüllungsinteresse bei gleichzeitiger Außerachtlassung des charakteristischen Transfers systematischer Risiken sowie des Nullsummenspielcharakters. Das strafrechtliche Unrechtsurteil ist daher um die Erkenntnisse der Finanzmathematik zu ergänzen. Dies erlaubt ein Abbild der nullsummencharakteristischen Risikogrundlage über eine Modellierung systematischer Risiken im „fairen" Marktwert.

6. Bei Abschluss eines Spekulationsgeschäftes erklärt der Finanzdienstleister konkludent, der angegebene Marktwert bilde die nullsummencharakteristische Risikogrundlage im Sinne eines ausgeglichenen Chancen-Risiko-Profils ab. Anfänglich negative Marktwerte und im Anlagebetrag versteckte Provisionen stellen zusätzliche Risikoparameter dar, die von einer eigenverantwortlichen Anlageentscheidung nicht getragen sind. In ihrer Verschleierung liegt eine konkludente Täuschung. Der Finanzdienstleister gibt demgegenüber keine konkludente Erklärung über den Verbleib der Provisionen, deren tatsächliche Höhe oder das Nichtvorliegen eines Interessenkonfliktes ab.

7. Voraussetzung für eine Täuschung durch Unterlassen ist ein strafrechtsrelevanter Übergang von Informationsverantwortung über einen Entstehungstatbestand. Kumulativ zu fordern ist, dass sich das Unterlassen zum einen verschleiert widersprüchlich zu der daraus folgenden Informationsverpflichtung verhält. Eine Pflicht zur Aufklärung besteht zum anderen nur dann, wenn dieser verschleierte Widerspruch in einem Abschnitt elementar vermögensrelevanter Gestaltungsoptionen mündet.

8. Anlageberater fungieren als Organe des Risikotransfers und treten über die Bewertungsverpflichtung in den elementar vermögensrelevanten Bereich des Anlegers ein. Eine Aufklärungspflicht besteht, sofern das durch den Anlageberater ermittelte Bewertungsergebnis von der zugrunde gelegten Risikoeinstellung abweicht und daher nicht mehr von einer eigenverantwortlichen Risikoentscheidung getragen ist.

9. Ein strafrechtsrelevanter Übergang von Informationsverantwortung bei Garantenstellungen mit gesetzlichem Entstehungstatbestand setzt voraus, dass der Telos der infrage stehenden Norm elementare Bereiche des Vermögensschutzes umfasst. Im Anwendungsbereich der aufsichtsrechtlichen Norm des § 63 WpHG n. F. ist eine betrugsstrafbewährte Pflicht zur Aufklärung anzunehmen, sofern die Darstellung durch das Wertpapierdienstleistungsunternehmen widersprüchlich, unvollständig oder unverständlich ist und hierdurch eine unzutreffende Risikogrundlage suggeriert wird.

10. Eine divergierende Unrechtswertung im Zivilrecht einerseits und im Strafrecht andererseits lässt sich über eine Berücksichtigung des systematischen

Risikos – insbesondere dessen untrennbarer Verbindung zu weiteren eingepreisten Parametern – bei der Ausgestaltung der zivilrechtlichen Pflichten
vermeiden. Diese Lösung wird nach hiesigem Dafürhalten präferiert, da sie
auch den nunmehr aufsichtsrechtlich verschärften Grundsätzen zur Kostentransparenz nach Maßgabe des § 63 Abs. 7 S. 4 WpHG n. F. entspricht.

Literaturverzeichnis

Achenbach, Hans: Übungsklausur Strafrecht (Fall aus dem Bereich des Betruges, mit Randproblemen bei Urkundenfälschung und Untreue), in: JURA – Juristische Ausbildung 1984, S. 602–608 (zitiert: *Achenbach*, JURA 1984, 602).

Achenbach, Hans: Zur aktuellen Lage des Wirtschaftsstrafrechts in Deutschland, in: Goltdammer's Archiv für Strafrecht 2004, S. 559–574 (zitiert: *Achenbach*, GA 2004, 559).

Achenbach, Hans: Zur Entwicklung des Wirtschaftsstrafrechts in Deutschland seit dem späten 19. Jahrhundert, in: JURA – Juristische Ausbildung 2007, S. 342–348 (zitiert: *Achenbach*, JURA 2007, 342).

Achenbach, Hans: „Ordnungsfaktor Wirtschaftsstrafrecht", in: Strafverteidiger 2008, S. 324–327 (zitiert: *Achenbach*, StV 2008, 324).

Achenbach, Hans/*Ransiek*, Andreas/*Rönnau*, Thomas (Hrsg.): Handbuch Wirtschafts-strafrecht, 4. Aufl., Heidelberg 2015 (zitiert: *Bearbeiter*, in: Achenbach/Ransiek/Rönnau, Hdb Wirtschaftsstrafrecht).

Ackermann, Silke: Strafrechtliche Aspekte des Pferdeleistungssports, Berlin 2007 (zitiert: *Ackermann*, Strafrechtliche Aspekte).

Alexander, Gordon J./*Chervany*, Norman L.: On the Estimation and Stability of Beta, in: Journal of Financial and Quantitative Analysis Band 15, 1980, S. 123–137 (zitiert: *Alexander/Chervany*, Journal of Financial and Quantitative Analysis 15 (1980), 123).

Alexander, Gordon J./*Sharpe*, William F./*Bailey*, Jeffery V: Fundamentals of Invest-ments, 3. Aufl., New Jersey 2001 (zitiert: *Alexander/Sharpe/Bailey*, Fundamentals of Investments).

Altman, Edward I./*Brady*, Brooks/*Resti*, Andrea/*Sironi*, Andrea: The Link between De-fault and Recovery Rates: Theory, Empirical Evidence, and Implications, in: The Journal of Business Band 78, 2005, S. 2203–2228 (zitiert: *Altman/Brady/Resti/Si-roni*, The Journal of Business 78 (2005), 2203).

Altvater, Gerhard: Rechtsprechung des BGH zu den Tötungsdelikten, in: Neue Zeit-schrift für Strafrecht 2004, S. 23–30 (zitiert: *Altvater*, NStZ 2004, 23).

Alwart, Heiner: Wirtschaftsstrafrecht im Übergang, in: JuristenZeitung 2006, S. 546–548 (zitiert: *Alwart*, JZ 2006, 546).

Alwart, Heiner: Modernes Wirtschaftsstrafrecht als Projekt, in: Dannecker, Gerhard/Lan-ger, Winrich/Ranft, Otfried/Schmitz, Roland/Brammsen, Joerg (Hrsg.), Festschrift für Harro Otto zum 70. Geburtstag am 1. April 2007, Köln u. a. 2007, S. 3–24 (zi-tiert: *Alwart*, in: FS Otto, S. 3).

Alwart, Heiner: Sanktion und Verantwortung, in: Zeitschrift für Internationale Strafrechtsdogmatik 2011, S. 173–179 (zitiert: *Alwart,* ZIS 2011, 173).

Amelung, Knut: Rechtsgüterschutz und Schutz der Gesellschaft. Untersuchungen zum Inhalt und zum Anwendungsbereich eines Strafrechtsprinzips auf dogmengeschichtlicher Grundlage. Zugleich ein Beitrag zur „Sozialschädlichkeit" des Verbrechens, Frankfurt am Main 1972 (zitiert: *Amelung,* Rechtsgüterschutz).

Amelung, Knut: Irrtum und Zweifel des Getäuschten beim Betrug, in: Goltdammer's Archiv 1977, S. 1–17 (zitiert: *Amelung,* GA 1977, 1).

Amelung, Knut: Zur Verantwortlichkeit Drogenabhängiger für Selbstschädigungen durch den Gebrauch von Suchtstoffen, in: Neue Juristische Wochenschrift 1996, S. 2393–2398 (zitiert: *Amelung,* NJW 1996, 2393).

Ang, Andrew/*Hodrick,* Robert J./*Xing,* Yuhang/*Zhang,* Xiaoxan: The Cross-Section of Volatility and Expected Returns, in: The Journal of Finance Band 61, 2006, S. 259–299 (zitiert: *Ang/Hodrick/Xing/Zhang,* The Journal of Finance 61 (2006), 259).

Appel, Ivo: Verfassung und Strafe. Zu den verfassungsrechtlichen Grenzen staatlichen Strafens, Berlin 1998 (zitiert: *Appel,* Verfassung und Strafe).

Ariel, Robert A.: High Stock Returns before Holidays: Existence and Evidence on Possible Causes, in: The Journal of Finance Band 45, 1990, S. 1611–1626 (zitiert: *Ariel,* The Journal of Finance 45 (1990), 1611).

Arzt, Gunther: Zur Garantenstellung beim unechten Unterlassungsdelikt (2. Teil), in: Juristische Arbeitsblätter 1980, S. 647–654 (zitiert: *Arzt,* JA 1980, 647).

Arzt, Gunther: Viktimologie und Strafrecht, in: Monatsschrift für Kriminologie und Strafrechtsreform 1984, S. 105–124 (zitiert: *Arzt,* MSchrKrim 1984, 105).

Assmann Heinz-Dieter/*Schütze,* Rolf A. (Hrsg.): Handbuch des Kapitalanlagerechts, 4. Aufl., München 2015 (zitiert: *Bearbeiter,* in: Assmann/Schütze, Hdb des Kapitalanlagerechts).

Bachmann, Jochen: Innenprovisionen als Betrug? – Entgegnung auf Gallandi, wistra 1996, 323, in: Zeitschrift für Wirtschafts- und Steuerstrafrecht 1997, S. 253–256 (zitiert: *Bachmann,* wistra 1997, 253).

Baker, Malcolm/*Bradley,* Brendan/*Wurgler,* Jeffrey: Benchmarks as Limits to Arbitrage: Understanding the Low-Volatility Anomaly, in: Financial Analysts Journal Band 67, 2011, S. 1–15 (zitiert: *Baker/Bradley/Wurgler,* Financial Analysts Journal 67 (2011), 1).

Ball, Clifford A./*Torous,* Walter N: On Jumps in Common Stock Prices and Their Impact on Call Option Pricing, in: The Journal of Finance Band 40, 1985, S. 155–173 (zitiert: *Ball/Torous,* The Journal of Finance 40 (1985), 155).

Bamberger, Georg/*Roth,* Herbert/*Hau,* Wolfgang/*Poseck,* Roman: Beck'scher Onlinekommentar zum BGB, 45. Aufl., München 2018 (zitiert: *Bearbeiter,* in: BeckOK-BGB).

Banz, Rolf W.: The Relationship between Return and Market Value, in: The Journal of Financial Economics Band 2, 1981, S. 3–18 (zitiert: *Banz,* The Journal of Financial Economics 2 (1981), 3).

Baumann, Antje/*Bausch,* Stephan: Anmerkung zu OLG Hamm, Urt. v. 10.11.2010 – 31 U 121/08, in: Zeitschrift für Bank- und Kapitalmarktrecht 2011, S. 74–76 (zitiert: *A. Baumann/Bausch,* BKR 2011, 74).

Baumann, Jürgen: Strafrecht und Wirtschaftskriminalität – Eine wegen des E eines 2. WiKG notwendige Erwiderung –, in: JuristenZeitung 1983, S. 935–939 (zitiert: *J. Baumann,* JZ 1983, 935).

Bausch, Stephan: Anmerkung zu BGH, Urt. v. 22.3.2016 – XI ZR 425/14, in: Zeitschrift für Bank- und Kapitalmarktrecht 2016, S. 296–299 (zitiert: *Bausch,* BKR 2016, 296).

Bausch, Stephan: Der anfänglich negative Marktwert in der Rechtsprechung des Bundesgerichtshofs zu Zinsswaps, in: Zeitschrift für Wirtschafts- und Bankrecht 2016, S. 247–254 (zitiert: *Bausch,* WM 2016, 247).

Bausch, Stephan/*Schwenker,* Benjamin: Anmerkung zu OLG Celle, Urt. v. 27.2.2013 – 3 U 66/12, in: Zeitschrift für Bank- und Kapitalmarktrecht 2014, S. 43–44 (zitiert: *Bausch/Schwenker,* BKR 2014, 43).

Beckemper, Katharina: Das Rechtsgut „Vertrauen in die Funktionsfähigkeit der Märkte", in: Zeitschrift für Internationale Strafrechtsdogmatik 2011, S. 318–323 (zitiert: *Beckemper,* ZIS 2011, 318).

Beckemper, Katharina: Ökonomische Auslegung im Wirtschaftsstrafrecht, in: Hellmann, Uwe/Schroeder, Christian (Hrsg.), Festschrift für Hans Achenbach, Heidelberg u. a. 2011, S. 29–38 (zitiert: *Beckemper,* in: FS Achenbach, S. 29).

Becker, Christian: Konkludente Täuschung beim Betrug, in: Juristische Schulung 2014, S. 307–312 (zitiert: *Becker,* JuS 2014, 307).

Beck'scher Online Grosskommentar zum Zivilrecht → siehe unter *Gsell.*

Beck'scher Onlinekommentar zum BGB → siehe unter *Bamberger.*

Beck'scher Onlinekommentar zum StGB → siehe unter *Heintschel-Heinegg.*

Bernsmann, Klaus/*Gatzweiler,* Norbert: Verteidigung bei Korruptionsfällen, 2. Aufl., Heidelberg u. a. 2014 (zitiert: *Bernsmann/Gatzweiler,* Verteidigung bei Korruptionsfällen).

Besold, Erik: Aufklärungspflichten bei Vertriebsprovisionen im Bereich der Kapitalanlage. Unter besonderer Berücksichtigung der Innenprovisionen und Rückvergütungen, Frankfurt am Main 2010 (zitiert: *Besold,* Aufklärungspflichten im Bereich der Kapitalanlage).

Beulke, Werner: Wirtschaftslenkung im Zeichen des Untreuetatbestands, in: Müller, Henning Ernst/Sander, Günther M./Válková, Helena (Hrsg.), Festschrift für Ulrich Eisenberg zum 70. Geburtstag, München 2009, S. 245–269 (zitiert: *Beulke,* in: FS Eisenberg, S. 245).

Bielecki, Tomasz R./*Rutkowski,* Marek: Credit Risk: Modeling, Valuation and Hedging, Berlin u. a. 2002 (zitiert: *Bielecki/Rutkowski,* Credit Risk).

Bierhoff, Hans-Werner: Eigenverantwortlichkeit als Persönlichkeitsmerkmal, in: Koch, Stefan/Kaschube, Jürgen/Fisch, Rudolf (Hrsg.), Eigenverantwortung für Organisationen, Göttingen u. a. 2003, S. 47–60 (zitiert: *Bierhoff,* in: Koch/Kaschube/Fisch, Eigenverantwortung für Organisationen, S. 47).

Binding, Karl: Die Normen und ihre Übertretung, Band 1: Normen und Strafgesetze, Leipzig 1872 (zitiert: *Binding,* Normen I).

Binding, Karl: Die Ungerechtigkeit des Eigentums-Erwerbs vom Nicht-Eigentümer in ihrer Ausgestaltung durch BGB § 935 und ihre Reduktion auf das kleinstmögliche Mass, Leipzig 1907 (zitiert: *Binding,* Ungerechtigkeit).

Birnbaum, Günter: Stichwort „Churning", in: Zeitschrift für Wirtschaftsstrafrecht 1991, S. 253–256 (zitiert: *Birnbaum,* wistra 1991, 253).

Bittmann, Folker: Verschleifungsverbot, Quantifizierungsgebot (§§ 263, 266 StGB) und Pflichtwidrigkeit (§ 266 StGB), in: Zeitschrift für Wirtschaftsstrafrecht 2013, S. 1–8 (zitiert: *Bittmann,* wistra 2013, 1).

Bittmann, Folker: Wider ein Strafrecht als alltäglicher Begleiter, in: Neue Zeitschrift für Strafrecht 2016, S. 249–255 (zitiert: *Bittmann,* NStZ 2016, 249).

Bitzilekis, Nikolaos: Der Tatsachenbegriff im Strafrecht, in: Weigend, Thomas/Küpper, Georg (Hrsg.), Festschrift für Joachim Hirsch zum 70. Geburtstag am 11. April 1999, Berlin/New York 1999, S. 29–43 (zitiert: *Bitzilekis,* in: FS Hirsch, S. 29).

Black, Fischer: Capital Market Equilibrium with Restricted Borrowing, in: The Journal of Business Band 45, 1972, S. 444–455 (zitiert: *Black,* The Journal of Business 45 (1972), 444).

Black, Fischer/*Cox,* John C.: Valuing Corporate Securities: Some Effects of Bond Indenture Provisions, in: The Journal of Finance Band 31, 1976, S. 351–367 (zitiert: *Black/Cox,* The Journal of Finance 31 (1976), 351).

Black, Fischer/*Jensen,* Michael C./*Scholes,* Myron: The Capital Asset Pricing Model: Some Empirical Tests, in: Jensen, Michael C., Studies in the Theory of Capital Markets, New York u. a. 1972, S. 79–121 (zitiert: *Black/Jensen/Scholes,* in: Jensen, Studies in the Theory of Capital Markets, S. 79).

Black, Fischer/*Scholes,* Myron: The Pricing of Options and Corporate Liabilities, in: The Journal of Political Economy Band 81, 1973, S. 637–654 (zitiert: *Black/Scholes,* The Journal of Political Economy 81 (1973), 637).

Bloss, Michael: Financial Engineering. Strategien, Bewertungen und Risikomanagement, 3. Aufl., Oldenburg 2017 (zitiert: *Bloss,* Financial Engineering).

Bloss, Michael/*Ernst,* Dietmar: Derivate. Handbuch für Finanzintermediäre und Investoren, Oldenburg 2008 (zitiert: *Bloss/Ernst,* Derivate).

Bösch, Martin: Derivate. Verstehen, anwenden und bewerten, 3. Aufl. München 2014 (zitiert: *Bösch,* Derivate).

Bosch, Nikolaus: Bestrafung privater Insolvenz durch § 263 StGB? – zugleich Anmerkung zu BayOblG wistra 1999,69 –, in: Zeitschrift für Wirtschaftsstrafrecht 1999, S. 410–414 (zitiert: *Bosch,* wistra 1999, 410).

Bosch, Nikolaus: Organisationsverschulden in Unternehmen, Baden-Baden 2002 (zitiert: *Bosch,* Organisationsverschulden).

Bosch, Nikolaus: Sportwettenbetrug. Anmerkungen zu BGH, Urt. v. 15.12.2006 – 5 StR 181/06, in: Juristische Arbeitsblätter 2007, S. 389–391 (zitiert: *Bosch,* JA 2007, 389).

Bottke, Wilfried: Täterschaft und Teilnahme im deutschen Wirtschaftskriminalrecht – de lege lata und de lege ferenda, in: Juristische Schulung 2002, S. 320–324 (zitiert: *Bottke,* JuS 2002, 320).

Brammsen, Jörg: Die Entstehungsvoraussetzungen der Garantenpflichten, Berlin 1986 (zitiert: *Brammsen,* Garantenpflichten).

Brammsen, Jörg: Tun oder Unterlassen? Die Bestimmung der strafrechtlichen Verhaltensformen, in: Goltdammer's Archiv 2002, S. 193–213 (zitiert: *Brammsen,* GA 2002, 193).

Brammsen, Jörg: Vorstandsuntreue, in: Zeitschrift für Wirtschaftsstrafrecht 2009, S. 85–91 (zitiert: *Brammsen,* wistra 2009, 85).

Brandt, Ewald: Die Bedeutung des Subsidiaritätsprinzips für Entpönalisierungen im Kriminalrecht, Ammersbek 1988 (zitiert: *Brandt,* Die Bedeutung des Subsidiaritätsprinzips).

Branger, Nicole: Bewertung nicht redundanter Finanzderivate mittels Entropie und Cross-Entropie, Wiesbaden 2002 (zitiert: *Branger,* Bewertung nicht redundanter Finanzderivate).

Braun, Stefan: Abzocke mit Gewinnmitteilungen – strafrechtsfreier Raum?, in: Strafverteidiger Forum 2005, S. 102–107 (zitiert: *Braun,* StraFo 2005, 102).

Brealey, Richard A./*Myers,* Steward C./*Allen,* Franklin: Principles of Corporate Finance, 12. Aufl., New York 2017 (zitiert: *Brealey/Myers/Allen,* Principles of Corporate Finance).

Breuer, Wolfgang/*Gürtler,* Marc/*Schuhmacher,* Frank: Portfoliomanagement I: Grundlagen, 3. Aufl. Wiesbaden 2010 (zitiert: *Breuer/Gürtler/Schumacher,* Portfoliomanagement I).

Brigo, Damiano/*Morini,* Massimo/*Pallavicini,* Andrea: Counterparty Credit Risk, Collateral and Funding, Chichester 2013 (zitiert: *Brigo/Morini/Pallavicini,* Counterparty Credit Risk).

Bringewat, Peter: Anmerkung zu OLG Hamm, Beschl. v. 23.01.1984 – 3 Ws 60/83, in: Zeitschrift für Wirtschafts- und Steuerstrafrecht 1984, S. 194–196 (zitiert: *Bringewat,* wistra 1984, 194).

Brocker, Till/*Klebeck,* Ulf: Rückvergütungen an „unabhängige" Anlageberater und Haftung beteiligter Dritter. Zugleich Besprechung BGH v. 15.4.2010 – III ZR 196/09, in: Zeitschrift für Wirtschaftsrecht 2010, S. 1369–1375 (zitiert: *Brocker/Klebeck,* ZIP 2010, 1369).

Bröker, Klaus F.: Strafrechtliche Probleme bei Warentermin- und Optionsgeschäften, Göttingen 1989 (zitiert: *Bröker,* Strafrechtliche Probleme bei Warentermin- und Optionsgeschäften).

Brown, Stephen J./*Goetzmann,* William N./*Ross,* Stephen A.: Survival, in: The Journal of Finance Band 50, 1995, S. 853–873 (zitiert: *Brown/Goetzmann/Ross,* The Journal of Finance 50 (1995), 853).

Bruns, Hans-Jürgen: Die Befreiung des Strafrechts vom zivilistischen Denken. Beiträge zu einer selbständigen, spezifisch strafrechtlichen Auslegungs- und Begriffsbildungsmethodik, Berlin 1938 (zitiert: *Bruns,* Die Befreiung des Strafrechts vom zivilistischen Denken).

Buck-Heeb, Petra: Aufklärung über Rückvergütungen – Die Haftung von Banken und freien Anlageberatern, in: Zeitschrift für Bank- und Kapitalmarktrecht 2010, S. 309–316 (zitiert: *Buck-Heeb,* BKR 2010, 309).

Bumke, Christian: Rechtsdogmatik. Eine Disziplin und ihre Arbeitsweise. Zugleich eine Studie über das rechtsdogmatische Arbeiten Friedrich Carl von Savignys, Tübingen 2017 (zitiert: *Bumke,* Rechtsdogmatik).

Bundesministerium für Wirtschaft und Energie, Referentenentwurf betreffend die Zweite Verordnung zur Änderung der Finanzanlagenvermittlungsverordnung vom 7. November 2018, über: https://www.bmwi.de/Redaktion/DE/Downloads/XYZ/zweite-verordnung-zur-aenderung-der-finanzanlagenvermittlungsverordnung.pdf?__blob=publicationFile&v=4.

Bundesverband deutscher Banken, Rahmenvertrag für Finanztermingeschäfte, 2001, über: https://bankenverband.de/media/uploads/2017/09/13/rv-ftg-44015_1201_muster.pdf.

Bung, Jochen: Konkludente Täuschung? Von der fehlenden zur Fehlvorstellung beim Betrug, in: Goltdammer's Archiv 2012, S. 354–363 (zitiert: *Bung,* GA 2012, 354).

Burkhardt, Thomas/*Knabe,* Andreas/*Lohmann,* Karl/*Walther,* Ursula (Hrsg.): Risikomanagement aus Bankenperspektive. Grundlagen, mathematische Konzepte und Anwendungsfelder, Berlin 2006 (zitiert: *Burkhardt/Knabe/Lohmann/Walther,* Risikomanagement aus Bankenperspektive).

Burth, Stefan/*Kraus,* Thomas/*Wohlwend,* Hanspeter: Die Bewertung von strukturierten Produkten im Schweitzer Primärmarkt, in: Finanzmarkt und Portfoliomanagement 2000, S. 345–363 (zitiert: *Burth/Kraus/Wohlwend,* Finanzmarkt und Portfolio Management 2000, 345).

Busch, Dirk: Konzernuntreue, Frankfurt am Main 2004 (zitiert: *Busch,* Konzernuntreue).

Cadus, Joachim-M.: Die faktische Betrachtungsweise. Ein Beitrag zur Auslegung des Strafrechts, Berlin 1984 (zitiert: *Cadus,* Die faktische Betrachtungsweise).

Cai, Guisheng: Zur Täuschung über zukünftige Ereignisse beim Betrug. Von einem positivistischen zu einem zweckrationalen Tatsachenbegriff, Bonn 2013 (zitiert: *Cai,* Zur Täuschung über zukünftige Ereignisse beim Betrug).

Calliess, Rolf-Peter: Theorie der Strafe im demokratischen und sozialen Rechtsstaat. Ein Beitrag zur strafrechtsdogmatischen Grundlagendiskussion, Frankfurt am Main 1973 (zitiert: *Calliess,* Theorie der Strafe im demokratischen und sozialen Rechtsstaat).

Campbell, John Y./*Lo*, Andrew W./*MacKinlay*, A. Craig: The Econometrics of Financial Markets, 2. Aufl., Chichester 1997 (zitiert: *Campbell/Lo/MacKinlay*, The Econometrics of Financial Markets).

Carhart, Mark M.: On Persistence in Mutual Fund Performance, in: The Journal of Finance Band 52, 1997, S. 57–82 (zitiert: *Carhart*, The Journal of Finance 52 (1997), 57).

Carleton, Willard T./*Lakonishok*, Josef: Risk and Return on Equity: The Use and Misuse of Historical Estimates, in: Financial Analysts Journal Band 41, 1985, S. 38–47+62 (zitiert: *Carleton/Lakonishok*, Financial Analysts Journal 41 (1985), 38).

Castaldo, Andrea R.: Welches Strafrecht für das neue Jahrtausend?, in: Schünemann, Bernd/Achenbach, Hans/Bottke, Wilfried/Haffke, Bernhard/Rudolphi, Hans-Joachim, Festschrift für Claus Roxin zum 70. Geburtstag am 15. Mai 2001, Berlin/New York 2001, S. 1095–1110 (zitiert: *Castaldo*, in: FS Roxin 2001, S. 1095).

Chance, Don R./*Brooks*, Robert: An Introduction to Derivatives and Risk Management, 10. Aufl., Boston 2016 (zitiert: *Chance/Brooks*, Derivatives).

Chen, Andrew H./*Cornett*, Marcia Millon/*Nabar*, Prafulla G.: An empirical examination of interest-rate futures prices, in: The Journal of Future Markets Band 13, 1993, S. 781–797 (zitiert: *Chen/Cornett/Nabar*, The Journal of Future Markets 13 (1993), 781).

Cho, D. Chinhyung/*Elton*, Edwin J./*Gruber*, Martin J.: On the Robustness of the Roll and Ross Arbitrage Pricing Theory, in: Journal of Financial and Quantitative Analysis Band 19, 1984, S. 1–10 (zitiert: *Cho/Elton/Gruber*, Journal of Financial and Quantitative Analysis 19 (1984), 1).

Chowdhury, Tobias: Geschäftsleiteruntreue vor dem Hintergrund von subprime-Investments im Vorfeld der Finanzmarktkrise. Zugleich ein Beitrag zur Bedeutung des Aufsichtsrechts für die Konkretisierung gesellschaftsrechtlicher Sorgfaltsmaßstäbe, Berlin 2014 (zitiert: *Chowdhury*, Geschäftsleiteruntreue).

Christmann, Hagen: Eigenverantwortliche Selbstgefährdung und Selbstschädigung, in: JURA – Juristische Ausbildung 2002, S. 679–683 (zitiert: *Christmann*, JURA 2002, 679).

Clouth, Peter: Anlegerschutz – Grundlagen aus Sicht der Praxis –, in: Zeitschrift für das gesamte Handelsrecht und Wirtschaftsrecht Band 177, 2013, S. 212–263 (zitiert: *Clouth*, ZHR 177 (2013), 212).

Clouth, Peter: Aufklärungs- und Beratungspflichten bei Swaps, in: Grüneberg, Christian/Habersack, Mathias/Mülbert, Peter O./Wittig, Arne (Hrsg.), Bankrechtstag 2015, Berlin/Boston 2016, S. 164–205 (zitiert: *Clouth*, in: Grüneberg/et al., Bankrechtstag 2015, S. 164).

Coelln, Sibylle von: Das „rechtliche Einstehenmüssen" beim unechten Unterlassungsdelikt. Die Emanzipation der Garantenstellung von einzelnen Fallgruppen, Berlin 2008 (zitiert: *Coelln*, Einstehenmüssen).

Copeland, Thomas E./*Weston*, J. Fred/*Shastri*, Kuldeep: Finanzierungstheorie und Unternehmenspolitik. Konzepte der kapitalmarktorientierten Unternehmensfinanzierung, 4. Aufl., München u. a. 2008 (zitiert: *Copeland/Weston/Shastri*, Finanzierungstheorie).

Cornelius, Kai: Verweisungsbedingte Akzessorietät bei Straftatbeständen, Tübingen 2016 (zitiert: *Cornelius,* Verweisungsbedingte Akzessorietät).

Costinot, Arnaud/*Roncalli,* Thierry/*Teiletche,* Jérome: Revisiting the dependence between nancial markets with copulas, 2000, über: file:///C:/Users/Evis/AppData/Local/Packages/Microsoft.MicrosoftEdge_8wekyb3d8bbwe/TempState/Downloads/SSRN-id1032535.pdf (zitiert: *Costinot/Roncalli/Teiletche,* Revisiting the dependence between financial markets with copulas, 10/2000).

Cottin, Claudia/*Döhler,* Sebastian: Risikoanalyse. Bewertung, Beurteilung und Management von Risiken mit Praxisbeispielen, 2. Aufl., Wiesbaden 2013 (zitiert: *Cottin/Döhler,* Risikoanalyse).

Cox, John C./*Ross,* Stephen: The Valuation of options for alternative stochastic processes, in: Journal of Financial Economics Band 3, 1976, S. 145–166 (zitiert: *Cox/Ross,* Journal of Financial Economics 3 (1976), 145).

Cramer, Asta/*Lang,* Volker/*Schulz,* Stephan: Anmerkung zu BGH, Urt. v. 28.4.2015 – XI ZR 378/13, in: Zeitschrift für Bank- und Kapitalmarktrecht 2015, S. 380–383 (zitiert: *Cramer/Lang/Schulz,* BKR 2015, 380).

Dach, Peter: Beteiligung an vorsätzlicher Selbstgefährdung. Anmerkung zu BGH, Urt. v. 14.02.1984 – 1 StR 808/83, in: Neue Zeitschrift für Strafrecht 1985, S. 24–25 (zitiert: *Dach,* NStZ 1985, 24).

Dahlem, Friedrich: Das Verhältnis des Zivilrechts zum Strafrecht mit besonderer Berücksichtigung der Disharmonien, Darmstadt 1919, zugl. Diss. Universität Heidelberg 1920 (zitiert: *Dahlem,* Das Verhältnis des Zivilrechts zum Strafrecht).

Dandapani, Krishnan/*Lawrence,* Edward, R.: Examining Split Bond Ratings: Effect of Rating Scale, in: Quarterly Journal of Business and Economics, Band 46, 2007, S. 65–82 (zitiert: *Dandapani/Lawrence,* Quarterly Journal of Business and Economics 46 (2007), 65).

Dannecker, Christoph: Vermögensschaden zwischen Verkehrswert, intersubjektiver Wertsetzung und Einbeziehung von Liquiditätsvorteilen, in: Neue Zeitschrift für Wirtschafts-, Steuer- und Unternehmensstrafrecht 2015, S. 173–185 (zitiert: *C. Dannecker,* NZWiSt 2015, 173).

Dannecker, Gerhard/*Dannecker,* Christoph: Die „Verteilung" der strafrechtlichen Geschäftsherrenhaftung im Unternehmen, in: JuristenZeitung 2010, S. 981–992 (zitiert: *G. Dannecker/C. Dannecker,* JZ 2010, 981).

Dannecker, Gerhard/*Stoffers,* Kristian F.: Anmerkung zu BayObLG, Beschl. v. 30.12. 1992 – 4 St RR 170/92, in: Strafverteidiger 1993, S. 642–645 (zitiert: *G. Dannecker/Stoffers,* StV 1993, 642).

Daske, Holger/*Gebhardt,* Gunther: Zukunftsorientierte Bestimmung von Risikoprämien und Eigenkapitalkosten für die Unternehmensbewertung, in: Schmalenbachs Zeitschrift für betriebswirtschaftliche Forschung Band 58, 2006, S. 530–551 (zitiert: *Daske/Gebhardt,* ZfbF 58 (2006), 530).

Dauner-Lieb, Barbara/*Langen,* Werner (Hrsg.): Nomos Kommentar BGB Schuldrecht, Band 2, 3. Aufl., Baden-Baden 2016 (zitiert: *Bearbeiter,* in: NK-BGB).

De Bondt, Werner F. M./*Thaler,* Richard: Does the Stock Market Overreact?, in: The Journal of Finance, Band 40, 1985, S. 793–805 (zitiert: *De Bondt/Thaler,* The Journal of Finance 40 (1985), 793).

Decker, Leo: Aufklärungspflichten über Innenprovisionen, Kick-Backs und Retrozessionen bei der Kapitalanlage, Stuttgart 2010, zugl. Diss. Universität Tübingen 2009 (zitiert: *Decker,* Aufklärungspflichten).

Degener, Wilhelm: „Die Lehre vom Schutzzweck der Norm" und die strafgesetzlichen Erfolgsdelikte, Baden-Baden 2001 (zitiert: *Degener,* Die Lehre vom Schutzzweck der Norm).

Demko, Daniela: Zur „Relativität der Rechtsbegriffe" in strafrechtlichen Tatbeständen, Berlin 2002 (zitiert: *Demko,* Zur Relativität der Rechtsbegriffe in strafrechtlichen Tatbeständen).

Dencker, Friedrich: Zum subjektiven Tatbestand des Betruges, in: Samson, Erich/Dencker, Friedrich/Frisch, Peter/Frister, Helmut/Reiß, Wolfram (Hrsg.), Festschrift für Gerald Grünwald zum siebzigsten Geburtstag, Baden-Baden 1999, S. 75–92 (zitiert: *Dencker,* in: FS Grünwald, S. 75).

Derksen, Roland: Handeln auf eigene Gefahr, Berlin 1992 (zitiert: *Derksen,* Handeln auf eigene Gefahr).

Dette, Hans Walter: Venire contra factum proprium nulli conceditur. Zur Konkretisierung eines Rechtssprichworts, Berlin 1985 (zitiert: *Dette,* Venire contra factum proprium).

Deutsch, Hans-Peter/*Beinker,* Mark: Derivate und Interne Modelle, 5. Aufl., Stuttgart 2014 (zitiert: *Deutsch/Beinker,* Derivate und Interne Modelle).

Dhrymes, Phoebus J./*Friend,* Irwin/*Gultekin,* Mustafa N./*Gultekin,* N. Bulent: New Tests of the APT and Their Implications, in: The Journal of Finance Band 40, 1985, S. 659–674 (zitiert: *Dhrymes/Friend/M. Gultekin/B. Gultekin,* Journal of Finance 40 (1985), 659).

Dierlamm, Alfred: Neue Entwicklungen bei der Untreue – Löslösung des Tatbestandes von zivilrechtlichen Kategorien?, in: Strafverteidiger Forum 2005, S. 397–404 (zitiert: *Dierlamm,* StraFo 2005, 397).

Dietlein, Johannes: Die Lehre von den grundrechtlichen Schutzpflichten, 2. Aufl., Berlin 2005 (zitiert: *Dietlein,* Die Lehre von den grundrechtlichen Schutzpflichten).

Dijk, Mathijs A. van: Is size dead? A Review of the size-effect in equity returns, in: Journal of Banking and Finance Band 35, 2011, S. 3263–3274 (zitiert: *Dijk,* Journal of Banking and Finance 35 (2011), 3263).

Dimson, Elroy/*Marsh,* Paul/*Staunton,* Mike: Triumph of the Optimists, Chichester 2002 (zitiert: *Dimson/Marsh/Staunton,* Triumph of the Optimists).

Dimson, Elroy/*Marsh,* Paul/*Staunton,* Mike: Global Evidence of the Equity Risk Premium, in: Journal of Applied Corporate Finance Band 15, 2003, S. 27–38 (zitiert: *Dimson/Marsh/Staunton,* Journal of Applied Corporate Finance 15 (2003), 27).

Dittrich, Elisabeth: Die Untreuestrafbarkeit von Aufsichtsratsmitgliedern bei der Festsetzung überhöher Vorstandsvergütungen. Zugleich ein Beitrag zur rechtlichen Behandlung von Vorstandsvergütungen in deutschen Aktiengesellschaften, Berlin 2007 (zitiert: *Dittrich*, Die Untreuestrafbarkeit von Aufsichtsratsmitgliedern).

Dölling, Dieter: Fahrlässige Tötung bei Selbstgefährdung des Opfers, in: Goltdammer's Archiv 1984, S. 71–94 (zitiert: *Dölling*, GA 1984, 71).

Dölling, Dieter/*Duttge*, Gunnar/*Rössner*, Dieter/*König*, Stefan (Hrsg.): Gesamtes Strafrecht. Handkommentar, 4. Aufl., Baden-Baden 2017 (zitiert: *Bearbeiter*, in: HK-GS).

Döpfner, Konrad: Der Restaurierungsbetrug, Lübeck 1989 (zitiert: *Döpfner*, Der Restaurierungsbetrug).

Dörschell, Andreas/*Franken*, Lars/*Schulte*, Jörn: Der Kapitalisierungszinssatz in der Unternehmensbewertung. Praxisgerechte Ableitung unter Verwendung von Kapitalmarktdaten, Düsseldorf 2009 (zitiert: *Dörschell/Franken/Schulte*, Der Kapitalisierungszinssatz).

Duttge, Gunnar: Erfolgszurechnung und Opferverhalten – Zum Anwendungsbereich der einverständlichen Fremdgefährdung –, in: Dannecker, Gerhard/Langer, Winrich/Ranft, Otfried/Schmitz, Roland/Brammsen, Joerg (Hrsg.), Festschrift für Harro Otto zum 70. Geburtstag am 1. April 2007, Köln u.a. 2007, S. 227–247 (zitiert: *Duttge*, in: FS Otto, S. 227).

Ebermayer, Ludwig/*Baldus*, Paulheinz/*Jescheck*, Hans-Heinrich (Hrsg.): Leipziger Kommentar zum Strafgesetzbuch, Band 6, 10. Aufl., Berlin 1988 (zitiert: *Bearbeiter*, in: LK-StGB, 10. Aufl. 1988).

Eck, Christian/*Riechert*, Matthias: Professionelles Eurex-Trading. Grundlagen, Strategien und Chancen mit Optionen und Futures, 3. Aufl., München 2006 (zitiert: *Eck/Riechert*, Professionelles Eurex-Trading).

Eck, Christof/*Garcke*, Harald/*Knabner*, Peter: Mathematische Modellierung, 3. Aufl. 2017 (zitiert: *Eck/Garcke/Knabner*, Mathematische Modellierung).

Eick, Teresa: Die Berücksichtigung des Opferverhaltens beim Betrug am Beispiel der Werbung, Tübingen 2011, zugl. Diss. Universität Tübingen 2011 (zitiert: *Eick*, Die Berücksichtigung des Opferverhaltens beim Betrug).

Eidenmüller, Horst: Der homo oeconomicus und das Schuldrecht: Herausforderungen durch Behavioral Law and Economics, in: JuristenZeitung 2005, S. 216–224 (zitiert: *Eidenmüller*, JZ 2005, 216).

Eidenmüller, Horst: Effizienz als Rechtsprinzip, 3. Aufl., Tübingen 2005 (zitiert: *Eidenmüller*, Effizienz).

Eilenberger, Guido/*Ernst*, Dietmar/*Toebe*, Marc: Betriebliche Finanzwirtschaft. Einführung in Investition und Finanzierung, Finanzpolitik und Finanzmanagement von Unternehmungen, 8. Aufl., München 2013 (zitiert: *Eilenberger/Ernst/Toebe*, Betriebliche Finanzwirtschaft).

Eisele, Jörg: Strafrecht Besonderer Teil II: Eigentumsdelikte und Vermögensdelikte, 4. Aufl., Stuttgart 2017 (zitiert: *Eisele*, Strafrecht BT II).

Eisele, Jörg/*Fad,* Frank: Strafrechtliche Verantwortlichkeit beim Missbrauch kartenge-schützter Zahlungssysteme, in: JURA – Juristische Ausbildung 2002, S. 305–312 (zitiert: *Eisele/Fad,* JURA 2002, 305).

Eisenmann, Hendrik: Werte im Wandel – Die Problematik des Finanzsystems und der Staatsverschuldung am Beispiel Großbritanniens, Köln 2015 (zitiert: *Eisenmann,* Die Problematik des Finanzsystems).

Ellmer, Manfred: Betrug und Opfermitverantwortung, Berlin 1986 (zitiert: *Ellmer,* Betrug und Opfermitverantwortung).

Engel, Christoph: Vertrauen: Ein Versuch, Bonn 1999, über: https://www.coll.mpg.de/pdf_dat/1999_12online.pdf (zitiert: *Engel,* Vertrauen).

Engisch, Karl: Die Kausalität als Merkmal der strafrechtlichen Tatbestände, Tübingen 1931 (zitiert: *Engisch,* Die Kausalität als Merkmal der strafrechtlichen Tatbestände).

Engisch, Karl: Einheit der Rechtsordnung, Heidelberg 1935 (zitiert: *Engisch,* Einheit der Rechtsordnung).

Engisch, Karl: Tun und Unterlassen, in: Lackner, Karl/Leferenz, Heinz/Schmidt, Eber-hard/Welp, Jürgen/Wolff, Ernst Amadeus (Hrsg.), Festschrift für Wilhelm Gallas zum 70. Geburtstag am 22. Juli 1973, Berlin/New York 1973, S. 163–196 (zitiert: *Engisch,* in: FS Gallas, S. 163).

Ensthaler, Jürgen: Einwilligung und Rechtsgutspreisgabe beim fahrlässigen Delikt, Göt-tingen 1983 (zitiert: *Ensthaler,* Einwilligung und Rechtsgutspreisgabe beim fahrläs-sigen Delikt).

Erb, Volker: Gängige Formen suggestiver Irrtumserregung als betrugsrelevante Täu-schung, in: Zeitung für Internationale Strafrechtsdogmatik 2011, S. 368–378 (zitiert: *Erb,* ZIS 2011, 368).

Eschweiler, Helmut: Beteiligung an fremder Selbstgefährdung, Bonn 1990 (zitiert: *Eschweiler,* Selbstgefährdung).

Esser, Josef: § 242 BGB und die Privatautonomie, in: JuristenZeitung 1956, S. 555–559 (zitiert: *Esser,* JZ 1956, 555).

Esser, Robert: Opferverhalten als Zurechnungskriterium. Überlegungen zum Tatbestand des Betruges (§ 263 StGB) aus Anlass der aktuellen Wirtschaftskrise, in: Amelung, Knut/Günther, Hans Ludwig/Kühne, Hans-Heiner (Hrsg.), Festschrift für Volker Krey zum 70. Geburtstag, Stuttgart 2010, S. 81–104 (zitiert: *Esser,* in: FS Krey, S. 81).

Everling, Oliver: Wesen und Bedeutung des Finanzratings, in: Achleitner, Ann-Kristin/Everling, Oliver/Niggemann, Karl A. (Hrsg.), Finanzrating. Gestaltungsmöglichkei-ten zur Verbesserung der Bonität, Wiesbaden 2007, S. 3–14 (zitiert: *Everling,* in: Achleitner/Everling/Niggemann, Finanzrating, S. 3).

Fama, Eugene F.: Efficient Capital Markets: A Review of Theory and Empirical Work, in: The Journal of Finance Band 25, 1970, S. 383–417 (zitiert: *Fama,* The Journal of Finance 25 (1970), 383).

Fama, Eugene F.: Efficient Capital Markets: II, in: The Journal of Finance Band 46, 1991, S. 1575–1617 (zitiert: *Fama,* The Journal of Finance 46 (1991), 1575).

Fama, Eugene F./*Fisher*, Lawrence/*Jensen*, Michael C./*Roll*, Richard: The Adjustment of Stock Prices to New Information, in: International Economic Review Band 10, 1969, S. 1–21 (zitiert: *Fama/Fisher/Jensen/Roll*, International Economic Review 10 (1969), 1).

Fama, Eugene F./*French*, Kenneth R.: Divident Yields and Expected Stock Returns, in: Journal of Financial Economics Band 22, 1988, S. 3–25 (zitiert: *Fama/French*, Journal of Financial Economics 22 (1988), 3).

Fama, Eugene F./*French*, Kenneth R.: The Cross-Section of Expected Stock Returns, in: The Journal of Finance Band 47, 1992, S. 427–425 (zitiert: *Fama/French*, The Journal of Finance 47 (1992), 427).

Fama, Eugene F./*French*, Kenneth R.: Common risk factors in the returns on stocks and bonds, in: Journal of Financial Economics Band 33, 1993, S. 3–56 (zitiert: *Fama/French*, Journal of Financial Economics 33 (1993), 3).

Fama, Eugene F./*French*, Kenneth R.: Multifacor Explanations of Asset Pricing Anomalies, in: The Journal of Finance Band 51, 1996, S. 55–84 (zitiert: *Fama/French*, The Journal of Finance 51 (1996), 55).

Fama, Eugene F./*French*, Kenneth R.: Dissecting Anomalies, in: The Journal of Finance Band 63, 2008, S. 1653–1678 (zitiert: *Fama/French*, The Journal of Finance 63 (2008), 1653).

Fama, Eugene F./*French*, Kenneth R.: A five-factor asset pricing model, in: Journal of Financial Economics Band 116, 2015, S. 1–22 (zitiert: *Fama/French*, Journal of Financial Economics 116 (2015), 1).

Fama, Eugene F./*French*, Kenneth R.: International tests of a five-factor asset pricing model, in: Journal of Financial Economics Band 123, 2017, S. 441–463 (zitiert: *Fama/French*, Journal of Financial Economics 123 (2017), 441).

Fasten, Ines/*Oppermann*, Gregor: Betrug im Rahmen manipulierter Fußballwetten, in: Juristische Arbeitsblätter 2006, S. 69–74 (zitiert: *Fasten/Oppermann*, JA 2006, 69).

Feinendegen, Markus: Anmerkung zu BGH, Urteil vom 15.12. 2006 – 5 StR 181/06, in: Neue Juristische Wochenschrift 2007, S. 787–788 (zitiert: *Feinendegen*, NJW 2007, 787).

Feldhahn, Peer: Die Störung der Geschäftsgrundlage im System des reformierten Schuldrechts, in: Neue Juristische Wochenschrift 2005, S. 3381–3383 (zitiert: *Feldhahn*, NJW 2005, 3381).

Felix, Dagmar: Einheit der Rechtsordnung. Zur verfassungsrechtlichen Relevanz einer juristischen Argumentationsfigur, Tübingen 1998 (zitiert: *Felix*, Einheit der Rechtsordnung).

Fender, Ingo/*Mitchell*, Jant: Strukturierte Finanzierungen: Komplexität, Risiken und die Rolle von Ratings, in: BIZ-Quartalsbericht, Juni 2005, über: https://www.bis.org/publ/qtrpdf/r_qt0506ger_f.pdf (zitiert: *Fender/Mitchell*, BIZ-Quartalsbericht Juni 2005).

Fichtner, Andrea: Die börsen- und depotrechtlichen Strafvorschriften und ihr Verhältnis zu den Eigentums- und Vermögensdelikten des StGB, Stuttgart 1993, zugl. Diss.

Universität Tübingen 1993 (zitiert: *Fichtner,* Die börsen- und depotrechtlichen Strafvorschriften).

Fiedler, Ralf-Peter: Zur Strafbarkeit der einverständlichen Fremdgefährdung – unter besonderer Berücksichtigung des viktimologischen Prinzips, Frankfurt am Main u. a. 1989 (zitiert: *Fiedler,* Fremdgefährdung).

Fikentscher, Wolfgang: Die Geschäftsgrundlage als Frage des Vertragsrisikos, München 1971 (zitiert: *Fikentscher,* Die Geschäftsgrundlage).

Financial Crisis Inquiry Commission, The Financial Crisis Inquiry Report. Official Report of the National Commission on the Causes of the Financial and Economic Crisis in the United States, Official Government Edtion, Washington 2011, über: http://fcic-static.law.stanford.edu/cdn_media/fcic-reports/fcic_final_report_full.pdf (zuletzt aufgerufen: 18.05.2018) (zitiert: *Financial Crisis Commission,* The Financial Crissi Inquiry Report 2011).

Fischer, Thomas: Strafgesetzbuch mit Nebengesetzen, 65. Aufl., München 2018 (zitiert: *Fischer,* StGB).

Frank, Friedrich/*Leu,* Nicolas: Opfermitverantwortung und Strafzumessung beim Betrug, in: Strafverteidiger Forum 2014, S. 198–206 (zitiert: *Frank/Leu,* StraFo 2014, 198).

Franke, Günter/*Hax,* Herbert: Finanzwirtschaft des Unternehmens und Kapitalmarkt, 6. Aufl., Dordrecht u. a. 2009 (zitiert: *Franke/Hax,* Finanzwirtschaft des Unternehmens und Kapitalmarkt).

Frehsee, Detlef: Schadenswiedergutmachung als Instrument strafrechtlicher Sozialkontrolle, Berlin 1987 (zitiert: *Frehsee,* Schadenswiedergutmachung).

French, Kenneth R.: Stock Returns and the Weekend Effect, in: Journal of Financial Economics Band 8, 1980, S. 55–69 (zitiert: *French,* Journal of Financial Economics 8 (1980), 55).

Freund, Georg: Erfolgsdelikt und Unterlassen. Zu den Legitimationsbedingungen von Schuldspruch und Strafe, Köln u. a. 1992 (zitiert: *Freund,* Erfolgsdelikt und Unterlassen).

Freund, Georg/*Timm,* Frauke: Die Aussetzung durch „Im-Stich-Lassen in hilfloser Lage" (§ 221 Abs. 1 Nr. 2 StGB) im Kontext der Unterlassungsdelikte. Zugleich Besprechung von BGH v. 19.10.2011 – 1 StR 233/11, in: Höchstrichterliche Rechtsprechung zum Strafrecht 2012, S. 223–237 (zitiert: *Freund/Timm,* HRRS 2012, 223).

Frisch, Wolfgang: Tatbestandsmäßiges Verhalten und Zurechnung des Erfolges, Heidelberg 1988 (zitiert: *Frisch,* Tatbestandsmäßiges Verhalten).

Frisch, Wolfgang: Selbstgefährdung im Strafrecht. Grundlinien einer opferorientierten Lehre vom tatbestandsmäßigen Verhalten, in: Neue Zeitschrift für Strafrecht 1992, S. 1–7 (zitiert: *Frisch,* NStZ 1992, 1).

Frisch, Wolfgang: Wesentliche Strafbarkeitsvoraussetzungen einer modernen Strafgesetzgebung, in: Eser, Albin/Kaiser, Günther/Weigend, Ewa (Hrsg.), Von totalitärem zu rechtsstaatlichem Strafrecht. Kriminalpolitische Reformtendenzen im Strafrecht osteuropäischer Länder, Freiburg i. Br. 1993, S. 201–253 (zitiert: *Frisch,* in: Eser/Kaiser/Weigend, Von totalitärem und rechtsstaatlichem Strafrecht, S. 201).

Frisch, Wolfgang: Konkludentes Täuschen. Zur Normativität, Gesellschaftsbezogenheit und theoretischen Fundierung eines Begriffs, in: Pawlik, Michael/Zaczyk, Rainer (Hrsg.), Festschrift für Günther Jakobs zum 70. Geburtstag am 26. Juli 2007, Köln u. a. 2007, S. 97–130 (zitiert: *Frisch,* in: FS Jakobs, S. 97).

Frisch, Wolfgang: Grundfragen der Täuschung und des Irrtums beim Betrug. Zum so genannten Recht auf Wahrheit, in: Putzke, Holm/Hardtung, Bernhard/Hörnle, Tatjana/Merkel, Reinhard/Scheinfeld, Jörg/Schlehofer, Horst/Seier, Jürgen (Hrsg.), Strafrecht zwischen System und Telos. Festschrift für Rolf Dietrich Herzberg zum Geburtstag am 14. Februar 2008, Tübingen 2008, S. 729–762 (zitiert: *Frisch,* in: FS Herzberg, S. 729).

Frisch, Wolfgang: Voraussetzungen und Grenzen staatlichen Strafens, in: Neue Zeitschrift für Strafrecht 2016, S. 16–25 (zitiert: *Frisch,* NStZ 2016, 16).

Führ, Thorsten: Die Abgrenzung von Tun und Unterlassen im Strafrecht – Vom „Ziegenhaarfall" zu „Terri Schiavo", in: JURA – Juristische Ausbildung 2006, S. 265–270 (zitiert: *Führ,* JURA 2006, 265).

Fullenkamp, Josef: Kick-Back-Haftung ohne Ende?, in: Neue Juristische Wochenschrift 2011, S. 421–426 (zitiert: *Fullenkamp,* NJW 2011, 421).

Gaede, Karsten: Betrug durch den Abschluss manipulierter Fußballwetten: Das Hoyzer-Urteil als Sündenfall der Ausdehnung des Betrugstatbestandes?, in: Höchstrichterliche Rechtsprechung zum Strafrecht 2007, S. 18–22 (zitiert: *Gaede,* HRRS 2007, 18).

Gaede, Karsten: Die objektive Täuschungseignung als Ausprägung der objektiven Zurechnung beim Betrug, in: Schünemann, Bernd/Achenbach, Hans/Bottke, Wilfried/Haffke, Bernhard/Rudolphi, Hans-Joachim, Strafrecht als Scientia Universalis. Festschrift für Claus Roxin zum 80. Geburtstag am 15. Mai 2011, Band 2, Berlin/New York 2011, S. 967–988 (zitiert: *Gaede,* in: FS Roxin 2011, S. 967).

Gallati, Reto R.: Verzinsliche Wertpapiere. Bewertung und Strategien, 3. Aufl., Wiesbaden 2011 (zitiert: *Gallati,* Verzinsliche Wertpapiere).

Gärditz, Klaus Ferdinand: Demokratizität des Strafrechts und Ultima Ratio-Grundsatz, in: JuristenZeitung 2016, S. 641–650 (zitiert: *Gärditz,* JZ 2016, 641).

Gauger, Michael: Die Dogmatik der konkludenten Täuschung. Zugleich eine Abhandlung über die Täuschungshandlung des Betrugstatbestandes, Frankfurt am Main 2001 (zitiert: *Gauger,* Die Dogmatik der konkludenten Täuschung).

Geerds, Detlev: Wirtschaftsstrafrecht und Vermögensschutz, Lübeck 1990 (zitiert: *Geerds,* Wirtschaftsstrafrecht und Vermögensschutz).

Gehrmann, Philipp/*Zacharias,* Sara: Die Auslegung des Tatbestandsmerkmals der „Unerfahrenheit" in §§ 26, 49 BörsG im Lichte des WpHG, in: Journal der Wirtschaftsstrafrechtlichen Vereinigung e. V. 2012, S. 89–101 (zitiert: *Gehrmann/Zacharias,* WiJ 2012, 89).

Genest, Christian/*Rémillard,* Bruno: Discussion of „Copulas: Tales and facts" by Thomas Mikosch, 2006, über: https://link.springer.com/content/pdf/10.1007/s10687-006-0018-7.pdf (zitiert: *Genest/Rémillard,* Diskussion of „Copulas: Tales and facts" by Thomas Mikosch).

Gerst, Hans-Joachim/*Meinicke*, Dirk: Die strafrechtliche Relevanz der Kick-Back-Rechtsprechung des XI. BGH-Zivilsenates und die Folgen für eine ordnungsgemäße Compliance-Funktion, in: Corporate Compliance Zeitschrift 2011, S. 96–101 (zitiert: *Gerst*/*Meinicke*, CCZ 2011, 96).

Gerst, Hans-Joachim/*Meinicke*, Dirk: Zwischen Verkaufsgeschick und Betrug: Strafbarkeitsrisiken beim Vertrieb von Kapitalanlageprodukten am Beispiel offener Immobilienfonds, in: Strafverteidiger Forum 2011, S. 29–34 (zitiert: *Gerst*/*Meinicke*, StraFo 2011, 29).

Geyer, Alois/*Hanke*, Michael/*Littich*, Edith/*Nettekoven*, Michaela: Grundlagen der Finanzierung. Verstehen – berechnen – entscheiden, 5. Aufl., Wien 2015 (zitiert: *A. Geyer*/*Hanke*/*Littich*/*Nettekoven*, Grundlagen der Finanzierung).

Geyer, Christoph/*Uttner*, Volker: Praxishandbuch Börsentermingeschäfte. Erfolgreich mit Optionen, Optionsscheinen und Futures, Wiesbaden 2007 (zitiert: *C. Geyer*/*Uttner*, Praxishandbuch Börsentermingeschäfte).

Gleißner, Werner: Die Marktrisikoprämie: stabil oder zeitabhängig?, in: Die Wirtschaftsprüfung 2014, S. 258–264 (zitiert: *Gleißner*, WPg 2014, 258).

Gleißner, Werner/*Füser*, Karsten: Praxishandbuch Rating und Finanzierung. Strategien für den Mittelstand, 3. Aufl., München 2014 (zitiert: *Gleißner*/*Füser*, Praxishandbuch Rating und Finanzierung).

Gleißner, Werner/*Romeike*, Frank: Analyse der Suprime Krise. Risikoblindheit und Methodikschwächen, in: Risiko Manager 2008, S. 1+8–12 (zitiert: *Gleißner*/*Romeike*, Risiko Manager 2008, 1).

Goeckenjan, Ingke: Gefälschte Banküberweisung: Betrug, Computerbetrug oder Ausnutzung einer Strafbarkeitslücke?, in: Juristische Arbeitsblätter 2006, S. 758–763 (zitiert: *Goeckenjan*, JA 2006, 758).

Goetzmann, William N./*Ibbotson*, Roger G.: The Equity Risk Premium. Essays and Explorations, Oxford 2006 (zitiert: *Goetzmann*/*Ibbotson*, The Equity Risk Premium).

Gordon, Myron J.: The Investment, Financing, and Valuation of the Corporation, Illinois 1962 (zitiert: *Gordon*, The Investment, Financing, and Valuation of the Corporation).

Gordon, Myron J./*Shapiro*, Eli: Capital Equipment Analysis: The Required Rate of Profit, in: Management Science Band 3, 1956, S. 102–110 (zitiert: *Gordon*/*Shapiro*, Management Science 3 (1956), 102).

Graf, Jürgen Peter/*Jäger*, Markus/*Wittig*, Petra (Hrsg.): Wirtschafts- und Steuerstrafrecht, 2. Aufl., München 2017 (zitiert: *Bearbeiter*, in: Graf/Jäger/Wittig, Wirtschafts- und Steuerstrafrecht).

Graul, Eva: Wider Zweckverfehlungslehre beim Vermögensschaden. Zur teleologischen Reduktion des § 263 StGB bei bewußter Selbstschädigung, in: Pfeiffer, Gerd/Kummer, Joachim/Scheuch, Silke (Hrsg.), Festschrift für Hans Erich Brandner zum 70. Geburtstag, Köln 1996, S. 801–829 (zitiert: *Graul*, in: FS Brandner, S. 801).

Greco, Luis: Kausalitäts- und Zurechnungsfragen bei unechten Unterlassungsdelikten, in: Zeitschrift für Internationale Strafrechtsdogmatik 2011, S. 674–691 (zitiert: *Greco*, ZIS 2011, 674).

Gribbohm, Günther: Untreue zum Nachteil der GmbH – Zur Harmonisierung zivil- und strafrechtlicher Pflichten des GmbH-Geschäftsführers und -Gesellschafters –, in: Zeitschrift für Unternehmens- und Gesellschaftsrecht 1990, S. 1–30 (zitiert: *Gribbohm,* ZGR, 1990, 1).

Grigoleit, Hans Christoph: Anlegerschutz – Produktinformationen und Produktverbote –, in: Zeitschrift für das gesamte Handelsrecht und Wirtschaftsrecht Band 177, 2013, S. 264–309 (zitiert: *Grigoleit,* ZHR 177 (2013), 264).

Gropp, Walter: Das Abschalten des Respirators – ein Unterlassen durch Tun?, in: Duttge, Gunnar/Geilen, Gerd/Meyer-Goßner, Lutz/Warda, Günter (Hrsg.), Gedächtnisschrift für Ellen Schlüchter, Köln u. a. 2002, S. 173–188 (zitiert: *Gropp,* in: GS Schlüchter, S. 173).

Grossmann, Sanford J./*Stiglitz,* Joseph E.: On the Impossibility of Informationally Efficient Markets, in: The American Economic Review Band 70, 1980, S. 393–408 (zitiert: *Grossmann/Stiglitz,* The American Economic Review 70 (1980), 393).

Grundke, Peter: Modellierung und Bewertung von Kreditrisiken, Wiesbaden 2003 (zitiert: *Grundke,* Modellierung und Bewertung von Kreditrisiken).

Grünwald, Gerald: Der Vorsatz des Unterlassungsdelikts, in: Geerds, Friedrich/Naucke, Wolfgang (Hrsg.), Beiträge zur gesamten Strafrechtswissenschaft, Festschrift für Hellmuth Mayer zum 70. Geburtstag am 1. Mai 1965, Berlin 1966, S. 281–303 (zitiert: *Grünwald,* in: FS Mayer, S. 281).

Gsell, Beate/*Krüger,* Wolfgang/*Lorenz,* Stephan/*Reymann,* Christoph (Hrsg.): Beck'scher Online Grosskommentar zum Zivilrecht (zitiert: *Bearbeiter,* in: BeckOGK-BGB).

Guiso, Luigi/*Sapienza,* Paola/*Zingales,* Luigi: Trusting the Stock Market, in: The Journal of Finance Band 63, 2008, S. 2557–2600 (zitiert: *Guiso/Sapienza/Zingales,* The Journal of Finance 63 (2008), 2557).

Gultekin, Mustafa N./*Gultekin,* N. Bulent: Stock Return Anomalies and the Tests of the APT, in: The Journal of Finance Band 42, 1987, S. 1213–1224 (zitiert: *M. Gultekin/ B. Gultekin,* The Journal of Finance 42 (1987), 1213).

Günther, Hans-Ludwig: Strafrechtswidrigkeit und Strafrechtsausschluss. Studien zur Rechtswidrigkeit als Straftatmerkmal und zur Funktion der Rechtfertigungsgründe im Strafrecht, Köln u. a. 1983 (zitiert: *H.-L. Günther,* Strafrechtswidrigkeit und Strafrechtsausschluss).

Günther, Hans-Ludwig: Das viktimodogmatische Prinzip aus anderer Perspektive: Opferschutz statt Entkriminalisierung, in: Eser, Albin/Schittenhelm, Ulrike/Schumann, Heribert (Hrsg.), Festschrift für Theodor Lenckner zum 70. Geburtstag, München 1998, S. 69–80 (zitiert: *H.-L. Günther,* in: FS Lenckner, S. 69).

Günther, Hans-Ludwig: Die Untreue im Wirtschaftsrecht, in: Heinrich, Bernd/Hilgendorf, Eric/Mitsch, Wolfgang/Sternberg-Lieben, Detlev (Hrsg.), Festschrift für Ulrich Weber zum 70. Geburtstag, 18. September 2004, Bielefeld 2004, S. 311–317 (zitiert: *H.-L. Günther,* in: FS Weber, S. 311).

Günther, Michael/*Jüngel,* Ansgar: Finanzderivate mit MATLAB. Mathematische Modellierung und numerische Simulation, 2. Aufl., Wiesbaden 2010 (zitiert: *M. Günther/Jüngel,* Finanzderivate mit MATLAB).

Gupta, S. L.: Financial Derivatives. Theory, Concepts and Problems, 2. Aufl., Dehli 2017 (zitiert: *Gupta,* Financial Derivatives).

Gusy, Christoph: „Wirklichkeit" in der Rechtsdogmatik, in: JuristenZeitung 1991, S. 213–222 (zitiert: *Gusy,* JZ 1991, 213).

Habersack, Mathias: Die Pflicht zur Aufklärung über Rückvergütungen und Innenprovisionen und ihre Grenzen, in: Zeitschrift für Wirtschafts- und Bankrecht 2010, S. 1245–1253 (zitiert: *Habersack,* WM 2010, 1245).

Hacker, Philipp: Verhaltensökonomik und Normativität, Tübingen 2017 (zitiert: *Hacker,* Verhaltensökonomik und Normativität).

Haffke, Bernhard: Die Legitimation des staatlichen Strafrechts zwischen Effizienz, Freiheitsverbürgung und Symbolik, in: Schünemann, Bernd/Achenbach, Hans/Bottke, Wilfried/Haffke, Bernhard/Rudolphi, Hans-Joachim (Hrsg.), Festschrift für Claus Roxin zum 70. Geburtstag am 15. Mai 2001, Berlin/New York 2001, S. 955–975 (zitiert: *Haffke,* in: FS Roxin 2001, S. 955).

Hagemann, Michael H.: „Grauer" Kapitalmarkt und Strafrecht. Eine Untersuchung von Beteiligungen an geschlossenen Immobilienfonds, Microcapital und Pennystocks, Commodity Funds, Commodity Pools und Bankgarantien unter besonderer Berücksichtigung der straf- und zivilrechtlichen Prospekthaftung und der Vorschriften des Gesetzes über das Kreditwesen, Göttingen 2005 (zitiert: *Hagemann,* Grauer Kapitalmarkt und Strafrecht).

Hamm, Rainer: Richten mit und über Strafrecht, in: Neue Juristische Wochenschrift 2016, S. 1537–1542 (zitiert: *Hamm,* NJW 2016, 1537).

Hanauer, Matthias X./*Kaserer,* Christoph/*Rapp,* Marc Steffen: Risikofaktoren und Multifaktormodelle für den deutschen Aktienmarkt (Risk Factors and MultiFactor Models for the German Stock Market), CEFS working paper series, No. 2011-01, über: https://www.econstor.eu/bitstream/10419/52391/1/672971933.pdf (zitiert: *Hanauer/Kaserer/Rapp,* Risikofaktoren).

Handkommentar Bürgerliches Gesetzbuch → siehe unter *Schulze.*

Handkommentar Gesamtes Strafrecht → siehe unter *Dölling.*

Hanke, Stefan: Der offenkundige Interessenkonflikt in der Anlageberatung, in: Zeitschrift für Bank- und Kapitalmarktrecht 2012, S. 493–499 (zitiert: *Hanke,* BKR 2012, 493).

Harbort, Nikolai: Die Bedeutung der objektiven Zurechnung beim Betrug, Berlin 2010 (zitiert: *Harbort,* Die Bedeutung der objektiven Zurechnung beim Betrug).

Harris, Lawrence: Transaction Data Study of weekly and intradaily patterns in Stock Returns, in: Journal of Financial Economics Band 16, 1986, S. 99–117 (zitiert: *Harris,* Journal of Financial Economics 16 (1986), 99).

Hartmann, Bernd/*Niehaus*, Holger: Zur strafrechtlichen Einordnung von Wettmanipulationen im Fußball, in: Juristische Arbeitsblätter 2006, S. 432–435 (zitiert: *Hartmann*/*Niehaus*, JA 2006, 432).

Hassemer, Raimund: Schutzbedürftigkeit des Opfers und Strafrechtsdogmatik. Zugleich ein Beitrag zur Auslegung des Irrtumsmerkmals in § 263 StGB, Berlin 1981 (zitiert: *R. Hassemer*, Schutzbedürftigkeit des Opfers und Strafrechtsdogmatik).

Hassemer, Winfried: Theorie und Soziologie des Verbrechens. Ansätze zu einer praxisorientierten Rechtsgutslehre, Frankfurt am Main 1973 (zitiert: *W. Hassemer*, Theorie und Soziologie des Verbrechens).

Hassemer, Winfried: Betrug bei Rennwetten, in: Juristische Schulung 1980, S. 684–685 (zitiert: *W. Hassemer*, JuS 1980, 684).

Hassemer, Winfried: Rücksichten auf das Verbrechensopfer, in: Kohlmann, Günther (Hrsg.), Festschrift für Ulrich Klug zum 70. Geburtstag Band II: Strafrecht, Prozeßrecht, Kriminologie, Strafvollzugsrecht, Köln 1983, S. 217–234 (zitiert: *W. Hassemer*, in: FS Klug, S. 217).

Hassemer, Winfried: Strafen im Rechtsstaat, Baden-Baden 2000 (zitiert: *W. Hassemer*, Strafen im Rechtsstaat).

Hassemer, Winfried: Welche Zukunft hat das Strafrecht?, in: Duttge, Gunnar/Geilen, Gerd/Meyer-Goßner, Lutz/Warda, Günter (Hrsg.), Gedächtnisschrift für Ellen Schlüchter, Köln u. a. 2002, S. 133–160 (zitiert: *W. Hassemer*, in: GS Schlüchter, S. 133).

Hassemer, Winfried: Darf es Straftaten geben, die ein strafrechtliches Rechtsgut nicht in Mitleidenschaft ziehen?, in: Hefendehl, Roland/von Hirsch, Andrew/Wohlers, Wolfgang (Hrsg.), Die Rechtsgutstheorie. Legitimationsbasis des Strafrechts oder dogmatisches Glasperlenspiel?, Baden-Baden 2003, S. 57–64 (zitiert: *W. Hassemer*, in: Hefendehl/Hirsch/Wohlers, Die Rechtsgutstheorie, S. 57).

Hassemer, Winfried: Die Basis des Wirtschaftsstrafrechts, in: Zeitschrift für Wirtschafts- und Steuerstrafrecht 2009, S. 169–174 (zitiert: *W. Hassemer*, wistra 2009, 169).

Hecker, Bernd: Strafrecht AT und BT: Sterbehilfe durch Behandlungsabbruch, in: Juristische Schulung 2010, S. 1027–1030 (zitiert: *Hecker*, JuS 2010, 1027).

Hedemann, Justus Wilhelm: Die Flucht in die Generalklauseln. Eine Gefahr für Recht und Staat, Tübingen 1933 (zitiert: *Hedemann*, Die Flucht in die Generalklauseln).

Hefendehl, Roland: Kollektive Rechtsgüter im Strafrecht, Köln u. a. 2002 (zitiert: *Hefendehl*, Kollektive Rechtsgüter im Strafrecht).

Hefendehl, Roland: Enron, Worldcom und die Folgen: Das Wirtschaftsstrafrecht zwischen kriminalpolitischen Erwartungen und dogmatischen Erfordernissen, in: JuristenZeitung 2004, S. 18–23 (zitiert: *Hefendehl*, JZ 2004, 18).

Hefendehl, Roland: Außerstrafrechtliche und strafrechtliche Instrumentarien zur Eindämmung der Wirtschaftskriminalität, in: Zeitschrift für die gesamte Strafrechtswissenschaft Band 119, 2007, S. 816–847 (zitiert: *Hefendehl*, ZStW 119 (2007), 816).

Hefendehl, Roland: Perfektionierte Kontrolldichte und rechtsstaatliches Strafrecht, in: Beulke, Werner/Lüderssen, Klaus/Popp, Andreas/Wittig, Petra (Hrsg.), Das Dilemma des rechtsstaatlichen Strafrechts. Symposium für Bernhard Haffke zum 65. Geburtstag 28./29. März 2009, Universität Passau, Berlin 2009, S. 165–184 (zitiert: *Hefendehl,* in: Beulke/Lüderssen/Popp/Wittig, Das Dilemma des rechtsstaatlichen Strafrechts, S. 165).

Hefendehl, Roland: Der fragmentarische Charakter des Strafrechts, in: Juristische Arbeitsblätter 2011, S. 401–406 (zitiert: *Hefendehl,* JA 2011, 401).

Heghmanns, Michael: Grundzüge einer Dogmatik der Straftatbestände zum Schutz von Verwaltungsrecht oder Verwaltungshandeln, Berlin 2000 (zitiert: *Heghmanns,* Grundzüge einer Dogmatik).

Heidorn, Thomas/*Schäffler,* Christian: Finanzmathematik in der Bankpraxis. Vom Zins zur Option, 7. Aufl., Wiesbaden 2017 (zitiert: *Heidorn/Schäffler,* Finanzmathematik in der Bankpraxis).

Heim, Cornelia: Die Vereinbarkeit der deutschen Betrugsstrafbarkeit (§ 263 StGB) mit unionsrechtlichen Grundsätzen und Regelungen zum Schutz der Verbraucher vor Irreführungen, Osnabrück 2013 (zitiert: *Heim,* Die Vereinbarkeit der deutschen Betrugsstrafbarkeit).

Heintschel-Heinegg, Bernd von (Hrsg.): Beck'scher Onlinekommentar zum StGB, 37. Aufl. (zitiert: *Bearbeiter,* in: BeckOK-StGB).

Hellmann, Uwe/*Beckemper,* Katharina: Wirtschaftsstrafrecht, 4. Aufl., Stuttgart 2013 (zitiert: *Hellmann/Beckemper,* Wirtschaftsstrafrecht).

Helmschrott, Harald/*Waßmer,* Martin: Aufklärungs-, Beratungs- und Verhaltenspflichten von Wertpapierdienstleistern nach §§ 31, 32 WpHG bei der Anlage in Aktien des Neuen Marktes, in: Zeitschrift für Wirtschafts- und Bankrecht 1999, S. 1853–1863 (zitiert: *Helmschrott/Waßmer,* WM 1999, 1853).

Henn, Jacqueline: Bewertung von Kreditrisiken. Empirische Untersuchungen am Schweizer Kapitalmarkt, Bamberg 2001, zugl. Diss. Universität St. Gallen 2001 (zitiert: *Henn,* Bewertung von Kreditrisiken).

Hennings, Frank: Teleologische Reduktion des Betrugstatbestandes aufgrund von Mitverantwortung des Opfers unter besonderer Berücksichtigung des Kapitalanlage- und Kreditbetrugs, Berlin 2002 (zitiert: *Hennings,* Teleologische Reduktion des Betrugstatbestandes).

Henssler, Martin: Risiko als Vertragsgegenstand, Tübingen 1994 (zitiert: *Henssler,* Risiko als Vertragsgegenstand).

Herresthal, Carsten: Kritik der aktuellen Ausdifferenzierungen in der höchstrichterlichen Kick-Back-Rechtsprechung, in: Zeitschrift für Bankrecht und Bankwirtschaft 2010, S. 305–311 (zitiert: *Herresthal,* ZBB 2010, 305).

Herzberg, Rolf Dietrich: Bewusste Selbstschädigung beim Betrug, in: Monatsschrift für Deutsches Recht 1972, S. 93–97 (zitiert: *Herzberg,* MDR 1972, 93).

Herzberg, Rolf Dietrich: Die Unterlassung im Strafrecht und das Garantenprinzip, Berlin/New York 1972 (zitiert: *Herzberg,* Die Unterlassung im Strafrecht).

Herzberg, Rolf Dietrich: Täterschaft und Teilnahme, München 1977 (zitiert: *Herzberg,* Täterschaft und Teilnahme).

Herzberg, Rolf Dietrich: Beteiligung an einer Selbsttötung oder tödlichen Selbstgefährdung als Tötungsdelikt (Teil 3), in: Juristische Arbeitsblätter 1985, S. 265–272 (zitiert: *Herzberg,* JA 1985, 265).

Herzberg, Rolf Dietrich: Beteiligung an einer Selbsttötung oder tödlichen Selbstgefährdung als Tötungsdelikt (Teil 4), in: Juristische Arbeitsblätter 1985, S. 336–345 (zitiert: *Herzberg,* JA 1985, 336).

Heun-Rehn, Lars-Thoren/*Lang,* Sonja/*Ruf,* Isabelle: Neue (Un-)Klarheit bezüglich Innenprovisionen und Rückvergütungen bei Kapitalanlagen, in: Neue Juristische Wochenschrift 2014, S. 2909–2913 (zitiert: *Heun-Rehn/Lang/Ruf,* NJW 2014, 2909).

Heussinger, Werner H./*Klein,* Marc/*Raum,* Wolfgang: Optionsscheine, Optionen und Futures. Einstieg in den erfolgreichen Umgang mit Derivaten, Wiesbaden 2000 (zitiert: *Heussinger/Klein/Raum,* Optionsscheine, Optionen und Futures).

Heybey, Torsten A.: Die neuen Bestimmungen über Interessenkonflikte bei Wertpapiergeschäften, insbesondere über Zuwendungen unter besonderer Berücksichtigung von Provisionsrückvergütungen, in: Zeitschrift für Bank- und Kapitalmarktrecht 2008, S. 353–362 (zitiert: *Heybey,* BKR 2008, 353).

Hilgendorf, Erik: Tatsachenaussagen und Werturteile im Strafrecht entwickelt am Beispiel des Betruges und der Beleidigung, Berlin 1998 (zitiert: *Hilgendorf,* Tatsachenaussagen und Werturteile im Strafrecht).

Hilgendorf, Eric/*Joerden,* Jan C. (Hrsg.): Handbuch Rechtsphilosophie, 2017 (zitiert: *Hilgendorf/Joerden,* Handbuch Rechtsphilosophie).

Hillenkamp, Thomas: Vorsatztat und Opferverhalten, Göttingen 1981 (zitiert: *Hillenkamp,* Vorsatztat und Opferverhalten).

Hirsch, Andrew von: Der Rechtsgutsbegriff und das „Harm Principle", in: Goltdammer's Archiv 2002, S. 2–20 (zitiert: *v. Hirsch,* GA 2002, 2).

Hirsch, Hans Joachim: Die Entwicklung der Strafrechtsdogmatik nach Welzel, in: Festschrift der Rechtswissenschaftlichen Fakultät zur 600-Jahr-Feier der Universität zu Köln, Köln u. a. 1988, S. 399–427 (zitiert: *H. J. Hirsch,* in: FS Uni Köln, S. 399).

Höcht, Stephan/*Mai,* Jan-Frederik: Was haben CDOs mit Copulas zu tun?, in: Felsenheimer, Jochen/Klopfer, Wolfgang/Mirth, Jochen/Altenstadt, Ulrich von (Hrsg.), Kreditmärkte im Wandel. Märkte, Modellierung und regulatorisches Umfeld in der Post-Lehman-Ära, Weinheim 2011, S. 111–131 (zitiert: *Höcht/Mai,* in: Felsenheimer/et al., Kreditmärkte, S. 111).

Hoffmann, Jochen/*Bartlitz,* David: Zeitwende: Aufklärungspflicht auch über Innenprovisionen, in: Zeitschrift für Wirtschaftsrecht 2014, S. 1505–1513 (zitiert: *J. Hoffmann/Bartlitz,* ZIP 2014, 1505).

Hoffmann, Klaus: Täuschung trotz Erklärung der Wahrheit, in: Goltdammer's Archiv 2003, S. 610–622 (zitiert: *K. Hoffmann,* GA 2003, 610).

Hoffmann-Holland, Klaus: Der Modellgedanke im Strafrecht. Eine kriminologische und strafrechtliche Analyse von Modellversuchen, Tübingen 2007 (zitiert: *Hoffmann-Holland,* Der Modellgedanke im Strafrecht).

Hoffmann-Holland, Klaus: Strafrecht Allgemeiner Teil, 3. Aufl., Tübingen 2015 (zitiert: *Hoffmann-Holland*, Strafrecht AT).

Höffner, Dietmar: Zivilrechtliche Haftung und strafrechtliche Verantwortung des GmbH-Geschäftsführers bei Insolvenzverschleppung. Zugleich ein Beitrag zum ultima ratio-Prinzip, Berlin 2003 (zitiert: *Höffner*, Zivilrechtliche Haftung und strafrechtliche Verantwortung des GmbH-Geschäftsführers bei Insolvenzverschleppung).

Höfler, Stephanie: Terminologische und inhaltliche Unterschiede zwischen Zivil- und Strafrecht – dargestellt an ausgewählten Beispielen im Rahmen der Untreue und Urkundenfälschung, Hamburg 2009 (zitiert: *Höfler*, Terminologische und inhaltliche Unterschiede zwischen Zivil- und Strafrecht).

Hopt, Klaus J.: Der Kapitalanlegerschutz im Recht der Banken. Gesellschafts-, bank- und börsenrechtliche Anforderungen an das Beratungs- und Verwaltungsverfahren der Kreditinstitute, München 1975 (zitiert: *Hopt*, Der Kapitalanlegerschutz im Recht der Banken).

Hopt, Klaus J.: Grundsatz- und Praxisprobleme nach dem Wertpapierhandelsgesetz – insbesondere Insidergeschäfte und Ad-hoc-Publizität –, in: Zeitschrift für das gesamte Handels- und Wirtschaftsrecht Band 159, 1995, S. 135–163 (zitiert: *Hopt*, ZHR 159 (1995), 135).

Hotz, Victor: Das Capital Asset Pricing Model und die Markteffizienzhypothese unter besonderer Berücksichtigung der empirisch beobachteten „Anomalien" in den amerikanischen und anderen internationalen Aktienmärkten, Baar 1989 (zitiert: *Hotz*, Das Capital Asset Pricing Model und die Markteffizienzhypothese).

Hoyer, Andreas: Kausalität und/oder Risikoerhöhung, in: Rogall, Klaus/Puppe, Ingeborg/Stein, Ulrich/Wolter, Jürgen (Hrsg.), Festschrift für Hans-Joachim Rudolphi zum 70. Geburtstag, Neuwied 2004, S. 95–105 (zitiert: *Hoyer*, in: FS Rudolphi, S. 95).

Hufen, Friedhelm: In dubio pro dignitate. Selbstbestimmung und Grundrechtsschutz am Ende des Lebens, in: Neue Juristische Wochenschrift 2001, S. 849–857 (zitiert: *Hufen*, NJW 2001, 849).

Hull, John C.: Optionen, Futures und andere Derivate, 9. Aufl., Hallbergmoos 2015 (zitiert: *Hull*, Optionen).

Hundt, Steffen: Informationsgehalt von Credit Ratings. Eine empirische Analyse europäischer Aktien- und Anleihemärkte, Wiesbaden 2015 (zitiert: *Hundt*, Informationsgehalt von Credit Ratings).

Irle, Albrecht: Finanzmathematik. Die Bewertung von Derivaten, 3. Aufl., Wiesbaden 2012 (zitiert: *Irle*, Finanzmathematik).

Jäger, Christian: Wettbetrug – Nicht nur ein Schaden für den Sport, sondern auch für das Vermögen, in: Juristische Arbeitsblätter 2013, S. 868–871 (zitiert: *C. Jäger*, JA 2013, 868).

Jäger, Georg: „churning" und „kick-back" im Rahmen der Kapitalanlageberatung – Zwei Fallgruppen der Verschiebung von Chancen und Risiken, in: Monatsschrift für Deutsches Recht 2010, S. 903–907 (zitiert: *G. Jäger*, MDR 2010, 903).

Jaguttis, Malte/*Parameswaran,* Benjamin: Bei Anruf: Betrug – erschlichene „Zunei-gungsgeschäfte" am Telefon, in: Neue Juristische Wochenschrift 2003, S. 2277–2281 (zitiert: *Jaguttis/Parameswaran,* NJW 2003, 2277).

Jahn, Matthias: Doping zwischen Selbstgefährdung, Sittenwidrigkeit und staatlicher Schutzpflicht. Materiell-strafrechtliche Fragen an einen Straftatbestand zur Bekämp-fung des eigenverantwortlichen Dopings, in: Zeitschrift für Internationale Straf-rechtsdogmatik 2006, S. 57–62 (zitiert: *Jahn,* ZIS 2006, 57).

Jahn, Matthias/*Brodowski,* Dominik: Krise und Neuaufbau eines strafverfassungsrecht-lichen Ultima Ratio-Prinzips, in: JuristenZeitung 2016, S. 969–980 (zitiert: *Jahn/Brodowski,* JZ 2016, 969).

Jahn, Matthias/*Maier,* Stefan: Der Fall Hoyzer – Grenzen der Normativierung des Be-trugstatbestandes, in: Juristische Schulung 2007, S. 215–219 (zitiert: *Jahn/Maier,* JuS 2007, 215).

Jähnchen, Sven: Kapitalkosten von Versicherungsunternehmen. Fundamentale Betafak-toren als ein Erklärungsbeitrag zur Erfassung der Renditeforderungen der Eigen-kapitalgeber, Wiesbaden 2008 (zitiert: *Jähnchen,* Kapitalkosten von Versicherungs-unternehmen).

Jakobs, Günther: Strafrecht Allgemeiner Teil. Die Grundlagen und die Zurechnungs-lehre, Berlin 1991 (zitiert: *Jakobs,* Strafrecht AT).

Jakobs, Günther: Die strafrechtliche Zurechnung von Tun und Unterlassen, Opladen 1996 (zitiert: *Jakobs,* Die strafrechtliche Zuordnung von Tun und Unterlassen).

Janda, Constanze: Störung der Geschäftsgrundlage und Anpassung des Vertrages, in: Neue Justiz 2013, S. 1–10 (zitiert: *Janda,* NJ 2013, 1).

Janos, Juraj/*Hunziker,* Stefan: Rendite und Risiken von Zertifikaten. Beurteilung und Bewertung strukturierter Finanzprodukte, Berlin 2010 (zitiert: *Janos/Hunziker,* Ren-dite und Risiken von Zertifikaten).

Jansen, Julia/*Rensen,* Hartmut: Anlageberatung – Die Kick-Back-Rechtsprechung des BGH, in: Monatsschrift für Deutsches Recht 2010, S. 597–666 (zitiert: *Jansen/Ren-sen,* MDR 2010, 597).

Jareborg, Nils: Criminalisation as ultima ratio, in: Arnold, Jörg/Burkhardt, Björn/ Gropp, Walter/Heine, Günther/Koch, Hans-Georg/Lagodny, Otto/Perron, Walter/ Walther, Susanne (Hrsg.), Menschengerechtes Strafrecht. Festschrift für Albin Eser zum 70. Geburtstag, München 2005, S. 1341–1353 (zitiert: *Jareborg,* in: FS Eser, S. 1341).

Jarrow, Robert A./*Lando,* David/*Turnbull,* Stuart M.: A Markov Model for the Term Structure of Credit Risk Spreads, in: Review of Financial Studies Band 10, 1997, S. 481–523 (zitiert: *Jarrow/Lando/Turnbull,* Review of Financial Studies 10 (1997), 481).

Jegadeesh, Narasimhan/*Titman,* Sheridan: Returns to Buying Winners and Selling Lo-sers: Implications for Stock Market Efficiency, in: The Journal of Finance Band 48, 1993, S. 65–91 (zitiert: *Jegadeesh/Titman,* The Journal of Finance 48 (1993), 65).

Jensen, Michael C.: Some anomaulos Evidence regarding Market Efficiency, in: Journal of Financial Economics Band 6, 1978, S. 95–101 (zitiert: *Jensen*, Journal of Financial Economics 6 (1978), 95).

Jescheck, Hans-Heinrich/*Weigend*, Thomas: Lehrbuch des Strafrechts. Allgemeiner Teil, 5. Aufl., Berlin 1996 (zitiert: *Jescheck*/*Weigend*, Strafrecht AT).

Joe, Harry: Discussion of „Copulas: Tales and facts" by Thomas Mikosch, 2006, über: https://link.springer.com/content/pdf/10.1007/s10687-006-0019-6.pdf (zitiert: *Joe*, Discussion of „Copulas: Tales and facts" by Thomas Mikosch).

Joecks, Wolfgang/*Jäger*, Christian: Studienkommentar StGB, 12. Aufl., München 2018 (zitiert: *Joecks*/*C. Jäger*, Studienkommentar StGB).

Joecks, Wolfgang/*Miebach*, Klaus (Hrsg.): Münchener Kommentar zum StGB, Band 1, 3. Aufl. München 2017 (zitiert: *Bearbeiter*, in: MüKo-StGB).

Joecks, Wolfgang/*Miebach*, Klaus (Hrsg.): Münchener Kommentar zum StGB, Band 5, 2. Aufl., München 2014 (zitiert: *Bearbeiter*, in: MüKo-StGB).

Jooß, Alexander: Rückvergütungen vs. Innenprovisionen, in: Zeitschrift für Wirtschafts- und Bankrecht 2011, S. 1260–1266 (zitiert: *Jooß*, WM 2011, 1260).

Jordans, Roman: Aktueller Überblick über die Aufklärungspflichten über Einnahmen aus dem Vertrieb von Finanzprodukten, in: Zeitschrift für Bank- und Kapitalmarktrecht 2015, S. 309–316 (zitiert: *Jordans*, BKR 2015, 309).

Kahlo, Michael: Zur strafrechtlichen Verantwortlichkeit des Arztes im Zusammenhang mit der Ausstellung einer Todesbescheinigung, in: Neue Juristische Wochenschrift 1990, S. 1521–1524 (zitiert: *Kahlo*, NJW 1990, 1521).

Kaiser, Eberhard: Betrug durch bewußtes Ausnutzen von Fehlern beim Geldwechseln, in: Neue Juristische Wochenschrift 1971, S. 601–602 (zitiert: *E. Kaiser*, NJW 1971, 601).

Kaiser, Günther: Strategien und Prozesse strafrechtlicher Sozialkontrolle. Legitimation, Wirklichkeit und Alternativen, Frankfurt am Main 1972 (zitiert: *G. Kaiser*, Strategien und Prozesse strafrechtlicher Sozialkontrolle).

Kamara, Avraham: The Behavior of Futures Prices: A Review of Theory and Evidence, in: Financial Analysts Journal Band 40, 1984, S. 68–75 (zitiert: *Kamara*, Financial Analysts Journal 40 (1984), 68).

Kargl, Walter: Die Tathandlung beim Betrug, in: Prittwitz, Cornelius/Baurmann, Michael/Günther, Klaus/Kuhlen, Lothar/Merkel, Reinhard/Nestler, Cornelius/Schulz, Lorenz (Hrsg.), Festschrift für Klaus Lüderssen zum 70. Geburtstag am 2. Mai 2002, Baden-Baden 2002, S. 613–633 (zitiert: *Kargl*, in: FS Lüderssen, S. 613).

Kargl, Walter: Die Bedeutung der Entsprechensklausel beim Betrug durch Schweigen, in: Zeitschrift für die gesamte Strafrechtswissenschaft Band 119, 2007, S. 250–289 (zitiert: *Kargl*, ZStW 119 (2007), 250).

Kasiske, Peter: Die konkludente Täuschung bei § 263 StGB zwischen Informationsrisiko und Informationsherrschaft, in: Goltdammer's Archiv 2009, S. 360–370 (zitiert: *Kasiske*, GA 2009, 360).

Kasiske, Peter: Der Vermögensschaden bei Risikogeschäften, in: Neue Zeitschrift für Wirtschaftsstrafrecht 2016, S. 302–309 (zitiert: *Kasiske,* NZWiSt 2016, 302).

Kaspar, Johannes: (Original-)Referendarexamensklausur – Strafrecht: Irrtum und Unterlassen, Vermögensdelikte – Es ist nicht alles Gold, was glänzt, in: Juristische Schulung 2012, S. 628–635 (zitiert: *Kaspar,* JuS 2012, 628).

Kaspar, Johannes: Verhältnismäßigkeit und Grundrechtsschutz im Präventionsstrafrecht, Baden-Baden 2014 (zitiert: *Kaspar,* Verhältnismäßigkeit und Grundrechtsschutz im Präventionsstrafrecht).

Kaufmann, Arthur: Die Dogmatik der Unterlassungsdelikte, Göttingen 1959 (zitiert: *Kaufmann,* Die Dogmatik der Unterlassungsdelikte).

Kaufmann, Arthur: Die Bedeutung hypothetischer Erfolgsursachen im Strafrecht, in: Bockelmann, Paul/Gallas, Wilhelm (Hrsg.), Festschrift für Eberhard Schmidt zum 70. Geburtstag, Göttingen 1961, S. 200–231 (zitiert: *Kaufmann,* in: FS Schmidt, S. 200).

Kaufmann, Arthur: Subsidiaritätsprinzip und Strafrecht, in: Roxin, Claus/Bruns, Hans-Jürgen/Jäger, Herbert (Hrsg.), Grundfragen der gesamten Strafrechtswissenschaft. Festschrift für Heinrich Henkel zum 70. Geburtstag, Berlin/New York 1974, S. 89–107 (zitiert: *Kaufmann,* in: FS Henkel, S. 89).

Kelsen, Hans: Reine Rechtslehre, Studienausgabe der 2. Aufl. 1960, hrsg. von Jestaedt, Matthias, Wien 2017 (zitiert: *Kelsen,* Reine Rechtslehre).

Kemper, Thomas/*Ragu,* Bastian/*Rüthers,* Torben: Eigenkapitalkosten in der Finanzkrise, in: Der Betrieb 2012, S. 645–650 (zitiert: *Kemper/Ragu/Rüthers,* DB 2012, 645).

Kempf, Alexander: Zum Preiszusammenhang zwischen Kassa- und Futuresmärkten. Der Einfluss der Glattstellungsoption, Heidelberg 1996 (zitiert: *Kempf,* Zum Preisanstieg zwischen Kassa- und Futuresmärkten).

Kindhäuser, Urs: Gefährdung als Straftat. Rechtstheoretische Untersuchungen zur Dogmatik der abstrakten und konkreten Gefährdungsdelikte, Frankfurt am Main 1989 (zitiert: *Kindhäuser,* Gefährdung als Straftat).

Kindhäuser, Urs: Strafe, Strafrechtsgut und Rechtsgüterschutz, in: Lüderssen, Klaus/ Nestler-Tremel, Cornelius/Weigend, Ewa (Hrsg.), Modernes Strafrecht und Ultima-ratio-Prinzip, Frankfurt am Main 1990, S. 29–37 (zitiert: *Kindhäuser,* in: Lüderssen/ Nestler-Tremel/Weigend, Modernes Strafrecht und Ultima-ratio-Prinzip, S. 29).

Kindhäuser, Urs: Täuschung und Wahrheitsanspruch beim Betrug, in: Zeitschrift für die gesamte Strafrechtswissenschaft Band 103, 1991, S. 398–424 (zitiert: *Kindhäuser,* ZStW 103 (1991), 398).

Kindhäuser, Urs: Betrug als vertypte mittelbare Täterschaft, in: Schulz, Joachim/Vormbaum, Thomas (Hrsg.), Festschrift für Günter Bemmann zum 70. Geburtstag am 15. Dezember 1997, Baden-Baden 1997, S. 339–361 (zitiert: *Kindhäuser,* in: FS Bemmann, S. 339).

Kindhäuser, Urs: Konkludentes Täuschen, in: Sieber, Ulrich/Dannecker, Gerhard/Kindhäuser, Urs/Vogel, Joachim/Walter, Tonio (Hrsg.), Strafrecht und Wirtschaftsstrafrecht. Festschrift für Klaus Tiedemann zum 70. Geburtstag, Köln/München 2008, S. 579–593 (zitiert: *Kindhäuser,* in: FS Tiedemann, S. 579).

Kindhäuser, Urs/*Neumann,* Ulfrid/*Paeffgen,* Hans-Ullrich (Hrsg.): Nomos Kommentar Strafgesetzbuch, 5. Aufl., Baden-Baden 2017 (zitiert: *Bearbeiter,* in: NK-StGB).

Kindhäuser, Urs/*Nikolaus,* Sonja: Der Tatbestand des Betrugs (§ 263 StGB), in: Juristische Schulung 2006, S. 193–198 (zitiert: *Kindhäuser/Nikolaus,* JuS 2006, 193).

Kirchgässner, Gebhard: Das ökonomische Verhaltensmodell: Der Homo oeconomicus, in: Nell, Verena von/Kufeld, Klaus (Hrsg.), Homo oeconomicus. Ein neues Leitbild in der globalisierten Welt?, Berlin 2006, S. 81–106 (zitiert: *Kirchgässner,* in: Nell/Kuhfeld, Homo oeconomicus, S. 81).

Klöhn, Lars: Die „allgemein bekannte Tatsache" im Recht der Anlageberatung und Anlagevermittlung, in: Zeitschrift für Wirtschaftsrecht 2010, S. 1005–1013 (zitiert: *Klöhn,* ZIP 2010, 1005).

Klöhn, Lars: Anmerkung zu BGH, Urteil vom 22.3.2011 – XI ZR 33/10, in: Zeitschrift für Wirtschaftsrecht 2011, S. 762–764 (zitiert: *Klöhn,* ZIP 2011, 762).

Klug, Ulrich: Skeptische Rechtsphilosophie und humanes Strafrecht Band 2: Materielle und formelle Strafrechtsprobleme, Berlin u. a. 1981 (zitiert: *Klug,* Skeptische Rechtsphilosophie und humanes Strafrecht Bd. 2).

Knauth, Alfons: Die Verwendung einer nicht gedeckten Kreditkarte als Straftat, in: Neue Juristische Wochenschrift 1983, S. 1287–1291 (zitiert: *Knauth,* NJW 1983, 1287).

Köhler, Christian: Die Zulässigkeit derivativer Finanzinstrumente in Unternehmen, Banken und Kommunen. Eine ökonomische und rechtliche Analyse, Tübingen 2012 (zitiert: *Köhler,* Die Zulässigkeit derivativer Finanzinstrumente).

Köndgen, Johannes/*Sandmann,* Klaus: Strukturierte Zinsswaps vor den Berufungsgerichten: eine Zwischenbilanz, in: Zeitschrift für Bankrecht und Bankwirtschaft 2010, S. 77–95 (zitiert: *Köndgen/Sandmann,* ZBB 2010, 77).

Koriath, Heinz: Zum Streit um den Begriff des Rechtsguts, in: Goltdammer's Archiv 1999, S. 561–583 (zitiert: *Koriath,* GA 1999, 561).

Korn, Ralf: Moderne Finanzmathematik – Theorie und praktische Anwendung Band 1 – Optionsbewertung und Portfolio-Optimierung, Wiesbaden 2014 (zitiert: *Korn,* Moderne Finanzmathematik).

Kraatz, Erick: Zum Eingehungsbetrug durch Abschluss von Lebensversicherungsverträgen in der Absicht rechtswidriger Inanspruchnahme der Versicherungsleistungen – zugleich eine Anmerkung zu BVerfG 2 BvR 2500/09 –, in: Juristische Rundschau 2012, S. 329–335 (zitiert: *Kraatz,* JR 2012, 329).

Krabs, Werner: Mathematische Modellierung. Eine Einführung in die Problematik, Stuttgart 1997 (zitiert: *Krabs,* Mathematische Modellierung).

Krack, Ralf: List als Straftatbestandsmerkmal, Frankfurt am Main u. a. 1994 (zitiert: *Krack,* List als Straftatbestandsmerkmal).

Krack, Ralf: Anmerkung zu BGH, Urteil vom 26.4.2001 – 4 StR 439/00, in: Juristen-Zeitung 2002, S. 613–615 (zitiert: *Krack,* JZ 2002, 613).

Krack, Ralf: Betrug durch Wettmanipulationen. Das Urteil des BGH zum Schiedsrichterskandal, in: Zeitschrift für Internationale Strafrechtsdogmatik 2007, S. 103–112 (zitiert: *Krack,* ZIS 2007, 103).

Kramer, Charles: Macroeconomic Seasonality and the January Effect, in: The Journal of Finance Band 49, 1994, S. 1883–1891 (zitiert: *Kramer,* The Journal of Finance 49 (1994), 1883).

Krämer, Lutz: Finanzswaps und Swapderivate in der Bankpraxis: eine zivil-, AGB- und aufsichtsrechtliche Untersuchung unter besonderer Berücksichtigung der Kautelarpraxis, Berlin/New York 1999 (zitiert: *Krämer,* Finanzswaps und Swapderivate in der Bankpraxis).

Kratzsch, Dietrich: Aufgaben- und Risikoverteilung als Kriterien der Zurechnung im Strafrecht, in: Herzberg, Dieter (Hrsg.), Festschrift für Dietrich Oehler zum 70. Geburtstag, Köln u. a. 1985, S. 65–81 (zitiert: *Kratzsch,* in: FS Oehler, S. 65).

Kratzsch, Dietrich: Verhaltenssteuerung und Organisation im Strafrecht. Ansätze zur Reform des strafrechtlichen Unrechtsbegriffs und der Regeln der Gesetzesanwendung, Berlin 1985 (zitiert: *Kratzsch,* Verhaltenssteuerung und Organisation im Strafrecht).

Krehbiel, Tim/*Collier,* Roger: Normal backwardation in short-term interest rate futures markets, in: The Journal of Future Markets Band 16, 1996, S. 889–913 (zitiert: *Krehbiel/Collier,* The Journal of Future Markets 16 (1996), 889).

Kremer, Jürgen: Portfoliotheorie, Risikomanagement und die Bewertung von Derivaten, 2. Aufl., Berlin/Heidelberg 2011 (zitiert: *Kremer,* Portfoliotheorie).

Kress, Sabine L.: Effizienzorientierte Kapitalmarktregulierung. Eine Analyse aus institutionenökonomischer Perspektive, Wiesbaden 1996 (zitiert: *Kress,* Effizienzorientierte Kapitalmarktregulierung).

Krey, Volker/*Esser,* Robert: Deutsches Strafrecht Allgemeiner Teil, 6. Aufl., Stuttgart 2016 (zitiert: *Krey/Esser,* Strafrecht AT).

Krey, Volker/*Hellmann,* Uwe/*Heinrich,* Manfred: Strafrecht Besonderer Teil Band 2: Vermögensdelikte, 17. Aufl. Stuttgart 2015 (zitiert: *Krey/Hellmann/Heinrich,* Strafrecht BT 2).

Krüger, Matthias: Anmerkung zu BGH, Urteil vom 5.12.2002 – 3 StR 161/02, in: Zeitschrift für Wirtschafts- und Steuerstrafrecht 2002, S. 297–298 (zitiert: *M. Krüger,* wistra 2002, 297).

Krüger, Ulrich: Aufklärung und Beratung bei Kapitalanlagen – Nebenpflicht statt Beratungsvertrag, in: Neue Juristische Wochenschrift 2013, S. 1845–1850 (zitiert: *U. Krüger,* NJW 2013, 1845).

Kruse, Susanne: Aktien-, Zins- und Währungsderivate. Märkte, Einsatzmöglichkeiten, Bewertung und Risikoanalyse, Wiesbaden 2014 (zitiert: *Kruse,* Aktien-, Zins- und Währungsderivate).

Kubiciel, Michael: Gesellschaftsrechtliche Pflichtwidrigkeit und Untreuestrafbarkeit, in: Neue Zeitschrift für Strafrecht 2005, S. 353–361 (zitiert: *Kubiciel,* NStZ 2005, 353).

Kubiciel, Michael: Wetten und Betrug – Zur konkludenten Täuschung. Anmerkungen zur Entscheidung BGH 5 StR 181/06 v. 15. Dezember 2006 – „Hoyzer"-Fall, in: Höchstrichterliche Rechtsprechung zum Strafrecht 2007, S. 68–71 (zitiert: *Kubiciel,* HRRS 2007, 68).

Kubiciel, Michael: Abrechnungsbetrug und Normativierung des Betrugstatbestandes. Zugleich Besprechung von BGH 2 StR 109/14 – Urteil vom 12. Februar 2015, in: Höchstrichterliche Rechtsprechung zum Strafrecht 2015, S. 382–386 (zitiert: *Kubiciel,* HRRS 2015, 382).

Kübler, Friedrich/*Assmann,* Heinz-Dieter: Gesellschaftsrecht. Die privatrechtlichen Ordnungsstrukturen und Regelungsprobleme von Verbänden und Unternehmen, 6. Aufl., Heidelberg u. a. 2006 (zitiert: *Kübler/Assmann,* Gesellschaftsrecht).

Kühl, Ingo: Wirtschaftlichkeitsgebot und Vertragsarzt im Strafrecht. Eine Untersuchung unter besonderer Berücksichtigung der Arzneimittelversorgung, Berlin/Heidelberg 2014 (zitiert: *I. Kühl,* Wirtschaftlichkeitsgebot und Vertragsarzt im Strafrecht).

Kühl, Kristian: Naturrechtliche Grenzen strafwürdigen Verhaltens, in: Seebode, Manfred (Hrsg.), Festschrift für Günter Spendel zum 70. Geburtstag am 11. Juli 1992, Berlin/New York 1992, S. 75–98 (zitiert: *K. Kühl,* in: FS Spendel, S. 75).

Kühl, Kristian: Die strafrechtliche Garantenstellung, in: Juristische Schulung 2007, S. 497–504 (zitiert: *K. Kühl,* JuS 2007, 497).

Kühl, Kristian: Fragmentarisches und subsidiäres Strafrecht?, in: Sieber, Ulrich/Dannecker, Gerhard/Kindhäuser, Urs/Vogel, Joachim/Walter, Tonio (Hrsg.), Strafrecht und Wirtschaftsstrafrecht. Festschrift für Klaus Tiedemann zum 70. Geburtstag, Köln/München 2008, S. 29–46 (zitiert: *K. Kühl,* in: FS Tiedemann, S. 29).

Kühl, Kristian: Das Unterlassungsdelikt, in: Juristische Arbeitsblätter 2014, S. 507–512 (zitiert: *K. Kühl,* JA 2014, 507).

Kühl, Kristian: Strafrecht Allgemeiner Teil, 8. Aufl., München 2017 (zitiert: *K. Kühl,* Strafrecht AT).

Kuhlen, Lothar: Zum Verhältnis vom Bestimmtheitsgrundsatz und Analogieverbot, in: Dannecker, Gerhard/Langer, Winrich/Ranft, Otfried/Schmitz, Roland/Brammsen, Joerg (Hrsg.), Festschrift für Harro Otto zum 70. Geburtstag am 1. April 2007, Köln u. a. 2007, S. 89–105 (zitiert: *Kuhlen,* in: FS Otto, S. 89).

Kuhlen, Lothar: Unbestimmtheit und unbegrenzte Auslegung des Strafrechts?, in: Murmann, Uwe (Hrsg.), Recht ohne Regeln? Die Entformalisierng des Strafrechts, Göttingen 2011, S. 19–31 (zitiert: *Kuhlen,* in: Murmann, Recht ohne Regeln?, S.19).

Kuhli, Milan: Objektive Zurechnung bei eigenverantwortlicher Selbstgefährdung? Überlegungen zur strafrechtlichen Verantwortlichkeit von Berglauf-Veranstaltern für Schäden der Wettkampfteilnehmer, in: Höchstrichterliche Rechtsprechung zum Strafrecht 2008, S. 385–388 (zitiert: *Kuhli,* HRRS 2008, 385).

Kuhn, Steffen/*Scharpf,* Paul: Rechnungslegung von Financial Instruments nach IFRS IAS 32, IAS 39 und IFRS 7, 3. Aufl., Stuttgart 2006 (zitiert: *Kuhn/Scharpf,* Rechnungslegung von Financial Instruments).

Kühne, Hans Heiner: Geschäftstüchtigkeit oder Betrug? Wettbewerbspraktiken im Lichte des § 263 StGB; zugleich ein Beitrag zur Problematik der unechten Unterlassungsdelikte, Kehl am Rhein, 1978 (zitiert: *Kühne*, Geschäftstüchtigkeit oder Betrug?).

Kuhner, Christoph/*Maltry*, Helmut: Unternehmensbewertung, 2. Aufl. 2017 (zitiert: *Kuhner/Maltry*, Unternehmensbewertung).

Kumpan, Christoph: Der Interessenkonflikt im deutschen Privatrecht, Tübingen 2014 (zitiert: *Kumpan*, Der Interessenkonflikt im deutschen Privatrecht).

Kümpel, Siegfried (Begr.)/*Wittig*, Arne (Hrsg.): Bank- und Kapitalmarktrecht, 4. Aufl., Köln 2011 (zitiert: *Bearbeiter*, in: Kümpel/Wittig, Bank- und Kapitalmarktrecht).

Küper, Wilfried: Die „Sache mit den Tieren" oder: Sind Tiere strafrechtlich noch „Sachen"?, in: JuristenZeitung 1993, S. 435–441 (zitiert: *Küper*, JZ 1993, 435).

Küper, Wilfried/*Zopfs*, Jan: Strafrecht Besonderer Teil. Definitionen mit Erläuterungen, 9. Aufl., Heidelberg 2015 (zitiert: *Küper/Zopfs*, Strafrecht BT).

Küpper, Georg: Grenzen der normativierenden Strafrechtsdogmatik, Berlin 1990 (zitiert: *Küpper*, Grenzen der normativierenden Strafrechtsdogmatik).

Kurth, Frowin Jörg: Das Mitverschulden des Opfers beim Betrug, Frankfurt am Main 1984 (zitiert: *Kurth*, Das Mitverschulden des Opfers beim Betrug).

Kutzner, Lars: Zweifelsfragen des Betrugstatbestandes am Beispiel des Wettbetrugs, in: JuristenZeitung 2006, S. 712–718 (zitiert: *Kutzner*, JZ 2006, 712).

Lackner, Karl/*Kühl*, Kristian: Strafgesetzbuch Kommentar, 28. Aufl., München 2014 (zitiert: *Bearbeiter*, in: Lackner/Kühl, StGB).

Lagodny, Otto: Strafrecht vor den Schranken der Grundrechte. Die Ermächtigung zum strafrechtlichen Vorwurf im Lichte der Grundrechtsdogmatik dargestellt am Beispiel der Vorfeldkriminalisierung, Tübingen 1996 (zitiert: *Lagodny*, Strafrecht vor den Schranken der Grundrechte).

Lahti, Raimo: Das moderne Strafrecht und das ultima-ratio-Prinzip, in: Herzog, Felix/ Neumann, Ulfried (Hrsg.), Festschrift für Winfried Hassemer, Heidelberg u.a. 2010, S. 439–448 (zitiert: *Lahti*, in: FS Hassemer, S. 439).

Lampe, Ernst-Joachim: Zur funktionale Begründung des Verbrechenssystems, in: Schünemann, Bernd/Achenbach, Hans/Bottke, Wilfried/Haffke, Bernhard/Rudolphi, Hans-Joachim, Festschrift für Claus Roxin zum 70. Geburtstag am 15. Mai 2001, Berlin/New York 2001, S. 45–68 (zitiert: *Lampe*, in: FS Roxin 2001, S. 45).

Lange, Julian/*Wagner*, Emanuel: Fremdtötung oder eigenverantwortliche Selbstgefährdung, in: Neue Zeitschrift für Strafrecht 2011, S. 67–69 (zitiert: *J. Lange/E. Wagner*, NStZ 2011, 67).

Lange, Markus: Informationspflichten von Finanzdienstleistern. Zivilrechtliche Vorfeldpflichten bei Anlagegeschäften an Finanz- und Terminmärkten unter Berücksichtigung der §§ 31, 32 WpHG, Berlin 2000 (zitiert: *M. Lange*, Informationspflichten von Finanzdienstleistern).

Larenz, Karl: Geschäftsgrundlage und Vertragserfüllung. Die Bedeutung „veränderter Umstände" im Zivilrecht, 2. Aufl., München 1957 (zitiert: *Larenz*, Geschäftsgrundlage und Vertragserfüllung).

Lasson, Maximilian: Eigenverantwortliche Selbstgefährdung und einverständliche Fremdgefährdung. Überblick über einen nach wie vor aktuellen Streit in der Strafrechtsdogmatik, in: Zeitschrift für das Juristische Studium 2009, S. 359–368 (zitiert: *Lasson,* ZJS 2009, 359).

Laufhütte, Heinrich Wilhelm/*Rissing-van Saan,* Ruth/*Tiedemann,* Klaus (Hrsg.): Leipziger Kommentar zum Strafgesetzbuch Band 1, 12. Aufl., Berlin 2007 (zitiert: *Bearbeiter,* in: LK-StGB).

Laufhütte, Heinrich Wilhelm/*Rissing-van Saan,* Ruth/*Tiedemann,* Klaus (Hrsg.): Leipziger Kommentar zum Strafgesetzbuch Band 9/1, 12. Aufl., Berlin/Boston 2012 (zitiert: *Bearbeiter,* in: LK-StGB).

Laufs, Adolfs/*Kern,* Bernd-Rüdiger (Hrsg.): Handbuch des Arztrechts, 4. Aufl., München 2010 (zitiert: *Bearbeiter,* in: Laufs/Kern, HdB des Arztrechts).

Lederer, Franz-Josef: Aufklärungspflichten bei strukturierten Swaps, Berlin 2017 (zitiert: *Lederer,* Aufklärungspflichten bei strukturierten Swaps).

Lehmann, Matthias: Finanzinstrumente. Vom Wertpapier- und Sachenrecht zum Recht der unkörperlichen Vermögensgegenstände, Tübingen 2009 (zitiert: *Lehmann,* Finanzinstrumente).

Lehmann, Matthias: Die Swap-Malaise. Zur Aufklärungspflicht über den negativen Marktwert bei Swap-Verträgen, in: Neue Juristische Wochenschrift 2016, S. 2913–2918 (zitiert: *Lehmann,* NJW 2016, 2913).

Leipold, Dieter: BGB I. Einführung und Allgemeiner Teil, 9. Aufl., Tübingen 2017 (zitiert: *Leipold,* BGB I).

Leipziger Kommentar zum Strafgesetzbuch → siehe unter *Laufhütte.*

Leipziger Kommentar zum Strafgesetzbuch (Aufl. 1988) → siehe unter *Ebermayer.*

Leitner, Werner/*Rosenau,* Henning (Hrsg.): Wirtschafts- und Steuerstrafrecht, Baden-Baden 2017 (zitiert: *Bearbeiter,* in: Leitner/Rosenau, Wirtschafts- und Steuerstrafrecht).

Lenckner, Theodor: Privatisierung der Verwaltung und „Abwahl des Strafrechts"?, in: Zeitschrift für die gesamte Strafrechtswissenschaft Band 106, 1994, S. 502–546 (zitiert: *Lenckner,* ZStW 106 (1994), 502).

Lerch, Markus P.: Anlageberater als Finanzintermediäre. Aufklärungspflichten über monetäre Eigeninteressen von Finanzdienstleistern in Beratungskonstellationen, Tübingen 2015 (zitiert: *Lerch,* Anlageberater als Finanzintermediäre).

Levy, Robert A.: On the Short-Term Stationarity of Beta Coefficients, in: Financial Analysts Journal Band 27, 1971, S. 55–62 (zitiert: *Levy,* Financial Analysts Journal 27 (1971), 55).

Lindemann, Curt: Gibt es ein eigenes Wirtschaftsstrafrecht?, Jena 1932 (zitiert: *C. Lindemann,* Gibt es ein eigenes Wirtschaftsstrafrecht?).

Lindemann, Michael: Voraussetzungen und Grenzen legitimen Wirtschaftsstrafrechts, Tübingen 2012 (zitiert: *M. Lindemann,* Voraussetzungen und Grenzen legitimen Wirtschaftsstrafrechts).

Lintner, John: The valuation of Risk Assets and the Selection of Risky Investment in Stock Portfolios and Capital Budgets, in: The Review of Economics and Statistics Band 47, 1965, S. 13–37 (zitiert: *Lintner,* The Review of Economics and Statistics 47 (1965), 13).

Loos, Fritz/*Krack,* Ralf: Betrugsstrafbarkeit bei Versprechen der Teufelsaustreibung – LG Mannheim, NJW 1993, 1488, in: Juristische Schulung 1995, S. 204–208 (zitiert: *Loos/Krack,* JuS 1995, 204).

Lorenz, Manuel: Churning. Das Phänomen der kapitalmarkt- und börsenrechtlichen Spesenschinderei und die Sanktionierung im Straf- und Ordnungswidrigkeitenrecht, Heidelberg 2015 (zitiert: *Lorenz,* Churning).

Loritz, Karl-Georg: Innenprovisionen bei Kapitalanlagen, insbesondere beim Immo- bilienerwerb, in: Zeitschrift für Wirtschafts- und Bankrecht 2000, S. 1831–1838 (zi- tiert: *Loritz,* WM 2000, 1831).

Löw, Heiko: Strafrechtliche Risiken der unterlassenen Aufklärung über Vertriebsprovi- sionen, Frankfurt am Main 2015 (zitiert: *Löw,* Strafrechtliche Risiken der unterlasse- nen Aufklärung über Vertriebsprovisionen).

Lüderssen, Klaus: Alternativen zum Strafen, in: Haft, Fritjof/Hassemer, Winfried/Neu- mann, Ulfrid/Schild, Wolfgang/Schroth, Ulrich (Hrsg.), Strafgerechtigkeit. Fest- schrift für Arthur Kaufmann zum 70. Geburtstag, Heidelberg 1993, S. 487–498 (zi- tiert: *Lüderssen,* in: FS Kaufmann, S. 487).

Lüderssen, Klaus: Über das Irrationale im Strafrecht, in: Zaczyk, Rainer/Köhler, Mi- chael/Kahlo, Michael (Hrsg.), Festschrift für E. A. Wolff zum 70. Geburtstag am 1.10.1998, Berlin u. a. 1998, S. 325–335 (zitiert: *Lüderssen,* in: FS Wolff, S. 325).

Lüderssen, Klaus: Die Sperrwirkung der fehlenden Vermögensbetreuungspflicht gemäß § 266 StGB für die Bestrafung nach § 263 StGB wegen unterlassener Aufklärung, in: Hirsch, Joachim/Wolter, Jürgen/Brauns, Uwe (Hrsg.), Festschrift für Günter Kohlmann zum 70. Geburtstag, Köln 2003, S. 177–185 (zitiert: *Lüderssen,* in: FS Kohlmann, S. 177).

Lüderssen, Klaus: Das moderne Strafrecht. Eine Zerreißprobe zwischen ultima ratio, Pragmatismus und kulturellem Hochgefühl, in: Strafverteidiger 2004, S. 97–101 (zitiert: *Lüderssen,* StV 2004, 97).

Lüderssen, Klaus: Primäre oder sekundäre Zuständigkeit des Strafrechts?, in: Arnold, Jörg/Burkhardt, Björn/Gropp, Walter/Heine, Günther/Koch, Hans-Georg/Lagodny, Otto/Perron, Walter/Walther, Susanne (Hrsg.), Menschengerechtes Strafrecht. Fest- schrift für Albin Eser zum 70. Geburtstag, München 2005, S. 163–180 (zitiert: *Lü- derssen,* in: FS Eser, S. 163).

Lüderssen, Klaus: Finanzmarktkrise, Risikomanagement und Strafrecht, in: Strafvertei- diger 2009, S. 486–494 (zitiert: *Lüderssen,* StV 2009, 486).

Ludwig, Jan/*Clouth,* Peter: Die Rechtsprechung des BGH zu „schwerwiegenden Interes- senkonflikten" von (anlage-)beratenden Kreditinstituten – System oder reine Kasuis- tik?, in: Neue Zeitschrift für Gesellschaftsrecht 2015, S. 1369–1377 (zitiert: *Ludwig/ Clouth,* NZG 2015, 1369).

Luhmann, Niklas: Rechtssystem und Rechtsdogmatik, Stuttgart 1974 (zitiert: *Luhmann,* Rechtssystem und Rechtsdogmatik).

Luhmann, Niklas: Das Recht der Gesellschaft, Frankfurt am Main 1993 (zitiert: *Luhmann,* Das Recht der Gesellschaft).

Luhmann, Niklas: Vertrauen. Ein Mechanismus der Reduktion sozialer Komplexität, 5. Aufl., Konstanz/München 2014 (zitiert: *Luhmann,* Vertrauen).

Lutter, Marcus: Zivilrechtlich korrekt und doch strafbar? Das kann nicht sein, in: Neue Zeitschrift für Gesellschaftsrecht 2010, S. 601–603 (zitiert: *Lutter,* NZG 2010, 601).

Lys, Thomas/*Sohn,* Sungkyo: The Association between Revisions of Financial Analyst's Earnings forecast and Security-Price Changes, in: Journal of Accountings and Economics Band 13, 1990, S. 341–363 (zitiert: *Lys/Sohn,* Journal of Accountings and Economics 13 (1990), 341).

Maaß, Wolfgang: Betrug verübt durch Schweigen, Gießen 1982 (zitiert: *Maaß,* Betrug verübt durch Schweigen).

Maaß, Wolfgang: Die Abgrenzung von Tun und Unterlassen beim Betrug – Eine kritische Analyse von Rechtsprechung und Literatur –, in: Goltdammer's Archiv 1984, S. 264–284 (zitiert: *Maaß,* GA 1984, 264).

Maier, Arne: Die Aufklärungspflicht des Anlageberaters über verneinahmte Provisionen (Rückvergütungen/Kick-Backs"), in: Verbraucher und Recht 2010, S. 25–33 (zitiert: *Maier,* VuR 2010, 25).

Malkiel, Burton G.: The Efficient Market Hypothesis and Its Critics, in: Journal of Economic Perspektives Band 17, 2003, S. 59–82 (zitiert: *Malkiel,* Journal of Economic Perspektives 17 (2003), 59).

Mandelbrot, Benoit B.: The Variation of Certain Speculative Prices, in: The Journal of Business Band 36, 1963, S. 394–419 (zitiert: *Mandelbrot,* The Journal of Business 36 (1963), 394).

Mandelbrot, Benoit B.: Fractals and Scaling in Finance. Discontinuity, Concentration, Risk, New York u. a. 2010 (zitiert: *Mandelbrot,* Fractals and Scaling in Finance).

Mandelbrot, Benoid B./*Hudson,* Richard L.: Fraktale und Finanzen: Märkte zwischen Risiko, Rendite und Ruin, München/Zürich 2007 (zitiert: *Mandelbrot/Hudson,* Fraktale und Finanzen).

Mann, Marius E.: Rückvergütungen, Provisionen und Gewinnmargen: Zur Aufklärungspflicht des bankgebundenen Anlageberaters nach der Entscheidung BGH WM 2012, 1250 – Lehmann II, in: Zeitschrift für Wirtschafts- und Bankrecht 2013, S. 727–734 (zitiert: *Mann,* WM 2013, 727).

Mansdörfer, Marco: Zur Theorie des Wirtschaftsstrafrechts. Zugleich eine Untersuchung zu funktionalen Steuerungs- und Verantwortlichkeitsstrukturen bei ökonomischem Handeln, Heidelberg u. a. 2011 (zitiert: *Mansdörfer,* Zur Theorie des Wirtschaftsstrafrechts).

Markowitz, Harry: Portfolio Selection, in: The Journal of Finance Band 7, 1952, S. 77–91 (zitiert: *Markowitz,* The Journal of Finance 7 (1952), 77).

Markowitz, Harry: Portfolio Selection. Efficient Diversification of Investments, New York 1959 (zitiert: *Markowitz*, Portfolio Selection).

Martin, Markus R. W./*Reitz*, Stefan/*Wehn*, Carsten S.: Kreditderivate und Kreditrisikomodelle. Eine mathematische Einführung, 2. Aufl., Wiesbaden 2014 (zitiert: *Martin/Reitz/Wehn*, Kreditderivate und Kreditrisikomodelle).

Massari, Philipp: Das Wettbewerbsrecht der Banken. Die Regulierung des Wettbewerbs der Banken durch Kartellrecht, Bankaufsichtsrecht und Lauterkeitsrecht, Berlin 2006 (zitiert: *Massari*, Das Wettbewerbsrecht der Banken).

Matt, Holger/*Renzikowski*, Joachim (Hrsg.): Strafgesetzbuch Kommentar, München 2013 (zitiert: *Bearbeiter*, in: Matt/Renzikowski, StGB).

Matthes-Wegfraß, Ines: Der Konflikt zwischen Eigenverantwortung und Mitverantwortung im Strafrecht. Eine kritische Untersuchung der gegenwärtigen Rechtsprechungspraxis zum Problembereich der Selbsttötung und Selbstgefährdung, Berlin 2013 (zitiert: *Matthes-Wegfraß*, Der Konflikt zwischen Eigenverantwortung und Mitverantwortung im Strafrecht).

Matthies, Kamila: Studien zur Hehlerei als Vermögensdelikt. Untersuchung über das Aufrechterhalten einer rechtswidrigen Besitz- und Vermögenslage, Berlin u. a. 2004 (zitiert: *Matthies*, Studien zur Hehlerei als Vermögensdelikt).

Maurach, Reinhart (Begr.)/*Gössels*, Heinz/*Zipf*, Heinz: Strafrecht Allgemeiner Teil Teilband 2: Erscheinungsformen des Verbrechens und Rechtsfolgen der Tat, 8. Aufl., Heidelberg u. a. 2014 (zitiert: *Maurach/Gössels/Zipf*, Strafrecht AT 2).

Maurach, Reinhart (Begr.)/*Schroeder*, Friedrich-Christian/*Maiwald*, Manfred: Strafrecht Besonderer Teil Teilband 1: Straftaten gegen Persönlichkeits- und Vermögenswerte, 9. Aufl., Heidelberg 2003 (zitiert: *Maurach/Schoeder/Maiwald*, Strafrecht BT 1).

Maurach, Reinhart (Begr.)/*Zipf*, Heinz: Strafrecht Allgemeiner Teil Teilband 1: Grundlehren des Strafrechts und Aufbau der Straftat, 8. Aufl., Heidelberg 1992 (zitiert: *Maurach/Zipf*, Strafrecht AT 1).

Mayer, Michael: Strafrechtliche Produktverantwortung bei Arzneimittelschäden. Ein Beitrag zur Abgrenzung der Verantwortungsbereiche im Arzneiwesen aus strafrechtlicher Sicht, Berlin/Heidelberg 2008 (zitiert: *Mayer*, Strafrechtliche Produktverantwortung bei Arzneimittelschäden).

Mayer-Lux, Laura: Die konkludente Täuschung beim Betrug, Bonn 2013 (zitiert: *Mayer-Lux*, Die konkludente Täuschung beim Betrug).

McDonald, Robert L.: Derivatives Markets, 3. Aufl., Harlow 2014 (zitiert: *McDonald*, Derivatives Markets).

Meissner, Gunter: Credit Derivatives. Application, Pricing, and Risk Management, Malden u. a. 2005 (zitiert: *Meissner*, Credit Derivatives).

Meliá, Manuel Cancio: Opferverhalten und objektive Zurechnung, in: Zeitschrift für die gesamte Strafrechtswissenschaft Band 11, 1999, S. 357–387 (zitiert: *Meliá*, ZStW 111 (1999), 357).

Menrath, Marc: Die Einwilligung in ein Risiko, Berlin 2013 (zitiert: *Menrath*, Die Einwilligung in ein Risiko).

Merkt, Hanno: Unternehmenspublizität, Tübingen 2001 (zitiert: *Merkt,* Unternehmenspublizität).

Merton, Robert C.: Lifetime Portfolio Selection under Uncertainty: The Continuous-Time Case, in: The Review of Economics and Statistics Band 51, 1969, S. 247–257 (zitiert: *Merton,* The Review of Economics and Statistics 51 (1969), 247).

Merton, Robert C.: An Intertemporal Capital Asset Pricing Model, in: Econometrica Band 41, 1973, S. 867–887 (zitiert: *Merton,* Econometrica 41 (1973), 867).

Merton, Robert C.: On the Pricing of Corporate Debt: The Risk Structure of Interest Rates, in: The Journal of Finance Band 29, 1973, S. 449–470 (zitiert: *Merton,* The Journal of Finance 29 (1973), 449).

Merton, Robert C.: Theory of Rational Option Pricing, in: The Bell Journal of Economics and Management Science Band 4, 1973, S. 141–183 (zitiert: *Merton,* The Bell Journal of Economics and Management Science 4 (1973), 141).

Merton, Robert C.: Option Pricing when Underlying Stock Returns are discontinuous, in: Journal of Financial Economics Band 3, 1976, S. 125–144 (zitiert: *Merton,* Journal of Financial Economics 3 (1976), 125).

Merz, Malte: „Bewußte Selbstschädigung" und die Betrugsstrafbarkeit nach § 263 StGB. Zugleich ein Beitrag zur Zweckverfehlungslehre, Frankfurt am Main 1999 (zitiert: *Merz,* Bewußte Selbstschädigung).

Meyer, Alexander: Der Abschluss von Vergleichen trotz Zahlungsunfähigkeit und seine strafrechtlichen Konsequenzen, in: Zeitschrift für Wirtschafts- und Steuerstrafrecht 2006, S. 281–286 (zitiert: *A. Meyer,* wistra 2006, 281).

Meyer, Bernhard Heiko: Stochastische Unternehmensbewertung. Der Wertbeitrag von Realoptionen, Wiesbaden 2006 (zitiert: *B. Meyer,* Stochastische Unternehmensbewertung).

Mikosch, Thomas: Copulas: Tales and facts, 2006, über: https://link.springer.com/content/pdf/10.1007%2Fs10687-006-0015-x.pdf (zitiert: *Mikosch,* Copulas: Tales and facts).

Mikus, Rudolf Alexander: Die Verhaltensnorm des fahrlässigen Erfolgsdelikts, Berlin 2002 (zitiert: *Mikus,* Verhaltensnorm).

Mitsch, Wolfgang: Rechtsprechung zum Wirtschaftsstrafrecht nach dem 2. WiKG, in: JuristenZeitung 1994, S. 877–889 (zitiert: *Mitsch,* JZ 1994, 877).

Mitsch, Wolfgang: Strafrecht Besonderer Teil 2: Vermögensdelikte, 3. Aufl., Berlin/Heidelberg 2015 (zitiert: *Mitsch,* Strafrecht BT 2).

Mölter, Thomas: Untreuestrafbarkeit von Anlageberatern unter spezieller Betrachtung der Vermögensbetreuungspflicht, in: Wirtschafts- und Steuerstrafrecht 2010, S. 53–59 (zitiert: *Mölter,* wistra 2010, 53).

Mondello, Enzo: Portfoliomanagement. Theorie und Anwendungsbeispiele, 2. Aufl., Wiesbaden 2015 (zitiert: *Mondello,* Portfoliomanagement).

Mondello, Enzo: Aktienbewertung. Theorie und Anwendungsbeispiele, 2. Aufl., Wiesbaden 2017 (zitiert: *Mondello,* Aktienbewertung).

Mondello, Enzo: Finance. Theorie und Anwendungsbeispiele, Wiesbaden 2017 (zitiert: *Mondello,* Finance).

Mühl, Jeldrik: Strafrecht ohne Freiheitsstrafen – absurde Utopie oder logische Konsequenz? Die Laufzeitleistungsstrafe als alternative Sanktion, Tübingen 2015 (zitiert: *Mühl,* Strafrecht ohne Freiheitsstrafen).

Mühlbauer, Tilo: Ablisten und Verwenden von Geldautomatenkarten als Betrug und Computerbetrug – Zugl. Besprechung BGH vom 17.12.2002 – 1 StR 412/02 –, in: Neue Zeitschrift für Strafrecht 2003, S. 650–655 (zitiert: *Mühlbauer,* NStZ 2003, 650).

Mühlbauer, Tilo: Die Betrugsähnlichkeit des § 263a Abs. 1 Var. 3 StGB anhand der „Geschäftsgrundlagen" beim Geldautomatengebrauch – zugleich Anmerkung zu BGHSt 47, 160 –, in: Zeitschrift für Wirtschafts- und Steuerstrafrecht 2003, S. 244–253 (zitiert: *Mühlbauer,* wistra 2003, 244).

Mühlbauer, Tilo: Die betrugsnahe Auslegung des § 263 a Abs. 1 Var. 3 StGB bei der Verwendung abgelisteter Codekarten am Geldautomaten (Anmerkung zu BGH 1 StR 412/02 Beschl. v. 17.12.2002), in: Höchstrichterliche Rechtsprechung zum Strafrecht 2003, S. 161–165 (zitiert: *Mühlbauer,* HRRS 2003, 161).

Mülbert, Peter O.: Anlegerschutz bei Zertifikaten – Beratungspflichten, Offenlegungspflichten bei Interessenkonflikten und die Änderung durch das Finanzmarkt-Richtlinie-Umsetzungsgesetz (FRUG), in: Zeitschrift für Wirtschafts- und Bankrecht 2007, S. 1149–1163 (zitiert: *Mülbert,* WM 2007, 1149).

Mülbert, Peter O.: Behaltensklauseln für Vertriebsvergütungen in der institutsinternen Vermögensverwaltung – mit einem Seitenblick auf die orderbegleitete Anlageberatung –, in: Zeitschrift für Wirtschafts- und Bankrecht 2009, S. 481–491 (zitiert: *Mülbert,* WM 2009, 481).

Mülbert, Peter O./*Böhmer,* Jörg: Ereignisbezogene Finanzprodukte – Zivil-, Kapital-, Wertpapier-, Straf- und Öffentliches Recht – Teil I –, in: Zeitschrift für Wirtschafts- und Bankrecht 2006, S. 937–951 (zitiert: *Mülbert/Böhmer,* WM 2006, 937).

Mülbert, Peter O./*Böhmer,* Jörg: Ereignisbezogene Finanzprodukte – Zivil-, Kapitalmarkt-, Wertpapier-, Straf- und Öffentliches Recht – Teil II –, in: Zeitschrift für Wirtschafts- und Bankrecht 2006, S. 985–998 (zitiert: *Mülbert/Böhmer,* WM 2006, 985).

Mülbert, Peter O./*Sajnovits,* Alexander: Vertrauen und Finanzmarktrecht, in: Zeitschrift für die gesamte Privatrechtswissenschaft 2016, S. 1–51 (zitiert: *Mülbert/Sajnovits,* ZfPW 2016, 1).

Mülbert, Peter O./*Steup,* Steffen: Emittentenhaftung für fehlerhafte Kapitalmarktinformation am Beispiel der fehlerhaften Regelpublizität – das System der Kapitalmarktinformationshaftung nach AnSVG und WpHG mit Ausblick auf die Transparenzrichtlinie –, in: Zeitschrift für Wirtschafts- und Bankrecht 2005, S. 1633–1655 (zitiert: *Mülbert/Steup,* WM 2005, 1633).

Müller-Dietz, Heinz: Strafe und Staat, Frankfurt am Main 1973 (zitiert: *Müller-Dietz,* Strafe und Staat).

Müller-Emmert, Adolf: Sozialschädlichkeit und Strafrecht, in: Goltdammer's Archiv 1976, S. 291–302 (zitiert: *Müller-Emmert,* GA 1976, 291).

Münchener Kommentar zum BGB → siehe unter *Säcker.*

Münchener Kommentar zum StGB → siehe unter *Joecks.*

Murmann, Uwe: Die Selbstverantwortung des Opfers im Strafrecht, Berlin/Heidelberg 2005 (zitiert: *Murmann,* Die Selbstverantwortung des Opfers im Strafrecht).

Murmann, Uwe: Anmerkung zu BGH, Urt. v. 21.12.2011 – 2 StR 295/11, in: Neue Zeitschrift für Strafrecht 2012, S. 387–389 (zitiert: *Murmann,* NStZ 2012, 387).

Murmann, Uwe: Beteiligung durch Unterlassen, in: Fahl, Christian/Müller, Eckhart/ Satzger, Helmut/Swoboda, Sabine (Hrsg.), Festschrift für Werner Beulke zum 70. Geburtstag, Heidelberg 2015, S. 181–195 (zitiert: *Murmann,* in: FS Beulke, S. 181).

Murr, Stefanie: Die Akzessorietät des Strafrechts zum Versammlungsrecht. Eine Betrachtung ausgewählter verwaltungsakzessorischer Tatbestände des StGB und des VersG, Diss. Universität Regensburg 2002 (zitiert: *Murr,* Die Akzessorietät des Strafrechts zum Versammlungsrecht).

Müssig, Bernd J. A.: Schutz abstrakter Rechtsgüter und abstrakter Rechtsgüterschutz, Frankfurt am Main 1994 (zitiert: *Müssig,* Rechtsgüterschutz).

Nassall, Wendt: Wenn das Blaue am Himmel bleibt – Die Rechtsprechung des BGH zur Haftung des freien Anlageberaters, in: Neue Juristische Wochenschrift 2011, S. 2323–2329 (zitiert: *Nassall,* NJW 2011, 2323).

Naucke, Wolfgang: Zur Lehre vom strafbaren Betrug. Ein Beitrag zum Verhältnis von Strafrechtsdogmatik und Kriminologie, Berlin 1964 (zitiert: *Naucke,* Zur Lehre vom strafbaren Betrug).

Nell, Verena von: Der Homo oeconomicus. Spektren eines Menschenbildes, in: Nell, Verena von/Kufeld, Klaus (Hrsg.), Homo oeconomicus. Ein neues Leitbild in der globalisierten Welt?, Berlin 2006, S. 7–22 (zitiert: *Nell,* in: Nell/Kufeld, Homo oeconomicus, S. 7).

Nestler, Nina: Bank- und Kapitalmarktstrafrecht, 2017 (zitiert: *Nestler,* Bank- und Kapitalmarktstrafrecht).

Nittel, Mathias/*Knöpfel,* Tamara: Die Haftung des Anlageberaters wegen Nichtaufklärung über Zuwendungen – die gar nicht so neue Rechtsprechung des BGH, in: Zeitschrift für Bank- und Kapitalmarktrecht 2009, S. 411–416 (zitiert: *Nittel/Knöpfel,* BKR 2009, 411).

Noak, Torsten: Betrugstäterschaft bzw. -teilnahme von Ärzten beim Betrug von Röntgenkontrastmitteln? Ein Beitrag aus dem Grenzbereich von Strafrecht und Vertragsarztrecht, in: Medizinrecht 2002, S. 76–83 (zitiert: *Noak,* MedR 2002, 76).

Nobbe, Gerd: Anmerkung zu BGH, Hinweisbeschluss vom 9. 3. 2011 – XI ZR 191/10, in: Zeitschrift für Bank- und Kapitalmarktrecht 2011, S. 302–304 (zitiert: *Nobbe,* BKR 2011, 302).

Nöckel, Anja: Grund und Grenzen eines Marktwirtschaftsstrafrechts, Heidelberg u.a. 2012 (zitiert: *Nöckel,* Grund und Grenzen eines Marktwirtschaftsstrafrechts).

Nölle, Jens-Uwe: Die Eigenhaftung des GmbH-Geschäftsführers für Organisationspflichtverletzungen, Regensburg 1995 (zitiert: *Nölle,* Eigenhaftung).

Noltenius, Bettina: Quizsendungen von „Neun Live" und der Tatbestand des Betruges, in: Zeitschrift für Wirtschafts- und Steuerstrafrecht 2008, S. 285–291 (zitiert: *Noltenius,* wistra 2008, 285).

Nomos Kommentar BGB → siehe unter *Dauner-Lieb.*

Nomos Kommentar StGB → siehe unter *Kindhäuser.*

Novy-Marx, Robert: The other side of value: The gross profitability premium, in: Journal of Financial Economics Band 108, 2013, S. 1–28 (zitiert: *Novy-Marx,* Journal of Financial Economics 108 (2013), 1).

Oechsler, Jürgen: Vertragliche Schuldverhältnisse, 2. Aufl., Tübingen 2017 (zitiert: *Oechsler,* Vertragliche Schuldverhältnisse).

Oehler, Andreas/*Unser,* Matthias: Finanzwirtschaftliches Risikomanagement, Berlin u. a. 2001 (zitiert: *Oehler/Unser,* Finanzwirtschaftliches Risikomanagement).

Oertmann, Paul: Die Geschäftsgrundlage. Ein neuer Rechtsbegriff, Leipzig/Erlangen 1921 (zitiert: *Oertmann,* Die Geschäftsgrundlage).

Otto, Harro: Probleme des Kreditbetrugs, des Scheck- und Wechselmißbrauchs, in: JURA – Juristische Ausbildung 1983, S. 16–30 (zitiert: *Otto,* JURA 1983, 16).

Otto, Harro: Konzeption und Grundsätze des Wirtschaftsstrafrechts (einschließlich Verbraucherschutz). Dogmatischer Teil I, in: Zeitschrift für die gesamte Strafrechtswissenschaft Band 96, 1984, S. 339–375 (zitiert: *Otto,* ZStW 96 (1984), 339).

Otto, Harro: Strafrechtliche Aspekte der Anlageberatung, Zeitschrift für Wirtschafts- und Bankrecht 1988, S. 729–740 (zitiert: *Otto,* WM 1988, 729).

Otto, Harro: Die Tatbestände gegen Wirtschaftskriminalität im Strafgesetzbuch – Kriminalpolitische und damit verbundene rechtsdogmatische Probleme von Wirtschaftsdelikten –, in: JURA – Juristische Ausbildung 1989, S. 24–35 (zitiert: *Otto,* JURA 1989, 24).

Otto, Harro: Eigenverantwortliche Selbstschädigung und -gefährdung sowie einverständliche Fremdschädigung und -gefährdung, in: Jeschek, Hans-Heinrich/Vogler, Theo (Hrsg.), Festschrift für Herbert Tröndle zum 70. Geburtstag am 24. August 1989, Berlin/New York 1989, S. 157–175 (zitiert: *Otto,* in: FS Tröndle, S. 157).

Otto, Harro: Die neuere Rechtsprechung zu den Vermögensdelikten – Teil 2, in: JuristenZeitung 1993, S. 652–663 (zitiert: *Otto,* JZ 1993, 652).

Otto, Harro: Grundkurs Strafrecht. Allgemeine Strafrechtslehre, 7. Aufl., Berlin 2004 (zitiert: *Otto,* Allgemeine Strafrechtslehre).

Otto, Harro: Grundkurs Strafrecht. Die einzelnen Delikte, 7. Aufl., Berlin 2005 (zitiert: *Otto,* Die einzelnen Delikte).

Otto, Harro: Ethik, rechtlicher Rahmen und strafrechtliche Sanktionen beim unternehmerischen Handeln, in: Amelung, Knut/Günther, Hans-Ludwig/Kühne, Hans-Heiner, Festschrift für Volker Krey zum 70. Geburtstag am 9. Juli 2010, Stuttgart 2010, S. 375–405 (zitiert: *Otto,* in: FS Krey, S. 375).

Palandt, Otto (Begr.): Bürgerliches Gesetzbuch, 77. Aufl., München 2018 (zitiert: *Bearbeiter,* in: Palandt).

Park, Tido (Hrsg.): Kapitalmarktstrafrecht, 4. Aufl., Baden-Baden 2017 (zitiert: *Bearbeiter,* in: Park, Kapitalmarktstrafrecht).

Park, Tido/*Rütters,* Stefan: Untreue und Betrug durch Handel mit problematischen Verbriefungen, in: Strafverteidiger 2011, S. 434–441 (zitiert: *Park/Rütters,* StV 2011, 434).

Pasedach, Christina: Verantwortungsbereiche wider Volksgesundheit. Zur Zurechnung und Rechtsgutslehre im Betäubungsmittelstrafrecht, Berlin 2012 (zitiert: *Pasedach,* Verantwortungsbereiche wider Volksgesundheit).

Pastor Munoz, Nuria: Überlegungen zur tatbestandsmäßigen Täuschung beim Betrug, in: Goltdammer's Archv 2005, S. 129–141 (zitiert: *Pastor Munoz,* GA 2005, 129).

Pawlik, Michael: Das unerlaubte Verhalten beim Betrug, Köln u. a. 1999 (zitiert: *Pawlik,* Das unerlaubte Verhalten beim Betrug).

Pawlik, Michael: Betrügerische Täuschung durch die Versendung rechnungsähnlicher Angebotsschreiben? Zugleich Auseinandersetzung mit BGHSt 47, 1, in: Strafverteidiger 2003, S. 297–301 (zitiert: *Pawlik,* StV 2003, 297).

Pawlowski, Hans-Martin: Einführung in die Juristische Methodenlehre. Ein Studienbuch zu den Grundlagenfächern Rechtsphilosophie und Rechtstheorie, Heidelberg 1986 (zitiert: *Pawlowski,* Einführung in die Juristische Methodenlehre).

Pérez-Manzano, Mercedes: Die objektive Zurechnung beim Betrug, in: Schünemann, Bernd/Suárez González (Hrsg.), Bausteine des europäischen Wirtschaftsstrafrechts. Madrid-Symposium für Klaus Tiedemann, Köln u. a. 1994, S. 213–226 (zitiert: *Pérez-Manzano,* in: Schünemann/Suárez González, Madrid-Symposium für Klaus Tiedemann, S. 213).

Perron, Walter: Normativierung von Täuschung und Irrtum beim Abrechnungsbetrug – eine verfassungswidrige „Verschleifung" gesetzlicher Tatbestandsmerkmale?, in: Gropp, Walter/Hecker, Bernd/Kreuzer, Arthur/Ringelmann, Christoph/Witteck, Lars/Wolfslast, Gabriele (Hrsg.), Strafrecht als ultima ratio. Gießener Gedächtnisschrift für Günter Heine, Tübingen 2016, S. 281–294 (zitiert: *Perron,* in: GS Heine, S. 281).

Petropoulos, Vasileios/*Morozinis,* Ioannis: Der Sportwettenbetrug durch Manipulation zu Lasten des Wettveranstalters oder des Wettenden, in: Zeitschrift für Wirtschafts- und Steuerstrafrecht 2009, S. 254–261 (zitiert: *Petropoulos/Morozinis,* wistra 2009, 254).

Pfeiffer, Gerd: Der BGH – nur ein Gericht für das Grundsätzliche?, in: Neue Juristische Wochenschrift 1999, S. 2617–2622 (zitiert: *Pfeiffer,* NJW 1999, 2617).

Pfnür, Andreas/*Schetter,* Christoph/*Schöbener,* Henning: Risikomanagement bei Public Private Partnerships, Heidelberg u. a. 2010 (zitiert: *Pfnür/Schetter/Schöbener,* Risikomanagement bei Public Private Partnerships).

Pizarro, Nathalia Bautista: Das erlaubte Vertrauen im Strafrecht. Studie zu dogmatischer Funktion und Grundlegung des Vertrauensgrundsatzes im Strafrecht, Baden-Baden 2017 (zitiert: *Pizarro,* Das erlaubte Vertrauen im Strafrecht).

Popp, Andreas: Strafbarkeit des regelwidrigen Mitbietens bei so genannten Internetauktionen?, in: Juristische Schulung 2005, S. 689–694 (zitiert: *Popp,* JuS 2005, 689).

Preyer, Hans-Peter/*Reinhardt,* Ludwig: Die Identifizierung und das Management von Zinsrisiken im Finanzbereich, in: Rudolph, Bernd (Hrsg.), Derivative Finanzinstrumente, Stuttgart 1995, S. 193–210 (zitiert: *Preyer/Reinhardt,* in: Rudolph, Derivative Finanzinstrumente, S. 193).

Prittwitz, Cornelius: Strafrecht und Risiko. Untersuchungen zur Krise von Strafrecht und Kriminalpolitik in der Risikogesellschaft, Frankfurt am Main 1993 (zitiert: *Prittwitz,* Strafrecht und Risiko).

Prittwitz, Cornelius: Das deutsche Strafrecht: Fragmentarisch? Subsidiär? Ultima Ratio? Gedanken zu Grund und Grenzen gängiger Strafrechtsbegrenzungspostulate, in: Albrecht, Peter-Alexis/Hassemer, Winfried/Jäger, Herbert/Kargl, Walter/Lüderssen, Klaus/Naucke, Wolfgang/Wolff, Amadeus (Hrsg.), Vom unmöglichen Zustand des Strafrechts, Frankfurt am Main 1995, S. 387–405 (zitiert: *Prittwitz,* in: Albrecht/ et al., Vom unmöglichen Zustand des Strafrechts, S. 387).

Prittwitz, Cornelius: Begrenzung des Wirtschaftsstrafrechts durch die Rechtsgutslehre, sowie die Grundsätze der ultima ratio, der Bestimmtheit der Tatbestände, des Schuldgrundsatzes, der Akzessorietät und der Subsidiarität, in: Kempf, Eberhardt/ Lüderssen, Klaus/Volk, Klaus (Hrsg.), Die Handlungsfreiheit des Unternehmers – Wirtschaftliche Perspektiven, strafrechtliche und ethische Schranken, Berlin 2009, S. 53–60 (zitiert: *Prittwitz,* in: Kempf/Lüderssen/Volk, Die Handlungsfreiheit des Unternehmers, S. 53).

Prittwitz, Cornelius: Strafrecht als propria ratio, in: Schünemann, Bernd/Achenbach, Hans/Bottke, Wilfried/Haffke, Bernhard/Rudolphi, Hans-Joachim, Strafrecht als Scientia Universalis. Festschrift für Claus Roxin zum 80. Geburtstag am 15. Mai 2011 Band 1, Berlin/New York 2011, S. 23–38 (zitiert: *Prittwitz,* in: FS Roxin 2011, S. 23).

Protzen, Peer Daniel G.: „Prozessbetrug" durch Behaupten abstrakter Rechtssätze, Zeitschrift für Wirtschafts- und Steuerstrafrecht 2003, S. 208–211 (zitiert: *Protzen,* wistra 2003, 208).

Puppe, Ingeborg: Wie wird man Mittäter durch konkludentes Verhalten?, in: Neue Zeitschrift für Strafrecht 1991, S. 571–574 (zitiert: *Puppe,* NStZ 1991, 571).

Puppe, Ingeborg: Die Selbstgefährdung des Verletzten beim Fahrlässigkeitsdelikt, in: Zeitschrift für Internationale Strafrechtsdogmatik 2007, S. 247–253 (zitiert: *Puppe,* ZIS 2007, 247).

Puppe, Ingeborg: Mitverantwortung des Fahrlässigkeitstäters bei Selbstgefährdung des Verletzten. Zugleich Besprechung von BGH, Urteil vom 20.11.2008 – 4 StR 328/08, in: Goltdammer's Archiv 2009, S. 486–496 (zitiert: *Puppe,* GA 2009, 486).

Puppe, Ingeborg: Anmerkung zu BGH, Beschluss vom 11.01.2011 – 5 StR 491/10, in: JuristenZeitung 2011, S. 911–912 (zitiert: *Puppe,* JZ 2011, 911).

Puppe, Ingeborg: Anmerkung zu BGH, Urteil vom 21.12.2011 – 2 StR 295/11, in: Zeitschrift für Internationale Strafrechtsdogmatik 2013, S. 46–49 (zitiert: *Puppe,* ZIS 2013, 46).

Radel-Leszczynski, Ursula: Hedgefonds für Einsteiger, Berlin/Heidelberg 2005 (zitiert: *Radel-Leszczynski,* Hedgefonds).

Radtke, Henning: Sportwettenbetrug und Quotenschaden, in: JURA – Juristische Ausbildung, S. 445–451 (zitiert: *Radtke,* JURA 2007, 445).

Radtke, Henning: Objektive Zurechnung von Erfolgen im Strafrecht bei Mitwirkung des Verletzten und Dritter an der Herbeiführung des Erfolges, in: Paeffgen, Hans-Ullrich/Böse, Martin/Kindhäuser, Urs/Stübinger, Stephan/Verrel, Torsten/Zaczyk, Rainer (Hrsg.), Strafrechtswissenschaft als Analyse und Konstruktion. Festschrift für Ingeborg Puppe zum 70. Geburtstag, Berlin 2011, S. 831–847 (zitiert: *Radtke,* in: FS Puppe, S. 831).

Ranft, Otfried: Grundprobleme des Betrugstatbestandes, in: JURA – Juristische Ausbildung 1992, S. 66–77 (zitiert: *Ranft,* JURA 1992, 66).

Ranft, Otfried: Betrug durch die Verheimlichung von Submissionsabsprachen – eine Stellungnahme zu BGHSt 38, 186, in: Zeitschrift für Wirtschafts- und Steuerstrafrecht 1994, S. 41–48 (zitiert: *Ranft,* wistra 1994, 41).

Ransiek, Andreas: Asset Backed Securities und Strafrecht, in: Zeitschrift für Wirtschafts- und Bankrecht 2010, S. 869–875 (zitiert: *Ransiek,* WM 2010, 869).

Ransiek, Andreas: Das unechte Unterlassungsdelikt, in: Juristische Schulung 2010, S. 490–497 (zitiert: *Ransiek,* JuS 2010, 490).

Rausch, Benjamin: Unternehmensbewertung mit zukunftsorientierten Eigenkapitalkostensätzen. Möglichkeiten und Grenzen der Schätzung von Eigenkapitalkostensätzen ohne Verwendung historischer Renditen, Wiesbaden 2008 (zitiert: *Rausch,* Unternehmensbewertung).

Reese, Jürgen: Täuschung und Irrtum beim Betrug, Diss. Universität Kiel 1975 (zitiert: *Reese,* Täuschung und Irrtum beim Betrug).

Reichling, Peter/*Bietke,* Daniela/*Henne,* Antje: Praxishandbuch Risikomanagement und Rating. Ein Leitfaden, 2. Aufl., Wiesbaden 2007 (zitiert: *Reichling/Bietke/Henne,* Praxishandbuch Risikomanagement und Rating).

Reifner, Udo: Thesen zur Dogmatik eines sozialen Nutzungsvertrages (Life Time Contract), in: Knops, Kai-Oliver/Bamberger, Heinz Georg/Hölzle, Gerrit (Hrsg.), Zivilrecht im Wandel. Festschrift für Peter Derleder zum 75. Geburtstag, Berlin/Heidelberg 2015, S. 369–392 (zitiert: *Reifner,* in: FS Derleder, S. 369).

Reilly, Frank K./*Brown,* Keith C.: Analysis of the Investments and Management of Portfolios, Hampshire 2015 (zitiert: *Reilly/Brown,* Analysis of the Investments and Management of Portfolios).

Reiner, Günter: Derivative Finanzinstrumente im Recht, Baden-Baden 2002 (zitiert: *Reiner,* Derivative Finanzinstrumente im Recht).

Reiner, Günter/*Schacht,* Johann A.: Credit Default Swaps und verbriefte Kreditforderungen in der Finanzmarktkrise – Bemerkungen zum Wesen verbindlicher und unverbindlicher Risikoverträge – Teil I –, in: Zeitschrift für Wirtschafts- und Bankrecht 2010, S. 337–346 (zitiert: *Reiner/Schacht,* WM 2010, 337).

Reiner, Günter/*Schacht,* Johann A.: Credit Default Swaps und verbriefte Kreditforderungen in der Finanzmarktkrise – Bemerkungen zum Wesen verbindlicher und unverbindlicher Risikoverträge – Teil II –, in: Zeitschrift für Wirtschafts- und Bankrecht 2010, S. 385–395 (zitiert: *Reiner/Schacht,* WM 2010, 385).

Reinganum, Marc R.: The Arbitrage Pricing Theory: Some Empirical Results, in: The Journal of Finance Band 36, 1981, S. 313–321 (zitiert: *Reinganum,* The Journal of Finance 36 (1981), 313).

Reiß, Winfried/*Mühlbrandt,* Frank W.: Eine empirische Überprüfung der Validität des „Market" und des „Capital Asset Pricing"-Modells für den deutschen Aktienmarkt, in: Zeitschrift für die gesamte Staatswissenschaft 1979, 41–68 (zitiert: *Reiß/Mühlbrandt,* ZgS 1979, 41).

Rengier, Rudolf: Gedanken zur Problematik der objektiven Zurechnung im Besonderen Teil des Strafrechts, in: Schünemann, Bernd/Achenbach, Hans/Bottke, Wilfried/Haffke, Bernhard/Rudolphi, Hans-Joachim (Hrsg.), Festschrift für Claus Roxin zum 70. Geburtstag am 15. Mai 2001, Berlin/New York 2001, S. 811–826 (zitiert: *Rengier,* in: FS Roxin 2001, S. 811).

Rengier, Rudolf: Strafrecht Allgemeiner Teil, 9. Aufl., München 2017 (zitiert: *Rengier,* Strafrecht AT).

Rengier, Rudolf: Strafrecht Besonderer Teil I: Vermögensdelikte, 20. Aufl., München 2018 (zitiert: *Rengier,* Strafrecht BT I).

Renzikowski, Joachim: Pflichten und Rechte – Rechtsverhältnis und Zurechnung, in: Goltdammer's Archiv 2007, S. 561–578 (zitiert: *Renzikowski,* GA 2007, 561).

Richter, Thomas/*Wick,* Thomas: Einführung in die Numerische Mathematik. Begriffe, Konzepte und zahlreiche Anwendungsbeispiele, 2017 (zitiert: *Richter/Wick,* Einführung in die Numerische Mathematik).

Rittner, Fritz: Das Modell des Homo oeconomicus und die Jurisprudenz, in: JuristenZeitung 2005, S. 668–670 (zitiert: *Rittner,* JZ 2005, 668).

Roberts, Harry V.: Stock-Market „Patterns" and Financial Analysis: Methodological Suggestions, in: The Journal of Finance Band 14, 1959, S. 1–10 (zitiert: *H. Roberts,* The Journal of Finance 14 (1959), 1).

Roberts, Julian: Finanzderivate als Glücksspiel? Aufklärungspflichten der Emittenten, in: Deutsches Steuerrecht 2010, S. 1082–1086 (zitiert: *J. Roberts,* DStR 2010, 1082).

Roberts, Julian: Vertragliche Grundlagen von Finanzderivaten. Ein Beitrag zur Aufarbeitung der Krise?, in: Neue Juristische Online-Zeitschrift 2010, S. 1717–1722 (zitiert: *J. Roberts,* NJOZ 2010, 1717).

Roberts, Julian: Anmerkung zu OLG Stuttgart, Urt. v. 1.2.2012 – 9 U 57/11, in: Zeitschrift für Bank- und Kapitalmarktstrafrecht 2012, S. 377–379 (zitiert: *J. Roberts,* BKR 2012, 377).

Roberts, Julian: Die CCS-Entscheidung des BGH, in: Deutsches Steuerrecht 2015, S. 833–837 (zitiert: *J. Roberts,* DStR 2015, 833).

Roberts, Julian: Swaps, „Interessenkonflikt" und die Rechtsprechung des BGH, in: Zeitschrift für Bank- und Kapitalmarktstrafrecht 2015, S. 330–334 (zitiert: *J. Roberts,* BKR 2015, 330).

Robles, Gregorio: Rechtsregeln und Spielregeln. Eine Abhandlung zur analytischen Rechtstheorie, Wien/New York 1987 (zitiert: *Robles*, Rechtsregeln und Spielregeln).

Rochus, Reinhard: Betrügerischer Handel mit Rohstoffoptionen, in: Neue Juristische Wochenschrift 1981, S. 736–737 (zitiert: *Rochus*, NJW 1981, 736).

Rodriguez, Juan Carlos: Measuring financial contagion: A Copula approach, in: Journal of Empirical Finance Band 14, 2007, S. 401–423 (zitiert: *Rodriguez*, Journal of Empirical Finance 14 (2007), 401).

Roll, Richard: A critique of the asset pricing theory's tests Part I: On past and potential testability of the theory, in: Journal of Financial Economics Band 4, 1977, S. 129–176 (zitiert: *Roll*, Journal of Financial Economics 4 (1977), 129).

Roll, Richard: Ambiguity when Performance is Measured by the Securities Market Line, in: The Journal of Finance Band 33, 1978, S. 1051–1069 (zitiert: *Roll*, The Journal of Finance 33 (1978), 1051).

Roll, Richard/*Ross*, Stephen A.: An Empirical Investigation of the Arbitrage Pricing Theory, in: The Journal of Finance Band 35, 1980, S. 1073–1103 (zitiert: *Roll/Ross*, The Journal of Finance 35 (1980), 1073).

Roller, Reinhold/*Elster*, Thomas/*Knappe*, Jan Christoph: Spread-abhängige Constant Maturity (CMS) Swaps – Funktionsweise, Risikostruktur und rechtliche Bewertung, in: Zeitschrift für Bankrecht und Bankwirtschaft 2007, S. 345–364 (zitiert: *Roller/Elster/Knappe*, ZBB 2007, 345).

Rönnau, Thomas: Anmerkung zu BGH, Urteil vom 21. 12. 2005 – 3 StR 470/04, in: Neue Zeitschrift für Strafrecht 2006, S. 218–221 (zitiert: *Rönnau*, NStZ 2006, 218).

Rönnau, Thomas: Untreue als Wirtschaftsdelikt, in: Zeitschrift für die gesamte Strafrechtswissenschaft Band 119, 2007, S. 887–926 (zitiert: *Rönnau*, ZStW 119 (2007), 887).

Rönnau, Thomas/*Faust*, Florian/*Fehling*, Michael: Durchblick: Kausalität und objektive Zurechnung, in: Juristische Schulung 2004, S. 113–118 (zitiert: *Rönnau/Faust/Fehling*, JuS 2004, 113).

Rosenberg, Barr/*Reid*, Kenneth/*Lanstein*, Ronald: Persuasive evidence of market inefficiency, in: The Journal of Portfolio Management Band 11, 1985, S. 9–16 (zitiert: *Rosenberg/Reid/Lanstein*, The Journal of Portfolio Management 11 (1985), 9).

Ross, Stephen A.: The Arbitrage Theory of Capital Asset Pricing, in: Journal of Economic Theory Band 13, 1976, S. 341–360 (zitiert: *Ross*, Journal of Economic Theory 13 (1976), 341).

Rößler, Gernot J.: „Kick back" – quo vadis?, in: Neue Juristische Wochenschrift 2008, S. 554–556 (zitiert: *Rößler*, NJW 2008, 554).

Rössner, Dieter: Die besonderen Aufgaben des Strafrechts im System rechtsstaatlicher Verhaltenskontrolle, in: Schünemann, Bernd/Achenbach, Hans/Bottke, Wilfried/Haffke, Bernhard/Rudolphi, Hans-Joachim (Hrsg.), Festschrift für Claus Roxin zum 70. Geburtstag am 15. Mai 2001, Berlin/New York 2001, S. 977–987 (zitiert: *Rössner*, in: FS Roxin 2001, S. 977).

Rostalski, Frauke: Der Vermögensschaden als Tatbestandsmerkmal im Schatten des „Verschleifungsverbots", in: Höchstrichterliche Rechtsprechung zum Strafrecht 2016, S. 73–84 (zitiert: *Rostalski*, HRRS 2016, 73).

Roxin, Claus: Strafrecht Allgemeiner Teil Band II: Besondere Erscheinungsformen der Straftat, München 2003 (zitiert: *Roxin*, Strafrecht AT II).

Roxin, Claus: Das strafrechtliche Unrecht im Spannungsfeld von Rechtsgüterschutz und individueller Freiheit, in: Zeitschrift für die gesamte Strafrechtswissenschaft Band 116, 2004, S. 929–944 (zitiert: *Roxin*, ZStW 116 (2004), 929).

Roxin, Claus: Strafrecht Allgemeiner Teil Band I: Grundlagen. Der Aufbau der Verbrechenslehre, 4. Aufl., München 2006 (zitiert: *Roxin*, Strafrecht AT I).

Roxin, Claus: Zur Strafbarkeit des Geschwisterinzests – Zur verfassungsrechtlichen Überprüfung materiellrechtlicher Strafvorschriften –, in: Strafverteidiger 2009, S. 544–550 (zitiert: *Roxin*, StV 2009, 544).

Roxin, Claus: Der Streit um die einverständliche Fremdgefährdung, in: Goltdammer's Archiv 2012, S. 655–669 (zitiert: *Roxin*, GA 2012, 655).

Rozeff, Michael S./*Kinney*, William: Capital market seasonality: The case of stock returns, in: Journal of Financial Economics Band 3, 1976, S. 379–402 (zitiert: *Rozeff/ Kinney*, Journal of Financial Economics 3 (1976), 379).

Rübenstahl, Markus/*Loy*, Daniel: Strafbarkeit wegen Betruges (§ 263 StGB) bei dem Erwerb von Gesellschaftsanteilen, in: Neue Zeitschrift für Gesellschaftsrecht 2018, S. 528–535 (zitiert: *Rübenstahl/Loy*, NZG 2018, 528).

Rubinstein, Mark: Implied Binomial Trees, in: The Journal of Finance Band 49, 1994, S. 771–818 (zitiert: *Rubinstein*, The Journal of Finance 49 (1994), 771).

Rudd, Andrew/*Clasing*, Henry K.: Modern Portfolio Theory. The Principles of Investment Management, Homewood, Illinois 1982 (zitiert: *Rudd/Clasing*, Modern Portfolio Theory).

Rudolph, Bernd/*Hofmann*, Bernd/*Schaber*, Albert/*Schäfer*, Klaus: Kreditrisikotransfer. Moderne Instrumente und Methoden, 2. Aufl., Berlin/Heidelberg 2012 (zitiert: *Rudolph/Hofmann/Schaber/K. Schäfer*, Kreditrisikotransfer).

Rudolph, Bernd/*Schäfer*, Klaus: Derivative Finanzmarktinstrumente, 2. Aufl., Dordrecht u. a. 2010 (zitiert: *Rudolph/K. Schäfer*, Derivative Finanzmarktinstrumente).

Rudolphi, Hans-Joachim/*Horn*, Eckhard (Begr.)/*Samson*, Erich (Mitbegr.): Systematischer Kommentar zum Strafgesetzbuch, 7. Aufl., 2004 (zitiert: *Bearbeiter*, in: SK-StGB).

Ruland, Yorick M./*Wetzig*, Marc S.: Aufklärungs- und Beratungspflichten bei Cross-Currency-Swaps, in: Zeitschrift für Bank- und Kapitalmarktstrafrecht 2013, S. 56–68 (zitiert: *Ruland/Wetzig*, BKR 2013, 56).

Säcker, Jürgen Franz/*Rixecker*, Roland/*Oetcker*, Hartmut/*Limperg*, Bettina (Hrsg.): Münchener Kommentar zum BGB Band 2: Schuldrecht Allgemeiner Teil, 7. Aufl. 2016 (zitiert: *Bearbeiter*, in: MüKo-BGB).

Säcker, Jürgen Franz/*Rixecker,* Roland/*Oetker,* Hartmut/*Limperg,* Bettina (Hrsg.): Münchener Kommentar zum BGB Band 5/2: Schuldrecht Besonderer Teil III/2, 7. Aufl. 2017 (zitiert: *Bearbeiter,* in: MüKo-BGB).

Säcker, Jürgen Franz/*Rixecker,* Roland/*Oetker,* Hartmut/*Limperg,* Bettina (Hrsg.): Münchener Kommentar zum BGB Band 6: Schuldrecht Besonderer Teil IV, 7. Aufl. 2017 (zitiert: *Bearbeiter,* MüKo-BGB).

Salewski, Sabrina: Zertifikate – reguläre Finanzinstrumente oder unerlaubtes Glücksspiel?, in: Zeitschrift für Bank- und Kapitalmarktstrafrecht 2012, S. 100–106 (zitiert: *Salewski,* BKR 2012, 100).

Saliger, Frank/*Rönnau,* Thomas/*Kirch-Heim,* Claudio: Täuschung und Vermögensschaden beim Sportwettenbetrug durch Spielteilnehmer – Fall „Hoyzer", in: Neue Zeitschrift für Strafrecht 2007, S. 361–368 (zitiert: *Saliger/Rönnau/Kirch-Heim,* NStZ 2007, 361).

Sambuc, Thomas: Folgenerwägungen im Richterrecht. Die Berücksichtigung von Entscheidungsfolgen bei der Rechtsgewinnung, erörtert am Beispiel des § 1 UWG, Berlin 1977 (zitiert: *Sambuc,* Folgenerwägungen im Richterrecht).

Samson, Erich/*Horn,* Eckhard: Steuerunehrlichkeit und Steuerhinterziehung durch Unterlassen, in: Neue Juristische Wochenschrift 1970, S. 593–597 (zitiert: *Samson/ Horn,* NJW 1970, 593).

Samuelson, Paul A.: Lifetime Portfolio Selection By Dynamic Stochastic Programm, in: The Review of Economics and Statistics Band 51, 1969, S. 239–246 (zitiert: *Samuelson,* The Review of Economics and Statistics 51 (1969), 239).

Sandquist, Christian: Der anfängliche negative Marktwert in der Anlageberatung, Berlin 2018 (zitiert: *Sandquist,* Der anfängliche negative Marktwert in der Anlageberatung).

Satzger, Helmut/*Schluckebier,* Wilhelm/*Widmaier,* Gunter (Hrsg.): StGB Kommentar zum Strafgesetzbuch, 3. Aufl. 2016 (zitiert: *Bearbeiter,* in: S/S/W-StGB).

Sauckel, Petra: Betrug beim Handel mit Warenterminoptionen, München 1991 (zitiert: *Sauckel,* Betrug beim Handel mit Warenterminoptionen).

Schäfer, Bernd: Informationsverarbeitung und Preisbildung am Aktien- und Optionsmarkt. Eine empirische Intraday-Untersuchung zur Preisanpassungsgeschwindigkeit an schweizerischen und deutschen Aktien- und Optionsmärkten, Heidelberg 1995 (zitiert: *B. Schäfer,* Informationsverarbeitung und Preisbildung am Aktien- und Optionsmarkt).

Schäfer, Hans-Bernd/*Ott,* Klaus: Lehrbuch der ökonomischen Analyse des Zivilrechts, 5. Aufl., Berlin/Heidelberg 2012 (zitiert: *H.-B. Schäfer/Ott,* Lehrbuch der ökonomischen Analyse des Zivilrechts).

Schäfer, Klaus: Einsatz und Bewertung von Optionen und Futures, in: Rudolph, Bernd (Hrsg.), Derivative Finanzinstrumente, Stuttgart 1995, S. 45–130 (zitiert: *K. Schäfer,* in: Rudolph (Hrsg.), Derivative Finanzinstrumente, S. 45).

Scheid, Sandro: Statistische Methoden in der Finanzwirtschaft. Methoden – Beispiele – Anwendungen, München 2017 (zitiert: *Scheid,* Statistische Methoden in der Finanzwirtschaft).

Scheler, Max: Der Formalismus in der Ethik und die materiale Wertethik. Neuer Versuch der Grundlegung eines ethischen Personalismus, Bern 1954 (zitiert: *Scheler,* Der Formalismus in der Ethik und die materiale Wertethik).

Schellenberg, Ulrich: Greift der Gesetzgeber zu oft zum Strafrecht? Pro: Wir brauchen eine Rückbesinnung auf ein „Kernstrafrecht", in: Recht und Politik Band 52, 2016, S. 12–13 (zitiert: *Schellenberg,* RuP 52 (2016), 12).

Schellhammer, Kurt: Schuldrecht nach Anspruchsgrundlagen samt BGB Allgemeiner Teil, 9. Aufl., Heidelberg u. a. 2014 (zitiert: *Schellhammer,* Schuldrecht).

Scheu, Udo: Zur strafrechtlichen Beurteilung hoher Vermittlungsaufschläge bei Rohstoffoptionen. Zugleich Anmerkung zu OLG Hamburg, MDR 1980, 1041, in: Monatsschrift für Deutsches Recht 1981, S. 467–468 (zitiert: *Scheu,* MDR 1981, 467).

Scheu, Udo: Zum Betrug beim Handel mit Optionen auf Warenterminkontrakte. Anmerkung zu BGH, Urteil vom 8.7.1981 – 3 StR 457/80, in: Juristische Rundschau 1982, S. 121–122 (zitiert: *Scheu,* JR 1982, 121).

Schierenbeck, Heiner/*Lister,* Michael/*Kirmße,* Stefan: Ertragsorientiertes Bankmanagement Band 2: Risiko-Controlling und integrierte Rendite-/Risikosteuerung, 9. Aufl., Wiesbaden 2008 (zitiert: *Schierenbeck/Lister/Kirmße,* Ertragsorientiertes Bankmanagement Bd. 2).

Schild, Wolfgang: Das strafrechtlich Problem der Sportverletzung (vorwiegend im Fußballkampfspiel), in: JURA – Juristische Ausbildung 1982, S. 585–592 (zitiert: *Schild,* JURA 1982, 585).

Schild, Wolfgang: Strafbarer Wettbetrug? Zum Fall Sapina/Hoyzer, in: Zeitschrift für Wett- und Glückspielrecht 2006, S. 213–220 (zitiert: *Schild,* ZfWG 2006, 213).

Schild, Wolfgang: Strafbarer Wettbetrug – Zur Entscheidung des BGH im Fall Sapina/ Hoyzer, in: Zeitschrift für Wett- und Glückspielrecht 2007, S. 10–14 (zitiert: *Schild,* ZfWG 2007, 10).

Schimanski, Herbert/*Bunte,* Hermann-Josef/*Lwowski,* Jürgen (Hrsg.): Bankrechts-Handbuch, 5. Aufl., München 2017 (zitiert: *Bearbeiter,* in: Schimanski/Bunte/Lwowski, Bankrechts-Handbuch).

Schirp, Wolfgang/*Mosgo,* Oleg: Aufklärungspflichten bei internen Provisionsvereinbarungen, in: Zeitschrift für Bank- und Kapitalmarktstrafrecht 2002, S. 354–360 (zitiert: *Schirp/Mosgo,* BKR 2002, 354).

Schlösser, Jan: Der „Bundesliga-Wettskandal" – Aspekte einer strafrechtlichen Bewertung, in: Neue Zeitschrift für Strafrecht 2005, S. 423–429 (zitiert: *Schlösser,* NStZ 2005, 423).

Schlösser, Jan: Verdeckte Kick-back-Zahlungen von Fondsgesellschaften an Banken als strafbares Verhalten gegenüber den Bankkunden? – zugleich Anmerkung zum Urteil des OLG Stuttgart vom 16. 3. 2011 – 9 U 129/10 –, in: Zeitschrift für Bank- und Kapitalmarktrecht 2011, S. 465–476 (zitiert: *Schlösser,* BKR 2011, 465).

Schlüchtermann, Georg/*Pilz,* Stefan: Modellierung derivativer Finanzinstrumente. Theorie und Implementierung, Wiesbaden 2010 (zitiert: *Schlüchtermann/Pilz,* Modellierung derivativer Finanzinstrumente).

Schmeding, Jörg G.: Wettbewerbsrechtliche Beurteilung der Werbung für Kapitalanlagen, in: Betriebs-Berater 1978, S. 735–742 (zitiert: *Schmeding*, BB 1978, 735).

Schmid, Friedrich/*Trede*, Mark: Finanzmarktstatistik, Berlin/Heidelberg 2006 (zitiert: *Schmid/Trede*, Finanzmarktstatistik).

Schmidt-De Caluwe, Reimund: Der sozialrechtliche Herstellungsanspruch. Eine Untersuchung der Entstehung und Entwicklung eines besonderen Haftungstatbestandes im Sozialrecht, seines Verhältnisses zum Sozialverfahrens- und zum Staatshaftungsrecht sowie eine Kritik seiner bisherigen Dogmatik, Berlin 1992 (zitiert: *Schmidt-De Caluwe*, Der sozialrechtliche Herstellungsanspruch).

Schönbucher, Philipp J.: Credit Risk Modelling and Credit Derivatives, Bonn 2000 (zitiert: *Schönbucher*, Credit Risk Modelling and Credit Derivatives).

Schönbucher, Philipp J.: Credit Derivatives Pricing Models. Models, Pricing and Implementation, Chichester 2003 (zitiert: *Schönbucher*, Credit Derivatives Pricing Models).

Schönke, Adolf (Begr.)/*Schröder*, Horst (ehem. Hrsg.): Strafgesetzbuch Kommentar, 29. Aufl., München 2014 (zitiert: *Bearbeiter*, in: Schönke/Schröder, StGB).

Schramm, Edward: Untreue und Konsens, Berlin 2005 (zitiert: *Schramm*, Untreue und Konsens).

Schredelseker, Klaus: Grundlagen der Finanzwirtschaft. Ein informationsökonomischer Zugang, 2. Aufl., München 2013 (zitiert: *Schredelseker*, Finanzwirtschaft).

Schrimpf, Andreas/*Schröder*, Michael/*Stehle*, Richard: Cross-sectional Tests of Conditional Asset Pricing Models: Evidence from the German Stock Market, in: European Financial Management Band 13, 2007, S. 880–907 (zitiert: *Schrimpf/Schröder/Stehle*, European Financial Management 13 (2007), 880).

Schröder, Jan: Anmerkung zu BGH, Urteil vom 12.11.1957 – 5 StR 447/57, in: Juristische Rundschau 1958, S. 106–107 (zitiert: *Schröder*, JR 1958, 106).

Schulz, Ann-Christine: Die Rolle der Finanzanalysten bei der Verbreitung von Managementkonzepten, Wiesbaden 2011 (zitiert: *Schulz*, Die Rolle der Finanzanalysten).

Schulze, Reiner et al.: Handkommentar Bürgerliches Gesetzbuch, 9. Aufl., Baden-Baden 2016 (zitiert: *Bearbeiter*, in: HK-BGB).

Schumann, Heribert: Strafrechtliches Handlungsunrecht und das Prinzip der Selbstverantwortung der Anderen, Tübingen 1986 (zitiert: *Schumann*, Strafrechtliches Handlungsunrecht).

Schünemann, Bernd: Grund und Grenzen der unechten Unterlassungsdelikte, Göttingen 1971 (zitiert: *Schünemann*, Grund und Grenzen).

Schünemann, Bernd: Moderne Tendenzen in der Dogmatik der Fahrlässigkeits- und Gefährdungsdelikte, in: Juristische Arbeitsblätter 1975, S. 715–724 (zitiert: *Schünemann*, JA 1975, 715).

Schünemann, Bernd: Unternehmenskriminalität und Strafrecht, Köln u. a. 1979 (zitiert: *Schünemann*, Unternehmenskriminalität und Strafrecht).

Schünemann, Bernd: Betrug beim Handel mit Rohstoffoptionen, in: Neue Juristische Wochenschrift 1980, S. 2545–2551 (zitiert: *Schünemann*, NJW 1980, 2545).

Schünemann, Bernd: Die Zukunft der Viktimo-Dogmatik: die viktimologische Maxime als umfassendes regulatives Prinzip zur Tatbestandseingrenzung im Strafrecht, in: Zeidler, Wolfgang/Maunz, Theodor/Roellecke, Gerd (Hrsg.), Festschrift Hans Joachim Faller, München 1984, S. 357–372 (zitiert: *Schünemann,* in: FS Faller, S. 357).

Schünemann, Bernd: Die deutschsprachige Strafrechtswissenschaft nach der Strafrechtsreform im Spiegel des Leipziger Kommentars und des Wiener Kommentars, 1. Teil: Tatbestands- und Unrechtslehre, in: Goltdammer's Archiv 1985, S. 341–380 (zitiert: *Schünemann,* GA 1985, 341).

Schünemann, Bernd: Die Stellung des Opfers im System der Strafrechtspflege, in: Neue Zeitschrift für Strafrecht 1986, S. 439–443 (zitiert: *Schünemann,* NStZ 1986, 439).

Schünemann, Bernd: Alternative Kontrolle der Wirtschaftskriminalität, in: Dornseifer, Gerhard/Horn, Eckhard/Schilling, Georg/Schöne, Wolfgang/Struensee, Eberhard/Zielinski, Diethart (Hrsg.), Gedächtnisschrift für Armin Kaufmann, Köln u.a. 1989, S. 629–649 (zitiert: *Schünemann,* in: GS Kaufmann, S. 629).

Schünemann, Bernd: Über die objektive Zurechnung, in: Goltdammer's Archiv 1999, S. 207–229 (zitiert: *Schünemann,* GA 1999, 207).

Schünemann, Bernd: Die Stellung des Opfers im System der Strafrechtspflege: Ein Drei-Säulen-Modell, in: Schünemann, Bernd/Dubber, Markus Dirk (Hrsg.), Die Stellung des Opfers im Strafrechtssystem. Neue Entwicklungen in Deutschland und in den USA, Köln u.a. 2000, S. 1–13 (zitiert: *Schünemann,* in: Schünemann/Dubber, Die Stellung des Opfers in der Strafrechtspflege, S. 1).

Schünemann, Bernd: Das Rechtsgüterschutzprinzip als Fluchtpunkt der verfassungsrechtlichen Grenzen der Straftatbestände und ihrer Interpretation, in: Hefendehl, Roland/von Hirsch, Andrew/Wohlers, Wolfgang (Hrsg.), Die Rechtsgutstheorie. Legitimationsbasis des Strafrechts oder dogmatisches Glücksperlenspiel?, Baden-Baden 2003, S. 133–154 (zitiert: *Schünemann,* in: Hefendehl/Hirsch/Wohlers, Die Rechtsgutstheorie, S. 133).

Schünemann, Bernd: Die „gravierende Pflichtverletzung" bei der Untreue: dogmatischer Zauberhut oder taube Nuss?, in: Neue Zeitschrift für Strafrecht 2005, S. 473–476 (zitiert: *Schünemann,* NStZ 2005, 473).

Schwab, Martin: Provisionen, Rückvergütungen und der legitime Erwartungshorizont des Anlagekunden, in: Zeitschrift für Bank- und Kapitalmarktrecht 2011, S. 450–456 (zitiert: *Schwab,* BKR 2011, 450).

Schwab, Martin/*Dieter,* Löhnig: Einführung in das Zivilrecht, 20. Aufl., Heidelberg 2016 (zitiert: *Schwab/Löhnig,* Einführung in das Zivilrecht).

Schwark, Eberhard/*Zimmer,* Daniel: Kapitalmarktrechts-Kommentar, 4. Aufl., München 2010 (zitiert: *Bearbeiter,* in: Schwark/Zimmer, Kapitalmarktrechts-Kommentar).

Schwarz, Christian, Derivative Finanzinstrumente und hedge accounting. Bilanzierung nach HGB und IAS 39, Berlin 2006 (zitiert: *C. Schwarz,* Derivative Finanzinstrumente und hedge accounting).

Schwarz, Torsten: Die Mitverantwortung des Opfers beim Betrug, Berlin 2013 (zitiert: *T. Schwarz,* Die Mitverantwortung des Opfers beim Betrug).

Schwarze, Roland: Das Recht der Leistungsstörung, 2. Aufl., Berlin/Boston 2017 (zitiert: *Schwarze,* Das Recht der Leistungsstörung).

Schwind, Hans-Dieter: Kriminologie und Kriminalpolitik. Eine praxisorientierte Einführung mit Beispielen, 23. Aufl., Heidelberg 2016 (zitiert: *Schwind,* Kriminologie).

Seibert, Thomas: Die Garantenpflichten beim Betrug, Hamburg 2007 (zitiert: *Seibert,* Garantenpflichten).

Seelmann, Kurt: Anmerkung zu BGH, Urteil vom 08.07.1981 – 3 StR 457/80, Neue Juristische Wochenschrift 1981, S. 2132–2133 (zitiert: *Seelmann,* NJW 1981, 2132).

Seelmann, Kurt: Opferinteressen und Handlungsverantwortung in der Garantenpflichtdogmatik, in: Goltdammer's Archiv 1989, S. 241–256 (zitiert: *Seelmann,* GA 1989, 241).

Servatius, Wolfgang: „Ball im Netz ist Geld auf der Bank" – Die zivilrechtliche Behandlung einer an sportliche Erfolge geknüpften Verzinsung von Sparguthaben – Ein Beitrag zur tatbestandlichen Präzisierung von § 762 Abs. 1 S. 1 BGB –, in: Zeitschrift für Wirtschafts- und Bankrecht 2004, S. 1804–1812 (zitiert: *Servatius,* WM 2004, 1804).

Sethe, Rolf: Die Zulässigkeit von Zuwendungen bei Wertpapierdienstleistungen, in: Habersack, Mathias/Joeres, Hans-Ulrich/Krämer, Achim (Hrsg.), Entwicklungslinien im Bank- und Kapitalmarktrecht. Festschrift für Gerd Nobbe, Köln 2009, S. 769–790 (zitiert: *Sethe,* in: FS Nobbe, S. 769).

Sharpe, William F.: Capital Asset Prices: A Theory of Market Equilibrium under Conditions of Risk, in: The Journal of Finance Band 19, 1964, S. 425–442 (zitiert: *Sharpe,* The Journal of Finance 19 (1964), 425).

Sharpe, William F./*Cooper,* Guy M.: Risk-Return Classes of New York Stock Exchange Common Stocks, 1931–1967, in: Financial Analysts Journal Band 28, 1972, S. 46+48–54+81 (zitiert: *Sharpe/Cooper,* Financial Analysts Journal 28 (1972), 46).

Sieweke, Simon: Zur (notwendigen) Strafbarkeit der vorsätzlich rechtswidrigen Gebührenerhebung zugunsten des Staates, in: Zeitschrift für Wirtschafts- und Steuerstrafrecht 2009, S. 340–345 (zitiert: *Sieweke,* wistra 2009, 340).

Singer, Reinhard: Das Verbot widersprüchlichen Verhaltens, München 1993 (zitiert: *Singer,* Das Verbot widersprüchlichen Verhaltens).

Sommermeyer, Stefanie: Aufklärungspflichten für Lehman Brothers Alpha Express-Zertifikate, Anmerkung zu OLG Celle, Urteil vom 15.05.2013 – 3 U 11/13, in: Verbraucher und Recht 2013, S. 470–472 (zitiert: *Sommermeyer,* VuR 2013, 470).

Soyka, Martin: Das moderne Lastschriftsystem: Eine Einladung zum straflosen Betrug?, in: Neue Zeitschrift für Strafrecht 2004, S. 538–542 (zitiert: *Soyka,* NStZ 2004, 538).

Spitaler, Patrick: Das Marktstandardmodell, seine Erweiterungen und Abwandlungen, in: Felsenheimer, Jochen/Klopfer, Wolfgang/Mirth, Jochen/Altenstadt, Ulrich von (Hrsg.), Kreditmärkte im Wandel. Märkte, Modellierung und regulatorisches Umfeld in der Post Lehman-Ära, Weinheim 2011, S. 133–157 (zitiert: *Spitaler,* in: Felsenheimer/et al., Kreditmärkte, S. 133).

Spremann, Klaus: Finance, 4. Aufl., München 2010 (zitiert: *Spremann,* Finance).

Spremann, Klaus/*Gantenbein,* Pascal: Finanzmärkte. Grundlagen, Instrumente, Zusammenhänge, 4. Aufl., Konstanz/München 2017 (zitiert: *Spremann/Gantenbein,* Finanzmärkte).

Stächelin, Gregor: Strafgesetzgebung im Verfassungsstaat. Normative und empirische materielle und prozedurale Aspekte der Legitimation unter Berücksichtigung neuerer Strafgesetzgebungspraxis, Berlin 1998 (zitiert: *Stächelin,* Strafgesetzgebung).

Stam, Fabian: Anmerkung zu BGH, Beschl. v. 11.01.2011 – 5 StR 491/10 („Keine Körperverletzung bei eigenverantwortlicher Selbstgefährdung"), in: Strafverteidiger 2011, S. 536–538 (zitiert: *Stam,* StV 2011, 536).

Stambaugh, Robert F.: On the Exclusion of Assets from tests of the Two-Parameter Model. A Sensitivity Analysis, in: Journal of Financial Economics Band 10, 1982, S. 237–268 (zitiert: *Stambaugh,* Journal of Financial Economics 10 (1982), 237).

Starck, Christian: Empirie in der Rechtsdogmatik, in: JuristenZeitung 1972, S. 609–614 (zitiert: *Starck,* JZ 1972, 609).

Staroßom, Heiko: Corporate Finance Teil 1: Grundlagen Zins- und Währungsmanagement, Kalkulationsprogramm, Wiesbaden 2013 (zitiert: *Staroßom,* Corporate Finance 1).

Staudinger, Julius von (Begr.): Kommentar zum Bürgerlichen Gesetzbuch Buch 2: Recht der Schuldverhältnisse, Berlin 2015 (zitiert: *Bearbeiter,* in: Staudinger, BGB).

Stehle, Richard: Die Festlegung der Risikoprämie von Aktien im Rahmen der Schätzung des Wertes von börsennotierten Kapitalgesellschaften. Die Wirtschaftsprüfung 2004, S. 906–927 (zitiert: *Stehle,* WPg 2004, 906).

Stehle, Richard: Wissenschaftliches Gutachten zur Schätzung der Marktrisikoprämie (Equity Risk Premium) im Rahmen der Entgeltregulierung, 2016, über: https://www.bundesnetzagentur.de/SharedDocs/Downloads/DE/Sachgebiete/Telekommunikation/Unternehmen_Institutionen/Marktregulierung/Massstaebe_Methoden/Kapitalkostensatz/Stehle_MRP-Gutachten_April_2016.pdf?__blob=publicationFile&v=4 (zitiert: *Stehle,* Wissenschaftliches Gutachten zur Schätzung der Marktrisikoprämie).

Stehle, Richard/*Hausladen,* Julie: Die Schätzung der US-amerikanischen Risikoprämie auf Basis der historischen Renditezeitreihe, in: Die Wirtschaftsprüfung 2004, S. 928–936 (zitiert: *Stehle/Hausladen,* WPg 2004, 928).

Steiner, Udo: Verfassungsfragen des Sports, in: Neue Juristische Wochenschrift 1991, S. 2729–2737 (zitiert: *Steiner,* NJW 1991, 2729).

Steinhoff, Carsten: Quantifizierung operationeller Risiken in Kreditinstituten. Eine Untersuchung unter besonderer Berücksichtigung von Szenarioanalysen im Rahmen von Verlustverteilungsmodellen, Göttingen 2008 (zitiert: *Steinhoff,* Quantifizierung operationeller Risiken in Kreditinstituten).

Sternberg-Lieben, Detlev: § 228 StGB: eine nicht nur überflüssige Regelung, in: Gedächtnisschrift für Rolf Keller, herausgegeben von den Strafrechtsprofessoren der Tübinger Juristenfakultät und vom Justizministerium Baden-Württemberg, Tübingen 2003, S. 289–311 (zitiert: *Sternberg-Lieben,* in: GS Keller, S. 289).

Sternberg-Lieben, Detlev: Rechtsgut, Verhältnismäßigkeit und die Freiheit des Strafgesetzgebers, in: Hefendehl, Roland/von Hirsch, Andrew/Wohlers, Wolfgang (Hrsg.), Die Rechtsgutstheorie. Legitimationsbasis des Strafrechts oder dogmatisches Glasperlenspiel?, Baden-Baden 2003, S. 65–82 (zitiert: *Sternberg-Lieben,* in: Hefendehl/Hirsch/Wohlers, Die Rechtsgutstheorie, S. 65).

StGB Kommentar zum Strafgesetzbuch → siehe unter *Satzger.*

Stratenwerth, Günter/*Kuhlen,* Lothar: Strafrecht Allgemeiner Teil: Die Straftat, 6. Aufl., München 2011 (zitiert: *Stratenwerth/Kuhlen,* Strafrecht AT).

Stree, Walter: Garantenstellung kraft Übernahme, in: Geerds, Friedrich/Naucke, Wolfgang (Hrsg.), Beiträge zur gesamten Strafrechtswissenschaft. Festschrift für Hellmuth Mayer zum 70. Geburtstag am 1. Mai 1965, Berlin 1966, S. 145–164 (zitiert: *Stree,* in: FS Mayer, S. 145).

Struensee, Eberhard: Objektive Zurechnung und Fahrlässigkeit, in: Goltdammer's Archiv 1987, S. 97–105 (zitiert: *Struensee,* GA 1987, 97).

Stuckenberg, Carl-Friedrich: Zur Strafbarkeit von „Phishing", in: Zeitschrift für die gesamte Strafrechtswissenschaft Band 118, 2006, S. 878–912 (zitiert: *Stuckenberg,* ZStW 118 (2006), 878).

Stürner, Michael: Der Grundsatz der Verhältnismäßigkeit im Schuldvertragsrecht, Tübingen 2010 (zitiert: *Stürner,* Der Grundsatz der Verhältnismäßigkeit im Schuldvertragsrecht).

Suárez González, Carlos: Der Betrug im Lichte einer neuen Tatbestandskonzeption. Betrug und objektive Zurechnung, in: Schünemann, Bernd (Hrsg.), Strafrechtssystem und Betrug, Herbolzheim 2002, S. 115–136 (zitiert: *Suárez González,* in: Schünemann, Strafrechtssystem und Betrug, S. 115).

Systematischer Kommentar zum Strafgesetzbuch → siehe unter *Rudolphi.*

Szesny, André-M./*Kuthe,* Thorsten (Hrsg.): Kapitalmarkt Compliance, Heidelberg u.a. 2014 (zitiert: *Bearbeiter,* in: Szesny/Kuthe, Kapitalmarkt Compliance).

Tag, Brigitte: Der Körperverletzungstatbestand im Spannungsfeld zwischen Patientenautonomie und Lex artis. Eine arztstrafrechtliche Untersuchung, Berlin u.a. 2000 (zitiert: *Tag,* Körperverletzungstatbestand).

Terstege, Udo: Optionsbewertung. Möglichkeiten und Grenzen eines präferenz- und verteilungsfreien Ansatzes, Wiesbaden 1995 (zitiert: *Terstege,* Optionsbewertung).

Thabe, Tim: Bewertung von Kreditrisiko bei unvollständiger Information. Zahlungsfähigkeit, optimale Kapitalstruktur und Agencykosten, Wiesbaden 2007 (zitiert: *Thabe,* Bewertung von Kreditrisiko bei unvollständiger Information).

Theile, Hans: Rationale Gesetzgebung im Wirtschaftsstrafrecht – Exemplarische Überlegungen zum materiellen Recht –, in: Zeitschrift für Wirtschafts- und Steuerstrafrecht 2012, S. 285–291 (zitiert: *Theile,* wistra 2012, 285).

Theiler, Ursula: Optimierung der Risiko-Ertrags-Struktur des Gesamtbankportfolios, in: Everling, Oliver/Goedeckemeyer, Karl-Heinz (Hrsg.), Bankenrating. Kreditinstitute auf dem Prüfstand, Wiesbaden 2004, S. 373–390 (zitiert: *Theiler,* in: Everling/Goedeckemeyer, Bankenrating, S. 373).

Tiedemann, Klaus: Entwicklung und Begriff des Wirtschaftsstrafrechts, in: Goltdammer's Archiv 1969, S. 71–90 (zitiert: *Tiedemann,* GA 1969, 71).

Tiedemann, Klaus, Tatbestandsfunktionen im Nebenstrafrecht, Tübingen 1969 (zitiert: *Tiedemann,* Tatbestandsfunktionen).

Tiedemann, Klaus: Wirtschaftsstrafrecht, 5. Aufl., München 2017 (zitiert: *Tiedemann,* Wirtschaftsstrafrecht).

Tietze, Jürgen: Einführung in die Finanzmathematik. Klassische Verfahren und neuere Entwicklungen: Effektivzins- und Renditeberechnung, Investitionsrechnung, Derivative Finanzinstrumente, 12. Aufl., Wiesbaden 2015 (zitiert: *Tietze,* Einführung in die Finanzmathematik).

Trafkowski, Uwe: Kreditderivate und Versicherungsderivate als Risikotransferverträge, Frankfurt am Main 2009 (zitiert: *Trafkowski,* Kreditderivate und Versicherungsverträge als Risikotransferverträge).

Trautmann, Siegfried: Investitionen. Bewertung, Auswahl und Risikomanagement, 2. Aufl., Berlin u. a. 2007 (zitiert: *Trautmann,* Investitionen).

Trüg, Gerson: Die Ausnutzung von Informationsasymmetrien als strafbare Handlung? – Insiderstrafrecht, in: Kempf, Eberhardt/Lüderssen, Klaus/Volk, Klaus (Hrsg.), Unternehmenskultur und Wirtschaftsstrafrecht, Berlin/Boston 2015, S. 99–116 (zitiert: *Trüg,* in: Kempf/Lüderssen/Volk, Unternehmenskultur und Wirtschaftsstrafrecht, S. 99).

Trüg, Gerson/*Habetha,* Jörg: Zur Rechtsfigur des Betrugs durch schlüssiges Verhalten – Der Fall „Hoyzer" –, in: JuristenZeitung 2007, S. 878–883 (zitiert: *Trüg/Habetha,* JZ 2007, 878).

Uhrig-Homburg, Marliese: Fremdkapitalkosten, Bonitätsrisiken und optimale Kapitalstruktur, Wiesbaden 2001 (zitiert: *Uhrig-Homburg,* Fremdkapitalkosten).

Veil, Rüdiger: Vermögensverwaltung und Anlageberatung im neuen Wertpapierhandelsrecht – eine behutsame Reform der Wohlverhaltensregeln?, in: Zeitschrift für Bankrecht und Bankwirtschaft 2008, S. 34–42 (zitiert: *Veil,* ZBB 2008, 34).

Vergho, Raphael: Der Maßstab der Verbrauchererwartung im Verbraucherschutzstrafrecht, Freiburg 2009 (zitiert: *Vergho,* Der Maßstab der Verbrauchererwartung im Verbraucherschutzstrafrecht).

Vogel, Joachim: Strafrechtsgüter und Rechtsgüterschutz durch Strafrecht im Spiegel der Rechtsprechung des Bundesverfassungsgerichts, in: Strafverteidiger 1996, S. 110–115 (zitiert: *Vogel,* StV 1996, 110).

Vogel, Joachim: Betrug durch konkludente Täuschung: „Recht auf Wahrheit" oder kommunikative Verkehrssicherungspflichten?, in: Gedächtnisschrift für Rolf Keller, herausgegeben von den Strafrechtsprofessoren der Tübinger Juristenfakultät und vom Justizministerium Baden-Württemberg, Tübingen 2003, S. 313–324 (zitiert: *Vogel,* in: GS Keller, S. 313).

Vogel, Joachim/*Hocke,* Peter: Anmerkung zu BGH, Urteil vom 21.12.2005 – 3 StR 470/04, in: JuristenZeitung 2006, S. 568–571 (zitiert: *Vogel/Hocke,* JZ 2006, 568).

Volk, Klaus: Täuschung durch Unterlassen beim Betrug – OLG Köln, NJW 1980, 2336, in: Juristische Schulung 1981, S. 880–883 (zitiert: *Volk,* JuS 1981, 880).

Volk, Klaus: Strafrecht und Wirtschaftskriminalität, in: JuristenZeitung 1982, S. 85–92 (zitiert: *Volk,* JZ 1982, 85).

Vormbaum, Thomas: „Politisches" Strafrecht, in: Zeitschrift für die gesamte Strafrechtswissenschaft Band 107, 1995, S. 734–760 (zitiert: *Vormbaum,* ZStW 107 (1995), 734).

Wabnitz, Heinz-Bernd/*Janovsky,* Thomas: Handbuch des Wirtschafts- und Steuerstrafrechts, 3. Aufl. München. 2007 (zitiert: *Bearbeiter,* in: Wabnitz/Janowski, HdB des Wirtschafts- und Steuerstrafrechts).

Wach, Karl: Kurzkommentar zu BGH, Urteil vom 28.2.1989 – XI ZR 70/88, in: Entscheidungen zum Wirtschaftsrecht 1989, S. 765–766 (zitiert: *Wach,* EWiR 1989, 765).

Wach, Karl: Der Terminhandel in Recht und Praxis. Zivilrechtlicher Anlegerschutz beim spekulativen Termingeschäft an den Rohstoff-, Finanz- und Devisenbörsen unter Berücksichtigung der wirtschaftlichen und soziologischen Tatsachen sowie des Straf- und Börsenrechts, Köln 1986 (zitiert: *Wach,* Terminhandel).

Wagner, Markus: Die Akzessorietät des Wirtschaftsstrafrechts. Zugleich ein Beitrag zu Begriff und Wesen des Wirtschaftsstrafrechts, Heidelberg 2016 (zitiert: *M. Wagner,* Die Akzessorietät des Wirtschaftsstrafrechts).

Wagner, Tobias: Die Untreue des Gesellschafters in der einfachen und konzernierten Einmann-GmbH. Zugleich eine strafrechtliche Bestimmung des existenzvernichtenden Eingriffs, Berlin 2005 (zitiert: *T. Wagner,* Die Untreue des Gesellschafters).

Walkhäusel, Christian: Die Volatilitätsanomalie auf dem deutschen Aktienmarkt: mit weniger Risiko zu einer besseren Performance, in: Corporate Finance 2012, S. 81–86 (zitiert: *Walkhäusel,* Corporate Finance 2012, 81).

Wallmeier, Martin: Determinanten erwarteter Renditen am deutschen Aktienmarkt – Eine empirische Untersuchung anhand ausgewählter Kennzahlen, in: Schmalenbachs Zeitschrift für betriebswirtschaftliche Forschung Band 52, 2000, S. 27–57 (zitiert: *Wallmeier,* ZfbF 52 (2000), 27).

Walter, Tonio: Die Lehre von der „einverständlichen Fremdgefährdung" und ihre Schwächen – eine Verteidigung der Rechtsprechung, in: Neue Zeitschrift für Strafrecht 2013, S. 673–680 (zitiert: *Walter,* NStZ 2013, 673).

Waßmer, Martin Paul: Untreue bei Risikogeschäften, Heidelberg 1997 (zitiert: *Waßmer,* Untreue bei Risikogeschäften).

Waßmer, Martin Paul/*Kießling,* Sebastian: Anmerkung zu OLG Bamberg, Beschl. v. 8.3. 2012, 3 Ws 4/12, in: Neue Zeitschrift für Wirtschafts-, Steuer- und Unternehmensstrafrecht 2012, S. 313–316 (zitiert: *Waßmer/Kießling,* NZWiSt 2012, 313).

Weber, Ralph: Entwicklung und Ausdehnung des § 242 BGB zum „königlichen Paragraphen", in: Juristische Schulung, 1992, S. 631–636 (zitiert: *R. Weber,* JuS 1992, 631).

Weber, Ulrich: Konzeption und Grundsätze des Wirtschaftsstrafrechts (einschließlich Verbraucherschutz), in: Zeitschrift für die gesamte Strafrechtswissenschaft Band 96, 1984, S. 376–416 (zitiert: *U. Weber,* ZStW 96 (1984), 376).

Weber, Ulrich: Objektive Grenzen der strafbefreienden Einwilligung in Lebens- und Gesundheitsgefährdungen, in: Arzt, Günther/Fezer, Gerhard/Weber, Ulrich/Schlüchter, Ellen/Rössner, Dieter (Hrsg.), Festschrift für Jürgen Baumann zum 70. Geburtstag, 22. Juni 1992, Bielefeld 1992, S. 43–55 (zitiert: *U. Weber,* in: FS Baumann, S. 43).

Weck, Jochen: Anmerkung zu BGH, Urt. v. 20.1.2015 – XI ZR 316/13, in: Zeitschrift für Bank- und Kapitalmarktrecht 2015, S. 211–214 (zitiert: *Weck,* BKR 2015, 211).

Weimer, Theodor: Rating von Finanzinstituten: Funktion und Performance, in: Diab, Zafer/Everling, Oliver (Hrsg.), Rating von Finanzinstituten. Banken und Finanzdienstleister richtig beurteilen, Wiesbaden 2016, S. 55–74 (zitiert: *Weimer,* in: Diab/Everling, Rating von Finanzinstituten, S. 55).

Welch, Ivo/*Goyal,* Amit: A Comprehensive Look at the Empirical Performance of Equity Premium Prediction, in: The Review of Financial Studies Band 21, 2008, S. 1455–1508 (zitiert: *Welch/Goyal,* The Review of Financial Studies 21 (2008), 1455).

Welke, Wanja Andreas: Die Repersonalisierung des Rechtskonflikts. Zum gegenwärtigen Verhältnis von Straf- und Zivilrecht. Zugleich eine Analyse von exemplary (punitive) damages, Frankfurt am Main 2008 (zitiert: *Welke,* Die Repersonalisierung des Rechtskonflikts).

Wengert, Holger/*Schittenhelm,* Frank Andreas: Corporate Risk Management, Berlin/Heidelberg 2013 (zitiert: *Wengert/Schittenhelm,* Corporate Risk Management).

Wessels, Johannes (Begr.)/*Beulke,* Werner/*Satzger,* Helmut: Strafrecht Allgemeiner Teil: Die Straftat und ihr Aufbau, 47. Aufl., Heidelberg 2017 (zitiert: *Wessels/Beulke/Satzger,* Strafrecht AT).

Wessels, Johannes (Begr.)/*Hillenkamp,* Thomas: Strafrecht Besonderer Teil 2: Straftaten gegen Vermögenswerte, 40. Aufl., Heidelberg 2017 (zitiert: *Wessels/Hillenkamp,* Strafrecht BT 2).

Wessing, Jürgen/*Krawczyk,* Lucian: Der Untreueparagraf auf dem verfassungsrechtlichen Prüfstand, in: Neue Zeitschrift für Gesellschaftsrecht 2010, S. 1121–1124 (zitiert: *Wessing/Krawczyk,* NZG 2010, 1121).

Winter, Oliver: Der Termin- und Differenzeinwand bei Zinsbegrenzungsvereinbarungen, in: Zeitschrift für Wirtschafts- und Bankrecht 1994, S. 2143–2150 (zitiert: *Winter,* WM 1994, 2143).

Wittig, Petra: Der rationale Verbrecher. Der ökonomische Ansatz zur Erklärung kriminellen Verhaltens, Berlin 1993 (zitiert: *Wittig,* Der rationale Verbrecher).

Wittig, Petra: Das tatbestandsmäßige Verhalten des Betrugs. Ein normanalytischer Ansatz, Frankfurt am Main 2005 (zitiert: *Wittig,* Das tatbestandsmäßige Verhalten des Betrugs).

Wittig, Petra: Wirtschaftsstrafrecht, 4. Aufl., München 2017 (zitiert: *Wittig,* Wirtschaftsstrafrecht).

Wohlers, Wolfgang: Deliktstypen des Präventionsstrafrechts – zur Dogmatik „moderner" Gefährdungsdelikte, Berlin 2000 (zitiert: *Wohlers*, Deliktstypen des Präventionsstrafrechts).

Wolke, Thomas: Risikomanagement, 2. Aufl., München 2008 (zitiert: *Wolke*, Risikomanagement).

Worms, Alexander: Warenterminoptionen: Strafbarer Betrug oder nur enttäuschte Erwartungen?, in: Zeitschrift für Wirtschafts- und Steuerstrafrecht 1984, S. 123–131 (zitiert: *Worms*, wistra 1984, 123).

Worms, Alexander: Anlegerschutz durch Strafrecht, Köln 1987 (zitiert: *Worms*, Anlegerschutz durch Strafrecht).

Zaczyk, Rainer: Das Unrecht der versuchten Tat, Berlin 1989 (zitiert: *Zaczyk*, Das Unrecht der versuchten Tat).

Zaczyk, Rainer: Der Begriff „Gesellschaftsgefährlichkeit" im deutschen Strafrecht, in: Lüderssen, Klaus/Nestler-Tremel, Cornelius/Weigend, Ewa (Hrsg.), Modernes Strafrecht und Ultima-ratio-Prinzip, Frankfurt am Main 1990, S. 113–127 (zitiert: *Zaczyk*, in: Lüderssen/Nestler-Tremel/Weigend, Modernes Strafrecht und Ultima-ratio-Prinzip, S. 113).

Zaczyk, Rainer: Strafrechtliches Unrecht und die Selbstverantwortung des Verletzten, Heidelberg 1993 (zitiert: *Zaczyk*, Strafrechtliches Unrecht).

Zeidler, Gernot W./*Tschöpel*, Andreas/*Bertram*, Ingo: Kapitalkosten in Zeiten der Finanz- und Schuldenkrise – Überlegungen zu empirischen Kapitalmarktparametern in Unternehmensbewertungskalkülen –, in: Corporate Finance 2012, S. 70–80 (zitiert: *Zeidler/Tschöpel/Bertram*, Corporate Finance 2012, 70).

Zerey, Jean-Claude (Hrsg.): Finanzderivate Rechtshandbuch, 4. Aufl., Baden-Baden 2016 (zitiert: *Bearbeiter*, in: Zerey, Finanzderivate).

Zhou, Chunsheng: The term structure of credit spreads with jump risk, in: Journal of Banking and Finance Band 25, 2001, S. 2015–2040 (zitiert: *Zhou*, Journal of Banking and Finance 25 (2001), 2015).

Ziegler, Andreas/*Schröder*, Michael/*Schulz*, Anja/*Stehle*, Richard: Multifaktormodelle zur Erklärung deutscher Aktienrenditen: Eine empirische Analyse, in: Schmalenbachs Zeitschrift für betriebswirtschaftliche Forschung Band 59, 2007, S. 355–389 (zitiert: *Ziegler/Schröder/Schulz/Stehle*, ZfbF 59 (2007), 355).

Zimmermann, Peter: Schätzung und Prognose von Betawerten. Eine Untersuchung am deutschen Aktienmarkt, 1990 (zitiert: *Zimmermann*, Schätzung und Prognose von Betawerten).

Ziouvas, Dimitris: Kurzkommentar zu BGH, Urt. v. 22.8.2001 – 3 StR 191/01, in: Entscheidungen zum Wirtschaftsrecht 2002, S. 477–478 (zitiert: *Ziouvas*, EWiR 2002, 477).

Zipf, Heinz: Kriminalpolitik, Heidelberg/Karlsruhe 1980 (zitiert: *Zipf*, Kriminalpolitik).

Zoll, Andrzej: Die Idee „gerechten Rechts" und das Strafrecht, in: Eser, Albin/Kaiser, Günther/Weigend, Ewa (Hrsg.), Von totalitärem zu rechtsstaatlichem Strafrecht. Kriminalpolitische Reformtendenzen im Strafrecht osteuropäischer Länder, Freiburg im

Breisgau 1993, S. 87–99 (zitiert: *Zoll,* in: Eser/Kaiser/Weigend, Von totalitärem zu rechtsstaatlichem Strafrecht, S. 87).

Zoller, Michael: Die drei großen Entscheidungen des BGH zum Thema Rückvergütungen und Innenprovisionen im Kapitalanlagerecht, in: Gesellschafts- und Wirtschaftsrecht 2010, S. 53–56 (zitiert: *Zoller,* GWR 2010, 53).

Zoller, Michael: (Keine) Aufklärungspflicht anlageberatender Banken über den anfänglich negativen Marktwert bei Swap-Verträgen?, in: Neue Juristische Wochenschrift 2015, S. 2220–2222 (zitiert: *Zoller,* NJW 2015, 2220).

Zöllner, Wolfgang: Vertragskontrolle und Gerechtigkeit, in: Neue Zeitschrift für Arbeitsrecht-Beilage 2006, S. 99–107 (zitiert: *Zöllner,* NZA-Beil. 2006, 99).

Sachverzeichnis

Philipp Steinhaeuser

Die Manipulation von Referenzzinsen wie LIBOR und EURIBOR

Eine Analyse kartellrechtlicher Implikationen von koordinierten Referenzwertverfälschungen an der Schnittstelle zum Kapitalmarktrecht

Die Manipulation der Referenzzinsen LIBOR und EURIBOR hat im Dezember 2013 eines der höchsten bislang verhängten europäischen Kartellbußgelder zur Folge gehabt. Die dortigen Manipulationen haben dazu beigetragen, das Vertrauen in die Finanzmärkte zu erschüttern. Die Aufarbeitung dieser, aber auch anderer unlauterer Einflussnahmen beschäftigt Wissenschaft und Praxis in der Folge bis heute. Die Arbeit beleuchtet die dogmatischen Ansatzpunkte des kartellbehördlichen Vorgehens und unterzieht sie einer kritischen Würdigung. Hierbei wird insbesondere die Anwendung des Kartellverbots hinterfragt und ausgehend von dessen Zweck vertieft analysiert. Zudem nimmt sie diese Fälle zum Anlass, das Nebeneinander von Kartell- und Kapitalmarktrecht zu untersuchen, wofür angesichts des nun erhöhten Anwendungs- und Sanktionsrahmens des Marktmanipulationsverbotes auch ein rechtspraktisches Bedürfnis vorhanden ist. Denn insbesondere die drohende Strafkumulation birgt ein erhebliches Risiko für Marktteilnehmer.

»Die Arbeit ist für jeden, der sich mit Zinsmanipulationen auf Kapitalmärkten beschäftigt, ein absolutes Muss. Die Überlegungen sind in sich abgewogen, schlüssig und in aller Regel auch zielführend.«

Prof. Dr. Hans-Peter Schwintowski, in: EWeRK, 3/2019

Schriften zum Wirtschaftsrecht, Band 305
211 Seiten, 2019
ISBN 978-3-428-15644-3, € 79,90
Titel auch als E-Book erhältlich.

www.duncker-humblot.de